제4판

장애인복지론

유태완 · 김재웅 · 문수열 · 손경화 · 정신모 · 이선교 · 한우섭

창지사

제4판 머리말

우리나라 장애인복지는 1980년대 기본적인 틀을 다진 이후로 급속히 발전하여 왔으며, 2017년 1판을 발간한 이후에도, 전반적인 정치 · 사회적인 변화와 함께 장애인복지 분야 또한 적잖은 변혁의 흐름 속에 놓여 있다. 대표적으로는 오랫동안 장애인복지계를 중심으로 주장되고 논의되어 왔던 장애인 등급제가 2019년 7월부터 장애의 정도에 따라 2단계로 구분하면서 폐지되기에 이르렀다. 또한 「국민기초생활보장법」이 개정되면서 2021년 10월부터 국민기초생활보장 급여의 대상자 선정에서 부양의무자 기준이 폐지되었고, 그에 따라 장애인 가구의 경제적 소득이 향상될 것으로 기대되고 있다. 그 외에도 발달장애인의 증가 등 장애인 출현 추이의 변화를 반영한 발달장애인 지원 정책이 더욱 다양화되고 있고, 장애인의 자립을 지원하기 위해 일자리 확대 등을 통한 장애인 자립생활 패러다임의 흐름이 지속적으로 강화되고 있다. 아울러 사회적으로 주 52시간제가 확산되면서 장애인복지시설에도 영향을 미쳐 직원들이 대폭 보강되는 등 장애인복지시설의 근무환경 또한 지속적으로 개선되고 있다.

2020년 코로나19 상황에 따라 많은 변화가 있었고 이에 본서의 초판 및 증보판, 3판 출간 후 나타난 장애인복지의 흐름과 정책 환경의 급속한 변화를 반영하여, 장애인복지 실천현장에서 사회복지 전문가로서 역할을 감당하고 활용할 수 있도록 4판을 출간하게 되었다.

이번 4판의 내용구성에서는 기존 출간도서와 차이가 없지만, 최근 진행된 장애인 실태조사 결과 및 정책 변화 등을 반영하여 내용을 최신화하는 데 초점을 두었다. 따라서 2024년에 발표한 2023년 장애인 실태조사 자료를 반영하여 업데이트하였다.

4판을 준비하고 있는 이 시점에도 장애인복지 현장은 역동적으로 변화하고 있다. 대표적으로 자립생활 패러다임의 확산과 장애인의 주거결정권 보장 및 지역사회 정착을 위한 생활환경 조성에 대한 사회적인 요구가 강화되면서, 2022년부터 거주시설 장애인의 지역사회

자립을 체계적으로 지원하기 위해 장애인 지역사회 자립지원 시범사업을 계획하고, 시범사업에 참여할 시설을 모집하고 있다. 따라서 향후 개정판에는 장애인 거주시설의 장애인 지역사회 자립지원사업의 성과에 대한 논의가 담겨야 할 것이다. 그 외 장애인 지역사회재활시설의 정책 변화와 장애인 직업재활시설과 밀접하게 관련되어 있는 재활상담사 제도 등에 대한 논의 역시 향후 개정 내용에 포함되어야 할 부분으로 남아 있다.

아울러 2025년 대통령 탄핵 이후 정부가 교체되는 시점에서 신정부의 장애인복지 정책 또한 모든 장애인복지 종사자들의 관심사일 수밖에 없다. 따라서, 필자들은 보다 포괄적인 내용의 검토 및 신정부 장애인복지 정책의 변화와 지금 추진되고 있는 사업의 성과들을 포함하여 이른 시일 내에 더욱 알찬 개정 작업을 통해 독자들을 찾아갈 것을 약속드린다.

4판을 내기까지 개정을 위한 촉박한 원고 작업과 아직 충분치 않은 내용에도 불구하고 본서의 출판을 배려해 주신 창지사 사장님과 원고 교정 및 편집 등 쫓기는 일정 속에서도 성실히 업무에 임해주시고, 이 책이 출간될 수 있도록 노력해 주신 창지사 직원들의 노고에 깊이 감사드린다.

2025년 7월

저자 일동

증보 머리말

사회 전반의 급격한 변화를 반영하듯 본서의 초판 발행 이후 장애인복지 분야도 많은 변화가 있었다. 그 가운데 오랜 기간 장애인복지계의 숙원이었던 장애인등급제의 폐지는 장애인복지의 전반적인 틀을 바꾸는 근본적인 변화라고 할 수 있다. 1988년 도입된 장애인등급제는 장애인 복지서비스의 외연 확대라는 긍정적인 부분도 있었으나, 의학적 판정에 따른 획일적 기준이라는 지적을 받아오면서, 장애인등급제 폐지에 대한 논의가 본격화되었다. 그 결과 장애인등급제 폐지를 주요 내용으로 한 「장애인복지법」이 2019년 7월부터 개정 · 시행되고 있다.

이에 따라 본서 가운데 장애등급제 폐지와 직접적으로 관련되어 있는 제2장 장애의 유형 및 특성, 제8장 장애인과 소득 부분에서 장애등급으로 구분되어 있던 내용들을 새로운 법 규정에 맞추어 장애가 심한 장애인과 장애가 심하지 않은 장애인으로 구분하여 서술하였다.

본 증보판에서 개정된 부분 외에도 재활상담사 도입 등 장애인복지제도의 변화로 수정되어야 할 부분이 많으나, 중요성과 시급성을 고려하여 우선적으로 장애인등급제 폐지 내용만을 반영하여 기술하였음을 송구하게 생각한다. 이른 시기에 새로운 장애인복지제도와 정책의 변화를 반영하고, 새로운 이론 등을 꼼꼼하게 검토하여 전반적인 개정 작업을 통해 더 나은 결과물이 나오도록 노력할 것이다.

빠듯한 일정 가운데서도 본서가 출간될 수 있도록 배려해 주신 창지사 사장님과 원고 정리, 편집 등에 수고를 아끼지 않은 직원들의 도움에 깊은 감사의 마음을 전하며, 필자들은 학계에서 또는 현장에서 우리나라 장애인복지 발전을 위해 더욱 노력할 것을 다짐한다.

2019년 8월

저자 일동

머리말

최근 들어 우리 사회는 4차 혁명이 새로운 화두로 떠오르고 있다. AI의 발달과 함께 산업의 급격한 변화는 명약관화한 현실이 되고 있다. 테슬라와 스페이스X의 최고 경영자 엘론 머스크는 앞으로 20년 안에 전 세계 노동인구의 12~15%가 딥(deep) AI로 인해 실업 상태에 빠질 것이라고 예견하기도 했다. 이처럼 많은 사람은 소위 '알파고'가 지배하는 산업구조의 도래와 사회의 변화에 큰 이의를 제기하지 않는다. 이처럼 기계에게 인간의 자리를 내어 주는 사회 속에서도 그 중요성이 더욱 커지고 있는 것이 사회복지 분야이다. 이와 같은 변화의 흐름 속에 사회복지뿐만 아니라 장애인복지에서 일하게 되는 사회복지사들은 개별적인 서비스 제공을 위해 더욱 세분화되고 전문화된 지식을 갖추어야 할 것이다.

이에 본서는 향후 장애인복지 분야에서 일을 하고자 하는 예비 사회복지사들이 기본적으로 갖추어야 하는 지식과 기술을 학습하는 개론서로서의 역할을 기대하면서 저술되었다. 타 사회복지 분야와는 달리 다양한 전문직이 공존하고 이들과 협력하여 서비스를 제공해야 하는 것이 장애인복지 실천현장의 특징이다. 따라서 본서는 이와 같은 특성을 감안하여 장애인복지의 전반을 폭넓게 이해하여 실천현장에서 사회복지사로서의 역할을 감당하는 영역에 중점을 두어 저술되었다.

본서는 전체 3개 분야로 구분하여 구성하였다. 먼저, 제1부에서는 장애인복지에 대한 기초적인 지식을 쌓기 위해 개념 등을 중심으로 기본적인 이해를 돕기 위한 내용으로 짜여 있다. 장애의 개념에 대한 이해를 바탕으로 장애 개념이 어떻게 변화하고 있는가를 살펴보았고, 아울러 장애인 실태조사 등을 기반으로 우리나라 장애인구의 변화 추이를 살펴보았다. 또한 현행 「장애인복지법」에서 규정하고 있는 장애유형 및 특성에 대해 살펴보고 최근 논의가 진행되고 있는 장애인등록제의 전개과정을 소개하였다. 이외 장애인복지의 이념 및 가치, 역사에 대해 살펴보았다.

제2부에서는 장애인복지의 실천적 영역과 함께 각종 장애인복지 정책에 대해 기술하였다. 먼저, 최근 들어 장애인복지 영역에서도 중요하게 다루어지고 있는 생애주기별 서비스

접근의 필요성 및 방법들을 제시하였고, 장애의 사정 및 평가를 통해 장애 사정의 과정 및 도구활용법에 대한 이해를 돕고자 하였다. 아울러 장애인들에게 서비스를 제공하는 전통적인 관점인 재활의 개념 및 각종 재활서비스와 함께 새로운 패러다임에 입각해 중요하게 인식되고 있는 장애인과 자립생활에 대해 등장배경, 서비스현황 등을 중심으로 살펴보았다. 장애인복지 정책에서는 장애인복지 영역에서 전통적으로 중요하게 여겨지는 소득보장정책과 「장애인차별금지 및 권리구제 등에 관한 법률」의 시행과 함께 그 중요성 더욱 커지고 있는 장애인 인권뿐만 아니라, 장애인복지의 궁극적인 목적인 사회통합을 위해 필수적으로 갖추어져야 할 접근권에 대해서도 기술하였다.

제3부에서는 사회복지 교육과정을 이수하고 사회복지사로서 진입하게 될 장애인복지 실천현장에 대한 이해를 돕기 위한 내용으로 구성되었다. 사회복지사로서 진입이 가능한 장애인복지 실천현장으로 장애인거주시설과 지역사회재활시설, 직업재활시설로 구분하고, 각각의 시설의 개념과 현황을 소개하고 사회복지사로서의 역할 등에 중점을 두어 향후 장애인복지 실천현장에서 사회복지사로서 업무를 수행하는 데 도움을 주고자 하였다.

이 책을 마무리하는 즈음에도 한 치 앞을 내다보기 어려운 정국 상황이 계속되고 있고, 향후 새로운 정부의 등장과 함께 사회복지를 비롯한 장애인복지 정책이 어떤 변화를 겪게 될지 예단하기 쉽지 않은 상황이다. 당장 장애인등급제 등 장애인복지계의 당면한 문제도 논의가 계속되고 있어 최신 제도를 담기에 한계가 있었음을 자인할 수밖에 없다. 또한 독자들이 이해하기 쉽고, 실천현장에 필요한 지식을 담기 위해 필자들 모두 진지하고 성실한 자세로 집필에 임했지만, 여전히 부족하고 미흡하여 이 책을 대하게 되는 독자들에게 미안함을 지울 수가 없다. 앞으로 더 많은 연구와 현장경험을 바탕으로 개정 작업을 통해 더 나은 도서로 변화해 나갈 것이다. 부족함에도 불구하고 본서가 나오기까지 출간될 수 있도록 배려해 주신 창지사 사장님과 원고 정리, 편집 등에 수고를 아끼지 않은 직원들의 도움에 깊이 감사의 마음을 전하며, 필자들은 이 책이 마지막이 아니라 시작이라는 생각으로 장애인복지 발전을 위해 더욱 노력할 것을 다짐한다.

2017년 2월

저자 일동

차례

P•A•R•T 03 장애인복지 실천현장에 대한 이해

P·A·R·T 01

장애인복지의 기초에 대한 이해

SOCIAL WELFARE FOR PEOPLE WITH DISABILITIES

‘CHAPTER 01’ 장애개념 및 범주

SOCIAL WELFARE FOR PEOPLE WITH

1. 장애의 개념

장애는 한마디로 정의할 수 없지만, 일반적으로 신체적 · 정신적 결함에 의하여 일상적인 사회생활에 불편함을 가지는 것으로 규정하고 있다. 이는 시대별 · 국가별 여건과 사회적 · 문화적 상황에 따라 다른 기준이 적용되고 있고, 각 상황에 따라 다양하게 해석되어진다.

장애인에 대한 정의를 보면 우리나라에서는 「장애인복지법」 제2조에서 ‘장애인이란 신체적 · 정신적 장애로 오랫동안 일상생활이나 사회생활에서 상당한 제약을 받는 자’로서 ‘대통령령이 정하는 장애의 종류 및 기준에 해당하는 자’로 정의하고 있다.

이 장애유형의 분류는 크게 신체적 장애(12유형: 지체장애, 뇌병변장애, 시각장애, 청각장애, 언어장애, 안면장애, 신장장애, 심장장애, 간장애, 호흡기장애, 장루 · 요루장애, 뇌전증장애)와 정신적 장애(3유형: 지적장애, 정신장애, 자폐성장애)로 구분하고, 신체적 장애는 다시 외부 신체 기능장애(6유형)와 내부기관장애(6유형)로 구분하여 정의하고 있다.

또한 국제적인 장애인 개념 정의를 살펴보면, UN의 ‘국제장애인권리협약’(2006) 제1조에서는 “장애인은 다양한 장벽과의 상호작용으로 다른 사람들과 동등한 조건으로 완전하고 실질적인 사회참여를 저해하는 장기간의 신체적 · 정신적 · 지적 또는 감각적인 손상을 가진 사람을 포함한다"라고 정의하고 있다. 국제노동기구(ILO)의 규정에 의하면 장애인을 '신체적 또는 정신적 결함의 결과로 정당한 직업을 확보, 유지해 나갈 전망이 없는 상당한 손상을 받은 사람'이라고 규정하고 있다. 사회적 · 국가적으로 다양하게 정의되고 있는 장애의 개념은 의학적 개념에 의한 분류에서 벗어나 그 국가와 사회에 준하는 일상생활과 사회생활 등의 제약 상태에 따른 개념 정의가 이루어지고 있으며, 이러한 개념도 장애인에 대한 의식의 변화와 사회 환경의 영향에 따라 다르게 규정되고, 정의되고 있다.

1980년 세계보건기구(WHO)에서 채택한 장애의 개념에 대한 공식적인 장애 분류는 다음과 같다.

1) ICIDH–1
(International Classification of Impairments, Disabilities, and Handicaps)

장애에 대한 최초의 공식적인 정의이자, 기능장애(impairment), 능력장애(disability), 사회적 불리(handicap)의 세 가지 차원으로 나누어 설명한 국제장애분류 ICIIDH−1은 개인적인 측면에서 장애를 정의한다.

〈표 1–1〉 국제장애분류(ICIDH–1)

Disease or Disorder	⇨	Impairment	⇨	Disability	⇨	Handicap
질병 또는 장애		손상		능력장애		사회적 불리

출처: WHO (1980). ICIDH.

장애에 관한 개념적 틀을 최초로 권장한 국제장애분류(ICIDH-1)는 〈표 1–1〉과 같은 흐름으로 장애를 정의하고 있다.

첫째, 기능장애(impairment)는 질병이나 사고에 따른 심리적 · 신체적 · 생리적 구조나 기능의 상실이나 이상을 말한다. 신체구조의 장애가 일시적이나 영구적으로 손실됨을 의미하여, 신체적 장애, 시각장애, 청각장애, 지적장애와 함께 기억, 사고, 정서장애 등의 내부장애 등을 포함한다.

둘째, 능력장애(disability)는 기능장애에서 야기되어 개별 수준의 활동과 행위능력의 상실과 제약을 뜻한다. 이는 기능장애의 결과물로 식사, 신변처리, 의사소통 활동 등이 어려운 상태를 포함하고 있다.

셋째, 사회적 불리(handicap)는 기능장애와 능력장애에서 발생한 사회문화적 요인에 따른 불이익과 불리함을 말한다. 즉, 기능장애와 능력장애가 사회화되어 다양한 불리의 결과물이 반영된다는 것이다.

이러한 세 가지 구분과 정의는 의학적 초점과 진단만을 중심으로 하는 분류이며, 장애에 대한 사회의 역할과 사회적 책임을 배제시키고 있다는 점에서 많은 문제점을 가지고 있다.

2) ICIDH-2
(International Classification of Impairments, Acivities and Participation: A manual of dimensions of disablement and functioning)

1997년 세계보건기구(WHO)는 ICIDH-1을 수정하여 새로운 분류기준 ICIDH-2를 발표하였다. ICIDH-1 의 기능장애, 능력장애, 사회적 불리가 일방향으로 진행되지 않는다는 점과 환경과의 상호작용 속에서 영향을 주고받는다는 포괄적인 장애의 개념과 범주를 설명하는 ICIDH-2는 기능 · 구조장애, 활동, 참여라는 세 가지 차원으로 나누어 설명하고 있다.

〈표 1-2〉 국제장애분류(ICIDH-2)

구분	손상 (impairments)	활동 (activities)	참여 (participation)	상황요인 (contextual factors)
기능의 수준	신체 (신체의 부분)	개인 (전체로서의 개인)	사회 (사회와의 관계)	환경적 요인(기능상에 영향을 미치는 외적요인) 개인적 요인(기능상에 영향을 미치는 내적요인)
특징	신체기능 신체구조	개인의 일상 활동	상황에서의 관련	신체적, 사회적, 태도적 측면의 형태
긍정적 측면	기능적 · 구조적 통합	활동	참여	촉진요소
부정적 측면	손상	활동제한	참여제한	장벽, 어려움

출처: WHO(1997). International Classification of Impairments, Acivties and Participation: A manual of dimensions of disablement and functioning.

〈표 1-2〉와 같이 장애인의 사회참여, 상호작용을 고려한 사회적 관계를 포함하는 이 분류는 장애인뿐만 아니라 비장애인도 활동과 참여의 제한이 생길 수도 있다는 것을 반영하고 있다.

첫째, 손상(impairment)은 신체구조나 심리적이고 물리적인 기능상실을 의미한다. 신체기능과 구조와 관련한 것으로 기능상의 제한과 기능을 수행하는 데 능력이 부재함을 말한다.

둘째, 활동장애(activities)는 일상생활에서 기대되는 개인의 활동영역으로 보기, 듣기, 인지하기, 학습과 지식의 적용, 과업완수, 의사소통, 운동, 대인관계활동 등을 포함한다.

셋째, 참여(participation)는 환경과 장애인의 복잡한 상호작용의 규정으로, 사회적 현상을 다루면서 개인의 참여 정도와 참여를 촉진 또는 방해하는 사회적 반응들을 의미한다.

마지막으로 상황요인(contextual factors)은 앞선 세 가지에 모두 영향을 미치는 것으로 개인적인 환경에서부터 일반적인 환경까지 모두 확대된다.

이렇듯, ICIDH-2는 최초의 장애분류인 ICIDH-1에서 규정한 것처럼 신체적 기능손상이 능력 장애와 사회적 불리로 발전되는 것이 아니라 사회환경에서 활동의 제약을 받게 되면서 사회활동의 참여에도 제한을 받게 된다는 것을 의미하고 있다.

3) ICF
(International Classification of Functioning, Disability and Health)

세계보건기구(WHO)는 ICIDH-2를 근간으로 5년 동안의 현장검증과 국제회의를 거쳐 2001년 5월에 세계보건위원회(World Health Assembly)에서 ICF를 세계적으로 통용될 수 있도록 승인하였다. ICF는 장애를 개별적 건강상태와 환경적 요인의 상호작용의 결과로 보는 ICIDH-2의 내용을 포함하면서 환경 지향적이고 긍정적인 측면으로 수정한 장애분류이다.

〈표 1-3〉 국제장애분류(ICF)

<table>
<tr><th>구분</th><th colspan="2">영역 1: 기능과 장애</th><th colspan="2">영역 2: 상황적 요인</th></tr>
<tr><td>구성
요소</td><td>신체기능 및 구조</td><td>활동과 참여</td><td>환경적 요소</td><td>개별적 요소</td></tr>
<tr><td>영역</td><td>신체기능
신체구조</td><td>생활영역
(과업, 행동 등)</td><td>기능과 장애에
영향을 미치는
외적 영향력</td><td>기능과 장애에
영향을 미치는
내적 영향력</td></tr>
<tr><td>구성물</td><td>신체기능의 변화
(생리학)
신체구조의 변화
(해부학)</td><td>표준 환경에서의
과제수행 능력
현재 환경에서의
과제수행 정도</td><td>물리적 · 사회적 ·
인식적 측면에서
촉진 또는 방해하는
힘</td><td>개별 특성에 의한
영향</td></tr>
<tr><td rowspan="2">긍정적
측면</td><td>기능적 · 구조적
통합성</td><td>활동과 참여</td><td rowspan="2">촉진요소</td><td rowspan="2">해당 없음</td></tr>
<tr><td colspan="2">기능</td></tr>
<tr><td rowspan="2">부정적
측면</td><td>손상</td><td>활동제한 및
참여제한</td><td rowspan="2">장벽/ 방해물</td><td rowspan="2">해당 없음</td></tr>
<tr><td colspan="2">장애</td></tr>
</table>

출처: WHO (2001). ICF: International Classification of Functioning, Disability and Health.

ICF는 〈표 1-3〉과 같이 기능과 장애영역, 상황적 요인영역으로 크게 두 가지 요소로 나누어 구성된다.

첫째, 기능과 장애영역의 구성요소는 신체기능과 구조, 활동과 참여로 구성된다. 신체기능은 육체의 심리학적 기능을 포함하는 생리학적 기능을 말하며, 신체구조는 해부학적 부분을 말한다. 활동제한은 활동을 수행하는 데 겪는 어려움을, 참여제한은 생활상황에 개입하면서 겪는 문제를 의미한다.

둘째, 상황적 요인의 구성요소는 환경적 요소와 개인적 요소로 나뉜다. 환경적 요소는 기능과 장애의 모든 구성요소에 영향을 주며, 일상생활을 영위하는 물리적 · 사회적 · 인식적 환경을 구성한다. 개인적 요소는 개인의 삶과 생활의 개별적 배경이며, 건강 상태의 일부분이 아닌 개인의 특성을 구성한다.

ICF는 과거의 장애분류들과는 달리 개인적인 장애나 질병과 환경적 요소와 개인적 요소와의 상호작용에 의해 기능과 장애를 설명하고 있다. 즉, 특정영역에서의 개인들의 기능 수준은 의학적, 기능적 조건과 상황적 맥락의 상호작용의 결과라고 보는 것이다.

이 새로운 장애분류모델인 ICF가 제시되면서 장애개념에는 새로운 변화가 일어나기 시작했는데, 장애당사자의 자기결정과 선택은 물론 환경적 요인들을 강조하면서 단순모델에서 복합모델로 전환되었다는 점과 기존의 손상, 기능제약, 사회적 불리 등의 부정적인 용어가 아닌 신체구조와 기능, 활동과 참여, 환경적 요인 등의 긍정적인 용어를 통해 장애개념을 규정하는 변화가 크게 두각되었다고 할 수 있다.

2. 장애의 개념적 모델

세계보건기구(WHO)가 정의한 위 세 가지의 장애개념에서 보았듯이 장애인을 어떻게 정의하느냐에 따라 장애당사자와 이들을 위한 장애인복지의 관점이 달라질 것이다. 결국 장애의 개념 정의는 동 시대 각 나라의 사회적 · 문화적 · 경제적 수준과 깊은 연관을 맺게 된다.

이러한 장애의 개념은 의학적 개념과 사회적 개념으로 크게 나누어지며, 개념적 모델로 구분이 가능하다.

1) 개별적 모델

장애에 대한 개별적 모델은 의료적 모델이라고도 표현할 수 있다. 장애문제가 발생하는 지점을 '개인의 문제'에 핵심을 두고, 이러한 문제의 원인을 기능적 제한(impairment)이나 심리적 상실에서 기인한다고 본다. 이 관점은 불행한 개인에게 무작위적으로 발생하는 개별적 사건이라는 개인적 비극이론을 구성한다(Oliver, 1996). 개별적 모델은 개별적인 치료와 전문가의 주도와 지원, 훈련과 통제 등을 통해 개별적인 사회적응을 목적으로 하기 때문에 절대적인 전문가의 역할만을 강조한다. 그러나 이 모델은 다양한 환경에 따른 손상의 결과에 차이가 나타나는 사회적 맥락을 고려하지 못하고, 사회의 다양성을 인정하지 않는 단순한 의학적 정의에 가까운 모델이다.

2) 사회적 모델

장애에 대한 사회적 모델은 환경중심모델 또는 사회행동모델이라고 표현할 수 있다. 장애를 가진 사람이 사회로 통합되는 관점으로 '사회적인 문제'에 핵심을 두고 개별적 모델의 관점을 거부한다.

이 모델은 장애를 사회적 억압에서 비롯된 문제로 간주하는 관점으로, 장애는 장애인에 대한 제한을 함축하는 모든 것이며, 장애인의 욕구를 사회 내에서 수용하고 적합한 서비스를 제공하는 데 사회가 실패했음을 의미한다. 사회의 실패에 대한 결과는 무작위적으로 개인에게 주어지는 것이 아니라, 사회에서 체계화되고 제도화된 차별로 장애인 집단에게 전달되는 것이다(김용득 · 김진우 · 유동철, 2007). 따라서 장애인을 사회적 차별로 인해 불이익을 당하는 사람으로 바라보고, 사회적 · 제도적 차별 요소와 각종 장벽들을 제거하는 사회행동과 사회변화를 주도하는 주체로서의 장애당사자로 정의하는 모델이다. 즉, 권리의 주체를 장애당사자로, 소비자의 권리를 통한 장애상황에 따른 사회변화를 주도해 가는 데 의미를 부여하는 모델인 것이다.

〈표 1-4〉 개별적 모델과 사회적 모델의 비교

개별적 모델	사회적 모델
개인적 비극이론	사회억압이론
개인적 문제에 관심	사회적 문제에 관심
개별적 치료	사회적 행동
의료화	자조
전문가의 지배	개별적 · 집합적 책임
개별적 정체성	집합적 정체성
목표에 대한 전문가의 통제	장애인의 목표 선택
개별적인 적응	사회변화
환자 보호	소비자의 권리

출처: Oliver, M (1996). Understanding disability–from theory to practice (p. 34). New York, St: Martin's Press.

3. 장애개념의 변화와 우리나라의 과제

이상의 세계적인 장애개념의 변화 추이를 종합해 보면, 장애의 개념은 개인의 질병으로 인한 불행, 개인적 책임 등을 강조한 방향에서 사회적 차별로 인한 사회적 책임, 사회변화로 인한 권리 차원의 장애의 개념으로 변화해 가는 특징이 있다. 사회의 동정과 시혜 차원의 개념이 당당한 소비자로서의 주체로 인식되어 가는 변화가 눈에 띄게 나타나고 있고, 의료와 치료 중심의 일방적인 전문가 지향의 흐름에서 사회 속에서 존재하는 억압과 차별을 제거하는 사회적 불편에 대한 당사자 중심의 개념 정의로 그 개념 범위가 크게 확장되고 있음을 확인할 수 있다.

이러한 의학적 정의에서 사회적 정의로의 중심 이동은 개념변화의 흐름 자체로 그치지 않고, 장애인복지의 대의적 변화와 실천현장의 모습들을 변화시키고 또한 긍정적이고 다양한 변화와 발전에 대한 기대와 요구를 확장시키고 있다.

〈표 1-5〉 장애개념 변화의 현재와 전망

구분	기존	현재와 전망
책임	개인	사회
시선	동정과 비극	차이, 사회적 차별의 결과
의식	분리	통합
해결주체	전문가	장애당사자
해결방법	비당사자의 통제, 개별적 적응, 개별 치료	당사자의 선택과 결정, 사회변화(장벽 제거), 사회적 행동

이런 세계적인 흐름과 관련하여 우리나라의 경우에는 1988년 11월 장애인등록사업이 전국적으로 확대 실시되었고, 1989년 「장애인복지법」에서는 법적인 장애인을 지체장애, 시각장애, 청각장애, 언어장애, 정신지체의 5가지 범주로 한정하여 정의하였다. 이는 다른 나라들에 비해 장애범주가 협소하다는 많은 비판에 따라 2000년 「장애인복지법」 개정 이후 지체장애, 뇌병변장애, 시각장애, 청각장애, 언어장애, 정

신지체, 발달장애, 정신장애, 신장장애, 심장장애의 10가지 범주로 다시 확대되었다. 2003년에는 2차 장애범주 확대에 따라 안면장애, 장루 · 요루장애, 간장애, 호흡기장애, 간질장애 5가지 범주가 추가되어 현재 총 15가지 장애범주로 확대되어 시행되고 있다. 또한 이후 정신지체는 지적장애로, 발달장애는 자폐성장애로, 간질장애는 뇌전증장애로 명칭을 변경하였다.

이러한 장애인 등록 및 등급판정제도는 등록 장애인을 대상으로 복지서비스를 제공하고, 장애 국민과 관련한 현황을 파악하고 조사를 통해, 행정적 효율성을 제고할 목적 등을 위해 시행되어 왔다. 2007년 이전에는 각 장애유형별로 지정된 병원의 전문의에게 찾아가 장애등급 판정을 받아 지자체에 제출하면 보건복지부에 장애인으로 등록하는 방식으로 이루어졌다. 그러나 장애등급 판정의 객관성 결여의 문제가 계속 지적되고, 2007년 4월부터 중증장애인 수당 신규 신청자에 한해 국민연금공단에 장애등급 판정심사가 의뢰되면서 2011년 4월부터 신규 장애인 등록을 위한 모든 장애인은 국민연금공단에서 장애판정을 하고 심사하게 되었다.

그러나 우리나라의 장애개념과 종류를 결정하는 장애인등록제도는 장애등급에 따른 일괄적인 복지서비스로 인해 많은 문제점이 지적되어 오고 있다.

첫째, 장애인등록을 위한 등급판정의 제도가 수요자 중심이 아닌 행정편의의 공급자 중심 제도라는 점을 비판받아 왔다. 장애등급이나 유형에 맞춰진 복지서비스가 아닌 개별 장애인의 서비스 필요성을 중심으로 복지가 제공되어야 한다는 것이다(변경희 · 권선진 · 우주형 · 이은미 · 이미정 · 유병주, 2012).

즉, 장애인을 단지 의료적 측면에서 등급을 나누는 판정보다는 장애당사자가 어떤 서비스를 필요로 하는지, 어떠한 욕구가 있는지 개별적으로 판정하여 이에 기반한 서비스를 제공하는 방식으로 변화되어야 한다. 여전히 의료적 모델에 치우쳐 있는 이 등록제도는 장애등록의 사각지대가 광범위하게 발생하고 있다. 장애급여와 고용서비스 및 사회서비스 등 개별서비스(급여)별 수급 자격 기준으로서 장애평가를 실시하고 있는 주요 선진 외국과 달리 우리나라는 등록제도를 실시함으로써, 장애등급 심사가 공공 및 민간 장애인복지서비스의 진입 단계로 기능하는 매우 중요한 의의를 갖고 있다. 그러나 현행 우리나라 「장애인복지법」의 15개 장애유형의 장애등급 기준은 의학적으로 진단된 신체적 · 정신적 손상(impairment) 중심의 기준으로서, 손상의 결과로서 신체적 · 정신적 기능 제약(functional)과 개인의 사회경제적 요인(성, 연령, 교육수준, 경제활동 상태, 소득 등)들을 고려하지 않고 있다. 장애유형도 다르고, 각각의 문제와 어려움도 다른 데 비해 일괄적으로 동일 등급, 동일 서비스를 제공하다 보니 예산이 효율적으로 사용되지 못할 뿐 아니라, 지원과 혜택을 받는 장애당사자들의 만족도도 높아질 수 없는 것이 현실이다.

둘째, 의료적 모델의 장애개념을 적용하고 있음에도 현재의 장애범주가 모든 신체적 · 정신적 손상을 포괄하지 못하고 있다는 점이다. 예를 들어, 일상생활 및 사회생활에 상당한 어려움을 초래하는 손상에는 현행 15개 장애범주 외에 중증 피부 질환, 기질성 뇌증후군, 치매 등 다수의 질환이 있지만 이들 질환을 보유하고 있는 개인은 현재 장애인으로 등록할 수가 없다. 즉, 현재의 장애범주는 특정 질환과 손상 중심의 폐쇄적 체계라는 점에서 자원 할당의 중요한 가치인 형평성을 심각하게 저해하고 있다(이승기 · 윤상용 · 서동명, 2016).

이상과 같이, 우리나라 장애인등록제도는 심신의 손상과 기능장애로 인하여 일상생활에서 현저하게 불편함을 초래한 경우에 의사의 진단과 국민연금공단의 장애등급심사센터의 장애등급심사를 통하여 장애인의 등급을 결정하고 등록하는 것으로, 장애인에게는 서비스의 이용 진입 여부를 결정하는 필수불가결한 제도이다. 장애인으로 등록되지 못하거나, 심하지 않은 장애로 판정된 경우에는 장애로 인하여 일상생활을 영위하는 데 많은 어려움이 있음에도 불구하고 국가가 제공하는 서비스를 이용하지 못하고 배제되는 것이 현실이다. 우리나라 현행 장애인등록제도의 보완을 위한 결정적인 과제들은 행정편의 중심의 일방적이고 단순한 평가 방식이 아닌, 장애당사자(소비자) 중심 · 삶의 영역에 중심을 둔 다면적 평가방식으로의 변화, 장애당사자의 일상생활과 사회생활에 영향을 주는 사회경제적 요인들을 함께 고려하는 방식으로의 변화, 장애당사자의 욕구 중심과 권리보장을 위한 방향으로 현실화되어야 할 것이다.

4. 우리나라 장애 인구의 현황과 변화추이

우리나라는 장애인의 장애특성, 생활 전반에 걸친 다양한 영역의 생활실태와 욕구를 파악하여 장 · 단기 장애인복지 정책을 수립하기 위해 「장애인복지법」 제31조와 동법 시행령 제18조 내지 제19조 규정에 의거 장애인 실태조사를 시행하고 있다. 1980년 이후 매 5년마다 전국적으로 장애인 실태조사가 시행되어 왔으나, 2007년 「장애인복지법」 개정으로 조사 주기가 3년으로 단축되어 시행해 오고 있다. 우리나라에서 유일하게 장애 출현율 통계 지표를 생산할 뿐만 아니라, 전국 장애인에 대한 심층 면접 조사를 통해 장애인의 다양한 생활 실태와 복지서비스 이용 등에 대한 신뢰성 있는 기초 실태를 제시하고 있는 최근 2023년에 실시된 열한 번째 「2023년 장애인 실태조사」를 중심으로 과거 실시된 실태조사 결과와 비교하여, 우리나라 장애인구의 현황과 변화추이, 일반적 특성들을 살펴 보고자 한다.

1) 등록장애 인구 변화 추이

〈표 1–6〉 장애 인구 변화 추이

구분	등록장애인수	전체
2023년	2,630,374	2,657,397
2020년	2,622,950	2,623,201
2017년	2,580,340	2,668,411
2014년	2,646,064	2,726,910

출처: 한국보건사회연구원(2024). 2023년 장애인 실태조사. 재구성.

우리나라의 등록 장애인은 265.7만 명(2023년 기준)으로 2020년에 비해 약 3.4만 명 증가하는 등 지속적인 증가 추세를 보이고 있다. 두드러진 특징으로는 우리 사회가 점차 고령화 사회로 접어듦에 따라 장애노인의 지속적인 증가 경향을 보이고 있다는 점이다.

장애인구 중 65세 이상 노인의 비율은 54.3%로 2020년(49.9%)에 비해 4.4% 증가하였음을 〈표 1-7〉을 통해 확인할 수 있다.

〈표 1-7〉 장애 인구 연령 분포

(단위: %, 명)

구분	2008년	2011년	2014년	2017년	2020년	2023년
만 0~17세	3.9	3.5	2.7	3.3	3.0	3.1
만 18~29세	4.0	4.2	4.1	4.6	4.2	3.9
만 30~39세	7.4	7.2	6.7	4.8	4.8	4.0
만 40~49세	16.7	14.2	12.5	10.4	9.5	8.0
만 50~64세	32.0	32.1	30.7	30.3	28.7	26.8
만 65세 이상	36.1	38.8	43.3	46.6	49.9	54.3
계	100.0	100.0	100.0	100.0	100.0	100.0

출처: 한국보건사회연구원(2024). 2023년 장애인 실태조사. 재구성.

또한, 장애인 1인 가구는 26.6%로 2020년(27.2%) 대비 0.6% 감소하였다.

〈표 1-8〉 1인 가구 비율

구분	2011년도	2014년도	2017년도	2020년도	2023년도
1인 가구	17.40%	24.30%	26.40%	27.20%	26.60%

출처: 한국보건사회연구원(2024). 2023년 장애인 실태조사. 재구성.

2) 장애인구의 일반적 특성

장애인구의 교육 정도를 분석해 보면, 25세 이상 장애인은 대학 이상 학력자가 17.8%로 2020년 14.4%에서 증가하는 경향을 보였고, 무학 비율은 2023년 8.3%로 지속적으로 감소현상을 보였다.

〈표 1-9〉 장애인구의 교육 정도

(단위: %)

구분	2011년도	2014년도	2017년도	2020년도	2023년도
무학	12.3	12.0	10.9	9.2	8.3
초등학교	33.0	29.4	27.5	28.4	27.1
중학교	18.4	16.0	16.8	18.1	16.1
고등학교	24.5	27.2	29.6	29.9	30.6
대학 이상	11.8	15.3	15.2	14.4	17.8
계	100.0	100.0	100.0	100.0	100.0

출처: 한국보건사회연구원(2024). 2023년 장애인 실태조사. 재구성.

장애인 중 국민기초생활보장 생계급여 수급자 비율은 17.4%로 2020년의 19.0%에 비해 1.6% 감소하였고, 주거급여의 수급률은 20.7%로 2020년의 14.7%에 비해 6% 포인트 증가했다.

〈표 1-10〉 국민기초생활보장 급여 유형별 수급

(단위: %)

구분	2017년도	2020년도	2023년도
생계급여	15.0	19.0	17.4
의료급여	16.2	25.8	17.3
주거급여	14.4	14.8	20.7
교육급여	1.4	1.8	1.2

출처: 한국보건사회연구원(2024). 2023년 장애인 실태조사. 재구성.

주관적 건강인지율은 건강상태가 '좋음 또는 매우 좋음'이라고 응답한 비율은 20.3%로 2020년에 비해 다소 상승하였으나 나쁜 편에서는 46.2%로 2020년에 비해 큰 차이가 없었다. 나쁨으로 응답한 비율이 감소하고 있으나 아직은 절반 가까이 우울감 생활에서의 스트레스 경험률이 높은 것으로 나타나고 있다.

〈표 1-11〉 주관적 건강상태(주관적 건강인지율)

(단위: %)

구분		장애인		
		2017년도	2020년도	2023년도
주관적 건강상태	좋음	14.9	14.0	20.3
	보통	33.8	37.3	33.6
	나쁨	51.3	48.7	46.2
계		100.0	100.0	100.0

출처: 한국보건사회연구원(2024). 2023년 장애인 실태조사. 재구성.

또한 장애인의 정기적 보건 · 의료서비스 이용은 낮아지고, 미충족 의료서비스 경험 비율은 높아져서, 지난 코로나19 및 사회환경 변화로 보건 · 의료서비스 이용에 어려움을 겪는 것으로 나타났으며, 장애인의 88.5%가 최근 1년간 자신의 장애에 대한 치료, 재활, 건강관리를 포함하여 정기적 · 지속적 진료를 이용하고 있다고 조사되었는데, 이는 2020년에 비해 12.2% 증가한 수준임을 확인할 수 있다.

〈표 1-12〉 현재 치료, 재활, 건강관리 목적의 정기적 · 지속적 진료 여부

(단위: %)

구분	2011년도	2014년도	2017년도	2020년도	2023년도
지속적 진료 받음	72.4	78.3	82.3	76.3	88.5
지속적 진료 받고 있지 않음	27.6	21.7	17.7	23.7	11.5
계	100.0	100.0	100.0	100.0	100.0

출처: 한국보건사회연구원(2024). 2023년 장애인 실태조사. 재구성.

그리고 〈표 1-13〉에서 장애인의 17.3%가 최근 1년간 병 · 의원에 가고 싶을 때, 가지 못한 경험이 있는 것으로 나타나 2020년에 비해 큰 폭으로 감소하였다. 그 주된 이유는 '의료기관까지 이동 불편', '경제적 이유', '시간이 없어서', '증상의 가벼움' 순으로 나타났으며 이는 2020년 코로나19 등으로 인해 일시적으로 나타났던 현상으로 볼 수 있다.

〈표 1-13〉 연간 미충족 의료율(병 · 의원) 및 주된 이유

(단위: %)

구분	2014년도	2017년도	2020년도	2023년도
연간 미충족 의료율	19.1	17.0	32.4	17.3
경제적인 이유	58.8	39.2	20.8	27.8
의료기관까지 이동 불편	15.2	25.0	29.8	36.5
증상의 가벼움	6.4	6.9	19.3	6.0
시간이 없어서	-	13.7	19.3	13.0

출처: 한국보건사회연구원(2024). 2023년 장애인 실태조사. 재구성.

코로나19 장기화는 사회 전반적인 영역에 영향을 주었으며, 장애인의 일상 생활에도 큰 영향을 주었다. 〈표 1-14〉에서 코로나19는 2020년 조사 당시 장애인이 경험한 가장 큰 어려움은 외출, 경제활동, 정서적 안정, 의료 이용의 순으로 어려움을 겪고 있다고 조사되었고 2023년에는 외출, 경제활동 및 전반적인 분야에서 '거의 해소되었다'는 응답으로 대부분의 어려움이 해소된 것으로 나타났다.

〈표 1-14〉 코로나19 감염 확산 기간 동안 경험했던 어려움 해소 정도

(단위: %)

구분	2020년도 현황			코로나19 2023년도 해소 정도			
	어려움 없음	다소 어려움	상당히 어려움	어려움 없었음	거의 해소 되었음	약간 해소 되었음	해소되지 않음
식료품 및 일상용품 구매	57.5	33.3	9.2	40.9	54.6	3.9	0.7
경제활동 (출퇴근, 실직 · 휴직, 휴업 등)	51.6	30.7	17.7	29.7	57.8	10.5	2.0
사회서비스 이용	52.3	34.6	13.1	20.7	71.7	7.1	0.4
의료 이용 (병 · 의원, 약국 이용)	48.5	37.9	13.6	25.4	65.4	8.3	0.9
교육 활동 (학교, 학원, 온라인 학습)	56.4	32.5	11.0	24.8	69.2	5.3	0.6
외출	39.7	40.4	19.9	29.0	63.9	6.0	1.1
정서적 안정	41.9	42.5	15.5	31.4	53.7	12.9	2.0

출처: 한국보건사회연구원(2024). 2023년 장애인 실태조사. 재구성.

3) 변화 추이와 시사점

우리나라 장애인구의 변화 중 인구학적 특성으로 가장 두드러진 변화는 장애노인의 증가를 들 수 있다.

노령 장애인의 증가가 지속되는 상황에서 노인문제와 장애인문제를 이중적으로 경험하는 장애를 가진 어르신들을 위한 다양한 정책의 수립과 반영, 즉 장애인복지와 노인복지의 대상이 상당 부분 겹치고 일치되는 부분을 어떻게 정책적으로 뒷받침할 수 있는가가 향후 장애인복지의 중요한 과제가 될 전망이다.

또한, 2023년 장애인 실태조사에서 확인된 장애인구 현황과 생활실태의 변화추이에 따른 정책 변화의 시사점을 장애인의 일상생활에서 중요한 다섯 가지 생활영역별로 나누어 짚어 보면 다음과 같다.

첫째, 장애인의 보건의료(건강) 영역에서 장애유형에 따라 건강과 질환상태, 입원과 진료, 건강관리 등의 양상이 매우 다르게 나타나는 특징이 있다. 이는 기본적으

로 장애유형과 특성에 따른 맞춤형 접근과 지원이 개별적으로 이루어져야 한다는 점을 시사하고 있다. 이와 함께 장애인의 의료기관 이용실태는 이전의 조사에 비해 높아진 반면, 전체의 1/3 정도는 원하는 진료를 받지 못하고 있는 실정으로, 의료기관까지 이동의 불편과 경제적인 이유가 절반을 차지하여 장애인들의 미충족 의료율을 해소하기 위한 이동편의 추가 대책과 경제적 부담 경감 대책이 강화되어야 할 필요가 있다.

둘째, 일상생활 지원영역에서 많은 장애인이 상당한 어려움을 겪고 있다. 스스로 일상생활을 영위하기 어려운 장애인의 경우 필연적으로 외부의 도움을 받아 생활해야 하는데, 지난 2007년부터 장애인활동지원제도와 노인장기요양보험제도를 통하여 중증장애인과 어르신들의 일상생활지원서비스를 제공하고 있지만 제도의 확대와 개선으로 양질의 서비스 제공이 강화되어야 함을 시사하고 있다. 특히 뇌병변장애, 발달장애(지적장애, 자폐성장애)의 서비스 공급량의 확대는 지속적으로 반영되어야 하는 장애인복지 정책의 과제로 제시되어야 한다.

셋째, 직업생활 분야에서는 대부분의 장애인들이 원하는 직장의 고용형태는 임금근로 형태였다. 따라서 취업알선 시 가능한 한 임금근로가 가능한 직장으로의 지원과 배치 노력이 요구되었고, 장애유형별로 국가에 요구하는 직업재활의 지원분야가 상이한 것으로 나타남으로써 장애인의 직업생활을 위해 정부정책도 장애특성에 따라 전문적이고 세부적인 정책이 실현되어야 함을 보여 주고 있다. 특히 취업 중인 장애인의 종사직종은 단순노무종사자 비율이 36.7%로 가장 많고, '서비스 종사자' 10.8%, '농림 · 어업 종사자'와 '기능원 및 관련 기능 종사자' 각각 9.5%, '장치 · 기계 조작 및 조립 종사자' 7.7%, '전문가 및 관련 종사자' 6.4%, '판매 종사자' 5.8%의 순서로 조사되었다.

장애유형별로는 지적장애의 경우 '단순노무종사자' 비율이 83.1%로 대부분을 차지하고 정신장애(64.4%), 자폐성장애(55.2%), 언어장애 (51.5%), 청각장애(47.9%) 등에서도 '단순노무종사자' 비율이 다른 장애유형에 비해 상대적으로 높은 것으로 나타났다. 일반적으로 단순 노무직은 근무환경이 상대적으로 취약하고 임금수준도 낮은 한계점이 존재함으로 이 직종에 종사하는 장애인을 위한 근무환경개선과 임금지원 등이 중요한 과제임을 확인할 수 있다. 국가차원의 장애인식 교육 강화, 실질적인 임금 개선, 다양한 맞춤형 취업정보 제공, 욕구중심의 직업능력개발 기회 확대와 같은 정책적 방안 마련과 시행이 요구되는 대목이다.

그리고 우리나라 장애당사자들이 사회 및 국가에 대해 가장 우선적으로 요구하는 사항은 소득보장(43.9%), 의료보장(26.9%), 주거보장(6.5%), 고용보장(7.9%) 순으로 고용보장만 2020년 조사당시 고용보장(3.6%)비해 두배정도 상승하였지만 다른 자료는 과거 실태조사의 욕구와 유사한 결과가 도출되었다. 따라서 국가의 장애인복지정책은 장애수당과 장애인연금 등 현금급여의 수준과 대상을 확대하는 것에서부터 지역사회중심의 의료서비스와 안정적 주거정책, 고용서비스 등의 욕구를 충족하는 방향으로 변화가 이루어져야 함을 보여 주고 있다.

결국 향후 우리나라 장애인복지는 장애당사자들도 비장애인과 동등하게 행복하고 건강한 삶, 경제사회적 안전, 지역사회에서의 평등한 교육과 훈련기회, 당사자의 참여가 보장되는 권리중심의 자립생활 실현이라는 정책적 변화가 더욱 가속화되어야 한다는 시사점과 과제를 안고 있다.

'CHAPTER 02' 장애의 유형 및 특성

SOCIAL WELFARE FOR PEOPLE WITH

장애의 유형은 장애를 어떻게 정의하느냐에 따라서 그리고 기준을 어디에 두느냐에 따라 분류를 달리할 수 있다. 우리나라 「장애인복지법」에서는 장애유형을 일상생활 또는 사회생활의 활동을 기준으로 하여 1999년 법 개정 전까지는 지체장애, 시각장애, 청각장애, 언어장애, 정신지체 등의 5대 장애유형을 장애범주에 포함시켰으나, 개정 후 2000년에 정신장애와 발달장애, 신장과 심장의 내부장애 등이 포함되면서 10가지의 장애로 확대되었다. 이어 2003년 7월부터 2단계 장애 범주가 확대 실시되어 지체, 뇌병변, 시각, 청각, 언어, 정신지체, 발달장애, 정신, 심장, 신장, 호흡기, 간, 안면변형, 장루 · 요루, 간질장애 등 15종으로 확대되었고, 2007년 법 개정에 따라 정신지체를 지적장애, 발달장애를 자폐성장애로 명칭을 변경하였으며, 2015년부터는 간질장애를 뇌전증장애로 변경하여 사용하고 있다.

〈표 2-1〉「장애인복지법」에 따른 장애유형 분류

대분류	중분류	소분류	세분류
신체적 장애	외부 신체 기능의 장애	지체장애	절단장애, 관절장애, 지체기능장애, 척추장애, 변형 등의 장애
		뇌병변장애	뇌의 손상으로 인한 복합적인 장애
		시각장애	시력장애, 시야결손장애, 겹보임(복시)
		청각장애	청력장애, 평형기능장애
		언어장애	언어장애, 음성장애, 구어장애
		안면장애	안면부의 추상, 함몰, 비후 등 변형으로 인한 장애
	내부 기관의 장애	신장장애	투석치료 중이거나 신장을 이식 받은 경우
		심장장애	일상생활이 현저히 제한되는 심장기능 이상
		간장애	일상생활이 현저히 제한되는 만성 · 중증의 간기능 이상
		호흡기장애	일상생활이 현저히 제한되는 만성 · 중증의 호흡기기능 이상
		장루 · 요루장애	일상생활이 현저히 제한되는 장루 · 요루
		뇌전증장애	일상생활이 현저히 제한되는 만성 · 중증의 뇌전증
정신적 장애	발달 장애	지적장애	지능지수가 70 이하인 경우
		자폐성장애	소아청소년 자폐 등 자폐성 장애
	정신 장애	정신장애	조현병, 조현정동장애, 양극성정동장애, 재발성우울장애, 뇌의 신경학적 손 상으로 의한 기질성 정신장애, 지속적 치료에도 호전되지 않는 강박장애, 투렛장애(Tourette's disorder), 기면증

출처: 한국보건사회연구원(2024). 2023년 장애인 실태조사.

이와 같은 장애범주의 확대와 함께 장애등급제 폐지에 대한 논의가 활발히 진행되었으며, 그 결과 2019년 7월부터 장애인등급제가 폐지되어 시행되고 있다.

장애등급제 폐지는 장애 정도가 심한 1급 장애인만이 활동보조서비스의 대상이 되는 부당성을 시정하고, 장애등급에 상관없이 모든 장애인을 대상으로 활동보조서비스가 시행되어야 한다는 의미에서 논의가 시작되었다(이승기, 2015). 이후 2013년 장애판정체계기획단이 구성되었으며, 2015년 6월부터 서울시 구로구 등 6개 지역 3,000여 명을 대상으로 1차 시범사업을 실시하였고, 2016년 6월과 2017년 4월부터 각각 2차와 3차 시범사업을 실시하였다. 세 번의 시범사업 결과를 토대로 2017년 12월에 장애등급제 폐지 및 종합조사 도입 근거 마련을 위한「장애인복지법」개정,

「장애인활동지원에관한법률」 개정 등 제도 시행을 위한 법적 근거가 마련되었다.

이에 따라 2019년 7월부터 그동안 의학적 상태에 따라 1급부터 6급까지 세부등급을 부여하던 장애등급 분류가 폐지되고, 장애 정도에 따라 장애의 정도가 심한 장애인(중증), 장애의 정도가 심하지 않은 장애인(경증) 등 2단계로 구분하여 시행하고 있다(보건복지부, 2019).

1. 지체장애

1) 정의

지체장애란 질병이나 외상 등으로 몸통과 사지의 골격, 근육, 신경 중 어느 하나의 일부나 전체에 기능장애가 발생하여 운동장애 또는 감각장애의 증상이 나타나게 되는 것을 말한다. 그러나 이러한 증상이 일시적일 때는 지체장애라고 하지 않으며, 그 장애가 영구적으로 남아있을 경우에 지체장애라고 한다. 지체장애는 발생인구가 가장 높은 비중을 차지하는 장애유형으로, 절단장애, 관절장애, 지체기능장애, 변형 등의 장애로 구분된다.

2) 특성

장애 종류가 다양한 만큼 공통된 특성을 찾기 또한 쉽지 않다. 운동장애에 의한 직접적인 요인과 환경의 간접적인 요인과의 상호작용에 의해 발달상의 특징이나 문제가 나타나기도 한다.

(1) 신체적 특성

일반적으로 신체적 발달이 느리고 발달의 개인차가 심하며 불규칙적인 발달을 한다.

(2) 지능적 특성

본질적으로 지능이 비장애인과 비교하여 열등하다고 볼 수 없으나 운동장애를 가지고 있으므로 유아기 탐색활동을 제한시키고 학령기에는 경험 부족을 유발시켜 학업부진이나 학습장애를 일으키는 경우가 있다(이채식 외, 2008).

(3) 행동적 특성

감각을 통한 학습의 제한과 지각장애에 의한 인지부족으로 행동발달이 비장애인 수준에 미치지 못하는 경우가 있다. 또한 지체장애는 질환의 원인, 장애의 정도, 부위, 발생기간 등에 따라 다양한 차이가 있을 수 있으나 대개 행동의 범위가 제한되어 접촉하는 사람의 수와 기회가 적기 때문에 사물이나 사람에 대한 경험이 부족할 수 있다.

(4) 심리적 특성

비장애인에 비해 욕구불만, 열등감, 사회성 미숙 등 개인에 따라 독특한 특성을 형성하여 자신의 장애 때문에 위축되거나 자아존중감을 저하시키는 방향으로 작용하기도 한다(박옥희, 2006).

3) 원인

지체장애 발생 원인은 크게 선천적 원인과 후천적 원인으로 나누어 살펴볼 수 있는데, 발생원인 가운데 98.3%는 후천적 원인에 의한 것으로 2023년 장애인 실태조사에서 나타났다(한국보건사회연구원, 2024). 선천적 원인은 1.5%로 극히 적은 것으로 나타났으며 선천적 원인은 정확한 원인을 찾지 못하는 경우가 많고, 밝혀진 원인도 수없이 많은데 유전, 염색체 이상, 심한 대사장애, 임신 중 흡연, 약물복용, 방사선 조사, 매독 혹은 풍진 등의 감염, 조산 또는 난산, 혈액형 부조화, 고령임신 등이 원인으로 제시되고 있다. 후천적 요인은 재해 등으로 인한 외상과 당뇨 혹은 관절염 등 만성질환이 원인이 되고 있다.

4) 종류

지체장애는 절단장애, 관절장애, 지체기능장애, 변형 등의 장애로 구분할 수 있다.

(1) 절단장애

절단장애는 사지의 일부를 상실하는 것을 의미하며, 크게 상지(팔)절단과 하지(다리)절단으로 나눌 수 있다. 선천적으로 나타난 경우도 있지만, 외상(교통사고, 산업재해 등) 이나 수술(혈액순환장애)로 인한 절단 등 대부분 후천적 요인으로 발생하고 있다.

〈표 2-2〉 절단장애의 장애 정도 기준

부위	장애 정도	장애 기준
상지(팔)	중증	1. 두 손의 엄지손가락과 둘째손가락을 잃은 사람 2. 한 손의 모든 손가락을 잃은 사람
	경증	1. 한 손의 엄지손가락을 잃은 사람 2. 한 손의 둘째손가락을 포함하여 두 손가락을 잃은 사람 3. 한 손의 셋째손가락, 넷째손가락 및 다섯째손가락을 모두 잃은 사람
하지(다리)	중증	1. 두 다리를 가로발목뼈관절 이상의 부위에서 잃은 사람 2. 한 다리를 무릎관절 이상의 부위에서 잃은 사람
	경증	1. 한 다리를 발목발허리관절 이상의 부위에서 잃은 사람 2. 두 발의 발가락을 모두 잃은 사람

(2) 관절장애

관절장애는 해당 관절의 강직, 근력의 약화 또는 마비, 관절의 불안정이 있는 경우를 말한다. 뼈와 뼈가 연결되는 곳을 관절이라 하는데, 관절이 움직일 수 있는 운동범위를 관절운동가동역(貫節運動加動力 : range of joint motion, ROM) 또는 관절운동범위라고 한다. 관절운동범위가 제한되어 있는 것을 관절강직이라고 하며, 관절이 한 위치에서 완전히 고정된 것을 완전강직, 관절운동범위가 감소된 것을 부분강직이라고 한다(정일교 · 김만호, 2010).

〈표 2-3〉 관절장애의 장애 정도 기준

부위	장애 정도	장애 기준
상지 (팔)	중증	1. 두 팔의 어깨관절, 팔꿈치관절, 손목관절 중 2개 관절기능에 상당한 장애가 있는 사람 2. 두 팔의 어깨관절, 팔꿈치관절, 손목관절 모두의 기능에 장애가 있는 사람 3. 두 손의 엄지손가락과 둘째손가락의 관절기능에 현저한 장애가 있는 사람 4. 한 손의 모든 손가락의 관절기능에 현저한 장애가 있는 사람 5. 한 팔의 어깨관절, 팔꿈치관절, 손목관절 중 2개 관절기능에 현저한 장애가 있는 사람 6. 한 팔의 어깨관절, 팔꿈치관절, 손목관절 모두의 기능에 상당한 장애가 있는 사람
	경증	1. 한 손의 둘째손가락을 포함하여 3개 손가락의 관절기능에 상당한 장애가 있는 사람 2. 한 손의 엄지손가락의 관절기능에 상당한 장애가 있는 사람 3. 한 손의 둘째손가락을 포함하여 2개 손가락의 관절기능에 현저한 장애가 있는 사람 4. 한 손의 셋째손가락, 넷째손가락, 다섯째손가락 모두의 관절기능에 현저한 장애가 있는 사람 5. 한 팔의 어깨관절, 팔꿈치관절 ,손목관절 모두의 기능에 장애가 있는 사람 6. 한 팔의 어깨관절, 팔꿈치관절 또는 손목관절 중 하나의 기능에 상당한 장애가 있는 사람
하지 (다리)	중증	1. 두 다리의 엉덩관절, 무릎관절, 발목관절 중 2개 관절 기능에 현저한 장애가 있는 사람 2. 두 다리의 엉덩관절, 무릎관절, 발목관절 모두의 기능에 상당한 장애가 있는 사람 3. 한 다리의 엉덩관절, 무릎관절, 발목관절 모두의 기능에 현저한 장애가 있는 사람
	경증	1. 두 발의 모든 발가락의 관절기능에 현저한 장애가 있는 사람 2. 한 다리의 엉덩관절, 무릎관절, 발목관절 모두의 기능에 장애가 있는 사람 3. 한 다리의 엉덩관절 또는 무릎관절의 기능에 상당한 장애가 있는 사람 4. 한 다리의 발목관절의 기능에 현저한 장애가 있는 사람

(3) 지체기능장애(팔, 다리의 장애와 척추장애)

팔, 다리의 기능장애는 팔 또는 다리의 마비, 관절의 강직으로 팔 또는 다리의 전체 기능에 장애가 있는 경우를 말한다. 마비에 의한 팔, 다리의 기능장애는 주로 말초신경계의 손상이나 근육병증 등으로 운동기능장애가 있는 경우이다.

척추장애는 척추가 질병이나 외상으로 손상을 받아 마비되어 장애를 갖게 되는 경우로서 척추장애는 대소변을 가릴 수 없으며, 체온과 땀을 조절할 수 없는 경우이다.

〈표 2-4〉 지체기능장애의 장애 정도 기준

부위	장애 정도	장애 기준
상지 (팔)	중증	1. 두 팔의 기능에 상당한 장애가 있는 사람 2. 두 손의 엄지손가락 및 둘째손가락의 기능을 잃은 사람 3. 한 손의 모든 손가락의 기능을 잃은 사람 4. 한 팔의 기능에 현저한 장애가 있는 사람
	경증	1. 한 팔의 기능에 상당한 장애가 있는 사람 2. 한손의둘째손가락을포함하여세손가락의기능에상당한장애가 있는 사람 3. 한 손의 엄지손가락의 기능에 상당한 장애가 있는 사람 4. 한 손의 둘째손가락을 포함하여 두 손가락의 기능을 잃은 사람 5. 한 손의 셋째손가락, 넷째손가락 및 다섯째손가락 모두의 기능을 잃은 사람
하지 (다리)	중증	1. 한 다리의 기능을 잃은 사람 2. 두 다리의 기능에 현저한 장애가 있는 사람
	경증	1. 두 발의 모든 발가락의 기능을 잃은 사람 2. 한 다리의 기능에 상당한 장애가 있는 사람
척추	중증	목뼈 또는 등·허리뼈의 기능을 잃은 사람
	경증	목뼈 또는 등·허리뼈의 기능이 저하된 사람

(4) 변형 등의 장애

어떤 신체 부분의 외적 모양이 일반적인 경우와 다른 것을 변형이라고 한다. 변형이 있을 때에는 일차적으로 외관상의 문제이지만 이보다는 이로 인한 기능저하가 더욱 문제가 된다. 변형은 태어날 때부터 있는 경우(선천성 기형)도 있지만 발생 빈도는 매우 적고 대부분은 소아마비나 척수손상에서와 같이 마비가 있을 때, 성장기에 있는 아동이 골성장판이 손상 받았을 때, 관절손상이나 골절 후 합병증으로 발생하는 경우 등이 대부분이다. 사지나 척추의 일부분이나 양하지가 매우 짧거나 신체의 전반적 발육부전으로 왜소한 경우도 변형에 포함되며, 흔히 볼 수 있는 척추의 변형으로는 척추측만증(옆으로 휘는 것)과 척추후만증(뒤가 튀어나오는 것)등이 있다.

〈표 2-5〉 변형 등의 장애의 장애 정도 기준

장애 정도	장애 기준
경증	1. 한 다리가 건강한 다리보다 5센티미터 이상 짧거나 건강한 다리 길이의 15분의 1 이상 짧은 사람 2. 척추옆굽음증(척추측만증)이 있으며, 굽은 각도가 40도 이상인 사람 3. 척추뒤굽음증(척추후만증)이 있으며, 굽은 각도가 60도 이상인 사람 4. 성장이 멈춘 만 18세 이상의 남성으로서 신장이 145센티미터 이하인 사람 5. 성장이 멈춘 만 16세 이상의 여성으로서 신장이 140센티미터 이하인 사람 6. 연골무형성증으로 왜소증에 대한 증상이 뚜렷한 사람

2. 뇌병변장애

1) 정의

1999년 「장애인복지법」 개정에 따라 기존의 지체장애 속에 포함되었던 뇌병변장애를 별도로 분류하였다. 뇌병변장애는 중추신경계의 손상으로 인한 복합적인 장애로 뇌손상, 뇌성마비, 외상성 뇌손상, 뇌졸중(腦卒中)등 뇌의 기질적 병변에 기인한 신체적 장애로 보행 또는 일상생활 동작 등에 상당한 제약을 받는 사람을 의미한다. 뇌의 기질적 병변으로 시각, 청각 또는 언어상의 기능장애나 지적장애가 동반된 경우는 중복장애로 인정하고 있다.

2) 특성

(1) 신체적 특성

뇌병변의 경우, 대개 언어장애를 가지고 있으며 시각과 청각 장애를 가지고 있는 경우도 있고 상지의 운동기능 장애로 인하여 인식활동이 충분치 못하므로 사물의 존재와 성질을 알아보려는 흥미와 관심이 많아 만져보고자 하는 습관을 가지고 있기도 하다.

(2) 지능적 특성

소수의 예를 제외하고, 대부분은 지능이 비장애인과 비교하여 열등하다고 볼 수 없으나, 후천적인 환경으로 인해 지능발달이 더딜 수도 있다.

(3) 행동적 특성

감각을 통한 학습의 제한과 지각장애에 의한 인지 부족으로 행동발달이 비장애인 수준에 미치지 못하는 경우도 있다. 또한 질환의 원인, 장애 정도, 부위, 장애 발생 기간 등에 따라 다양한 차이가 있을 수 있으나, 대개 행동의 범위가 제한되어 접촉하는 사람의 수와 기회가 적기 때문에 사물이나 사람에 대한 경험이 부족할 수도 있다.

(4) 심리적 특성

대개 비장애인에 비해 열등감, 불안, 공격성 등이 높게 나타나거나, 비현실적인 요소가 자아개념 속에 내포되어 있는 특성을 보이고 있다.

3) 원인

뇌병변장애의 원인은 거의 대부분인 88.5%가 후천적 원인에 의한 것으로 2023년 장애인 실태조사 결과 나타났다. 즉 선천적이거나 출생 시 원인은 매우 적었으며, 후천적 원인 중에는 질환이 78.0%로 가장 큰 비중을 차지하고 있었다(한국보건사회연구원, 2024).

뇌성마비는 일반적으로 신생아 1,000명당 6~7명꼴로 나타나고 있으며, 뇌성마비의 발생은 산모의 풍진감염, 약물중독 등으로 인한 태아의 뇌 발육부족, 출산 시 난산으로 인한 산소 결핍, 산모와 태아의 혈액형 불일치 등이 원인이 될 수 있지만, 뇌성마비의 약 20% 정도에서는 그 원인을 찾을 수 없으며 유전은 되지 않는다(정무성 외, 2012).

뇌졸중의 경우는 고혈압, 동맥경화, 고지혈증, 당뇨병, 심장질환 등으로 혈전이 떨어져 뇌혈관을 막아 발생하는 뇌경색과 혈관이 약해져 파혈되어 발생하는 뇌출혈 등 신경계 장애가 가장 큰 원인으로 알려져 있다.

4) 종류

(1) 뇌성마비

뇌성마비는 하나의 질병이 아니라 비슷한 임상적 특징을 가진 증후군들을 집합적으로 일컫는 용어로 미성숙한 뇌에 대한 비진행성 병변 혹은 손상으로 인하여 생기는 운동과 자세의 장애를 보이는 인상증후군이라고 통상적으로 정의하고 있다(이윤로, 2001). 뇌성마비는 고착된 마비로 인한 운동과 자세의 이상뿐만 아니라 지적장애, 뇌전증장애, 언어장애, 시각장애, 청각장애 등 여러 장애를 동반하는 것이 특징이다.

(2) 뇌졸중

뇌졸중(편마비, 중풍)은 뇌혈관장애로 갑자기 몸의 반대 측 절반에 마비가 온 것으로, 뇌혈관이 터져서 뇌에 피가 고이거나(뇌출혈), 뇌혈관이 막혀서 뇌에 피가 통하지 않아서 뇌세포가 손상되는 것(뇌경색)으로 나눌 수 있다. 뇌졸중 역시 뇌성마비와 같이 주요증상은 마비로서 언어장애, 시각장애, 인지능력장애, 안면신경마비 등을 동반하는 경우가 있다.

(3) 외상성 뇌손상

외상성 뇌손상은 교통사고, 산업재해, 스포츠 손상 등 각종 사고로 인해 뉴런(neurons)의 지원세포의 손상, 혈액 공급의 파열 등으로 뇌기능이 손상되어 신체적 기능, 인지기능 및 정신적 기능에 장애를 가져온다(유태완 · 김성철 · 김용환 · 최금주 · 허영숙, 2010).

〈표 2-6〉 뇌병변장애의 장애 정도 기준

장애 정도	장애 기준
중증	1. 보행 또는 일상생활동작이 상당히 제한된 사람 2. 보행이 경미하게 제한되고 섬세한 일상생활동작이 현저히 제한된 사람
경증	보행 시 절뚝거림을 보이거나 섬세한 일상생활동작이 경미하게 제한된 사람

3. 시각장애

1) 정의

시각장애란 눈의 기능에 저하가 있는 경우로 장애의 기준은 시력 또는 시야의 이상 유무 및 그 정도에 두고 있다. 교정시력 0.05 이하를 실명이라 하며, 전혀 보이지 않을 뿐 아니라 빛의 구별도 되지 않을 경우를 전맹 또는 완전실명이라 하고, 밝고 어두움을 구별할 수 있으며 약간 볼 수 있으나 1미터 앞의 손가락의 수를 구별할 수 없는 경우를 준맹이라고 분류한다. 또한 약시는 시력이 저하되어 기본적인 일상생활은 불편한대로 영위할 수 있으나 책에 실려 있는 보통 크기의 글자를 읽을 수 없는 상태를 말한다(문선화 · 이상호 · 김종윤 · 장수한 · 배의식 · 김현주, 2013).

시야란 눈으로 볼 수 있는 범위로서, 흔히 접하게 되는 시야의 제한으로는 시야의 절반이 가려지거나(반맹증 또는 반측시야결손), 1/4이 가려지는 경우도 있고, 또한 시야 중앙점으로 어떤 부분만을 볼 수 없는 경우도 있다.

2) 특성

시각장애인의 크기, 형태, 공간 개념은 촉각을 통해서만 형성된다. 따라서 학습상 문제, 지적 기능에 있어서도 다소 영향을 받을 수 있다(이채식 외, 2006). 하지만 지능에는 비장애인과 큰 차이가 없으며, 어휘력은 떨어지는 반면, 수리적 능력은 큰 차이를 보이지 않는 것으로 나타나고 있다(박옥희, 2006). 또한 시각장애인은 장애로 인한 잔존감각에 대한 자신감의 상실, 환경과의 현실적 접촉능력의 상실, 시각적 배경의 상실, 이동능력의 상실, 개인적 독립성의 상실 등 심리적인 문제를 겪기도 한다.

3) 원인

시각장애 발생 원인은 후천적 사고 및 질환에 의한 경우가 92.6%로 높았고 출생 전 또는 출생 시 발생하는 시각장애인 비율은 5.5% 정도로 나타났다(한국보건사회연구원, 2024). 시각장애의 원인으로는 외상 및 중독, 질환(안질환, 전신질환, 감염성질환), 유전적 요인 등을 들 수 있다. 전염성질환이나 영양실조로 오는 실명률은 낮아지고 있는 반면, 백내장, 녹내장, 포도막염 등의 질환과 산업재해, 교통사고 등으로 인한 중도 실명자는 늘어나고 있는 추세이다.

〈표 2-7〉 시각장애의 장애 정도 기준

부위	장애 정도	장애 기준
시력	중증	좋은 눈의 시력(공인된 시력표로 측정한 것을 말하며, 굴절이상이 있는 사람은 최대 교정시력을 기준으로 한다. 이하 같다)이 0.06 이하인 사람
	경증	1. 좋은 눈의 시력이 0.2 이하인 사람 2. 나쁜 눈의 시력이 0.02 이하인 사람
시야	중증	두 눈의 시야가 각각 모든 방향에서 5도 이하로 남은 사람
	경증	1. 두 눈의 시야가 각각 모든 방향에서 10도 이하로 남은 사람 2. 두 눈의 시야가 각각 정상시야의 50퍼센트 이상 감소한 사람 3. 두 눈의 중심 시야에서 20도 이내에 겹보임[복시(複視)]이 있는 사람

* 시력은 공인된 시력표에 의하여 측정한 것을 말하며, 굴절이상이 있는 사람에 대하여는 최대 교정시력을 기준으로 한다.

4. 청각장애

1) 정의

청각장애는 귀에서부터 뇌에 이르기까지 청각경로의 어느 부분의 이상으로 소리를 듣는 능력이 떨어진 상태를 의미하며, 정도에 따라 소리를 잘 알아듣지 못하는 난청(難聽)과 전혀 듣지 못하는 농(聾)으로 구분할 수 있다. 청각장애는 청력장애와 평형기능장애로 나눌 수 있는데, 청력장애는 청력검사를 평균순음청력수준치(데시벨)에 의하거나 청력장애표에 기술된 대화상의 어려운 정도로 판정하고, 평형기능장애의 경우 공간 내에서 자세 및 방향감을 유지하는 능력의 손실 및 감소에 의해 판정한다.

2) 특성

청각장애의 경우 단순한 청각장애가 갖는 문제보다, 소리를 듣지 못함으로 발생되는 2차적 장애가 발생하는 것이 더 큰 문제이다. 인지기능 자체는 건청인과 차이가 없으며, 의사소통의 어려움으로 학문 성취가 기대수준에 미치지 못하는 현실이다. 또한 정서불안이나 미숙, 자기중심성, 내향성, 의존성, 냉담성, 공격성 등의 정신적 특성을 나타내기도 하나, 청각장애 자체의 문제가 아니라 의사소통 장애에서 오는 스트레스 때문이라고 볼 수 있다(전용호, 2000). 그밖에 청각장애인들은 나름의 고유문화를 보유하고 있으며, 수어를 모국어로 생각하는 데 따른 이중 언어의 갈등을 겪기도 한다(권선진, 2008).

3) 원인

아동의 난청은 유전적 원인과 임신 중 질환, 풍진 및 바이러스성 질환, 임신 중 약물, 미숙아, 심한 황달, 저산소증, 출생 후 감염성 질환이나 외상, 중이염 등으로 발생한다. 그 외 노인성 난청이나 음향외상성 난청은 장기간 소음에 노출된 경우에 발생한다.

〈표 2-8〉 청각장애의 장애 정도 기준

부위	급수	장애 기준
청력	중증	두 귀의 청력을 각각 80데시벨 이상 잃은 사람(귀에 입을 대고 큰소리로 말을 해도 듣지 못하는 사람)
	경증	1. 두 귀에 들리는 보통 말소리의 최대의 명료도가 50퍼센트 이하인 사람 2. 두 귀의 청력을 각각 60데시벨 이상 잃은 사람(40센티미터 이상의 거리에서 발성된 말소리를 듣지 못하는 사람) 3. 한 귀의 청력을 80데시벨 이상 잃고, 다른 귀의 청력을 40데시벨 이상 잃은 사람
평형기능	중증	양측 평형기능의 소실로 두 눈을 뜨고 직선으로 10미터 이상을 지속적으로 걸을 수 없는 사람
	경증	평형기능의 감소로 두 눈을 뜨고 10미터 거리를 직선으로 걸을 때 중앙에서 60센티미터 이상 벗어나고, 복합적인 신체운동이 어려운 사람

5. 언어장애

1) 정의

언어장애란 말이 다른 사람의 말과 달라서 말 자체에 주의를 끌게 하거나, 의사소통을 방해하는 등 음성 기능이나 언어 기능에 영속적으로 상당한 장애가 있는 경우를 의미한다.

2) 특성

언어장애는 유아가 2년 6개월이 지나도 언어발달이 충분하지 않을 때 언어발달 지체, 7세에 이르러서도 완전하지 못할 때 언어장애가 있다고 본다. 일반적으로 언어장애는 지능과 상관관계가 약하나, 언어장애가 적절한 학습을 방해하므로 지능발달의 지체를 가져오기도 한다. 또한 언어장애인들은 의사소통이 부자연스럽기 때문에 대인관계나 사회적응력에 문제가 나타날 수 있으며, 이로 인해 사회생활에 어려움을 겪기도 한다.

3) 원인

언어장애의 원인은 선천적 원인보다 후천적 원인에 기인하는 경우가 많지만 그 원인이 복잡하고 다양하다. 대부분의 경우 음성기관이상, 언어중추이상, 지능지수의 저하, 언어발달지체 등의 원인을 들 수 있다. 「장애인복지법」에 의하면 언어장애는 기관적인 언어장애와 기능적인 언어장애로 나눌 수 있으며, 기관적인 언어장애는 신체적인 기관 이상의 원인에 기인한 것이며, 기능적인 언어장애는 기관에 이상이 없는 발달장애 또는 심리적인 원인에 의한 경우가 많다.

4) 종류

(1) 언어발달지체

정상적인 언어발달 단계에서 기대된 시기에 언어의 조직이나 구성이 지체되어 언어의 이해와 표현에 어려움을 겪는 경우이다. 대부분 지적장애아동에게서 나타나며 뇌성마비, 자폐, 행동장애, 정서장애, 청각장애 아동들에게도 공통적으로 나타난다. 아주 드물게 정상적인 발달 과정에 있는 일반 아동에게서도 언어발달지체가 나타나는 경우도 있다.

(2) 조음장애

조음장애는 조음기관(입술, 혀, 입천장, 인두강, 비강)의 잘못으로 인해 발음의 장애가 생긴 경우를 말한다. 조음장애는 말할 때 말소리를 생략, 대치, 왜곡 또는 첨가하는 형태로 나타난다. 예를 들면 아버지를 아지, 가위를 가뷔, 가위야, 사자를 아자, 해바라기를 해라바기 등으로 왜곡되게 발음한다.

(3) 음성장애

음성장애란 성대, 후두, 구강, 비강 등에서 일어나는 발성, 공명, 조음 등의 과정에 결함으로 인해 말소리와 높낮이, 크기, 음질이 일반인과 다른 차이를 보이는 경우를 말한다. 음성장애의 주 증상은 성대피로, 기식화된 소리, 성량의 감소, 실성증, 부적절하게 높은 소리, 쥐어짜는 소리, 떨림 등이 있다.

(4) 실어증

왼쪽 대뇌반구에 있는 언어중추의 장애로 인하여 말하기 · 듣기 · 읽기 · 쓰기 등 언어능력의 일부 또는 전부를 잃은 상태를 의미한다. 실어증의 형태는 대뇌의 손상 부위와 정도에 따라 다양하며, 그 특성에 따라 여러 종류의 실어증으로 나타난다. 말을 못하는 실어증, 남이 말하는 것을 이해하지 못하는 실어증, 대상의 이름을 대지 못하거나 단어를 올바르게 연결하지 못하는 실어증 등이 있다.

(5) 유창성 장애

유창성 장애는 말의 흐름 장애로서 말더듬과 속화증이 포함된다. 말더듬은 말을 시작할 때 혹은 도중에 호흡, 발성 및 구음에 관계되는 기관에 경련을 일으켜 유창한 발음을 할 수 없는 경우를 말한다. 속화증은 발음하려는 의욕과 언어운동능력 사이의 불균형에 의한 언어의 발육지연, 조급한 성격, 주의력 산만 등의 원인으로 말의 속도가 빠르며 구두어를 내는 데 어려움이 있고 문장 구조가 조직화되지 않아 조음의 문제를 갖는다.

〈표 2-9〉 언어장애의 장애 정도 기준

장애 정도	장애 기준
중증	음성기능이나 언어기능을 잃은 사람
경증	음성 · 언어만으로는 의사소통을 하기 곤란할 정도로 음성기능이나 언어기능에 현저한 장애가 있는 사람

6. 안면장애

1) 정의

안면장애는 안면 부위의 변형 또는 기형으로 인하여 사회생활을 하는데 있어 상당한 제약을 받는 경우이다. 안면장애에는 면상반흔, 색소침착, 모발결손, 조직의 비후나 함몰, 결손이 포함되는데, 여기서 '함몰이나 비후'라 함은 연부조직, 골조직 등의 함몰이나 비후, 위축을 말한다. '안면부'는 두부, 안면부, 경부, 이부와 같이 상지와 하지, 몸통 이외에 일반적으로 노출되는 부분을 의미하며, '노출된 안면부'라 함은 전두부와 측두부, 이개후부의 모발선과 정면에서 보았을 때 경부의 전면과 후면을 구분하는 수직선을 연결한 선을 경계로 얼굴, 귀, 목의 앞면을 포함한다. 또한 모발결손은 반흔을 동반한 모발결손에 국한하여 안면장애로 인정되고, 탈모증에 의한 것은 제외하고 있다. 그 밖에 얼굴 전면에 혈관종을 앓고 있거나 화상으로 인한 얼굴 변형도 그 정도에 따라 안면장애로 인정받을 수 있다(한국보건사회연구원, 2024).

2) 특성

안면장애인들은 장애로 인한 추가비용으로 의료비가 월 167,300원이 필요한 것으로 나타났다(한국보건사회연구원, 2021). 이는 장애로 인한 추가비용 항목 가운데 의료비에서 안면장애인이 가장 많은 비용을 지출하고 있는 것이다. 즉 계속되는 성형수술 등으로 인한 의료비 지출로 경제적인 어려움을 경험하게 되며, 의료비 지출이 발생하지 않는 장애가 고정된 경우라 하더라도 타인에게 혐오스러운 인상을 줄 수 있기 때문에 직장생활이나 기본적인 사회생활에서 배척되는 어려움을 겪을 수 있다(이채식 외, 2008).

3) 원인

2023년 장애인 실태조사 결과에 의하면, 안면장애의 원인은 후천적 원인에 해당하는 사고로 인한 경우가 70.6%, 질환으로 인한 경우가 14.5%로 나타났으며, 선천적인 원인에 의한 경우는 11.8%였다. 원인불명이 2.4%, 출생 시 원인이 0.7%이었다. 성별로는 남자가 선천적 원인, 후천적 질환에 의한 경우가 상대적으로 높았고, 여자는 후천적 사고에 의해 발생한 비율이 높았다(한국 보건사회연구원, 2024).

〈표 2-10〉 안면장애의 장애 정도 기준

장애 정도	장애 기준
중증	1. 노출된 안면부의 75퍼센트 이상이 변형된 사람 2. 노출된 안면부의 50퍼센트 이상이 변형되고 코 형태의 3분의 2 이상이 없어진 사람
경증	1. 코 형태의 3분의 1 이상이 없어진 사람 2. 노출된 안면부의 45퍼센트 이상에 백반증(白斑症)이 있는 사람 3. 노출된 안면부의 30퍼센트 이상이 변형된 사람

7. 신장장애

1) 정의

신장은 본질적으로 신체의 항상성을 유지하는 기관으로 필수 물질들과 수분을 보유하고 신체의 산/염기 균형을 유지함으로써 체액의 성분과 양을 조절하며, 또한 해독을 하고 독성물질, 외부침입자, 불필요한 물질들을 소변 형성과정을 통해 배출시키는 기능을 하며, 혈압 조절, 적혈구 생성, 인슐린과 다른 물질들의 신진대사와 같은 여러 기능들과도 관련이 있다. 신장장애는 일반적으로 만성신부전증을 의미하는 말로 신장기능이 90%이상 소실되어 혈액투석이나 복막투석 등 지속적인 치료와 관리를 받아야 하거나, 신장 기능의 영속적인 장애로 인해 일상생활에 상당한 제약을 받는 경우를 말한다.

2) 특성

신장장애인의 경우 대부분 후천적으로 발생하기 때문에 발달 과정상에 문제를 나타내지는 않고 있다. 하지만 병원치료로 인해 직업생활 유지가 어렵고, 이로 인해 치료비 부담과 취업 활동의 제한에서 오는 경제적인 고통을 함께 경험하고 있는 사람이 많은 것이 특징이다.

3) 원인

신장장애의 원인은 신장질환에 의한 것으로 만성 사구체신염, 당뇨병성신증, 고혈압성 사구체경화증 등으로 우리나라의 경우 당뇨병성신증이 34%로 가장 많은 비율을 차지하고 있으며, 말기 신부전환자의 발병률이 점차 증가하고 있다. 신부전의 원인은 과거에는 만성 사구체염에 의한 것이 많았으나, 현재는 사구체염의 치료가 향상된 반면, 당뇨병에 의한 만성 신부전이 가장 많다. 또한 루프스, 고혈압, 결석, 다낭성신증, 만성신우신염 등의 원인이 될 수 있다.

2023년 장애인 실태조사에 의하면 신장장애 장애발생 원인은 후천적 질환에 의한 경우가 98.8%로 대부분을 차지하였다. 후천적 원인의 구체적 내용은, 신장·비뇨·생식기계 질환이 68.2%, 대사 면역 및 내분비계 질환이 23.6%로, 심혈관 질환이 6.7% 등으로 신장 관련 질환 및 당뇨 등 신진 대사상 질환에 의한 경우가 91.8%로 높았다. 신장장애의 후천적 원인에서 성별 차이는 두드러지지 않았다(한국보건사회연구원, 2024).

〈표 2-11〉 신장장애의 장애 정도 기준

장애 정도	장애 기준
중증	만성신부전증으로 인하여 3개월 이상 혈액투석이나 복막투석을 받고 있는 사람
경증	신장을 이식받은 사람

8. 심장장애

1) 정의

심장은 사람 및 동물의 혈액순환의 원동력이 되는 기관으로 수축과 확장을 반복하여 혈액을 신체의 구석구석까지 보내는 펌프의 역할을 한다. 「장애인복지법」에서는 심장장애를 심장의 기능부전으로 인한 호흡곤란 등의 장애로 일상생활에 상당한 제약을 받는 경우로 정의하고 있다.

2) 특성

심장장애는 경우에 따라 호흡곤란이 수반되고, 심부전이 가벼울 경우에는 운동할 때에 증상이 나타나지만, 병세가 진행되면 가만히 있을 때도 호흡이 곤란하게 된다. 이에 따라 일상생활에 상당한 제약을 갖게 되고, 이는 사회생활 및 직장생활 제약으로 이어져 대인관계 형성이 축소되고, 경제적 능력 또한 상실되어 생활 곤란까지 경험하는 경우가 많다.

3) 원인

심장장애의 원인은 기질적인 심질환으로 인한 심장판막결손, 심장근육질환 등 심장의 손상이나 동맥폐쇄질환, 혈전후증후군 같은 혈관의 손상, 고혈압과 같은 혈압의 장애가 대표적인 원인이 되어 나타난다.

〈표 2-12〉 심장장애의 장애 정도 기준

장애 정도	장애 기준
중증	장기능의 장애가 지속되며, 가정에서의 가벼운 활동은 할 수 있지만 그 이상의 활동을 하면 심부전 증상이나 협심증 증상 등이 나타나서 정상적인 사회활동을 하기 어려운 사람
경증	심장을 이식받은 사람

9. 간장애

1) 정의

간장애는 간의 만성적 기능부전과 그에 따른 합병증 등으로 인한 간 기능의 장애로 인하여 일상생활을 하는 데 있어 상당한 제약을 받는 경우를 말한다. 간은 체중의 3%를 차지하는 체내 최대 장기로서 각종 영양소를 가공 처리하고 중요한 영양소들을 합성하고 공급하며, 혈액을 저장하는 역할, 담즙의 생성과 장으로 배출하는 역할, 외부에서 섭취 또는 체내에서 생성된 이물, 약물 등의 여러 가지 독소를 해독하는 작용을 한다.

2) 특성

간장애의 발생 시기는 남자의 경우 40대 37%, 50대 39.7%로 가장 높고, 여자의 경우 40대 33.1%, 50대 37.5%로 남녀 모두 장애 발생 연령대는 40~50대가 2/3 이상으로 가장 높았다(한국보건사회연구원, 2024). 이처럼 간장애인은 생애주기에서 중년기 이후에 나타나는 경우가 많아 사회적 영역의 확대 및 자녀 부양 등에 어려움을 겪을 수 있다. 간장애인은 일상생활에서 쉽게 피로감을 느끼며, 그로 인해 직장생활 및 사회적 관계에 많은 제약으로 경제적, 심리사회적 어려움을 겪게 된다.

3) 원인

간장애의 원인은 급성간염, 만성간염, 간경변증, 간암 등이며, 이러한 질환으로 인한 주요 증상은 전신피로감, 구토, 소화불량, 피부변화, 황달, 복부 팽만감, 호르몬 이상, 부종, 복수 등 다양한 증상이 나타난다. 또한 간 비대와 심하면 간성혼수에 빠지기도 한다.

〈표 2-13〉 간 장애의 장애 정도 기준

장애 정도	장애 기준
중증	1. 간경변증, 간세포암종 등 만성 간질환을 가진 것으로 진단받은 사람 중 잔여 간기능이 만성 간질환 평가척도(Child-Pugh score) 평가상 C등급인 사람 2. 간경변증, 간세포암종 등 만성 간질환을 가진 것으로 진단받은 사람 중 잔여 간기능이 만성 간질환 평가척도(Child-Pugh score) 평가상 B등급이면서 난치성 복수(腹水)가 있거나 간성뇌증 등의 합병증이 있는 사람
경증	간을 이식받은 사람

10. 호흡기장애

1) 정의

호흡기장애는 폐나 기관지 등 호흡기관의 만성적 기능부전으로 인한 호흡기능의 장애로 일상생활에 상당한 제약을 받는 경우를 말한다. 현재의 상태와 관련한 최초 진단 이후 1년 이상이 경과하고, 2개월 이상의 적극적인 치료에도 불구하고 호전의 기미가 거의 없는 만성 호흡기 질환의 경우에 장애로 진단한다.

2) 특성

호흡기장애를 가지고 있는 사람은 만성적으로 호흡곤란을 가지고 있고, 만성 폐쇄성 폐질환이 있는 사람에게서는 다량의 기침과 가래가 지속되며, 경우에 따라서는 기도폐쇄로 인하여 호흡할 때 쌕쌕 또는 가랑가랑하는 호흡음이 나타나기도 한다. 이와 같은 증상들로 인해 호흡기장애인은 사회생활 및 경제활동에 제한을 받게 되고, 이로 인해 대인관계 위축 및 경제적 어려움을 호소하기도 한다.

3) 원인

호흡기장애는 가장 흔한 만성 호흡기질환으로 만성 폐쇄성 폐질환, 만성 제한성 폐질환, 만성 환기장애 질환군, 만성 폐혈관 질환군 등이 있다(유태완 외, 2010).

첫째, 만성 폐쇄성 폐질환은 대개 40대 이후부터 만성적 기침, 호흡기질환의 재발 등으로 나타나기 시작하며, 주로 흡연이 원인으로 만성기관지염에서부터 폐기종까지 다양한 질환이 있다.

둘째, 만성 제한성 폐질환은 폐간질질환(간질 섬유증, 폐부종), 흉막질환(흉수, 혈흉), 흉벽 및 복부질환(신경근육전도장애, 흉곽기형, 심한 비만, 흉부 손상)으로 발생하며, 폐 용량 자체의 부족이나 산소 · 이산화탄소 환산능력의 감소 등에 의하여 호흡곤란 증세가 나타난다.

셋째, 만성 환기장애 질환군은 수면무호흡증, 뇌신경계의 이상, 횡경막 마비 등으로 인해 발생한다.

넷째, 만성 폐혈관 질환군은 폐동맥고혈압, 폐동맥혈전증, 폐동맥색전증, 폐혈관염 등으로 발생한다.

〈표 2-14〉 호흡기장애의 장애 정도 기준

장애 정도	장애 기준
중증	1. 만성호흡기 질환으로 기관절개관을 유지하고 24시간 인공호흡기로 생활하는 사람 2. 폐나 기관지 등 호흡기관의 만성적인 기능장애로 평지에서 보행해도 호흡곤란이 있고, 평상시의 폐환기 기능(1초시 강제날숨량) 또는 폐확산능(폐로 유입된 공기가 혈액내로 녹아드는 정도)이 정상예측치의 40퍼센트 이하이거나 안정시 자연호흡상태에서의 동맥혈 산소분압이 65밀리미터수은주(mmHg) 이하인 사람
경증	1. 폐를 이식받은 사람 2. 늑막루가 있는 사람

11. 장루 · 요루(腸瘻 · 尿瘻)장애

1) 정의

장루 · 요루장애[1]는 배변기능 또는 배뇨기능의 장애로 인하여 장루(腸瘻) 또는 요루(尿瘻)를 시술하여 일상생활을 하는 데 있어 상당한 제약을 받는 경우를 말한다. 복원수술이 불가능한 장루(복회음절제술 후 에스결장루, 전대장절제술 후 시행한 말단형 회장루, 요관피부루, 회장도관 등)의 경우에는 장루 조성술 이후 진단이 가능하며, 그 외 복원수술이 가능한 장루의 경우에는 장루 조성술 후 1년이 지난 시점에서 장애로 진단할 수 있다. 즉 수술 또는 치료로 회복이 될 수 있다고 판단하는 경우는 장애 진단을 유보한다.

2) 특성

장루 또는 요루장애인은 암의 치료를 위해 큰 수술을 받고 항상 재발을 걱정하면서 살아가는 상황에 놓여 있는 경우가 많다. 따라서 일정한 치료비용을 지속적으로 지출하는 부담을 안게 되며, 장루의 변형으로 인해 사회생활에 많은 지장을 받게 되면서 대인관계를 기피하게 되기도 한다(이채식 외, 2008).

3) 원인

장루 · 요루장애의 발생 원인은 드물게 각종 사고로 인한 경우도 있지만 대부분이 선 · 후천적 질병으로 발생된다. 우리나라 장루 · 요루의 원인은 2023년 장애인 실태조사에 의하면 후천적 질환에 의한 경우가 94.6%로 가장 많았고, 후천적 사고 4.6%, 선천적 원인 0.7%였다. 발생 원인에서 남녀 간의 차이를 보이지 않았다. 장

1) – 요루: 소변을 몸 밖으로 배출해 주기 위해 아랫배에 수술로 만든 개구(開ㅁ)- 대부분 방광암에 의함.
– 결장루: 복부를 통해 결장 부위에 수술로 만들어진 개구- 95%이상이 직장암, 대장암에 의함.
– 회장루: 아랫배를 관통하여 소장에 수술로 만든 개구

루 · 요루 장애의 후천적 원인은, 신생물(종양)질환에 의한 경우가 82.2%로 가장 높았고, 다음으로 소화기계 질환이 7.8%, 신장 · 비뇨 · 생식기계 질환이 5.3%, 교통사고(탑승자, 보행자)가 2.1% 등이었다(한국보건사회연구원, 2024).

〈표 2-15〉 장루 · 요루장애의 장애 정도 기준

장애 정도	장애 기준
중증	1. 배변을 위한 말단 공장루를 가지고 있는 사람 2. 장루와 함께 요루 또는 방광루를 가지고 있는 사람 3. 장루 또는 요루를 가지고 있으며, 합병증으로 장피누공 또는 배뇨기능장애가 있는 사람
경증	1. 장루 또는 요루를 가진 사람 2. 방광루를 가진 사람

12. 뇌전증장애

1) 정의

뇌전증장애는 뇌신경세포에서 나타나는 무질서한 전기 신호가 주변 뇌세포로 퍼지면서 나타나는 현상에 의해 발작이나 반복되는 경련으로 인해 일상생활이나 사회생활을 하는 데 있어 상당한 제약을 받아 다른 사람의 도움이 필요한 경우를 말한다.

2) 특성

뇌전증장애인은 예측없이 발생되는 증상으로 인해 직장생활이나 사회생활이 어렵다고 인식되고 있다. 또한 유전에 의한 발병으로 여기고 지적 능력 및 신체 능력이 떨어지는 것으로 오해하는 경우가 많다(정일교 외, 2010). 하지만 대부분의 뇌전증장애인들은 자신의 발작을 예측할 수 있어 적절히 대처할 수 있을 뿐만 아니라 꾸준한 약물치료만으로 충분히 발작을 예방할 수 있다. 따라서, 다수의 뇌전증장애인들은 행동, 능력, 정서적인 측면에서 비장애인과 큰 차이를 보이지 않는다.

3) 원인

뇌전증의 원인은 아직 정확하게 밝혀지지 않았으나, 대체로 발작의 형태로 그 원인을 추측하고 있다. 국소성 뇌전증은 후천적으로 신경세포의 손상을 초래하여 일으키는 것으로, 그 원인은 뇌전증의 발병 연령에 따라 다양하다. 즉 신생아나 소아기에는 선천성 뇌기형, 대사장애, 분만 시 합병증, 중추신경계 감염증이 주된 원인이 되고 있고, 청소년기-성인기에는 선천성 뇌기형, 뇌외상 등이 많으며, 중장년-노인에서는 뇌졸중, 뇌종양, 퇴행성 뇌질환 등이 주요한 원인으로 알려져 있다. 따라서 뇌전증은 모든 연령층에서 발생되지만, 특히 뇌손상이나 뇌질환이 호발하는 신생아기와 노년기에 가장 많이 발생한다. 전신 뇌전증의 경우는 원인불명인 경우가 많으나 유전적 요인과 전신성 대사성 질환이나 독성물질, 음주, 약물복용 및 남용 등이 그 원인으로 추측되고 있다(유태완 외, 2010).

〈표 2-16〉 뇌전증장애의 장애 정도 기준

구분	급수	장애 정도
성인 뇌전증	중증	만성적인 뇌전증에 대한 적극적인 치료에도 불구하고 연 6회 이상의 발작(중증 발작은 월 5회 이상을 연 1회, 경증 발작은 월 10회 이상을 연 1회로 본다)이 있고, 발작으로 인한 호흡장애, 흡인성 폐렴, 심한 탈진, 두통, 구역질, 인지기능의 장애 등으로 요양관리가 필요하며, 일상생활 및 사회생활에서 보호와 관리가 수시로 필요한 사람
	경증	만성적인 뇌전증에 대한 적극적인 치료에도 불구하고 연 3회 이상의 발작(중증 발작은 월 1회 이상을 연 1회, 경증 발작은 월 2회 이상을 연 1회로 본다)이 있고, 이에 따라 협조적인 대인관계가 곤란한 사람
소아 청소년 뇌전증	중증	전신발작, 뇌전증성 뇌병증, 근간대(筋間代) 발작, 부분발작 등으로 요양관리가 필요하며, 일상생활 및 사회생활에서 보호와 관리가 수시로 필요한 사람
	경증	전신발작, 뇌전증성 뇌병증, 근간대(筋間代) 발작, 부분발작 등으로 일상생활 및 사회생활에서 보호와 관리가 필요한 사람

13. 지적장애

1) 정의

지적장애는 일반적으로 지적능력이 떨어지거나 적응행동 수준이 낮은 상태를 말한다. 일반적으로 지적장애의 판별기준은 지적기능과 환경에 대한 적응행동 등 두 가지 요소로 보고, 이 두 가지 요소에서 일정 기준 이하의 지적 지체와 적응행동 면에서 평균 이하인 상태가 만 18세 미만에서 나타날 때를 지적장애라고 한다. 우리나라 「장애인복지법」에서는 지적장애인을 '정신 발육이 항구적으로 지체되어 지적 능력의 발달이 불충분하거나 불완전하고 자신의 일을 처리하는 것과 사회생활에 적응하는 것이 상당히 곤란한 사람'으로 정의하고, 지능지수가 70 이하인 경우에 해당된다고 규정하고 있다. 지적장애에 대해 1950년대까지는 주로 정신박약이라는 용어를 많이 사용하였다. 하지만 매우 낙인적인 불리한 명칭으로 인식되어 60년대 이후에는 정신지체라는 용어를 사용하다가 2007년 「장애인복지법」의 개정과 함께 지적장애로 불리고 있다.

2) 특성

지적장애인은 주의집중이 안되며, 동작이 느리고, 기억력이 낮은 등의 특성을 나타낸다. 또한 주의가 산만하고 기억력이 부족하며, 관찰이나 모방을 통해 배우는 모방학습 능력이 부족한 특성을 지니고 있다. 뿐만 아니라 낮은 언어능력으로 의사소통에 어려움을 겪고, 이는 곧 대인관계 형성의 문제로 나타나기도 한다. 미국 정신의학회 DSM-III-R 분류체계에서는 지적장애 정도에 따라 경도(mild), 중등도(moderate), 중도(severe) 그리고 최중도(profound)의 네 가지 수준으로 구체화하고 있다.

〈표 2-17〉 DSM-III-R 지적장애 분류

정도	학령전기 (만 0세-5세)	학령기 (만 6세-12세)	성인기 (만 21세 이상)
경도 지적장애 (50-70) - 교육가능급 80~85%	진단되지 않을 수 있다.	기초적 학업기술과 직업 전 기술을 배울 수 있다.	지역사회에서 살면서 직업을 가질 수 있다. 정신 지체로 낙인찍히지 않고 살 수 있다.
중등도 지적장애 (35-49) - 훈련가능급 10%	임상적 진단(예:다운증후군)을 받을 수 있다.	자조기술과 기능적 학업 기술을 배울 수 있다. 익숙한 환경에서는 독립적으로 활동할 수 있다.	감독 하에 어느 정도의 기술을 요하는 일을 할 수 있다. 경쟁고용이 가능할 수도 있다.
중도 지적장애 (20-34) - 보호급 4~7%	운동발달이 늦다. 약간의 의사소통 가능: 지체장애가 있을 수 있다.	개인적 필요를 스스로 돌볼 수 있다: 의사소통을 배울 수 있다.	직장과 주거환경에서 감독하에 기능할 수 있다.
최중도 지적장애 (20 미만) 1%	반응이 별로 없다. 복합장애가 흔히 있다.	운동발달이 느리다. 기초적 자조기술을 배울 수 있다.	약간의 의사소통을 할 수 있다. 기초적 필요를 돌볼 수 있다.

3) 원인

지적장애의 원인은 매우 복잡하여 90%이상이 명확한 원인을 알 수 없는 경우가 대부분이다. 하지만 일반적으로 생물학적 요인과 사회심리적 요인이 상호작용하면서 복합적으로 이루어져 나타나고 있다(유태완 외, 2010).

(1) 생물학적 요인

유전인자나 염색체 이상 등의 유전적 원인과 임신 중의 풍진, 매독, 톡소플라스마증의 질병감염, 혈액형 부조화, 영양결핍, 음주, 흡연, 약물중독, 방사선 노출 등이 지적장애의 원인이 될 수 있다. 또한 출산 시 난산으로 인한 뇌손상, 질식, 대뇌무산소증 등도 원인이 되지만 출산 후 뇌염이나 뇌막염, 기타 약물중독에 의해서 뇌 전반에 손상을 주었을 경우 지적장애의 원인이 될 수 있다. 대부분의 경도 지적장애와 상당수의 중등도 지적장애에서는 생물학적 요인에 의해 발생되는 경우는 발견하기 어렵다.

(2) 사회심리적 요인

사회심리적 요인에 의해 직접적으로 지적장애가 발생된다고 설명하기는 어렵다. 하지만 경도 지적장애의 경우 부모의 보살핌이 부족하거나 적절하지 못한 경우, 사회경제적 수준이 낮은 사회계층의 가정환경에서 지적장애의 발생가능성이 높아질 수 있다.

〈표 2-18〉 지적장애의 장애 정도 기준

급수	장애 정도
중증	지능지수가 70 이하인 사람으로서 교육을 통한 사회적 · 직업적 재활이 가능한 사람

14. 자폐성장애

1) 정의

자폐성장애는 1999년 개정된 「장애인복지법」에 따라 발달장애라는 명칭으로 장애범주에 포함되면서 공식적으로 인정되었으며, 2007년부터 명칭을 변경하여 자폐성장애로 정의하여 사용하고 있다. 자폐성장애는 전반적 발달장애로서 처음에는 발달이 느려서 발달지체인 듯 보이기도 하며 정상발달률이나 발달체계를 방해받기 때문에 발달장애로 혼돈되기도 한다. 우리나라 「장애인복지법」에서는 자폐성장애인을 소아기 자폐증, 비전형적 자폐증에 따른 언어 · 신체표현 · 자기조절 · 사회적응 기능 및 능력의 장애로 인하여 일상생활이나 사회생활에 상당한 제약을 받아 다른 사람의 도움이 필요한 사람이라고 정의하고 있다.

2) 특성

자폐성장애 아동에게 흔히 나타나는 특성은 안아주는 사람으로부터 신체적인 접촉이나 눈맞춤의 거부, 반복적이거나 독특한 언어의 사용, 동일성에 대한 고집, 기계적 암기력, 무관심, 반복적인 행동, 자해 등 이상행동을 발견할 수 있다. 즉 자폐성 장애는 고립적이고 단조로움을 고집하고 비정상적인 일을 반복하거나 변화를 거부하면서 환경의 동일성에 대한 요구를 강하게 나타낸다(이채식 외, 2008).

3) 원인

자폐성장애의 원인은 분명하게 밝혀지지 않았으나 생물학적 원인과 심리적 원인으로 구분할 때 생물학적 원인일 가능성이 높은 것으로 추측하고 있다. 임신, 분만을 전후한 합병증(고령임신, 임신 중 약물중독, 난산 등), 경련성 질환의 동반, 풍진 등 감염성 질환, 뇌의 이상(측두엽 부위의 이상, 대뇌의 위축, 소뇌의 발달단계에서의 이상 등) 등 생화학적인 측면에서 연구 등이 진행되고 있으나, 의견의 일치는 보지 못하고 있다(정무성 외, 2012).

〈표 2-19〉 자폐성장애의 장애 정도 기준

장애 정도	장애 기준
중증	제10차 국제질병사인분류(International Classification of Diseases, 10th Version)의 진단기준에 따른 전반성발달장애(자폐증)로 정상발달의 단계가 나타나지 않고, 기능 및 능력 장애로 일상생활이나 사회생활에 간헐적인 도움이 필요한 사람

15. 정신장애

1) 정의

「장애인복지법」의 정의에 의하면 정신장애는 장애 · 질환에 따른 감정조절 · 행동 · 사고 기능 및 능력의 장애로 일상생활이나 사회생활에 상당한 제약을 받아 다른 사람의 도움이 필요한 상태로 정의하고 있다. 정신장애는 2000년 1월부터 1단계 장애범주의 확대에 따라 정신분열병, 양극성 정동장애, 반복성 우울장애, 분열형 정동장애가 장애범주에 포함되었다. 이후 2019년 투렛증후군의 장애인등록 신청 거부는 위법이라는 대법원 판결(2019. 10. 31. 선고 2016두50907 판결)에 따라, 지속적인 양극성 정동장애(여러 현실 상황에서 부적절한 정서 반응을 보이는 장애), 조현병, 조현정동장애 및 재발성 우울장애와 함께 2021년 4월부터 지속적인 치료에도 호전되지 않는 강박장애, 뇌의 신경학적 손상으로 인한 기질성 정신장애, 투렛장애(Tourette's disorder) 및 기면증이 정신장애에 포함되었다.

2) 특성

정신장애는 다른 장애보다 일상생활이나 사회생활 등을 영위하는데 더 많은 어려움을 겪는다(이채식 외, 2008). 이들은 타인과의 정서적 관계를 형성하거나 사회생활 속에서 의사소통을 하는데 자기방어적으로 행동한다. 특히 정신장애는 정신질환이 발병되고 장기간에 걸쳐 질환을 가지고 있는 경우 정신장애인으로 판정이 되는 특성으로 인해 재활의 과정을 통해서도 질병 이전의 정신적기능을 회복하는데 어려움이 있다. 따라서 이들은 일상생활과 사회생활에 기능 저하를 나타낸다.

3) 원인

정신장애의 원인은 매우 다양하고 복잡하여 정확히 원인을 밝히는 것이 매우 어렵다. 정신장애 원인을 크게 구분하면 생물학적 요인, 심리적 요인, 사회문화적 요인으로 구분할 수 있다(신현석, 2007).

첫째, 생물학적 요인으로는 유전적인 요인이나 체질이나 기질 등 생리적 · 생물학적 요인이 원인이 된다는 것이다.

둘째, 심리적 요인으로 사랑의 상실, 절망, 미움, 분노, 열등감, 갈등, 공포, 불안, 수치심 등의 부정적인 감정과 심리상태가 정신장애를 일으킨다고 본다.

셋째, 사회문화적 요인으로는 가족관계 등 가족환경이나 사회적 환경, 문화적 배경 등 후천적 사회 환경이 정신장애를 일으키는 요인이 될 수 있다.

〈표 2-20〉 정신장애의 장애 정도 기준

장애 정도	장애 기준
중증	1. 조현병 또는 뇌의 신경학적 손상으로 인한 기질성 정신장애로 망상, 환청, 사고장애 및 기괴한 행동 등의 양성증상이 있으나, 인격변화나 퇴행은 심하지 않은 경우로서 기능 및 능력 장애로 일상생활이나 사회생활에 간헐적으로 도움이 필요한 사람 2. 양극성 정동장애(情動障碍, 여러 현실 상황에서 부적절한 정서 반응을 보이는 장애)에 따른 기분 · 의욕 · 행동 및 사고의 장애증상이 심하지는 않으나, 증상기가 지속되거나 자주 반복되는 경우로서 기능 및 능력 장애로 일상생활이나 사회생활에 간헐적으로 도움이 필요한 사람 3. 재발성 우울장애로 기분 · 의욕 · 행동 등에 대한 우울 증상기가 지속되거나 자주 반복되는 경우로서 기능 및 능력 장애로 일상생활이나 사회생활에 간헐적으로 도움이 필요한 사람 4. 조현정동장애(調絃情動障碍)로 1부터 3까지에 준하는 증상이 있는 사람
경증	1. 조현병 또는 뇌의 신경학적 손상으로 인한 기질성 정신장애로 망상, 환청, 사고장애 및 기괴한 행동 등의 양성증상이 있으나, 인격변화나 퇴행은 심하지 않은 경우로서 기능 및 능력 장애로 일상생활이나 사회생활에 경미한 도움이 필요한 사람 2. 양극성 정동장애(情動障碍, 여러 현실 상황에서 부적절한 정서 반응을 보이는 장애)에 따른 기분 · 의욕 · 행동 및 사고의 장애증상이 심하지는 않으나, 증상기가 지속되거나 자주 반복되는 경우로서 기능 및 능력 장애로 일상생활이나 사회생활에 경미한 도움이 필요한 사람 3. 재발성 우울장애로 기분 · 의욕 · 행동 등에 대한 우울 증상기가 지속되거나 자주 반복되는 경우로서 기능 및 능력 장애로 일상생활이나 사회생활에 경미한 도움이 필요한 사람 4. 조현정동장애(調絃情動障碍)로 1)부터 3)까지에 준하는 증상이 있는 사람 5. 지속적인 치료에도 호전되지 않는 강박장애, 투렛장애(Tourette's disorder) 또는 기면증으로 기분 · 의욕 · 행동 및 사고의 장애증상이 심한 경우로서 일상생활이나 사회생활에 수시로 도움이 필요한 사람

CHAPTER 03

장애인복지의 이념 및 역사

SOCIAL WELFARE FOR PEOPLE WITH

장애인복지는 장애인들이 모든 생활에서 안락하고 평안함을 누릴 수 있도록 원조해 주는 총체적인 제반활동으로 심신의 기능적 · 사회적 제약을 갖고 있는 사람에게 사회적 욕구를 충족시켜 주기 위하여 비경제적 동기에 의해 수행되는 집단적인 전문적 원조 행위(박창진 · 정지웅, 2014)를 의미한다. 장애인복지의 궁극적인 목표이자 지향점은 장애인과 비장애인이 구분 없이 더불어 사는 사회를 형성하는 것이며 장애인을 사회로 복귀시켜 사회구성원으로서 떳떳한 삶을 영위하며 자아실현을 할 수 있도록 사회통합을 이룩하는 것이다.

장애인복지의 궁극적인 목적은 장애인이 이 사회에서 가치 있는 역할을 수행하며 인간다운 생활을 할 수 있도록 보장하는 것이다. 이와 관련하여 장애인인권헌장에서도 "장애인은 인간의 존엄과 가치를 가지며 행복을 추구할 권리를 가지고, 건전한 사회구성원으로 책임 있는 삶을 살아가며 자신의 능력을 계발하여 자립하도록 노력하여야 한다"라고 명시하고 있다. 이런 항구적인 방향설정을 지도하고 장애인복지의 궁극적인 목적을 달성하도록 나침반 역할을 하기 위해서는 장애인복지에 대한 가치와 이념이 존재하여야 한다. 이러한 가치와 이념에 의해 장애인복지의 목적과 목표가 정해지고, 목적과 목표에 의해 세부 정책이나 제도가 등장하게 된다.

본 장에서는 장애인복지에서 추구하는 가치와 지향하고자 하는 방향을 나타내는 이념 그리고 장애인복지의 역사적 변천과정에 대해 서양과 우리나라를 중심으로 살펴보고자 한다.

1. 장애인복지의 가치

가치란 인간 행동에 영향을 주는 어떠한 바람직한 것, 또는 인간의 지적 · 감정적 · 의지적인 욕구를 만족시킬 수 있는 대상이 가지는 의의나 그 대상의 중요성을 의미하는 것으로 주어진 현상에 대해 선택기준이 된다. 이러한 가치는 인간의 본질 또는 휴먼서비스를 제공하는 원칙에 대하여, 전문직이 가지는 신념이 사회복지 전문가의 일상적인 활동에 반영되어 전문직으로서 실천방향에 영향을 미쳐 장애인복지를 정당화하는 근거가 된다.

하지만 장애인복지에 대한 가치를 살펴보면, 일반적으로 받아들여지는 객관적이고 구체적인 문장의 형태로 진술된 것은 없는 실정이다. 가치를 인간의 본질에 대해 전문직이 가지고 있는 증명되지 않은 신념체계 또는 당위적인 어떤 것이라고 설정하고 이러한 설정을 전제로 윤리강령을 만들고 이를 준수하도록 요구하고 있다(정무성 · 양희택 · 고선정 · 노승현 · 안홍철 · 송남영 외, 2004). 여기서는 UN의 국제선언 내용을 기준으로 살펴보면 다음과 같다.

1) 인간의 존엄성

인간의 존엄성(dignity)이란 인간은 누구나 태어나면서부터 고유하며, 존엄한 존재로 그 자체만으로도 존중받고 도덕적으로 대우받을 권리를 타고났음을 나타낸다. 즉, 천부적인 인권을 가지고 있음을 의미하는 것으로 인간은 어떠한 상태로 태어나든 인간이기 때문에 가장 소중한 존재이다. 따라서 존엄하게 대우받아야 하며 성별, 종교, 피부색, 국적, 빈부 차이, 사회적 지위, 신체적 또는 정신적 조건 등에 관계없이 한 인간으로서 존중받아야 한다. 이러한 가치의 바탕에는 인간은 누구나 인간으로서 존엄하고 평등한 가치를 가진다는 인식을 기반으로 하고 있다.

인간이 존엄하다는 것은 인간 자체에 존엄한 속성이 있어서가 아니라 나 자신과 사회의 생존을 위해서는 인간을 존엄한 존재로 여겨야 하기 때문이다. 그러므로 인간 존엄성은 사회가 존립하기 위해서는 포기할 수 없는 아주 중요한 가치이다.

인간의 존엄성을 유지한다는 것은 장애인복지뿐만 아니라 인간사회에서 가장 중요한 가치로 여기는데 그 이유는 사람이 정서적으로 안정되고 사람들로부터 존중과 애정을 받으며 우호적이고 협력적인 인간관계 속에서 걱정과 근심 없이 만족스러운 삶을 살아갈 수 있는 능력을 길러 주고 발전시켜 주기 때문이다. 이러한 가치는 장애인을 부정적이고 열등적인 존재로 보는 것이 아니라 장애 이전에 인간에 초점을 맞추어 장애인도 인간으로서 존엄하다는 부분에 초점을 두며 장애인복지의 가장 중요한 목적도 인간의 인격을 인정하고 존중하는 데 있다(김융일 · 조흥식 · 김연옥, 1995).

인간의 존엄성과 관련하여 세계인권선언에서는 "모든 사람은 태어날 때부터 자유롭고 동등한 존엄성과 권리를 가지고 있다"라고 규정하여 인간의 존엄성은 모든 인간에게 적용되고 평등하고 사회가 추구하여 할 근본적이고 보편적인 인간존중의 가치를 명시하고 있다. 우리나라 「헌법」 제10조와 제34조에도 모든 국민은 인간으로서 존엄과 가치를 가지며 인간다운 생활을 할 권리가 있음을 규정하고 있다. 그러므로 인간의 존엄성은 인간으로서 누구나 누려야 할 보편타당한 환경이나 상황에 의한 권리이고 장애인복지는 인간의 존엄성과 인권존중으로부터 시작되며 불평등과 차별에 대해서 인간존엄과 평등사회의 창조를 위해 저항해 가는 원리이며 가치가 된다.

2) 생명 존중

생명 존중 가치는 생명의 존귀함을 소중히 여기는 것으로, 살아 있는 모든 것을 귀하게 여기고 모든 생명을 존중하는 가치를 말한다. 장애인과 관련하여 생명존중 가치는 고대로부터 지켜지지 않았다는 것을 역사로부터 알 수 있다(정무성 · 양희택 · 노승현 · 정진욱, 2015). 즉, 전쟁을 통해 이웃 국가나 부족의 생산물과 노동력을 강탈해야만 생존할 수 있는 고대사회에서 장애인들은 사회적으로 열등한 존재로 간주되어 죽임을 당하거나 조롱거리가 되었다. 도시국가에서는 신체적 장애아가 태어나면 이를 절벽에서 던져 버리거나 유아살해를 허용하였고, 스파르타의 법전에는 신체허약자, 지능열등자 등 장애인을 산중에 유기하였다는 내용이 있다. 전투력을 중심으로 한 국가에서 장애인이나 허약한 신체를 가진 사람의 생명을 살해하였다는 기록 등은 장애인의 생명을 존중하지 않았음을 나타내고 있다고 볼 수 있다(박창진 외, 2014).

따라서 장애를 이유로 생명을 경시하는 것을 방지하고 인권 보장을 실현시키기 위해서 반드시 지켜야 할 가치가 생명존중의 가치이다. 그리고 장애인복지에 관한 대책도 인간 생명 존중의 원리에 입각하여 서비스가 제공되어야 한다. 모든 사람은 존귀한 가치가 있으며, 삶의 권리에 있어서도 경중이 있을 수 없다는 인식에 기초한 재활 대책들이 정당한 가치를 부여받게 될 것이다.

최근 장애의 중증화 · 중복화 · 다양화 경향에 따라 더욱더 장애인의 생명을 존중할 수 있는 가치의 필요성이 부각되어 인권을 보장하기 위하여 반드시 선행조건으로 필요한 것은 생명 존중의 가치이다. 장애인복지의 대상은 장애인이지만 장애인 또한 인간이라는 부분에 중점을 두고 인간으로서 먼저 생명이 존중되어야 하는 것이 장애인복지의 근본가치가 된다.

3) 생존권 보장

생존권(rights to life)이란 인간이 인간답고 가치 있는 생활을 할 권리를 말하며, 헌법상의 권리로서 국민이 자신의 최저생활유지를 위해 필요한 조건을 국가로 하여금 확보해 주도록 요구할 수 있는 권리를 말하는 것이다. 즉, 이것은 국민 각자의 문화적인 최저한도의 생활보호를 목적으로 한다. 생존권 보장을 위해서는 국가의 적극적인 보장의지와 노력이 필요하며, 권리 수혜자로서 국민의 적극적인 주장이 필요하다. 생존권은 독일 「바이마르헌법」[1)]에서 최초로 생존권 규정을 명문화하여 대다수 나라들이 헌법 그리고 세계인권선언문 등에서 규정하고 있다.

노동력에 있어서 상대적으로 취약한 장애인의 생존권은 현대사회 들어서 조금씩 보장되기 시작하였지만 아직까지 장애인이 사회구성원으로서 최소한의 인간다운

1) 바이마르헌법(1919년) 제151조에서 "경제생활의 질서는 각인으로 하여금 인간다운 생활을 보장하는 것을 목적으로 하는 정의의 원칙에 합치하여야 한다"고 규정하여 생존권 조항을 세계 최초로 국민의 기본권으로 규정하였다.

생활을 유지할 수 있을 정도의 수준은 요원한 상태이나 장애인복지에 있어서 장애인의 생존권 보장은 중요한 가치 중의 하나이다(김융일 외, 1995).

장애인복지에서 생존권보장에 대한 가치를 정당화하는 근거는 장애인이 인간이라는 사실에 있다. 장애인이 인간이라는 측면에서 살펴보면 장애인은 인간으로서 지니는 모든 권리를 가지며 이때 그 권리의 양과 질은 비장애인인 시민과 동일하다. 따라서 장애인복지에서 요구되는 서비스의 추가부담을 정당화하는 근거는 바로 장애인이 한 인간으로서 모든 시민과 같은 권리를 보장받아야 한다는 데 있다고 볼 수 있다.

현대 국가는 모든 국민에게 건강하고 문화적인 최저생활을 영위할 수 있는 권리를 기본적으로 설정하고 있다. 즉, 생존권은 최저생활보장을 요구하는 긴급성을 띤 생존권보다는 사람다운 생활 수준의 유지향상을 위한 생활권으로 확대되고 있다.

2. 장애인복지의 주요이념

이념(ideology)이란 이상적인 것으로 여겨지는 생각이나 견해를 말하는 것으로 한 개인 또는 집단이나 사회계층의 성원들에 의해 공통으로 소유되고 유지되는 가치 및 신념체계를 의미한다. 즉, 집단의 사회적 위치나 상황 또는 집단이 지향하는 목표나 미래상 또는 가져야 할 이미지에 관한 신념체계로 개인이나 집단이 일정한 방향으로 나아가게 하는 기본원리나 행동노선이 된다. 또한 이념의 방향을 결정하는 인간 심성의 바탕을 가치관이라고 한다(김융일 외, 1995).

장애인복지의 이념을 논의하는 문제는 장애인 문제해결의 기본방향을 설정하는 것으로 볼 때 그 바탕에는 권리가 존재한다. 따라서 권리는 장애인복지를 정당화하는 기초적 이념이 되며 장애인이 인간으로서 모든 시민과 같은 권리를 보장받아야 함을 의미한다.

장애인복지에서 장애인의 권리가 보장되었을 때 나타나게 되는 현실은 평등한 사회이다. 평등한 사회에서 장애인은 정상화가 요구되고 장애인복지의 궁극적인 목적은 사회통합이다. 다음에서는 장애인복지의 다양한 이념 중에서 정상화 이념과 사회통합 이념에 대해 살펴보기로 한다.

1) 정상화 이념

정상화(normalization)는 장애인의 시설보호에 대하여 반대하며 장애인의 생활방식과 내용도 비장애인의 생활과 같은 정상적인 생활을 하도록 강조하는 개념으로 뱅크 미켈슨(B. Mikkelson)이 처음으로 주장하였다. 이 개념은 장애인도 비장애인과 같은 권리와 의무를 가져야 한다는 것으로, 정상화의 목표는 장애를 받아들임으로써 이들에게 정상적인 생활조건을 제공하는 것을 의미한다(이성규, 2011). 여기서 정상적인 생활조건이란 모든 시민에게 주어지는 것과 동일한 조건을 장애인에게도 보편적으로 제공되는 사회생활을 의미하는데, 그 후 니르제(Nirje)와 울펜스버그(Wolfensberger)에 의해 정교화되고 확장되었다.

정상화 이념은 장애인이 지역사회로부터 배제되어 제한된 삶을 살아가는 것이 아니라 지역사회 내에서 장애종류와 정도에 따라 상호작용하는 기술과 경험을 습득하여 사회적으로 불리한 상황을 극복하고 지역사회생활의 주류에 동참할 수 있도록 하는 것을 의미한다. 그러므로 장애인이 장애가 있으면서도 보통의 시민과 같은 생활을 할 수 있는 환경을 만들어 가는 것이 정상화의 목적이 된다.

1960년 후반 미켈슨과 니르제가 지적 장애인의 정상화를 주장하며 시작한 것이 북유럽 장애인복지의 기본이념이 되었으며 그 후 미국의 울펜스버거는 지역사회에서 장애인이 생활할 수 있는 이념적 근거의 초석을 마련하여 사람들에게 사회적 역할을 습득하고 유지하기 위해 가치 있는 수단을 이용하는 것을 주장하였다. 결국 정상화 이념은 개인의 선택에 대한 자유와 자기결정권의 확보를 위해 지역사회의 다양한 경험과 이웃과의 교류를 통해 가치 있는 역할을 수행하고 교육, 훈련, 노동에 참여할 수 있도록 하는 것이 된다.

이런 측면에서 정상화 이념을 요약해 보면 장애인들도 사회의 다른 성원들과 함께 같은 교육을 받아야 하며, 비장애인과 동일한 작업환경 내에서 일할 수 있어야 한다. 사회구성원들의 일반적인 활동에 속하는 종교, 여가, 체육활동 등에 적극적으로 참여할 수 있어야 한다. 정상화는 가치 있는 역할 강화로 이전에 가치를 박탈당하였던 사람들이 지역사회에서 가치 있는 역할을 할 수 있도록 교육, 훈련, 노동을 통해 완전한 사회참여를 하여야 함을 나타내는 이념이며 이후 사회통합과 연계된 이념이기도 하다(정무성 외, 2015).

2) 사회통합 이념

장애인복지의 기본이념은 완전한 사회참여와 평등한 기회를 통한 장애인의 사회통합(social integration)에 있다. 장애인의 사회통합은 더불어 함께 사는 사회이며 장애인이 차별받지 않고 모든 사회활동에 참여하는 평등한 사회 구현을 의미한다.

역사적으로 볼 때 장애인은 기존 사회로부터 격리되었고, 사회구성원의 역할을 할 수 없는 존재로 인식되어 왔기 때문에 장애인의 사회통합은 현대 장애인복지에 있어서 가장 궁극적인 이념이자 목표가 되어 왔다(정무성 외, 2015).

이런 측면에서 사회통합화 과정은 장애인과 비장애인들이 모든 기회에 서로 공동 협력해 갈 가능성을 위한 조건추구를 지향하는 과정을 말한다. 장애인이 사회에 완전하게 통합하도록 하기 위해서는 그 사회가 장애인의 통합에 장애물이 되는 것, 즉 물리적 · 심리적 · 문화적인 제약조건들을 제거하는 작업이 필요하다. 결국 사회통합이란 각 개인의 존엄성 및 사회 공동체의 물질적 · 정신적 풍요를 달성하여 모든 사회집단이 조화롭게 잘 살 수 있도록 하는 것이다.

사회통합은 장애인을 사회의 주류에 최대한 포함시키려는 주류화 · 정상화 · 사회적 역할 강화 등을 포함하는 개념이며 장애인도 비장애인이 영위하는 수준과 동등하게 지역사회 내에 존재하고 참여하는 것으로 이것은 우리나라 「장애인복지법」이 추구하는 목적인 동시에 기본이념이다.

3. 장애인복지의 역사

장애인복지에 대한 역사 연구는 '장애인복지가 어떤 과정을 통하여 발달되었는가'라는 질문으로 바꾸어 표현할 수 있다. 여기서 발달이라는 용어가 어떤 한 단계에서 보다 바람직한 다음 단계로 변화하는 것을 의미한다면 어떤 것이 바람직한 변화인지는 개인의 주관적인 판단에 의존할 수밖에 없다. 하지만 역사를 서술한 저술가들이 공통되게 제시하는 점은 역사의 발달과정이 점진적인 변화과정을 의미한다는 것이다. 따라서 장애인복지의 발달을 이해하기 위해서는 역사에 대한 고찰이 이루어져야 하고 이를 위해서는 장애인복지 발달사에 대한 의의를 이해할 수 있어야 한다고 볼 수 있다.

우리가 발달사 또는 역사를 배움으로써 얻을 수 있는 이점으로는 과거의 역사적 경험을 과학적으로 인식하고 분석하여 제반 사회의 복지현상에 대한 이해를 높임으로써 과거에서 교훈과 대안을 얻고 미래를 재조명할 수 있다. 결과적으로 역사 연구에서 관심을 가지고 중요하게 고찰해 볼 점은 역사의 각 단계에서 장애인복지의 발달을 가져오는 결정적인 요소가 무엇인지에 대한 부분과 장애인복지가 어떤 역사적 · 시대적 단계를 거쳐 발달하게 되는지에 대한 분석이 될 것이다.

다음에서는 서구와 우리나라의 장애인복지 발달에 영향을 주었던 내용을 중심으로 시대별로 간단히 정리하고자 한다.[2)]

1) 서구 장애인복지의 역사

서구의 장애인복지 역사구분은 근대시대를 기준으로 큰 변화가 이루어졌고, 제2차 세계대전 후 장애인에 대한 직업재활 및 고용확산을 시작으로 현대적인 장애인

2) 서양의 시대 구분을 고대사회는 그리스 때부터 5세기 게르만족의 대이동 때까지를, 중세시대는 게르만족 대이동에서 15세기 중엽 동로마 제국이 멸망에 이르는 시기까지를, 그리고 근대시대는 르네상스부터 제2차 세계대전까지 그리고 현대에 이르는 기간으로 구분한다.

복지가 태동하였으므로 서양의 장애인복지 역사를 크게 근대 이전, 근대시대 그리고 현대시대로 구분할 수 있다(정무성 외, 2006).

(1) 근대 이전 시대

가. 고대시대

고대사회는 인류사에서 최초의 사회로 원시적 생활을 하는 사회 또는 원시적 문화의 단계에 있는 사회를 말하는데 이 시대 사람들의 삶의 목표는 자기생명과 종족을 강자로부터 보존하는 것에 두었다.

원시적인 고대사회는 장애인을 신의 저주의 결과로 인식하였으며, 전쟁, 종족보존, 악령 등으로 장애인에 대해서 유기, 학대, 살해하는 미신적인 인식을 가지고 있었다.

고대 로마에서는 출생 당시에 인간의 형태를 갖추지 못한 경우에 이를 살해하거나 유기하는 것이 왕법 및 12표법 아래 인정되었으며 이들에 대해서는 출생의 법적 효과가 인정되지 않았다. 즉, 지역이나 문화적 특수성에 따라 정도의 차이는 있으나 고대사회에서는 대부분 장애인을 미신이나 편견에 따라 유기하고 학대하는 경우가 많았다. 이러한 악습과 관행은 중세에 이르기까지 계속되어 장애인을 무능한 인간의 표상으로 보고 배척하는 사회의식이 보편적이었으며 장애인을 보호하기 위한 중세의 기독교 사상이 전개되는 중세까지 계속되었다(숭실대학교 장애인복지연구회, 2004).

나. 중세시대

봉건제도와 교황의 절대왕권을 대표하는 중세시대는 종교적 자선사상과 박애사상의 영향으로 장애인의 구제활동이 태동된 시기라는 측면에서 의미가 있다. 중세 초기 성직자들은 빈민, 장애인을 보호하기 위한 시설을 설립하기 시작하였고, 이후에는 수도원이 주축이 되어 실시되었다. 봉건체계 붕괴 이후에는 도시를 중심으로 장애인의 수용보호사업이 이루어졌다(정일교 · 김만호, 2005).

서구 중세시대에 수도원을 중심으로 기독교가 번성하였는데 당시의 기독교는 구약성서뿐만 아니라 신약성서의 기초 아래 성립되었다. 신약성서는 예수와 바울의 사상에 의해 성립되었다고 해도 과언이 아닌데 이들의 사상은 구약성서의 사상보다 진일보한 것으로 평가할 수 있다. 따라서 고대시대의 가치관을 전복시키는 사랑이라는 이데올로기 안에서 중세사회는 장애인에 대해 보다 긍정적인 인식을 갖게 되었다(Johnstone, 2001). 하지만 개인에 대한 권리보다는 하느님에 대한 의무로서 동정하였으며 공동체의 일원으로 사회적 보호가 필요한 존재라는 인식하에 수도원을 중심으로 수용보호가 이루어졌다.

이러한 인식의 변화에 따라 장애인을 살해하던 악습을 금지하고, 수도원에서는 구제 및 보호를 실시함으로써 장애인의 사회적 보호가 태동하기 시작하였다. 이후 과학의 발달과 문예부흥, 종교개혁 등 일련의 사회변동을 통하여 인간존중의 사상이 발전하면서 장애인에 대한 관심이 점차 높아지고, 종교적 자선보호사상과 박애사상에 입각한 장애인 구제가 보다 발달하기 시작하였다(박창진 외, 2014).

이 시기에 장애인에 대한 시각은 인간에 대한 존엄성과 사회적 약자의 보호와 구제라는 인식으로의 획기적인 변화를 가져오게 하였지만 산업혁명 이후 경제적 관점에서 장애인을 무능력한 존재로 인식되기도 하였다(정일교 외, 2005). 중세 말기는 르네상스 휴머니즘의 영향으로 장애인도 인간의 존엄성이라는 차원에서 보호받아야 할 대상으로 받아들여진 시기이기도 하다. 그러나 중세의 기독교 사상 역시 장애인도 동등한 권리를 갖는 것으로 인식하는 데는 시대적 한계가 있었다.

(2) 근대시대

서양의 근대시대는 봉건사회 이후에 나타난 사회로 개인적으로는 인권존중 사회, 정치적으로는 민주주의, 경제적으로는 자본주의를 원칙으로 한다. 르네상스, 의학 발전, 종교개혁, 철학사상의 변화 등으로 인하여 장애인에 대한 인식이 크게 변화되는 계기가 되었다. 또한 중세에서 근대로 넘어가는 시기에 발생한 산업혁명은 자본주의 경제를 가장 중요한 가치로 대두시키면서, 노동능력이 없는 장애인을 무능력한 존재로 인식하게 하는 데 영향을 미쳤다. 이는 산업혁명 이후로 등장한 생산방식에 장애인이 참여하기에는 어려움이 많았기 때문이다(박창진 외, 2014).

장애인복지 제도의 발전은 고대 · 중세시대의 장애인에 대한 편견과 미신으로부터 탈피하여 제1차 세계대전과 제2차 세계대전 이후에 와서야 장애인의 본성과 본질을 현실적이고 합리적으로 이해하도록 하였으며 장애아동에 대한 공교육을 시작하는 측면에서 중요한 변화가 있었다(정일교 외, 2005).

또한 종교개혁은 모든 국민을 대상으로 한 보통교육과 학교의 설립 및 유지는 교회가 아닌 정부의 책임이라고 주장하였으며 이러한 보통교육 사상에 입각한 국민교육제도의 실시를 주장한 것은 장애아동의 학교교육 실현을 위한 사상적 기반이 되었다. 그리고 의학의 발달과 장애인에 대한 과학적 이해는 장애아동이 지니는 장애의 생리와 병리를 과학적으로 해명하게 하였고 장애아동의 과학적 이해를 위해 공헌하였다(정무성 외, 2015). 따라서 의학적 연구의 발전으로 장애인에 대한 과학적 이해에 기초하여 장애인에 대한 인식이 크게 변화한 시기가 되었다.

이 시기에 제1, 2차 세계대전을 맞이하여 전쟁희생자에 대한 예우가 이루어지고, 보호적 시설을 중심으로 장애인에 대한 복지가 제공되었으며 초기 형태의 재활서비스가 이루어졌다(정일교 외, 2005).

(3) 현대시대

현대적 장애인복지가 태동된 시기는 제2차 세계대전 이후 약 30년간 미국, 영국, 스웨덴, 오스트리아 등 선진국들의 의료재활, 교육재활, 직업재활 중심으로 장애인제도가 마련된 시기였다(정무성 외, 2006). 특히 1, 2차 세계대전으로 인해 참전군인들이 장애를 입게 되는 경우가 많았는데, 이에 부상군인에 대한 보상의 일환으로 독일과 영국은 참전군인보상 관련 법률을 제정하고, 장애인고용제도가 시행되는 등 장애에 대한 보호제도가 확대되는 전환점을 맞게 되었다(박창진 외, 2014).

두 차례에 걸친 세계대전과 급속한 산업화로 인하여 현대시대는 큰 전환점을 맞게 되었는데 많은 장애인이 속출하여 국가적 보호와 치료, 처우 등 보상이 요구되고 제도적으로 지원되어야 하는 필요성에 따라 이들에 대한 응급 차원에서 시작된 국가의 지원 대책들이 마련되면서부터 현대적 의미의 장애인복지가 싹트기 시작하였다. 또한 복지국가의 등장으로 장애인에 대한 인식에도 많은 변화가 있었는데 장애인을 설명하는 이론 중에 개인적 이론모델은 사회적 이론모델로 변화하게 되었다.

개인적 이론모델에서 장애는 불쌍한 개인에게 발생하는 끔찍한 사건으로 장애는 의학적 · 기능적 문제이므로 개인의 장애문제에 관심을 두며 사회구성원으로 생활하기 위해서는 먼저 의료전문가에 의한 개인적 치료를 통하여 사회적응을 강조한다.

하지만 사회적 이론모델에서 보면 장애는 사회 내에 존재하는 것으로 장애인의 욕구를 사회 내에서 수용하고 적절한 서비스를 제공하는 것에 대한 사회의 실패를 의미한다. 이러한 실패는 장애인들에게 제도화된 차별이라고 전달되며 왜곡된다. 따라서 장애인의 완전한 사회참여를 위하여 환경개조가 필수적이며, 이를 실천하는 것은 사회의 집합적인 책임이므로 정치적 활동이 필요하다고 주장한다(정무성 외, 2006). 그리고 장애인서비스 접근방법도 재활모델에서 자립생활모델로 변화되고 있다.

2) 우리나라 장애인복지의 역사

우리나라 장애인복지의 역사 구분도 서구와 마찬가지로 근대시대를 기준으로 근대 이전과 현대시대로 구분하여 살펴보고자 한다.

(1) 근대 이전 시대

가. 삼국시대

삼국시대에도 장애인에 대한 국가의 구제활동과 제반 노력 등이 전개되었는데 주로 왕에 의한 사궁(四窮)[3]에 해당하는 민생구휼적인 형태로 제공되었다. 이 시대에

3) 외롭고 의지할 곳이 없는 사람을 비유해 이르는 말로 늙은 홀아비와 홀어미, 고아(부모 없는 이) 및 늙어서 의지할 데 없는 사람(자식 없는 이)을 의미함.

서는 왕이 다스리는 초기 국가형태로 장애인에 대한 구체적인 복지대책이 없었지만 어려운 백성들을 대상으로 국왕 차원의 시혜와 위문이 있었다.

그리고 삼국시대의 구제 대상인 사궁에 해당하는 사람들과 함께 장애인을 구제했다는 기록이 있으나 장애인을 독립된 명칭 없이 병자와 동일하게 처우하였고, 이들에 대한 구휼제도는 임시적 · 사후 대책적인 성격으로 제도화 단계에는 이르지 못했다(정무성 외 2015).

장애인과 관련하여 대표적인 제도는 사궁구휼이라 할 수 있는데 그 사례는 다음과 같다(정일교 외, 2005).

고구려의 경우 고국천왕 16년에 진대법을 제정하여 관곡을 대여하고 질병이나 장애로 노동능력이 결핍된 자를 구휼하였다는 기록이 있고, 환과고독과 노병빈핍으로 불능지존자는 널리 조사하여 구휼케 하였다는 기록이 있다(삼국사기 권16, 고구려 본기4, 고국천왕조). 신라에서는 유리왕 5년에 왕이 국내를 순행하다 늙은 할머니가 굶주리고 있는 것을 보고, 음식을 먹인 후 유사에게 명하여 환과고독, 노인, 병든 자 등에게 구제를 실시하였다(삼국사기 권1, 신라본기1, 유리왕조). 백제에서는 비류왕 9년 춘 2월에 사(使)를 발하여 백성의 질고를 묻고 환과고독, 불능지존자에게 곡식을 일인당 3석씩 주어 구제하였다(삼국사기 권24, 백제본기2, 비류왕 9년조).

그 외 삼국시대의 구휼사업을 정리하면 〈표 3-1〉과 같다.

〈표 3-1〉 삼국시대의 구휼사업

구휼제도	내용
관곡진급(官穀賑給)	재해로 인하여 곤란을 겪고 있는 백성들에게 정부에서 비축하고 있던 관곡을 풀어 구제하는 제도
사궁구휼(四窮救恤)	사궁을 대상으로 하는 제도로서 군주가 친히 이들을 방문하여 위로하고 곡식류 등을 지급하여 구제하는 제도
조조감면(租調減免)	재해 정도에 따라서 조세를 감면해 주는 제도
대곡자모구면(貸穀子母俱免)	재해 등으로 상황이 어려울 때 원금 및 이자를 나라에서 감면하여 주는 제도
종자 및 식량의 급여	나라의 비축곡식을 방출해 백성들에게 식량 또는 종자용으로 대여 혹은 급여하였던 제도

구휼제도	내용
왕의 책기감선(責己減膳)	천재지변이나 빈곤이 왕의 부덕한 정치 탓에서 오는 거라 생각하고 소식을 하면서 근신함
역농방재(力農防災)	백성들이 농사에 열심히 힘쓰도록 권장하고 각종 재해에 대해 사전 · 사후에 방비함을 의미
종묘(宗廟) 및 불사기도	각종 천재지변의 재난을 회피할 수 있도록 종모나 불사에 기도를 올림

나. 고려시대

고려시대의 복지제도 또한 고대로부터 삼국시대를 거쳐 왕의 권력유지 수단으로 개인의 자선과 종교의 자비 실천 등 여러 가지 이유에서 다양한 형태로 발전 · 계승되어 왔다. 이 시대는 특히 불교 자비사상의 영향으로 구제사업이 더욱 제도화되어 가고 있었고 맹인에 대한 직업대책에 관한 기록 등이 있다. 특히 삼국시대에 볼 수 없었던 매복맹인(賣卜盲人)에 관한 기록을 찾아볼 수 있는데 고려 초부터 국가에서는 복업을 과거제도에 포함시켜 복인을 선발함으로써 복업이 제도화되었다(정무성 외, 2006).

또한 장애인에 대한 구제는 의료구제에서도 찾아볼 수 있다. 성종 때 의학교육기관으로 대의감이 설립되었고 예종 때 대의감 부속 약국을 설치하여 의료제도의 발전을 가져왔다. 서민의 구료기관을 혜민국에 설치하였으며 병자, 빈민, 고아, 노인, 폐질자, 걸식자 등을 구빈치료하고 수용보호하는 의료구제기관으로 동서대비원을 설치하였다. 동서대비원은 환자의 치료뿐 아니라 기한자, 무의무탁자까지 수용하는 구제기관이었다(정일교 외, 2005).

고려시대의 구휼사업을 정리하면 〈표 3-2〉와 같다.

〈표 3-2〉 고려시대의 구휼사업

구휼제도	내용
은면지제 (恩免之制)	태조 원년에 실시된 제도로 개국, 즉위, 제제, 순행, 불사, 경사, 난(전쟁) 후, 기타 필요시 국왕이 조세탕감 등 은전을 실시
재면지제 (災免之制)	천재지변, 전쟁, 질병 등으로 인한 이재민의 조세, 부역 및 형벌 등을 전부 혹은 일부를 감면해 주는 것으로 성종 7년(서기 988년)에 시작한 제도

구휼제도	내용
환과고독진대지제 (鰥寡孤獨賑貸之制)	빈곤하여 자활할 수 없는 홀아비, 과부, 고아, 노인 등 4궁(환과고독)을 우선적 보호 대상자로 지정하여 관에서 양곡을 주어 보호하였으며, 각종 세금을 면제해 주고 진휼한 제도
수한역려진대지제 (水旱疫癘賑貸之制)	홍수, 한재, 전염병 등을 갑자기 당한 이재민에게 곡식이나 의류, 의료, 주거 등을 제공하는 것으로 고려시대 진대사업 중 가장 성행하였으며, 행려자에게 숙식도 제공한 제도
납속보관지제 (納粟補官之制)	국가재정을 보충하기 위해 일정한 금품을 납입한 자에게 관직을 부여한 제도로 흉년이나 재해 시 재정조달을 위해 사용한 제도

다. 조선시대

조선시대에는 유교사상과 왕도사상의 영향으로 구휼사업이 시행되었는데 왕도정치를 기반으로 한 구휼제도는 백성의 생업을 마련해 주는, 주로 먹고사는 문제를 해결해 주는 데 가장 큰 목적을 두었다. 조선시대에도 신분제도가 존재하여 태어날 때부터 귀천이 결정되었던 시대였지만 장애를 가졌다고 해서 특별히 장애인을 차별하지 않았던 사회였다.

조선시대에도 장애인인 독 · 폐질자에 대한 구휼사업이 계속되었고, 고려시대부터 시작된 복업(卜業)[4]이 명과학(命課學)으로 개칭되어 잡학교육을 받았으며 관현맹인(管絃盲人)이 음악 관련 사업을 하였다(정무성 외, 2006).

조선시대 제도들은 분기마다 장애인들의 구휼 결과를 보고하게 하였고 조세나 부역, 잡역 등을 면제해 주는 등 능력만 있다면 장애인이더라도 벼슬까지 오를 수 있었으며 심지어 청각장애인을 외교특사로 보내려던 기록도 존재하고 있다(EBS 역사채널e, 2013). 특히 시각장애인에 대해 국가는 이들을 대표적으로 자립할 수 있는 장애인이라고 여겨 점복, 독경, 음악 등 다양한 직업을 갖고 살 수 있도록 유도하였다. 또한 이 시대는 장애인에 대한 복지대책이 매우 다양하고 체계적이었지만, 그럼에

4) 고려시대 과거의 잡업(雜業) 중 한 과(科)로 관리등용제도를 의미한다. 복(卜)은 일(日) · 월(月) · 성(星) · 신(辰), 즉 천문(天文)의 운행을 관찰하는 천문학(天文學)에 해당하는 것으로, 이를 관할하는 관서(官署)를 사천대(司天臺)라 하였다. 사천대에는 복박사(卜博士) · 복정(卜正) · 일관(日官) 등의 천문을 담당하는 관직이 있었는데 복업은 이러한 관원을 채우기 위한 선발시험이었다(허흥식, 1981).

도 생활이 어려운 장애인들이 생존권 보장을 요구하며 집단행동을 한 기록도 남아 있다(정창권, 2011). 하지만 조선 후기에는 장애인들의 사회적 지위는 갈수록 비난받고 무시당하며 하락하게 되었고 대부분의 장애인은 친족부양에 의존하였다.

조선시대의 구휼사업을 정리하면 〈표 3-3〉과 같다.

〈표 3-3〉 조선시대의 구휼사업

구휼제도	내용
비황제도(備荒制度)	상평창, 의창, 사창으로 백성의 복지 도모
구황제도(救荒制度)	사궁에 대한 보호, 노인보호사업, 음식제공
구료제도(求療制度)	혜민서, 동서대비원

(2) 근대시대

근대시대는 일제 강점기(1910~1945) 시기와 미 군정(1945~1948) 시기로 나누어 볼 수 있다. 일제 강점기 시대에는 식민통치의 합리하와 황민사상의 주입을 위한 사회복지제도를 식민지 통치의 정치적 목적으로 시행되었으며, 우리 민족이 그들에게 충성을 하도록 하기 위한 시혜적이며 자선적인 의미가 컸다고 볼 수 있다.

그중에서 대표적인 제도가 조선구호령(1944)이다. 조선구호령은 일본 본토에서 1874년에 제정된 구휼규칙을 1929년에 폐지하고 구호법(救護法)을 새로 제정하여 보다 향상된 현대적 구빈행정을 시행하였으나, 한국에서는 이 법을 시행하지 않고 유사시에 은전을 베푸는 형태로 극히 한정된 범위의 요구호자에 대한 구빈사업을 실시하였다. 조선구호령의 적용대상은 ① 65세 이상의 노쇠자, ② 13세 이하의 유아, ③ 임산부, ④ 불구, 폐질, 질병, 상이, 기타 정신 또는 신체의 장애로 인하여 노동을 하기에 지장이 있는 자 등 극히 한정된 범위의 요구호자에 대한 구빈사업을 실시하였다(이채식 · 이은영 · 이형렬 · 김재익 · 전영록, 2015).

또한 일제 강점기 시대의 구빈사업으로는 이재민구호, 빈민구호, 빈민의료구제, 요보호아동 보호, 복지시설운영 등이 있으나 전시행정적이고 형식적인 형태로 이루어졌으며, 구호대상자의 일본 본토와 현격한 차이가 나는 등 매우 형식적인 구빈사업에 불과하였다. 따라서 일제 강점기 시대의 조선구호령은 복지적인 동기에서 출발한 것이 아니라 식민통합을 보다 합리화 · 정당화하기 위한 수단으로 도입하였다는 데 기본적인 한계가 있다(정무성 외, 2015).

해방 후 3년 동안의 미 군정시대에는 군정의 법령과 필요한 규정에 의해 행정이 실시되었으나 일본 총독부로부터 인수받은 행정제도를 중심으로 일제 강점기 시대의 관계법을 그대로 계승하여 군정을 실시하였다. 따라서 이 시대에 도입된 새로운 복지대책은 없으며 군정법령인 후생국보와 일제 강점기의 조선구호령이라는 두 가지 지침을 가지고 보건후생부에서 임기응변적인 구호로 대응하였다.

미군정하의 구호준칙으로 후생국보 3호(1946. 1.12)와 후생국보 3A호(1946. 1. 14)및 후생국보3C호(1946.2.7)를 들 수 있다. 후생국보3호C항은 공공구호를 규정하고 있는데 조선구호령과 유사하게 3호의 대상으로 65세 이상인 자, 6세 이하의 부양할 소아를 가진 모, 13세 이하의 소아, 불치의 병자, 분만 시 도움을 요하는 자, 정신적 육체적 결함이 있는 자로서 3호시설에 수용되지 않고 가족이나 친척의 보호가 없고 노동할 수 없는 자 등으로 규정하고 보호내용으로는 식량, 주택, 연료, 의류, 의료 등으로 분류하고 있다. 하지만 독자적인 사회정책을 시행하지 않고 전후 세계의 분할정책에 기초한 점령지 정책에서 사회안정 치안유지의 일환으로 요구호자의 일시적인 구호사업에 치중하던 시기였다.

(3) 현대시대

가. 태동기(1950~1970년대)

이 시기는 시설보호 중심의 보호단계의 시기로 6.25전쟁의 영향으로 군인이나 경찰과 특수집단의 권익증진 차원에서 제도가 마련되기 시작하였다. 따라서 장애인복지의 발달사에 있어서 1970년까지는 현대적 의미의 장애인복지가 태동한 시기라 할 수 있다. 이는 장애인복지제도가 장애인들을 위한 복지의 차원에서 비롯된 것이 아니라 군인과 경찰의 권익증진이라는 차원에서 제정되었다고 볼 수 있다(정무성 외, 2006).

이 시기에서 장애인복지대책은 한국전쟁으로 인한 장애고아와 각종 질병으로 인하여 장애를 입은 아동들을 단순히 수용하고 보호하는 차원에서 이루어졌다. 따라서 이용 및 직업재활시설은 없고 수용보호시설만 있게 된다. 이 시기에 장애인복지와 관련된 주요제도 및 특징은 다음과 같다.

- 「군사원호법」 제정(1950),「경찰원호법」(1951)
- 「특수교육진흥법」 제정(1977)
- 심신장애자종합대책(1978)
- 장애인 실태조사(1979)

나. 전환기(1981~1987)

이 시기는 장애인복지 발전에 커다란 전환기로 88올림픽의 유치 및 장애인 올림픽 개최와 더불어 1981년 세계장애인의 해를 기점으로 장애인복지에 대한 정부 차원의 관심과 대책마련의 필요성을 절실히 깨닫게 되어 제도적 틀을 마련하게 되는 시기였다. 특히 역사상 최초의 장애인복지에 대한 종합적 법률인 「심신장애자복지법」(1981)이 제정되었다는 사실에서 장애인에 대한 시혜 · 은전의 차원이 아니라 제도적인 서비스 제공과 권리 차원에서 장애인복지 정책의 기틀이 마련되었다. 이 시기에 장애인복지와 관련된 주요 제도 및 특징은 다음과 같다.

- UN이 정한 세계장애인의 해(1981)
- UN이 정한 세계장애인 10년(1983~1992)
- 「심신장애자복지법」 제정(1981)

다. 발전기(1988~1997년)

이 시기는 우리나라의 경제발전과 더불어 1988년 서울올림픽과 장애인 올림픽의 개최를 계기로 증가된 장애인복지 욕구에 부응하여 장애인복지의 기반이 되는 제도적 틀을 재정비하고 모든 재가장애인에 대한 복지서비스를 확충하는 방향으로 그 시책이 전환된 시기라고 할 수 있다(정무성 외, 2015). 그 외 「특수교육진흥법」(1994)이 제정되어 장애인에 대한 통합교육이 원칙임을 규명하여 장애아동교육에 대한 국가적 책무성 강화, 교육받을 권리를 보장하고자 하였다. 이 법안에는 통합교육이라는 용어가 처음으로 명시되었다(정무성 외, 2015). 또한 「정신보건법」(1995)을 제정하여 정신장애인과 정신질환자를 규정하여 정신질환자의 의료 및 사회복귀에 관하여 필요한 사항을 규정하여 장애인복지 증진에 한층 더 기여하였다.

장애인의 다양한 복지 욕구들이 분출됨에 따라 이들이 자립 · 자활할 수 있도록 필요한 법적 장치를 보완하는 등 장애인의 복지증진을 도모하기 위하여 「심신장애자복지법」을 전면개정하여 「장애인복지법」을 탄생시켰다. 1990년에는 장애인들의 직업 재활과 고용 기회의 확대를 통한 자활 여건을 조성하고 복지를 향상시키기 위하여 「장애인고용촉진 등에 관한 법률」을 제정하였다. 이 시기에 장애인복지와 관련된 주요제도 및 특징은 다음과 같다.

- 장애인 올림픽 개최(1988)
- 「심신장애자복지법」의 전문을 개정 「장애인복지법」으로 변경(1989)
- 「장애인 고용 촉진 등에 관한 법률」 제정(1991)

라. 도약기(2000년~)

이전 시기가 장애인복지의 기반을 구축하고 이를 확산하는 데 초점을 맞추어 왔다면 이 시기는 장애인복지의 수준을 한 단계 더 심화시켜 우리나라의 장애인복지를 선진국 수준으로 도약시킴은 물론, 사회통합을 이루기 위한 본격적 노력이 이루어진 시기라고 볼 수 있다. 이러한 장애의 이해에 대한 변화는 장애인 생활시설에 탈시설화 개념이 제시되었고, 특히 생활인으로서의 자기결정권이 강조되는 등 변화를 가져왔다(정무성 외, 2015). 이 시기에 장애인복지와 관련된 주요 제도 및 특징은 다음과 같다.

- 「장애인복지법」, 「특수교육진흥법」 개정(1999)
- 「장애인고용촉진 및 직업재활법」 개정(2000)
- 제1, 2차 장애인 복지발전 5개년 계획수립(1998~2002)
- 「장애인고용촉진 및 직업재활법」 개정(2000)
- 제1, 2차 장애인 복지발전 5개년 계획수립(1998~2002)

P·A·R·T 02

장애인복지 실천 및 정책에 대한 이해

'CHAPTER 04'

생애주기별 서비스 욕구

SOCIAL WELFARE FOR PEOPLE WITH

사람은 누구나 태어나서 사망에 이르는 생애의 전 과정에서 발달단계마다 이루어야 하는 과업이 있으며, 그에 따른 개별적 욕구 혹은 사회적 욕구를 갖고 있다. 사회복지서비스는 클라이언트들이 각각의 발달단계에 따라 적절한 과업을 수행하고 다음 단계로 진입할 수 있도록 지원하는 역할을 하고 있다. 하지만 지금까지 장애인들에게 생애주기에 따른 과업은 중요하게 생각하지 않았으며, 장애종류 혹은 장애정도에 따라 동일한 욕구를 가지고 있는 것으로 이해되어 왔다. 하지만 최근 들어 정상화와 사회통합의 이념에 입각하여 장애인도 비장애인과 동일하게 생애주기와 발달과업에 관심을 가지기 시작하면서 장애인복지에서 생애주기적인 접근의 중요성이 강조되고 있다.

1. 장애인복지와 생애주기

1) 생애주기의 개념

모든 인간은 출생에서 사망으로 끝나며, 이 둘의 시간적 간격을 생애 기간(life span)이라고 한다. 『웹스터 사전』에 의하면 생애주기(life cycle)란, '유기체가 그 최초의 단계에서 다음의 세대와 같은 단계의 재현에 이르기까지 나타나는 일련의 발달상의 모든 변화'라고 정의한다. 즉, 생애주기란 한 개인이 출생에서 사망까지의 전 과정을 의미한다(정무성 외, 2012). 개인의 발달상의 모든 변화, 즉 입학, 진학, 취직, 결혼, 직업 전환, 은퇴 등은 나이를 먹는 과정의 일정한 순서로 진행되고 모든 사람의 일생에서 거의 동일하게 반복된다. 이 전체를 생애주기라고 하며, 생애주기를 도식적으로 표현하면 생애 기간의 중요한 생애사건(life events)이 연령단계별로 수직적 선으로 연결되어 있다(김종인, 2001).

2) 장애와 생애주기

그동안 우리 사회는 장애인에 대해서 연령을 고려하지 않고 어느 연령대의 장애인이든 장애종류가 동일하다면 비슷한 욕구를 가지고 있을 것이고, 따라서 필요한 자원 역시 유사한 것으로 전제되어 왔다. 특히 지적장애인이나 자폐성장애인을 대할 때 그들이 어떤 연령대에 있든 어린아이를 대하듯 언제나 동일한 위치에서 동일한 욕구를 갖는 것으로 여겨 왔다(정무성 외, 2012). 하지만 장애인도 비장애인처럼 각각의 연령에 따른 다양한 욕구나 문제를 가지고 있다. 예를 들어 학령기에 있는 장애 학생의 경우는 비장애 학생들과 동일하게 학습과제의 수행이 중요한 과업이 된다. 따라서 이 연령 단계에 있는 장애인들에게는 학습과제를 잘 수행할 수 있도록 지원하는 것이 적절한 서비스가 될 것이다. 또한 각 생애주기는 다음 단계에 영향을 미쳐 개인의 발달을 촉진 혹은 저해하기도 한다. 예를 들어 아동기에 문자나 셈에 대한 것을 제대로 학습하지 못하거나, 청소년기에 동료와의 관계에서 대인관계기술 등을 학습하지 못하게 되면 성인기에 수행해야 하는 취업 및 결혼 등의 과업수행에 어려움을 겪게 된다. 따라서 학령기의 아동에게는 수준을 고려한 기초적인 교육이 제공되어 하고, 청소년기에는 직업 및 사회생활을 수행하기 위한 준비가 될 수 있도록 사회적응기술 및 타인과의 관계형성기술 등을 익힐 수 있도록 서비스가 제공되어야 한다. 또한 성인기에는 원만한 직업생활과 결혼생활에 필요한 다양한 지역사회 서비스를 이용할 수 있어야 하며, 노년기에는 노년에 발생되는 질병, 빈곤, 고독 등의 문제에 대처하고 인간으로서 최소한의 위엄을 지니고 살아갈 수 있도록 지원되어야 한다.

이와 같은 장애인에 대한 생애주기적 접근은 장애가 여러 연령대의 장애인, 발달의 여러 단계에 있는 장애인에게 서로 다른 의미와 경험을 유발한다고 주장함으로써 장애아동, 장애성인, 장애노인에 대해 보다 주의 깊게 생각할 수 있는 관점을 제공해 주고 있다(Priestley, 2003).

이처럼 장애인복지서비스에 생애주기 관점을 도입하는 시도는 다음의 세 가지 방향과 관련을 갖고 있다(김용득, 2000).

첫째, 장애인의 성장과 발달에 대한 일반적인 관점을 강조하는 방향이다. 즉, 문제를 어떻게 해결할 것인가의 관점보다는 장애 발생 또는 그 이후 특정 인생시기에 있어서 필수적인 발달상의 어떤 지원을 필요로 하는가를 강조하는 것이다.

둘째, 수평적 팀 협력을 강조하는 방향이다. 즉, 특정 인생 시기에 개인이 필요한 포괄적인 서비스를 받을 수 있도록 하기 위해서는 현 서비스 제공 시점에서의 관련 전문 분야 간의 팀 협력이 강조되는 것을 의미한다.

셋째, 수직적 팀 협력을 강조하는 방향이다. 이는 장애인의 성장과 발달에 따라 다음 생애 발달단계로 이전할 때 전 단계에서 다음 단계로의 서비스 계획을 연결시킨다는 연속성과 관련이 있다.

이와 같은 방향을 바탕으로 장애인의 생애주기에 입각한 실질적 서비스가 도입됨으로써 장애인이 가지고 있는 생애주기별 욕구에 적극 대응하기 위한 종합적 서비스 체계가 마련되어야 하며, 동시에 총체적인 욕구를 이해하고 이를 고려한 통합적 접근의 서비스 제공이 가능해야 한다. 이를 통해서 각 생애주기별 재활과정에 필요한 당사자의 욕구 충족과 다음 생애주기와의 관련성을 유지하는 것이 매우 중요하다(최윤영 외, 2010).

2. 장애인의 생애주기별 특성

생애주기 접근은 기본적으로 인간발달단계를 활용하고 있다. 이와 같은 인간발달단계는 학자에 따라 다양하게 구분하고 있으나, 여기서는 Erikson의 심리사회이론과 Henry Maas의 맥락적 발달상호작용이론에 기초하여 장애인의 일생에 걸친 발달과정을 영유아기, 아동기, 청소년기, 성인기, 노년기로 구분하여 발달단계별 특징과 서비스 욕구를 살펴본다.

1) 영유아기(0세~6세)

출생 당시 혹은 출생 직후에 장애를 갖게 된 영유아들은 성장과정에 장애를 갖게 된 사람들과는 전혀 다른 삶을 경험하게 된다. 즉 가족, 친척, 이웃 등은 그들을 '아동'이 아닌 '장애아동'으로 대하게 되며, 많은 장애아동 가족들이 이들을 양육할 때 비장애 자녀와 다른 방식으로 양육하고 있다. 따라서 그들이 갖게 되는 전 생애에서의 경험은 모두 장애의 관점과 연관되어 형성되고 있다.

유아기의 주요 발달과업은 주변 환경에 대한 신체적, 인지적 통제력을 확보하는 것인데, 장애를 가진 아동들은 비장애아동들에 비해 환경을 조작하고 통제하는 것을 학습하는데 어려움을 가지게 된다. 이와 같은 신체적, 인지적 한계는 그들의 발달과업을 수행하는데 내외부적으로 문제를 야기하게 되고 그것은 스스로의 좌절이나 포기, 외부의 낮은 기대감 등으로 인한 노력의 결여나 혹은 정반대의 과보호로 인한 경험의 부족으로 나타나게 된다(이채식 외, 2008).

이 시기에 장애아동이 발달과업을 성공적으로 성취하기 위해서는 장애아동의 환경을 최대한 확대하는 것이 필요하다. 다른 사람과의 상호작용 기회의 확대를 통해 아동 스스로 사회적응기술을 학습하고 부모와의 관계에 변화를 가져옴으로써 이 시기의 발달과업인 독립과 자율성을 형성할 수 있다. 하지만 이와 같은 비장애인과의 접촉은 성취감과 동질감 등 긍정적인 측면이 있는 반면, 좌절감과 이질감 등 부정적인 감정을 함께 경험할 수 있다(최윤영 외, 2010).

한편, 이 시기에는 조기교육에 대한 욕구가 강하게 나타나는데, 일반적으로 장애정도가 심할수록 조기교육 욕구가 강하게 나타나고 있다(정영숙 외, 2007). 영유아기 조기교육은 부모의 참여를 통해 가족참여적 개입으로 가족의 장점, 단점, 욕구, 기대, 우선순위, 필요성에 더 잘 부응할 수 있어 효과적이다(정무성 외, 2012).

2) 아동기(7세~12세)

초등학교에 입학하면서 시작되는 아동기는 장애아동과 부모 모두에게 커다란 변화가 일어나는 시기다. 이 시기의 아동들은 학교생활과 또래집단과의 교제를 통해 더 이상 원가족에만 머물지 않고 보다 적극적으로 자신의 사회적, 지리적 경계를 확대해 나간다(최윤영 외, 2010). 또한 아동들은 이 기간 동안 육체적, 지적, 정서적으로 급격하게 성장한다.

이 시기는 장애아동에게도 여러 가지 문제에 직면하기도 하지만 또 한편에서는 기회의 시기이기도 하다. 지금까지 가족 등 주변의 도움으로 익숙해진 수동적인 행동에서 학교라는 전혀 새로운 환경에 적응하면서 보다 능동적인 태도로 변화할 수 있는 기회가 주어진다. 따라서 이 시기의 장애 아동들에게는 특수한 욕구를 충족시켜 줄 수 있는 개별화 교육이 필요하다. 또한 장애아동이 이 시기의 발달과업을 성공적으로 달성하기 위해서는 장애아동을 비장애아동과 균형 있게 통합시켜 주어 지지적 환경과 기술을 제공해 주어야 한다(Henry Maas, 1984). 통합교육은 장애아동의 발달에 도움이 되며, 아동들이 자신의 인간관계에 있어서 목적을 성공적이고 적절하게 선택하고 수행하는 능력인 사회적 능력 측면에서도 도움이 되는 것으로 평가받고 있다. 따라서 개별적인 교육 욕구와 통합을 위한 욕구의 균형을 맞추어 교육시키는 것이 중요하다(변용찬, 2006). 즉, 이들이 장애로 인해 일반아동이 수행하는 발달과업을 모두 수행하지는 못한다 할지라도 그들의 교육 욕구와 사회화를 위해 필요한 과업을 달성하기 위한 각 장애아동들의 특성에 맞는 적절한 교육 프로그램과 각종 서비스들이 제공되어야 할 것이다.

또한, 아동기에 나타나는 중요한 이슈 중 하나는 장애 발생연령과 관련되어 있다. 즉 선천적 혹은 영유아기에 장애를 갖게 되느냐, 아동기에 장애를 갖게 되느냐는 중요한 차이를 발생시킨다. 선천적 혹은 영유아기에 장애가 발생한 장애아동의 경우는 특별히 혼란스런 변화가 없이 아동과 가족, 사회 등으로부터 수용되는 과정을 거치면서 비교적 잘 적응하여 맞추어 나간다(손광훈, 2013). 하지만 아동기에 장애를 입게 되면 인지적, 감정적 변화를 경험하면서 혼란스러움을 경험할 수 있다. 예를 들면, 근육위축을 가진 아동의 경우 점차적으로 체력적인 한계와 제약을 직면하게 되고, 자신의 신체적인 변화를 경험하면서 혼란스러워 하고 낙심하게 될 것이다. 또한 가족들은 진단과정에서 불확실한 고비를 경험하게 되고 자아개념은 장애에 대해 반응하며 수정하고, 가족과 사회적 연관성은 변화하게 되며 많은 장애아동의 가정처럼 슬픔과 비통함이 가족으로부터 표현될 수도 있다. 그밖에 경제적 비용이 과도해지고 지원 체계가 부담이 될 수도 있다(이채식 외, 2008). 반면 아동기에 장애가 발생한 아동의 경우 선천적으로 장애를 갖고 태어난 아동에 비해 긍정적인 측면도 있다. 출생 당시 혹은 출생 직후에 장애를 갖게 된 아동의 경우 그들의 전 생애가 장애의 관점에 연관되어 형성되는 반면 아동기에 장애를 갖게 된 아동의 경우는 비장애인으로서 영유아기를 거치면서 개성 발달과 긍정적인 자아개념을 가질 수 있다는 것이다. 이렇게 형성된 긍정적인 자아개념은 장애를 경험하는 과정에서 아동의 대처자원으로 매우 중요한 요소가 될 수 있다.

3) 청소년기(13세~19세)

청소년기의 일반적인 특성은 개인의 정체감과 삶의 의미를 찾기 위해 노력하는 단계로서, 사춘기와 함께 신체적, 감정적, 사회적 변화를 경험하게 된다. 즉 2차 성장의 발달과 함께 성적인 발달이 빠르게 진행되는 시기이며, 부모나 자신을 둘러싸고 있는 기존의 환경으로부터 경제적, 정신적 독립을 준비하기 위한 정체감 확립의 시기이기도 하다.

장애청소년도 비장애청소년과 유사한 변화를 겪고 같은 욕구를 가지고 있지만, 장애청소년의 발달은 사회적 환경에 의해 다음과 같은 제약을 받을 가능성이 있다(임종호 외, 2010).

첫째, 장애청소년은 정체성을 형성하는데 혼란을 경험하게 된다. 일반적으로 부모가 자녀를 신체적으로 보살펴 주는 청소년의 경우, 또한 부모에게 육체적, 정서적으로 의존성이 강한 경우에는 이 시기의 발달과업인 독립과 정체성 확립이 제한될 수도 있다. 따라서 일상생활에서 부모의 도움을 필요로 하는 욕구와 독립하려는 욕구 사이에 심리적 갈등을 경험하며, 부모와의 관계에서도 갈등의 상황이 나타나기도 한다.

둘째, 장애청소년은 성 정체성 발달에 문제가 발생할 수 있다. 비장애청소년과 마찬가지로 장애청소년도 성적인 문제에 대한 관심과 욕구에서 예외일 수 없다. 하지만 우리 사회에서 장애청소년의 성문제는 애써 외면되어 왔으며, 장애청소년들이 자신의 성을 제대로 이해하고 통제할 수 있는 기회를 제대로 갖지 못하고 있다.

셋째, 청소년기는 성인기로서 전환을 준비해야 하는 기간이지만, 장애청소년들은 성인으로서 성장하기 위해 필요한 과업을 수행하는데 많은 어려움을 겪고 있는 것으로 나타났다(Wehmeyer, 1997). 즉 장애청소년들도 성인이 되어 직업이나 독립적인 주거를 갖고 사회에 통합되어 사회의 한 일원으로 역할을 할 수 있는 준비를 해야 한다. 하지만 이들은 자신의 장애와 주변 환경에 대해 지각하면서 성인이 되어 직면하게 될 불투명한 자신의 미래에 대한 절망과 좌절을 느끼기도 한다.

성인기로의 긍정적인 발전은 결국 청소년기의 발달과업이 얼마나 잘 수행되었는가에 직접적인 영향을 받는다고 할 수 있다. 따라서 이 시기의 발달적 필요를 고려하고 장애를 확인하는 지지적 환경이 중요하다. 즉 장애청소년이 긍정적 자아정체감을 발달시키기 위한 지지적 환경은 또래 장애인 역할모델, 장애인을 존중하는 환경과의 지속적인 관계가 매우 중요하며, 가족, 친구, 교사 등은 모두 장애청소년이 장애인에 대한 편견과 열등적 이미지를 거부하는 데 도움을 줄 수 있는 주요한 자원들이다. 또한 장애인의 경우 비장애인에 비해 이성교제나 결혼에 따른 제약과 문제점이 많이 발생하지만 이성교제와 성교육, 결혼에 대한 준비 등 청소년기의 특성에 맞는 교육이 필요하다. 아울러, 고등학교 졸업 후 자신의 진로를 어떻게 설계할 것인가에 대한 적절한 상담과 지원체계가 필요할 것이다.

4) 성인기

성인기는 20대부터 시작되는 성년기와 주요한 관심사의 변화가 나타나는 40대, 50대의 중년기로 구분하여 살펴볼 수 있다.

먼저 성년기는 성숙과 독립의 시기로 이는 자신에 대한 개인적 보호와 스스로의 환경을 계획하고 실행에 옮기는 시기이다. 즉 이 시기는 부모로부터 분리되어 스스로의 생활을 책임질 수 있는 직장을 갖고, 이전의 가족 관계에서 자신이 만든 새로운 가족관계로 삶의 중심이 옮겨가는 시기이다. 또한 직업을 갖고 활발한 사회 활동을 통해 성인으로서 사회적 역할을 수행하게 되며, 고용으로 인한 생산과 가족을 통한 재생산으로 이와 같은 역할을 감당하고 있다. 이는 장애를 가진 청년도 예외는 아니다. 하지만 성년기에 접어든 장애인들은 생산과 재생산의 역할에서 배제되어 전통적인 성인의 역할이 아닌 의존적인 사람으로 역할이 인식되고 있다(이선우, 2009). 따라서 장애인복지의 궁극적인 목적인 사회통합의 실천을 위해서 성년기 장애인의 발달과업에 대한 이해 및 이의 수행을 지원하기 위한 사회적 노력은 매우 중요한 과제이다.

먼저, 성년기 장애인의 발달 과업 가운데 하나가 가족으로부터의 자립이다. 물론, 이 과정의 성공적 이행은 가족과 장애청년의 독립적 생활에 대한 준비 정도와 관련이 있으며, 자신의 계획을 원조할 수 있는 지역사회 내 지지와 자원의 파악이 중요하다. 그 예로서, 직업의 유형과 접근성, 교육적 자원, 교통, 그리고 다양한 영역의 서비스에 관한 정보는 장애청년이 발달적 과업을 완수하는 데 매우 중요하다 (Rothman, 2003).

또한, 이 시기의 장애인들은 단순한 가족으로부터 독립을 넘어서 새로운 가족을 구성하는 것이 중요한 과업이다. 따라서 장애인이 부모로서 역할을 준비하고 자신의 자녀에게 사랑과 양육을 제공하는 역할을 수행할 수 있도록 지원하기 위한 구체적인 정책과 서비스가 마련되어야 한다.

아울러 성공적인 자립을 위한 필수적인 요소 가운데 하나가 바로 고용이다. 일반적으로 장애인은 비장애인에 비해 낮은 경제활동 참가율과 높은 실업률을 보인다. 사회 전반에 깔려있는 장애인에 대한 편견과 차별적 태도, 그로인한 고용 및 훈련 기회의 불평등, 적절한 자원의 부재 등은 장애인의 일자리에 대한 접근을 제한하고 있다. 따라서 성년기에 있는 장애인에게 취업알선 및 직업훈련 등 직업재활서비스의 강화를 통해 이들의 안정적 경제활동을 지원할 수 있어야 하며, 직업생활에 대한 적응력과 실제 업무 기능의 함양으로 자립생활의 기틀을 마련함으로써 이후의 생애주기를 대비할 수 있어야 한다.

그 밖에 타인과 친밀한 관계를 형성하고 그 폭을 확대하는 것도 이 시기의 중요한 발달과업 중 하나로서, 이러한 과업의 실패에 의한 고립을 형성하지 않기 위해서는 장애에서 비롯되는 사회적 관계 형성의 제약을 제거해 나가는 동시에 자립과 통제의 기반이 될 수 있는 적절한 자원을 소유할 필요가 있다.

그리고 성년기에 장애를 얻게 된 사람은 발달단계상의 과업 외에도 장애에 의한 새로운 생활에 적응해야 하는 문제에 직면하게 된다. 그들은 장애를 가지기 이전에 자아상과 정체성이 확립된 사람들이다. 따라서 자신이 이미 가지고 있는 개성과 장애를 갖게 되면서 자기 이미지 변화를 강요받기 때문에 장애인 된 이후에 새로이 형성된 관계는 단절되기 쉬우며, 종종 장애인의 문화 속에서 유입되지 못하고, 이것으로 인한 상실감과 경험하게 되는 변화는 장애 자체보다 훨씬 더 클 수 있다. 그러므로 장애와 장애인 문화에 강한 연결을 포함하는 정체성을 성공적으로 확립하기 위한 주위의 적절한 원조와 서비스가 요구된다.

40대 이후의 중년기 장애인은 많은 시간을 가족을 위해 투자하고, 점차 관심과 선택이 외부로 넓어지는 시기다. 따라서 이 시기의 장애인은 외부로 초점이 맞추어지면서 지역사회에 깊이 관여하고 공동체에 몰두하기 시작하게 된다. 즉 자신이 속한 지역사회의 구성원과 관계를 맺음과 동시에 자신이 속한 장애공동체의 구성원인 다른 장애인에 대해서도 관심을 갖고 생활의 폭을 넓혀 나간다. 따라서 중년기의 장애인에게 중요한 과업은 업적을 만들고 사회에 기여하는 것으로, 때로는 장애운동 주체로서 역할을 하고, 다음 세대 장애인을 위한 장애문화의 리더로서 역할을 감당하기도 한다. 이들은 다양한 형태의 사회참여와 개입을 통해 젊은 장애인에게 역할모델을 제시해 준다. 대표적인 예로, 프랭클린 루즈벨트 미국 32대 대통령이나 물리학자 스티븐호킹 같은 장애를 가진 지도자는 사회에서 장애인에 대해 긍정적인 인식을 갖게 하는데 기여하고, 장애인에 대한 권리와 기회를 확보할 수 있는 조치를 유도하여 사회에 공헌할 수 있다. 이처럼 중년기 장애인은 이와 같은 과업을 수행함을 통해 성취감과 만족감을 가질 수 있다.

또한, 40대와 50대에 접어들면 많은 사람이 당뇨나 심장병 등 성인병으로 인한 신체적 기능이상이 발생하여 장애를 갖게 되기도 한다. 하지만 이들은 오랜 시간동안 비장애인의 삶에 대한 정체성과 관계를 형성하면서 살아왔다. 따라서 이들은 자신을 단순히 신체적인 일부분에 문제를 가진 비장애인이라고 생각하여 비장애인 정체성을 유지하려는 경향이 강하고, 장애 정체성으로의 전환을 시도하거나 장애를 수용하려 하지 않는다. 하지만 중년기에 접어든 중도 장애인도 자신의 장애를 수용하고 장애에 대한 이해를 통해 자신의 삶에 통합시키면 인생의 성숙과 안정에 도움이 된다. 이를 위해 유사한 장애를 가지고 성공적으로 생활하는 다른 사람들과 사회적 관계망을 형성하는 것은 이러한 성장을 촉진하기 위한 좋은 방법이 될 수 있다.

미국에서 가장 존경받는 대통령 '프랭클린 루즈벨트'

미국의 제 32대 대통령으로 12년 동안 대통령으로 재임한 미국 역사상 유일무이한 4선 대통령이다. 미국인들이 가장 존경하는 대통령 1위로 꼽히기도 한다.

프랭클린 루즈벨트는 성공한 대통령 평가에서 대부분 1위를 차지하며 리더십, 소통 능력, 경제정책 등에서 최고로 평가받는다. 특히 노변담화로 유명하다. 라디오가 급속히 보급되었던 당시 상황을 잘 활용하여, 위기 상황을 국민들에게 잘 설명하고 이해와 협조를 구한 그의 소통 방식은 요즘 대통령에게도 필수적인 덕목이다.

그는 사실 소아마비로 인한 반신불수 환자였다. 공식 석상에서는 버팀목에 의지하며 연설했고 평소에는 휠체어를 타고 움직였다. 하지만 프랭클린 루즈벨트는 소아마비 재활훈련을 하던 기간을 '인생의 바캉스'라고 부르며 낙관적인 태도로 재활훈련에 임했고 결국 완벽하진 않아도 조금은 부축 없이 걸을 수 있을 정도의 상태가 되었다. 사람들에게 희망을 주기 위해서 휠체어에 의지하지 않고 걸어서 단상에 올라갔던 그의 일화는 지금까지도 여전히 회자되고 있다.

경제 대공황에 빠졌던 미국을 구해내고, 국민들과 적극적인 소통을 시도했으며 장애가 있었음에도 국민들에게 희망만을 보여주기를 바랐던 루즈벨트. 그런 모습들이 대통령으로 재임한지 50년이 훨씬도 더 지난 요즘까지도 그를 미국인들이 가장 존경하고 사랑받는 대통령으로 남게 만들었다.

출처: 시선뉴스(2016. 12. 17.).

5) 노년기

인구 노령화에 따른 장애노인의 수는 증가하고 있다. 노령층의 장애 출현율이 높아지고 있고, 장애인이 노령화되는 경향도 증가하고 있다(김성희 외, 2004).

노년기는 생애주기 중 한 과정으로 생활 가능한 연속적인 상태이며, 본인의 의지와 가족의 협조에 따라 건강하고 행복하게 지낼 수 있는 시기이다. 노년기는 2가지 개념의 정의를 갖는다. 하나는 개인의 인생과정에서 마지막 단계를 뜻하며, 또 하나는 전체인구 중에 가장 나이 많은 구성원들로 이루어진 연령집단 또는 세대를 말한다.

노년기 장애인의 특성은 두 가지 측면에서 생각할 수 있다. 첫 번째는 나이가 들어감에 따라 나타나는 여러 가지 생리학적 기능저하로 인해 장애를 얻는 사람들, 즉 노인성 장애로 장애인이 된 경우이다. 두 번째로 장애를 가지고 살아온 사람들이 노년기를 맞는 경우이다. 각각의 상황은 현 시점에서는 장애라는 상태가 동일하지만 살아온 과정이나 특성은 구분되는 분명한 점이 있다. 특히 노년기의 준비 측면에서는 장애를 가지고 살아온 사람들이 삶의 후반부에 장애를 입은 사람들에 비해 노년기에 나타나는 문제를 더 잘 준비할 수 있다(정무성 외, 2012). 각각의 구체적인 특성을 보면 다음과 같다.

첫째, 노년기에 장애를 얻게 된 사람들은 노인성 질환 등과 긴밀하게 연관된 장애를 가지고 있는 특징을 지닌 인구집단이다. 노년층의 장애 출현율은 지체장애, 시각장애, 청각장애 부분으로 연령이 증가함에 따라 계속 증가하고 있는 경향을 보여주고 있으며, 이들 특성은 노령화된 장애 유형이라기보다는 노인성 장애 유형에 가깝다고 볼 수 있어, 이들에 대한 치료와 보호의 필요성이 매우 높다고 볼 수 있다.

둘째, 장애를 가지고 노년기를 맞는 사람들의 특성은 장기적인 독거생활을 유지해 온 경우가 많으며 이들의 생계는 국가의 공공부조에 의존하는 경우가 대부분이다. 가족과의 연락두절, 독신 등 혼자 생활하는 경우가 많고, 장애와 노환으로 인한 건강악화로 지속적인 의료지원을 필요로 한다. 또한 대부분이 시설생활이나 폐쇄적 생활로 인하여 생애주기에 따른 적절한 사회경험이 부족하고, 욕구 수준에 있어서도 초보적이라 할 수 있다. 이들은 기존의 장애에 노환으로 인한 장애가 추가되어 신체적, 정신적 어려움은 더 가중되나 노년기 상태의 적응력은 더 높다고 할 수 있다.

이와 같은 장애 상황은 과정에 따라 서로 상이하지만 결과적으로 노년기를 맞이한다는 것에 있어서는 공통적이다. 그러므로 다른 단계들에서와 마찬가지로 노년기에 있어서의 지지적인 환경은 노년기를 성공적으로 사는 데 있어 중요하다.

노년기 장애인의 욕구 가운데 가장 높은 것은 의료보장에 대한 욕구인 것은 장애인 실태조사에서 꾸준히 나타나고 있으며, 그 다음이 소득보장에 대한 욕구와 주거보장에 대한 욕구순으로 나타나고 있다. 이러한 복지욕구는 연령에 따라 다른데 소득보장이나 의료보장의 경우 연령이 증가할수록 감소하는 경향을 보이는 데 반해 간병이나 도우미 등 가사지원서비스나 재활보조기구 및 생활편의용품 개발 보급, 장애인복지시설 확충이나 개선 등은 연령이 증가할수록 증가하고 있다. 이 시기에 특히 필요한 사회적 지원은 의료기구들이라고 할 수 있는데, 이것은 장애노인들이 독립적으로 살아가는 데 큰 도움을 줄 것이다. 독립성을 증진하는 도구에 대한 적절한 접근은 장애를 가진 노인이 그 자신의 삶을 조절하고 자신의 결정을 실행할 수 있도록 하는 데 도움을 주며, 노년기 삶의 질을 향상시키게 된다(이채식 외, 2008).

3. 생애주기에 따른 가족의 욕구

가족 구성원 중에서 장애인이 발생한다는 것은 장애 당사자 못지않게 가족들에게도 심리적, 경제적 부담을 가져올 가능성이 높으며, 장애인의 생애발달에 따라 가족 전체의 기능과 역할에도 많은 영향을 받을 수밖에 없다. 따라서 장애인의 생애주기별 과업에 대한 관심 못지않게 장애인 가족이 갖게 되는 생애주기별 사회심리적 갈등요인과 욕구에 대처하기 위한 사회의 적극적인 고려가 필요하다.

먼저, 영유아 시기에는 장애에 대한 진단이나 치료에서 장애 출현에 대한 원인에 대해 지속적으로 의문을 제기하면서 불안감을 지속시킨다(최윤영 외, 2010). 장애의 원인에 대한 합리적 이해와 장애에 대한 치료 혹은 상태의 호전 가능성에 대해 긍정적인 답변을 기대하며, 많은 전문가를 찾아 조언을 구하기도 한다. 하지만 그들의 기대에 부합하는 치료나 장애 원인에 대한 합리적인 요인을 찾기 어려워지면서 좌절감 등 심리적인 부담이 가중되기도 한다.

아동이 초등학교에 진학하는 아동기에 접어들면서 장애자녀의 교육 등을 통한 재활 및 사회성 발달에 관심을 갖게 된다. 하지만 이들의 노력은 장애인에 대한 사회적인식이라는 현실과 교육기회의 불평등이라는 사회적 장벽에 부딪히게 되고 이로 인해 사회심리적 긴장감은 더욱 높아지게 된다.

청소년기에 들어와서는 장애자녀가 사춘기를 겪으면서 자녀의 생리적 변화, 사회심리적 변화와 부딪히게 되고, 특히 이성관계 및 성문제 등에서 대처능력의 미흡과 어려움 등으로 인해 고민과 불안이 증가하게 된다.

고교 교육과정이 마무리되면서 시작되는 성인기에는 상급 학교 진학이나 취업여부 등에 대한 선택의 문제와 취업을 위한 노력의 과정에서 겪게 되는 사회적 차별 및 자원의 한계를 경험하게 되고, 이는 부모나 가족들의 고민과 불안요소로 남게 된다. 성인기 장애인을 돌보는 가족은 부모 스스로가 의존과 부양을 필요로 하는 노년기에 접어들지만, 장애자녀를 돌보아야 하는 양육부담을 갖게 되어 그 문제가 더욱 심각해진다(백은령 외, 2010). 이처럼 부모의 노령화는 장애자녀에 대한 부양의 현실적 어려움으로 나타나고, 특히 지적장애인과 자폐성장애인의 보호자들이 공통적으로 느끼는 문제 가운데 하나는 자신의 사후에 장애자녀의 생계 및 보호 등에 대한 불안감을 가지게 된다는 것이다.

이외에도 장애인의 전 생애주기에서 공통적으로 필요한 치료 및 교육, 직업훈련 등에 소요되는 비용으로 인한 경제적 부담의 가중, 장애인 부모들의 자아존중감 저하 및 우울, 장애자녀에 대한 과보호 혹은 과잉애착, 비장애 자녀의 소외문제 및 비장애 자녀 사이의 심리적 갈등의 문제 등 장애인을 두고 있는 가족들에게서 나타나는 문제 양상은 매우 다양하다.

특히 간과할 수 없는 부분이 비장애 형제자매의 심리사회적 반응과 문제양상이다. 최근 장애아동에 대한 생태학적 접근이 강조되면서 장애아동의 형제자매에 대한 관심도 증가하고 있다. 형제자매는 장애형제를 보호하기도 하고, 부모의 역할을 대신하기도 하며 또래친구가 거의 없는 장애형제의 놀이 친구도 되어 주는 등 장애아동의 성장에 큰 영향을 미치는 것으로 보고되고 있다(백은령 외, 2010).

장애아동의 형제자매는 또래의 다른 아동들보다 상대적으로 성숙하고, 책임감과 자립심이 강하며, 높은 자아존중감을 가지고 사회에 더 잘 적응하는 긍정적인 측면도 있다. 하지만 장애형제를 둔 비장애 형제자매들에게 부정적인 영향도 많이 미치는 것으로 보고되고 있다. 예를 들면, 지적장애 형제를 둔 비장애 형제자매들은 지적장애 형제에 대한 과도한 책임감의 심리적 특성을 보이고 있으며, 이는 비장애 형제자매가 지적장애 형제를 피할 수 없는 평생 짐으로 여기며 그들의 부모와 같은 심정에서 지적장애 형제를 책임지려는 현상 때문이다. 또한 이들은 지적장애 형제로 인한 자신의 처지를 수치스럽게 인식하며 형제의 지적장애를 은폐하는 경우도 있다. 비장애 형제들은 장애 형제로 인해 자신마저도 떳떳하지 못한 느낌 때문에 사람들의 눈치를 살피며 자신을 하찮게 여기는 경우도 있고 자신의 마음을 솔직하게 표현하지 못하고 사람들과의 진정한 만남을 기피하기도 한다(김다혜 외, 2016). 따라서, 형제자매도 특별한 관심과 배려가 필요한 대상임을 인식하고, 이들을 지원하기 위한 상담프로그램, 사회적 상호작용 촉진 프로그램 등을 통한 심리적 지지가 필요할 것이다(백은령 외, 2010).

〈표 4-1〉 생애주기별 장애인 가족의 관심사

생애주기	부모의 관심사	형제들의 관심사
영유아기 (0~6세)	• 정확한 진단을 받는 것 • 형제나 친지에게 알리는 것 • 서비스를 찾아다니는 것 • 장애가 있다는 것에 대한 긍정적인 의미를 발견하는 것 • 의사결정을 좌우하는 개인적인 관점을 분명히 하는 것 • 낙인의 문제에 대처하는 것 • 커다란 기대를 가지는 것	• 형제들의 욕구에 대해 부모의 시간과 에너지 할애가 줄어드는 것 • 관심이 줄어드는 것에 대한 질투의 감정 • 장애에 대한 잘못된 이해와 관련된 두려움
아동기 (7~12세)	• 가족기능의 수행을 위해 일상적인 생활을 조정하는 것 • 교육에 관련된 문제들에 대해서 적응하는 것 • 일반학급 통합과 특수학급 분리에 따른 문제를 분명히 하는 것 • 개별화 교육회의에 참여하는 것 • 지역사회 자원을 찾고 활용하는 것 • 교과목 이외의 아동의 활동을 조정하는 것	• 신체적 보호의 욕구에 대한 책임을 분담하기 • 여자 맏이들이 위기를 맞을 가능성 • 레크리에이션과 여가를 위한 가족의 자원이 제한되는 것 • 선생님에게 장애형제를 알리는 것 • 동생이 장애를 가진 형이나 누나를 앞지를 가능성 • 장애형제의 통합에 따라 같은 학교에 다니게 되는 문제 • 장애에 대한 기본적인 정보의 욕구

생애주기	부모의 관심사	형제들의 관심사
청소년기 (13~18세)	• 장애적 조건의 만성화 가능성에 대해서 정서적으로 적응하는 것 • 성적인 문제의 등장에 대한 이해 • 또래들의 거부와 배제 가능성에 대하여 대처하는 것 • 직업생활에 대해 계획하는 것 • 여가생활에 대해 계획하는 것 • 사춘기의 신체적, 정서적 변화에 대처하는 것 • 학교교육 이후의 생활에 대해 계획하는 것	• 형제에 대한 과잉 동일시 • 사람들 사이의 차이점에 대한 폭넓은 이해 • 장애의 영향이 직업의 선택에 미치는 영향 • 낙인의 가능성에 대해서 대처하기 • 형제 훈련 프로그램에 참여하는 것 • 형제 지지집단에 참여하는 것
성인기 이후 (19세~)	• 후견인의 필요성에 대한 준비 • 성인으로서의 적절한 주거형태를 구성하는 것 • 성인에게 의존성이 가지는 함의에 대해서 정서적으로 적응하는 것 • 가족 밖에서 사회화의 기회를 가질 수 있도록 대처하는 것 • 취업이나 직업훈련 프로그램을 시작하는 것	• 재정적 지원에 대해 책임을 질 가능성에 대한 문제 • 유전적 문제와 관련된 걱정을 해결하는 것 • 결혼으로 인한 새로운 가족에게 장애 형제를 소개하는 것 • 직업, 주거문제에 대한 정보의 욕구 • 형제들의 옹호인으로서의 역할을 분명히 하는 것 • 후견인 문제의 가능성

출처: 정무성 외(2012).

4. 생애주기별 서비스

생애주기별 서비스에 대해 Lewis & Lewis(1989)는 지역사회 차원에서 제공되는 서비스를 직접적 서비스와 간접적 서비스, 그리고 지역사회 서비스와 클라이언트 서비스로 분류하여 네 가지 형태로 제시하고 있다(김미옥 외, 2003 재인용).

- 클라이언트에 대한 직접적 서비스: 클라이언트에 대한 대면서비스를 중심으로 직접적 서비스를 제공하는 것으로 상담이나 아웃리치 서비스 등이 대표적인 예이다.
- 클라이언트에 대한 간접적 서비스: 특정 개인이나 집단의 문제에 관련된 소

규모의 환경을 변화시키기 위한 활동으로서 클라이언트의 권익옹호나 자문활동이 대표적인 예이다.

- 직접적 지역사회 서비스: 지역사회 전체구성원과 직접 접촉하는 서비스로서 다양한 이슈에 대한 예방교육을 대표적인 예로 들 수 있다.
- 간접적 지역사회 서비스: 지역사회의 환경과 정책이 서비스를 필요로 하는 사람들에게 우호적으로 변화할 수 있도록 하는 활동으로 공공정책에 영향을 미치는 활동이 대표적인 예이다.

1) 영유아기 서비스

영유아기는 조기교육의 필요성이 강하게 대두되는 시기이며, 동시에 부모와의 관계 형성 및 발달지원으로 상호협응과 유대감, 긴밀함을 촉진시켜야 할 시기이다(최윤영 외, 2010). 이를 위해서는 부모 상담 및 교육 등을 통해 재활에 대한 기초 지식과 정보를 제공하고, 부모 자조모임 형성을 지원하여 정서적 지지를 도모해야 한다.

〈표 4-2〉 영유아기 서비스 분류

직접적 접근		간접적 접근	
클라이언트 서비스	지역사회 서비스	클라이언트 서비스	지역사회 서비스
• 장애사정 및 재활계획 수립 • 장애 및 가족 관련 상담 • 각종 교육, 치료 프로그램	• 장애예방자료 제작 및 보급	• 권익옹호 프로그램 • 부모 자조 네트워크 형성 지원 • 이용 가능한 자원의 개발과 연결 • 각종 상황에 대한 컨설 테이션	• 장애예방 조치를 위한 입법 및 조례제정 운동

출처: 이채식 외(2008). 장애인복지론 재편집.

2) 아동기 서비스

아동기는 무엇보다 기초학습능력의 신장과 사회적 소통관계 형성 및 발전이 필요한 시기다. 따라서 학교 교육에서의 다양하고 효율적인 학습지원과 개별화 교육지원이 선행되어야 한다. 동시에 학교 및 지역사회 서비스 기관을 통한 방과후 교육 프로그램이 필요하며, 궁극적으로는 통합교육 프로그램의 실행으로 일반아동과의 학습 및 문화 활동에서의 교류증진과 관계 형성에 기여해야 한다. 또한 각종 사회재활 및 심리상담 프로그램을 통해 자신의 장애에 대한 이해와 사회적 소통관계 형성을 지원할 필요가 있다.

〈표 4-3〉 아동기 서비스 분류

직접적 접근		간접적 접근	
클라이언트 서비스	지역사회 서비스	클라이언트 서비스	지역사회 서비스
• 장애사정 및 재활계획 수립 • 장애 및 가족 관련 상담 • 각종 교육, 치료 프로그램 • 생활적응훈련 프로그램	• 장애예방자료 제작 및 보급	• 권익옹호 프로그램 • 가정환경에 대한 원조 • 학교환경에 대한 원조 • 부모 자조 네트워크 형성 지원 • 장애형제 프로그램 • 이용 가능한 자원의 개발과 연결 • 각종 상황에 대한 컨설테이션	• 장애예방 조치를 위한 입법 및 조례제정 운동

출처: 이채식 외(2008), 장애인복지론 재편집.

3) 청소년기 서비스

청소년기는 사춘기 등으로 인한 심리적 갈등의 경험과 함께 장래에 대한 계획을 수립하는 시기이다. 따라서 진로에 대한 상담, 성 역할과 기능에 대한 정보 등이 필요하다. 즉 장애인의 직업선택 가능성을 확대시키고, 진로를 탐색할 수 있는 프로그램과 올바른 성교육을 통한 장애와 성에 대한 자신의 입장을 이성적 또는 감성적으로 적절히 표현해 낼 수 있는 프로그램이 제공되어야 한다.

〈표 4-4〉 청소년기 서비스 분류

직접적 접근		간접적 접근	
클라이언트 서비스	지역사회 서비스	클라이언트 서비스	지역사회 서비스
• 장애사정 및 재활계획 수립 • 장애 및 가족 관련 상담 • 각종 교육, 치료 프로그램 • 생활적응훈련 프로그램 진로탐색 프로그램 • 성교육 프로그램	• 장애예방자료 제작 및 보급	• 권익옹호 프로그램 • 가정환경에 대한 원조 • 학교환경에 대한 원조 • 자조 네트워크 형성 지원 • 이용 가능한 자원의 개발과 연결 • 각종 상황에 대한 컨설테이션	• 장애예방 조치를 위한 입법 및 조례제정 운동

출처: 이채식 외(2008), 장애인복지론 재편집.

4) 성인기 서비스

성인기에는 의료재활 외에 취업알선과 직업훈련 등 직업재활의 욕구 충족이 가능하게 함으로써 올바른 독립생활을 유도할 수 있도록 해야 한다.

20대의 성년기에는 취업을 적극적으로 지원하기 위한 장애인고용과 관련 각종 정보에 쉽게 접근할 수 있도록 해야 하고, 일반고용에 한계가 있는 장애인을 위한 보호고용 및 중증장애인을 위한 지원고용 등 다양한 형태의 고용지원을 위한 체계가 마련되어야 한다. 또한, 결혼 적령기 장애인을 위한 성 상담 및 결혼 상담 등을 통해 부부역할 인식과 책임의식 고취, 예비 육아교실 및 부모교실 등의 운영을 통한 건강한 가정의 형성을 지원해야 하며, 결혼 이후에도 지속적인 가정유지를 위한 각종 정보가 제공되어야 한다. 그밖에 성년기 장애인의 지역사회통합을 위해서는 장애인의 결혼과 가정의 형성, 성적 권리 등에 대한 지역사회의 인식개선이 선행되어야 한다.

중년기 장애인의 경우 그들의 관심이 외부로 확대되는 시기이므로 이와 같은 과업을 수행할 수 있도록 가정 및 사회생활 유지를 위한 정보제공뿐만 아니라, 공동체 형성 등 지역사회 참여를 위한 서비스가 제공되어야 한다. 또한 성인병 등으로 장애를 갖게 된 사람들을 위한 사회관계망 확대를 위한 프로그램 등이 필요하다.

〈표 4-5〉 성인기 서비스 분류

직접적 접근		간접적 접근	
클라이언트 서비스	지역사회 서비스	클라이언트 서비스	지역사회 서비스
• 장애사정 및 재활계획 수립 • 장애 및 가족 관련 상담 • 생활적응훈련 프로그램 • 각종 교육, 치료 프로그램 • 장애 유형별 재활 프로그램	• 장애예방자료 제작 및 보급	• 권익옹호 프로그램 • 가정환경에 대한 원조 • 자조 네트워크 형성 지원 • 이용 가능한 자원의 개발과 연결 • 각종 상황에 대한 컨설테이션	• 장애예방 조치를 위한 입법 및 조례제정 운동

출처: 이채식 외(2008), 장애인복지론 재편집.

5) 노인기 서비스

전 사회적인 고령화 현상에 따른 장애노인의 발생과 확산을 제대로 인지하고, 장애인복지 차원에서 뿐만 아니라 노인 및 일반 사회복지 차원의 대처가 시급하다. 특히 의료보장과 더불어 생계보장 욕구와 독거노인의 소외감 극복 프로그램 등이 필요하다. 이를 위해서는 주간보호 프로그램 및 단기보호서비스를 적절히 활용함으로써 장애당사자인 노인의 개인사회적, 심리적 안정 도모와 부양가족의 부담 경감을 위한 상위 차원의 정책적 지원이 더욱 절실히 요구된다. 이와 같은 틀에서 장애노인을 포함한 전 장애 연령 및 영역에서 재활보조공학적 법률의 제정과 보장구의 실질적 지원이 이들의 안정적인 신체적, 정서적 활동에 기여하고, 가정 및 사회생활 유지와 삶의 질 향상에 기여할 수 있을 것이다(최윤영 외, 2010).

〈표 4-6〉 노인기 서비스 분류

직접적 접근		간접적 접근	
클라이언트 서비스	지역사회 서비스	클라이언트 서비스	지역사회 서비스
• 장애사정 및 재활계획 수립 • 장애 및 가족 관련 상담 • 생활적응훈련 프로그램 • 각종 직업재활 프로그램 • 장애 유형별 재활 프로그램	• 장애예방자료 제작 및 보급	• 권익옹호 프로그램 • 가정환경에 대한 원조 • 자조 네트워크 형성 지원 • 이용 가능한 자원의 개발과 연결 • 각종 상황에 대한 컨설테이션	• 장애예방 조치를 위한 입법 및 조례제정 운동

출처: 이채식 외(2008), 장애인복지론 재편집.

5. 생애주기별 접근의 과제

생애주기별 서비스는 장애인 재활과 관련하여 다음과 같은 의의를 가지고 있다(이채식 외, 2008).

첫째, 재활서비스를 삶의 전 과정이라는 거시적 관점에서 계획하고 실시함으로써 연속적인 재활서비스 제공이 가능하다. 우리의 삶은 단절적인 것이 아니라 연속적인 것임에도 불구하고 재활서비스를 제공하는 기관이나 실천가들의 시각은 생애의 어느 한 시기에 단절되는 경우가 많다. 그러나 이와 같은 생애주기별 서비스 접근을 통해 연속성을 가진 서비스 전달체계 구축이 가능하다.

둘째, 이 접근방법은 장애유형 뿐만 아니라 생애주기별 발달특성을 고려한 서비스 제공이 가능하다는 점이다. 즉 영유아기, 아동기, 청소년기, 성인기, 노년기 등 각 발달단계마다 독특한 특성이 있고, 공통적으로 필요한 재활서비스가 있을 수 있다. 따라서 생애주기에 따른 서비스를 제공함으로써 재활서비스의 적절성을 높일 수 있다.

셋째, 생애주기별 서비스 제공에 있어 수요자들의 요구와 필요를 보다 적극적으로 반영할 수 있을 것이다. 서비스를 계획하기 이전에 수요자의 욕구를 조사하고 분석함으로써 기관의 편의에 의한 서비스가 아니라, 수요자의 욕구에 기초한 서비스를 제공할 수 있을 것이다.

그러나 이와 같은 생애주기별 서비스 접근이 긍정적인 측면이 있음에도 불구하고, 생애주기별 서비스가 성공적으로 제공되기 위해서는 다음과 같은 몇 가지 사항을 유의해야 한다(정무성 외, 2012).

첫째, 기존의 서비스를 제공하는 궁극적인 목적에 대해 공통된 인식을 가질 필요가 있다. 다시 말하면, 각 생애주기별로 주어지는 서비스의 목표는 궁극적으로 한 개인의 전체적인 삶과 연계되고 일관성을 가질 수 있어야 한다.

둘째, 한 생애주기에서 다음 생애주기로 이동하기 전에 서비스의 연계가 원활하게 이루어질 수 있도록 연계체계를 마련하는 것이 필요하다.

셋째, 생애주기별 서비스를 제공하는데 장애인들이 보다 많은 선택권을 가질 수 있고, 그 서비스가 그들의 자립능력과 생존에 적극적으로 기여하는 방향으로 구성되어야 한다. 기관의 서비스가 생애주기별로 제공하는 것과 그 서비스를 통하여 장애인 스스로의 역량강화나 권익옹호를 도모할 수 있는 것과는 별개이다. 따라서 생애주기별로 주어지는 서비스가 장애인들의 자조능력 신장과 적극적인 자기역할 수행에 기여할 수 있도록 해야 한다.

넷째, 생애주기별 서비스는 각 주기별로 가장 자연스러운 환경에서 일차적으로 관련되는 사람들과 함께 실시될 수 있어야 한다. 예를 들면, 영유아기나 아동기에는 가정이나 가족의 역할이 중요하므로, 영유아기나 아동기의 서비스는 가정이라는 환경을 보다 적극적으로 활용하고 가족을 중요한 파트너로 인정하여 서비스를 제공하는 것이 보다 자연스러울 것이다.

'CHAPTER 05'

장애의 진단 및 평가

1. 진단과 평가의 개념

개인이 가진 능력을 진단하고 평가한다는 것은 매우 어렵고, 조심스러운 일이므로 신뢰롭고, 타당한 정보를 바탕으로 세심하게 살펴보아야 한다. 재활과정에서 장애의 진단과 평가는 장애인이 가지고 있는 잠재력을 최대한 끌어내어 사회구성원으로서 자립할 수 있도록 돕는 데 그 의의가 있다. 따라서 장애인이 가지고 있는 잠재능력과 잔존능력을 최대한 발견하고 그들 속에 감춰진 자발적 발달의 힘을 촉발시키기 위해서는 가능한 한 종합적이고, 전인격적 특성에 대한 정확하고 세심한 진단과 판정이 필요하다(조석영, 2007). 그러나 현재 우리나라에서는 장애인의 사정(assessment), 진단(diagnosis), 평가(evaluation)의 개념이 통일되지 않고, 실천현장에서나 학자에 따라 서로 다르게 번역되거나 혼용되어 사용되고 있다(정무성 · 양희택 · 노승현, 2007).

재활용어사전(1995)에서는 진단(diagnosis)이란 '의료적 측면뿐만 아니라 사회적 · 심리적 문제를 규정하고 원인을 강조하며 해결을 명확히 하도록 하는 일련의 과정'을 일컫는다. 사회사업 초기에는 진단이 치료와 조사에 이어서 3대 주요과정 중의 하나로 인식되어 왔다. 진단이라는 용어가 의료적 의미를 내포하고 있기 때문에 사회사업에서는 이를 문제사정(problem assessment)으로 부르기도 하는데 진단은 '원인을 강조하고 발견하는 과정'으로, 문제사정은 '관련된 정보를 진단에 더 첨가하는 것'으로 보았다. 이에 사회복지전문가들은 진단은 기초적 원인을 탐구하는 것으로, 사정은 적절한 정보수집과 더 관계가 많은 것으로 여겨 왔다(함석홍, 2009).

Galazan(1961)은 진단 · 판정의 목적은 첫째, 장애인의 재활활동에 관련된 것을 예측하는 것이며 둘째, 직업계획을 수립함에 있어 장애인의 강점과 약점을 명확히 파악하기 위함이며 셋째, 직업적응을 위해 어떤 능력, 소질, 기술이 잠재되어 있는가를 밝히는 것이라고 하였다.

따라서, '진단(diagnosis)'이란 의료, 교육, 사회, 직업, 심리재활영역에서 장애인이 가지고 있는 현 장애상태를 파악하는 과정으로 보며, '평가(evaluation)'는 서비스의 목표, 개발적인 지원계획에 대한 검토, 그리고 서비스의 종결과 사후지도를 결정하기 위한 과정이다. '사정(assessment)'은 장애진단과 장애평가의 총체적인 과정으로 장애 통합적 관점에서 약점과 강점을 파악하여 현 장애인을 둘러싼 환경을 고려한 정보수집을 통해 다음 서비스 계획을 수립하는 과정이다(이채식 · 이은영 · 이형열 · 김재익 · 전영록, 2008).

2. 재활에서의 진단 및 평가 과정

일반적으로 장애인 재활과정은 [그림 5-1], 〈표 5-1〉과 같이 사례발견(case finding), 접수면접(intake) 및 선별검사(screening), 진단(diagnosis), 사정(assessment), 서비스 제공(services), 그리고 평가(evaluation)로 진행된다(손광훈, 2006).

1) 사례발견(case finding)

사례발견은 장애인의 자발적 전화와 방문 또는 그들의 가족과 주변인들의 의뢰를 통해 시작된다. 예전에는 주로 공공기관이나 복지관을 통해 대상자가 의뢰되는 경우가 많았으나, 최근 복지 사각지대 발굴을 위해 아웃리치 접근방법에 의한 대상자

발굴이 증가하면서 다양한 사례가 나타나고 있다.

2) 접수면접 및 선별검사(intake & screening)

사례발견 후 장애인의 욕구를 개략적으로 파악하기 위해 접수면접이 이루어지며, 미리 일정을 예약하고, 진단이 필요한 영역을 설정한다. 이때 장애인의 잔존능력과 잠재능력을 극대화하고, 사회구성원으로서 성장할 수 있도록 돕기 위해 장애인의 기능 수준을 선별해야 한다. 선별을 통해 특수교육 및 치료 · 재활서비스가 필요한지에 대한 서비스 적격 여부를 구분할 수 있다. 즉, 특수한 서비스가 요구되는지의 여부를 파악하여 심층적 평가의 필요성 여부를 결정하는 단계이다.

3) 진단(diagnosis)

진단은 각 영역별 전문가에 의해 문제에 대한 자료를 수집하고, 진단 및 사정도구를 활용하여 장애인의 상태에 대한 충분한 정보를 제공한다. 진단의 목적은 의학적 · 발달적 · 교육적 장애 정도를 결정하고 심리적 · 사회적 · 직업적 능력과 강점 및 약점을 파악하여 프로그램 배치와 치료를 결정함에 있으며, 각 영역별 진단 내용은 다음과 같다(서울장애인종합복지관, 2005).

(1) 사회진단

진단의 첫 과정으로 사회복지사가 실시하며, 사회진단을 통해 대상자의 개인사항, 가족 및 사회환경의 인적 · 물적 자원에 대하여 파악하는 과정이다.

(2) 의료진단

재활의학과 전문의가 대상자의 장애를 의료적인 측면에서 진단 · 처방하는 과정이다.

(3) 교육진단

아동의 현재 성취 수준, 발달 수준, 학습준비도, 기초학습능력 등을 파악하는 과정이다.

(4) 언어진단

대상자의 언어발달 기능 정도를 평가하고, 언어장애의 원인을 규명하며, 장애에 따른 적절한 치료·교육을 위한 기본적인 자료를 수집하는 과정이다.

(5) 심리진단

대상자의 심리적 재활을 도모하기 위해서 관찰 및 상담을 통해 행동 특성을 파악하고, 심리검사도구를 통하여 심리적 특성을 측정하는 과정이다.

(6) 직업진단

다양한 직업평가도구를 통해 개인의 직업적 흥미, 욕구, 잠재력을 파악하는 과정이다.

4) 사정(assessment)

사정은 진단과정에 참여했던 전문가들이 함께 모여 서로의 자료와 정보를 교환하고 수립된 정보를 신중하게 해석하며, 사례에 대한 집중적이고 종합적인 서비스 계획을 수립하는 체계적 과정이다(정영숙 외, 2007). 이 과정에서 사정회의를 통해 수집된 자료를 취합하여 장애의 원인, 유형, 심각 정도, 본인 및 보호자의 태도, 지지자원 등에 대한 재활방향을 결정하며, 주 재활기관 선정 및 유관기관과의 협력방안도 논의한다.

5) 서비스 제공(services)

서비스 제공은 재활서비스 계획(planning)에 따라 클라이언트에 대한 다양한 개입(intervention)이 이루어지는 단계이다. 서비스 계획은 전문적 판단과 실천적 경험으로 세워지게 되며, 클라이언트를 위해 제공되는 서비스에 대한 청사진을 작성하는 과정으로 서비스 제공을 위한 세부목표와 우선순위를 결정하고, 이러한 목표에 상응하는 활동과 서비스를 개발하고 계획화하는 지적과정이 포함된다(이애련 · 이권일 · 전남련 · 김미자 · 이은화 · 정현숙 외, 2010 재인용).

6) 평가(evaluation)

평가는 클라이언트에게 제공된 서비스가 그들의 생활에 어떠한 변화를 주었으며, 그들의 문제가 얼마나 경감되었는지에 관심을 둔다. 즉, 재활서비스 계획에 따른 개입이 목적과 목표에 따라 서비스의 유용성을 검토하는 것이다. 유용성을 검토하는 방법으로는 ① 서비스와 지원계획의 타당성, ② 목표달성과 그 영향, ③ 전반적 효과, ④ 클라이언트의 만족도를 측정하는 것 등이다(김만두, 2004). 아울러 재활서비스 평가는 클라이언트에게 진행된 서비스를 종료할 것인지 아니면 다른 서비스를 제공할 것인지를 결정하며, 이에 따라 종결되거나 사후지도(follow-up) 과정으로 진행된다.

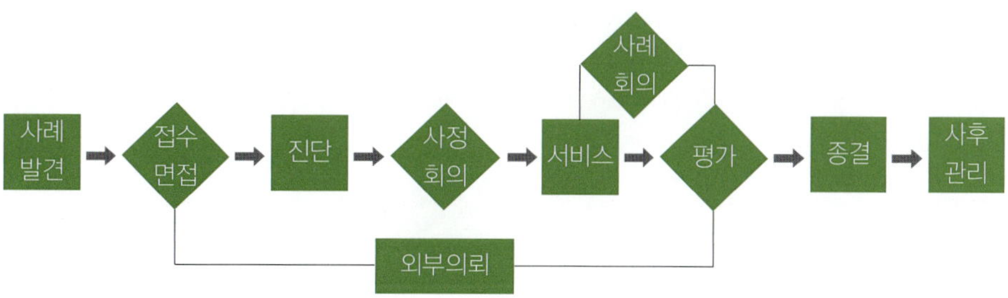

[그림 5-1] 장애인 재활과정

출처: 손광훈(2006). 개인별 평가 및 서비스 계획수립(진단 · 판정사업) 운영 실태 및 개선 방안에 관한 연구 토론자료. 「2006년도 정책연구회 발표자료」. 서울시장애인복지관협회.

〈표 5-1〉 재활과정과 내용

재활과정		내용	제공해야 할 자료
(1) 케이스 발견(case finding)		자발적 방문, 가정방문, 의뢰	
(2) 접수면접/스크리닝(선별) (intake/screening)		서비스 적격 여부 확인	• 운영지침(선정기준) • 부적격에 대한 서면화된 통보서
(3) 진단(diagnosis)		자료수집, 진단 및 사정도구	
(4) 사정 (assessment)	① 사정회의	수집된 자료를 통한 재활방향 결정	• 운영지침(선정기준) • 서면화된 의뢰서
	② 초기사정	서비스 시작 전에 수행	• 운영지침 • 초기사정 보고서
	③ 진전사정	초기, 중간, 종결평가 시 수행	• 진전사정 보고서
(5) 서비스 (services)	① 계획	개별화계획(IEP) 수립	• 초기사정보고서에 근거한 서면화된 개별화계획
	② 개입	다양한 서비스	• 운영지침
(6) 평가 (evaluation)	① 초기평가	진전사정	• 진전사정 보고서
	② 중간평가	진전사정	• 진전사정 보고서
	③ 종결평가	진전사정	• 진전사정 보고서
	④ 사례회의 (case conference)	진전사정	• 사례 보고서
(7) 종결		종결평가	• 종결 보고서
(8) 사후지도(follow-up)		종결평가에 근거한 사후지도	
(9) 의뢰(referral services)			• 서면화된 의뢰서

출처: 손광훈(2006). 개인별 평가 및 서비스 계획수립(진단 · 판정사업) 운영 실태 및 개선방안에 관한 연구 토론자료, 「2006년도 정책연구회 발표자료」. 서울시장애인복지관협회.

3. 진단 및 평가도구

국립특수교육원 특수교육지원센터(2011)에서는 「장애인 등에 대한 특수교육법」 시행규칙에 근거하여 장애영역별 선별 및 진단검사 도구를 〈표 5-2〉와 같이 제시하고 있다.

〈표 5-2〉 장애영역별 선별 및 진단검사 도구

장애영역	「장애인 등에 대한 특수교육법」 시행규칙	특수교육대상아동 선별 · 진단검사 지침 (국특원, 2009)
장애 조기 발견을 위한 선별검사	1. 사회성숙도검사 2. 적응행동검사 3. 영유아발달검사	- 한국판 유아발달 선별 검사(K-DIAL-3) - 한국형 덴버발달선별검사(K-DDST-II) - 3~5세 영 · 유아발달선별 검사(K-CDR) - 한국판 유아 지능검사(K-WPPSI)
시각장애 · 청각장애 및 지체장애	1. 기초학습기능검사 2. 시력검사 3. 시기능 및 촉기능 검사(시각장애의 경우에 한함) 4. 청력검사(청각장애의 경우에 한함)	◎ 학습능력 및 성취도 평가도구 - 기초학습기능검사 ◎ 시력검사 - 한천석 시력검사 - 저시력자용 원거리 시력표 - 진용한 시력표
시각장애 · 청각장애 및 지체장애		◎ 시기능 검사 - 한국판 시기능 효율성 개발 프로그램: 진단적 사정 절차(DAP) - 기능 시각 검목표: 학습영역 - 오레곤 발달검사: 시각영역 ◎ 촉기능 검사 - 하와이 조기 학습 프로파일: 촉지각 발달검사 - 오레곤 발달 검사(점자학습, 촉각기술) ◎ 청각적 인지검사 도구 - 청각언어재활을 위한 평가 가이드(EARS-K) - 한국 표준 어음 변별력 검사

장애영역	「장애인 등에 대한 특수교육법」 시행규칙	특수교육대상아동 선별 · 진단검사 지침 (국특원, 2009)
시각장애 · 청각장애 및 지체장애		◎ 지체 장애 영역의 검사 – 특수교육학회 선별검사 – 지각운동능력검사: 시각–운동통합발달검사(VMI), 지각–운동발달진단검사(PMDT) – 학습능력검사: Detroit 학업적성검사 – 신체운동능력 평가: 일상생활동작 검사, PULSES 프로파일, 바델지수(Barthel index) 등
정신지체	1. 지능검사 2. 사회성숙도검사 3. 적응행동검사 4. 기초학습검사 5. 운동능력검사	◎ 지능검사 – 인물화에 의한 간편지능검사 – 한국 웩슬러 아동 지능검사(K–WISC–Ⅲ) – 카우프만 아동용 지능검사(K–ABC) – KISE 한국형 개인지능검사(KISE–KIT) ◎ 적응행동검사 – KISE–적응행동검사(KISE–SAB) – 사회성숙도검사 – 적응행동검사(K–ABS)
정서 · 행동 장애 자폐성장애	1. 적응행동검사 2. 성격진단검사 3. 행동발달평가 4. 학습준비도검사	– KISE 정서 · 행동장애학생 선별척도 – 한국 아동 · 청소년 행동평가 척도(K–CBCL) – 심리교육 프로파일–개정판(PEP–R) – 자폐증 진단 관찰 스케줄(ADOS) – 자폐증 진단 면담지 개정판(ADI–R) – 사회적 의사소통 질문지(SCQ) – 한국 자폐증 진단 검사(K–ADS) – 아동기 자폐증 평정척도(CARS)
의사소통 장애	1. 구문검사 2. 음운검사 3. 언어발달검사	◎ 언어발달검사 – 영유아 언어발달검사(SELSI) – 취학전 아동의 수용언어 및 표현언어 발달 척도(PRES) – 수용 · 표현어휘력검사(REVT) – 구문의미이해력검사 – 언어문제해결력검사 ◎ 조음검사 – 우리말 조음 · 음운평가(U–TAP) ◎ 유창성검사 – 파라다이스–유창성검사(P–FS)

장애영역	「장애인 등에 대한 특수교육법」 시행규칙	특수교육대상아동 선별 · 진단검사 지침 (국특원, 2009)
학습장애	1. 지능검사 2. 기초학습기능검사 3. 학습준비도검사 4. 시지각발달검사 5. 지각운동발달검사 6. 시각운동통합발달검사	◎ 학습장애 선별검사 – 학습장애 선별검사(LDSS) – 한국판 학습장애 평가 척도(K–LDES) ◎ 학업성취도 검사 – 국립특수교육원–기초학력검사(KISE–BAAT) – 기초학습기능검사 – 기초학습기능 수행평가체제(BASA) – 읽기진단검사 – 학습준비도검사 ◎ 인지검사 – 한국판 시지각발달검사-2 – 스트룹 아동 색상–단어검사 – 아동 색 선로 검사 – 아동용 Rey–Kim 기억검사 – 아동용 Kims 전두엽-관리기능 신경심리검사

출처: 국립특수교육원 특수교육지원센터(2011).

1) 장애 조기 발견을 위한 선별검사

(1) 사회성숙도검사(SMS)

한국판 사회성숙도검사(Social Maturity Scale)는 0~30세 영유아에서 성인을 대상으로 사회적 능력(Social competence), 즉 적응행동(Adaptive behavior)을 평가하는 측정검사로 바인랜드 사회성숙척도(Vineland Social Scale)를 표준화하여 김승국과 김옥기에 의해 만들어졌다. 검사는 자조(SH-Self Help), 이동(L-Locomotion), 작업(O-Occupation), 의사소통(C-Communication), 자기관리(SD-Self Direction), 사회화(S-Socialization) 등 6개의 영역으로 구분되며, 117개의 문항으로 구성되어 있다.

(2) 적응행동검사(KISE-SAB)

한국판 적응행동검사(Korea Institute for Special Education-Scales of Adaptive Behavior)는 정신지체아동의 경우 만 5세에서 17세까지를 대상으로 적용하고, 비장애아동의 경우 만 21개월부터 17세까지를 대상으로 실시검사로 국립특수교육원에서 개발한 검사도구이다. 검사는 개념적 적응행동검사, 사회적 적응행동검사, 실제적 적응행동검사로 총 3개의 영역, 24개의 소검사로 구성되어 있다.

(3) 베일리 영유아발달검사(BSID)

베일리(Bayley)에 의해 개발된 영유아발달검사(Bayley scales of infant development)는 생후 1개월부터 42개월의 영유아를 대상으로 또래 영유아의 평균발달 수준과 비교하여 다양한 측면에서 발달을 측정함으로써 총체적인 발달 수준을 확인할 수 있는 검사이다. 검사는 정신발달척도, 운동척도, 행동평가척도 등 3개지의 척도로 구성되며, 총 300개의 문항에서 인지 · 언어 · 사회성 · 운동발달 등을 측정하여 조기발견과 개입에 유용한 검사도구이다.

2) 시각장애 · 청각장애 및 지체장애

(1) 기초학습기능검사(BASA)

기초학습기능검사(Basic Academic Skills Assessment)는 초등학생부터 성인을 대상으로 기초학습기능의 현재 수준을 측정하는 기초평가와 개입 및 중재 효과를 측정하는 형성평가로 구성되어 있다. 김동일에 의해 개발된 이 검사는 BASA 읽기검사, BASA 수학검사, BASA 쓰기검사 등 학생들이 실제로 배우는 내용을 중심으로 교육과정 중심 측정(Curriclum-based Measurement) 절차에 근거하여 기초기능영역을 파악하여 학습부진 및 장애를 판단하고, 이후 학습진전도를 확인하는 검사이다.

(2) 시기능검사

시기능을 측정하기 위해서 시력(visual acuity), 시야(visual field), 광각(optic angle), 색각(color sense) 등의 검사가 수행된다. 시력검사(Assessment of Visual acuity)는 물체의 형체나 존재를 인식할 수 있는 눈의 능력을 평가하는 검사로 시력검사표 앞에서 일정 거리를 두고 글자나 숫자, 그림을 식별하는 방법으로 이루어지는 비교적 간단한 검사이다. 시야검사(Assessment of Visual field)는 한 점을 주시하고 있을 때 눈이 볼 수 있는 범위를 측정하는 검사로 시야측정 결과 협착(cont-raction), 감도저하, 암점(scotoma) 등으로 인한 시야결손이 나타나면 시야장애가 있다고 본다. 광각검사(Assessment of Optic angle)는 빛의 유무를 판단하며 빛의 강도 차이를 구별할 수 있는지를 평가하는 검사로 보통 밤눈이 어둡다고 말하는 야맹(night blindness, nyctalopia)은 암순응이 불량한 상태를 말하며, 밝은 장소에서 보다 어두운 장소에서 더 시력이 양호한 상태를 주간맹(day blindness, hemeralopia)이라고 평가한다. 색각검사(Assessment of Color sense)는 가시광선 중에서 파장의 차이에 따라 물체의 색을 구별하고 인식하는 능력으로 거짓동색표(일명 색맹시험도)를 통해 식별하는 검사이다(네이버 지식백과).

(3) 청력검사

소리를 들을 수 있는 정도를 검사하는 청력검사(audiometry test)는 주관적 검사와 객관적 검사 두 가지로 구분할 수 있다. 주관적 검사는 방음실 또는 조용한 방에서 여러 가지 소리(고음, 저음, 언어, 소음 등)를 듣게 하면서 피검자의 반응을 보는 것이다. 객관적 검사는 주로 환자가 잠자는 동안 또는 눈을 감고 움직이지 않는 상태에서 검사하며, 임미턴스(immittance) 검사, 이음향방사검사, 청성 유발 전위(auditory evoked poten-tail: AEP) 검사 등이 있다(네이버 지식백과).

3) 정신지체

(1) 한국 웩슬러 아동 지능검사(K-WISC-IV)

한국 웩슬러 아동 지능검사(Korean Wechsler Intelligence Scale for Children)는 아동의 종합적인 인지능력 평가를 비롯하여 특수교육 요구 아동의 판별 및 진단, 교육계획과 배치 평가 및 그 밖의 임상적 평가 장면에서 널리 활용하는 도구이다. 만 6세 0개월에서 만 16세 11개월까지의 아동을 대상으로 개별검사로 진행되며, 15개의 소검사를 통해 전체 IQ와 함께 4가지 지표점수(언어이해, 지각추론, 작업기억, 처리속도)를 알 수 있어 아동의 지적능력을 파악할 수 있다.

(2) 카우프만 아동용 지능검사(K-ABC Ⅱ)

카우프만 아동용 지능검사(Kaufman Assessment Battery for Korean Children, Second edition)는 아동과 청소년의 정보처리와 인지능력을 측정하기 위해 개발된 개인지능검사로서 미취학 아동부터 고등학생들의 심리, 임상, 심리교육, 그리고 신경심리적 평가에 유용한 검사이다. 만 3세에서 만 18세 아동 · 청소년을 대상으로 5개 영역 18개의 하위검사로 이루어져 있으며, 검사를 통해 인지적 강점 및 약점을 파악하고, 치료 계획 및 배치 계획을 설정하는 데 유용한 검사이다.

(3) 적응행동검사(K-ABS)

적응행동검사(K-Adaptive Behavir Scale)는 아동의 일상생활에서 자조 능력, 타인과의 의사소통, 사회적 상호작용, 학업과제 및 작업관련 혹은 직업 전 과제 능력을 평가하기 위하여 고안된 규준 참조 검사이다. 일반아동의 경우 만 3세에서 만 14세까지 적용되며, 정신지체아동의 경우에는 만 17세까지 사용할 수 있다. 21개 영역에서 95문항으로 구성되며, 아동의 적응행동 수준을 평가하고, 아동이 어떤 준거집단아동(일반, 교육가능, 훈련가능)과 가장 비슷한지를 판별하는 데 사용한다.

4) 정서 · 행동장애, 자폐성장애

(1) 한국 아동 · 청소년 행동평가 척도(K-CBCL)

한국 아동 · 청소년 행동평가 척도(Korea- Child Behavior Checklist)는 아동 · 청소년기의 사회적 적응 및 정서, 행동문제를 평가하는 것으로 심리장애진단에 유용한 임상적 도구이다. 만 4세에서 만 17세까지 아동 · 청소년을 대상으로 부모 혹은 아동과 함께 생활하는 어른이 아동의 문제행동과 사회적 능력을 표준화된 형태로 기록하는 행동평가검사이다. 척도는 크게 사회능력척도와 문제행동증후군 척도로 구성되어 있으며, 이 검사를 통해 각 평가치들에서 또래집단에 비해 얼마나 일탈되었는지를 판단하고, 아동의 문제행동에 대한 다양한 정보를 파악할 수 있다.

(2) 심리교육 프로파일(PEP-R)

심리교육 프로파일(Psychoeducational Profile)은 아동의 발달기능과 행동특성을 평가하는 검사도구로 정상아동의 발달규준을 제공하여 자폐아동과 발달장애아동을 이해하고 치료 · 교육하는 데 도움을 주는 도구이다. 만 1세부터 7세 아동을 대상으로 7개 영역(모방, 지각, 소근육 운동, 대근육 운동, 눈-손 협응, 동작성 인지, 언어성 인지)의 발달척도와 4개 영역(대인관계 및 감정, 놀이 및 검사재료에 대한 흥미, 감각반응, 언어)의 행동척도로 구성되어 있다. 이 검사도구를 통해 아동의 각 7개의 영역별 발달연령을 알 수 있으며, 행동영역의 발달 정도가 정상 수준인지 비정상적 수준인지(경증/중증)를 파악하고, 아동의 학습준비도와 교육 프로그램의 출발점도 파악하는 데 유용하다.

(3) 아동기 자폐증 평정척도(CARS)

아동기 자폐증 평정척도(Childhood Autism Rating Scale)는 자폐증이 있는 아동을 진단하고, 자폐증이 없는 발달장애아동과 구별하기 위해 만들어진 15개 항목으로 구성된 행동평정도구이다. 취학전 아동을 포함한 모든 연령군의 아동에게 적용 가능하며, 검사를 통해 경증 내지는 중간 정도의 자폐아동과 중증의 자폐아동을 분류할 수 있으며, 아주 어린 아동의 증상을 찾아내는 데에도 유용하다.

(4) 사회적 의사소통 질문지(SCQ)

사회적 의사소통 질문지(Social Communication Questionnaire)는 자폐스펙트럼장애가 의심되는 환자를 일차로 선별할 수 있는 질문지로 총 40개의 문항으로 구성되어 있다. 대상환자의 부모 또는 일차적인 보호자가 간편하게 예/아니오로 답할 수 있으며, 약 15분가량의 짧은 시간 동안에 자폐스펙트럼장애와 관련된 광범위한 증상들을 선별할 수 있다는 것과 언어가 없는 대상부터 유창한 언어능력을 가진 성인까지 연령과 언어수준, 지능에 관계없이 평가할 수 있다는 장점이 있다.

5) 의사소통 장애

(1) 구문의미 이해력 검사

언어진단검사의 하나인 구문의미 이해력 검사는 2004년 배소영 · 임선숙 · 이지희 · 장혜성이 기존의 문장이해력 검사를 수정 · 보완하여 개발하였다. 이 검사는 만 4세에서 만 9세(초등 3학년) 아동을 대상으로 실시하며, 장애아동의 경우에는 생활연령이 만 9세를 넘더라도 구문의미 이해력이 초등학교 3학년보다 지체를 보이는 경우에도 사용할 수 있다. 검사를 통해 언어 이해력에 어려움을 보이는 아동 중 특히 구문의미를 이해하는 데 어려움이 있는 아동을 판별하고, 단순언어장애아동의 하위유형을 판별하거나 여러 언어 하위영역 중에서 구문의미에 대해 아동이 가지고 있는 강점과 약점을 파악하는 데 유용하다. 총 57개의 문항으로 구성되어 있으며, 한 문항당 세 개의 제시 그림으로 구성되어 있다.

(2) 우리말 조음 · 음운평가(U-TAP)

우리말 조음 · 음운평가(Urimal Test of Articulation and Phonology · Urimal Work-book of Articulation and Phonology)는 조음문제를 보이는 취학 전 혹은 취학연령 아동 및 성인을 대상으로 조음 문제 평가 및 교정 · 훈련을 목적으로 실시하는 평가도구이다. 검사는 그림낱말검사와 그림문장검사로 구성되어 있으며, 언어치료와 교육현장에서 언어치료사 또는 교사가 아동 및 성인의 조음음운능력을 단어와 문장 수준에서 효율적으로 평가하고, 이를 바탕으로 조음문제를 보이는 음소를 체계적으로 연습 · 훈련시키는 데 유용하다.

(3) 영유아 언어발달검사(SELSI)

영유아 언어발달검사(Sequenced Language Scale for Infants)는 생후 36개월 이하 영유아의 수용언어와 표현언어의 발달 지체를 조기에 선별할 목적으로 만들어진 선별검사이다. 검사는 수용언어와 표현언어 112문항, 수용언어검사 56문항, 표현언어검사 56문항 등으로 구성되어 있다. 이 검사를 통해 정상발달아동뿐 아니라 언어발달지체나 장애를 나타낼 가능성이 있는 영유아의 언어능력을 평가하는 데 사용할 수 있으며, 단순언어장애, 정신지체, 자폐, 뇌성마비, 청각장애 및 구개파열 등으로 인하여 언어발달에 결함을 나타낼 가능성이 있는 아동의 언어능력을 평가하는 데에 활용된다.

6) 학습장애

(1) 기초학력검사(KISE-BAAT)

기초학력검사(Korea Institute for Special Education-Basic Academic Achievement Tests)는 만 5세에서 만 14세 아동의 기초학력을 측정하는 검사로 국립특수교육원에 의해 개발되었다. 검사는 읽기, 쓰기, 수학의 3개 소검사로 구성되어 있으며, 각각 2종의 동형검사가 있다. 이 검사는 학교학습 특히 국어, 수학에서 부진을 나타내는 아동을 선별 또는 진단하고, 이들이 부진을 나타내는 영역과 수준을 파악하여 교육계획 수립과 적용에 필요한 정보를 제공한다.

(2) 한국판 학습장애 평가척도(K-LDES)

한국판 학습장애 평가척도(Korean version of Learning Disability Evaluation Scale)는 만 6~11세 학령기 아동을 대상으로 그들의 학습장애 여부 및 문제의 심각성과 학습장애유형을 객관적으로 평가하는 학습장애 선별검사이다. 검사는 7개의 하위영역(주의력, 사고력, 말하기, 읽기, 쓰기, 철자법, 수학적 계산)으로 총 88개의 문항으로 구성되어 있다. 이 검사는 실생활에서 아동을 매일 접하는 교사나 부모가 평가하는 척도이므로 아동의 학습문제를 조기에 발견하여 조속한 치료적 도움을 받도록 하는 데 유용하게 사용될 수 있다.

(3) 시지각발달검사-3(DTVP-3)

시지각발달검사-3(Developmental Test of Visual Perception ver. 3)는 만 4~12세 아동을 대상으로 시지각 및 시각-운동장애 수준을 파악하고, 시지각 기관 결함 가능성에 관한 증거를 제공하는 검사이다. 5개의 하위검사(눈-손 협응, 따라 그리기, 도형-배경, 시각통합, 형태항상성)로 구성되며, 약 30~60분이 소요된다. 시지각 기능의 발달 수준을 측정함으로써 학습장애 등 문제를 보이는 유아 및 아동들에게 실제 시지각 기관상의 장애 여부를 진단할 수 있으며, 특수교육 관련 프로그램의 효과성을 검증하는 데도 유용한 검사이다.

(4) 스트룹 아동 색상-단어검사

스트룹 아동 색상-단어검사(STROOP Color And Word Test)는 전두엽에서 담당하는 억제과정의 효율성을 평가하기 위해 개발된 신경심리학적 검사이다. 만 5세에서 만 14세 아동을 대상으로 단어의 색과 글자가 일치하지 않는 조건에서 자동화된 반응을 억제하고 글자의 색상을 말해야 하는 검사이며, 이때 반응시간이 느려지는 것이 전두엽의 억제과정을 반영함을 의미한다. 이 검사는 주의력결핍 과잉행동장애, 틱장애, 학습장애 아동의 전두엽 실행기능 결함에 대해 설명해 주고, 다른 뇌손상 아동의 전두엽 기능장애의 정도를 파악하는 데 유용하다.

'CHAPTER 06' 장애인과 재활

SOCIAL WELFARE FOR PEOPLE WITH

1. 장애인재활의 개념

재활(rehabilitation)의 개념은 1943년 미국재활회의(National Conference for Rehabilitation)에서 처음 사용되었으며, 재활이란 '장애를 가진 사람에게 그가 가진 잔존능력을 최대한 발휘하게 함으로써 신체적 · 정신적 · 사회적 · 직업적 · 경제적 능력을 회복시키는 것'이라고 정의하였다. WHO(세계보건기구)에서도 재활을 '의학적 · 사회적 · 교육적 · 직업적 수단을 동원하고 이를 상호 조정하여 교육 또는 재훈련을 통하여 장애인의 기능적인 능력을 가능한 한 최고 수준에 달하도록 하는 것'이라고 보았다.

재활은 장애인의 단순한 사회복귀나 갱생의 의미로 사용되는 것과는 달리, 장애인의 사회복귀는 물론 장애인이 지속적으로 자신의 직업을 가지고 경제적인 자립기반을 바탕으로 사회적 지위를 획득하여 사회인으로서 사회참여를 통한 사회통합에 이바지하고자 하는 데 목표를 둔 개념이다(이현주 · 윤순녕 · 최정명 · 현혜진 · 백은광, 2001).

재활은 장애인 개개인의 욕구에 대응하여 그들의 잠재능력을 최대한으로 회복시키기 위하여 의학, 심리학, 교육학, 기타 여러 전문분야의 협조를 필요로 한다(박옥희, 2000). 즉, [그림 6-1]의 재활 과정 개념도에서 보는 바와 같이 의료분야, 교육분야, 사회분야, 직업분야, 심리분야들이 서로 유기적 연계하에 상호보완적인 임무를 수행해야 하는 종합적 성격을 가지며, 장애인이 하나의 인격체로 자립하여 사회에 복귀할 수 있도록 전인적 접근방법을 취해야 한다.

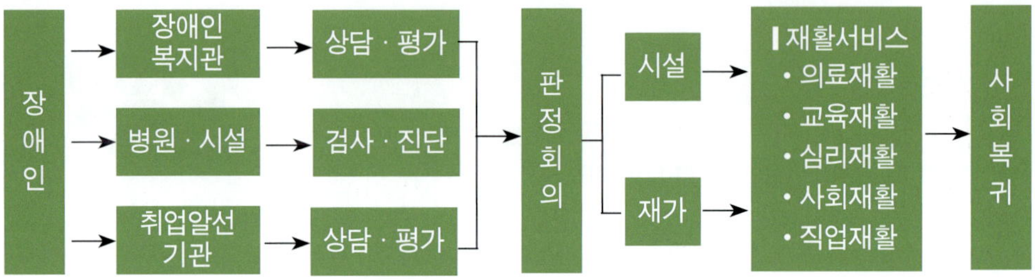

[그림 6-1] 재활 과정 개념도

출처: 이현주 외(2001). 재가 산재장애인의 재활프로그램에 관한 연구. 한국노동연구원.

2. 의료재활

1) 개념

의료재활은 장애인의 잔존하는 기능과 능력을 극대화시키기 위한 가장 기본적이고, 중심적인 재활 분야이다. 의료재활은 의학적 치료, 수술, 심리치료 등을 통하여 신체적 · 정신적 기능을 회복함으로써 사회적 장애요인을 치유하거나 보장구 장착 등을 통하여 의학적 장애의 충격을 경감 또는 제거시키는 방법이며(Wright, 1980), 이러한 의료재활을 통해 인간을 기능을 자활 수준까지 증대시켜 생애를 통하여 그 기능을 유지하는 데 필요한 자원을 활용할 수 있게 하는 데 목적이 있다(박옥희 · 권중돈 · 하길웅, 1993).

국제노동기구(ILO)는 의료재활의 개념을 개인의 기능적 또는 심리적 능력이 필요한 경우 다른 부분으로 대체할 수 있는 기능을 발달시키는 일련의 의료이고, 그에 따라 장애인이 자립하고, 활동적인 생활을 영위할 수 있도록 하는 것이라고 정의하고 있다.

의료재활과 의료재활을 다루는 의학의 전문 분야인 재활의학의 역할과 중요성에 대해 역설한 Rusk(1977)는 의료적 치료란 외상이나 질병에 대한 병소를 치유시키는 것만으로 끝나는 것이 아니고, 환자가 장애를 갖게 되었을 때 남아 있는 기능으로 일상생활은 물론 직장생활도 할 수 있도록 훈련시키는 것까지 포함되어야 한다고 강조했다. 아울러 Rusk는 의료재활의 목표로서 첫째, 될 수 있는 대로 신체적 장애를 예방하고 둘째, 신체적 장애를 제고 또는 경감시키며 셋째, 장애가 있더라도 그 제약 내에서 능력을 최대한 발휘하여 인간다운 생활을 할 수 있게 훈련시키는 것이 포함된다고 보았다.

2) 의료재활 실태

(1) 주관적 건강상태(주관적 건강인지율)

장애인 실태조사(2024) 결과에 따르면 장애인 중 자신의 건강상태가 '좋음 또는 매우 좋음'이라고 응답한 비율은 20.3%이며, '보통'이라고 응답한 비율이 33.6%로 나타났다. 주관적 건강상태를 '나쁨 또는 매우 나쁨'으로 응답한 경우는 2021년 장애인 실태조사에서는 48.7%였으나, 2024년에는 46.2%로 점차 나쁜 비율이 감소하고 있다. 2019년 국민건강통계(보건복지부)에서 조사한 19세 이상의 전체 인구 중 '좋음'이라고 응답한 비율은 32.4%, '보통'이라고 응답한 비율이 52.0%, '나쁨'으로 응답한 비율은 15.6%로 장애인들이 생각하는 주관적 건강인지율이 비장애인보다 보통 이하로 낮게 인식하고 있었다.

〈표 6-1〉 주관적 건강상태(주관적 건강인지율)

(단위: %)

구분		장애인		
		2017년도	2020년도	2023년도
주관적 건강상태	좋음	14.9	14.0	20.3
	보통	33.8	37.3	33.6
	나쁨	51.3	48.7	46.2
계		100.0	100.0	100.0

출처: 한국보건사회연구원(2024). 2023년 장애인 실태조사. 재구성.

(2) 현재 치료, 재활, 건강관리 목적으로 정기적 · 지속적 진료받고 있는지 여부

현재 치료나 재활, 기타 건강관리 목적으로 1년에 1회 이상 정기적 진료를 받고 있는지에 있어서는 88.5%가 진료를 받은 경험이 있었으나, 여전히 5명 중 1명은 정기적이고, 지속적인 진료를 받지 않는 것으로 나타났다. 장애유형별 정기적인 진료 여부에 있어서 신장장애, 심장장애, 호흡기장애, 간장애, 뇌전증장애 등 신체 내부 장애가 비교적 고르게 높았는데, 이는 내부장애의 특성이 반영된 것으로 볼 수 있다. 그 밖에 신체 외부의 장애에서는 뇌병변장애가 높았고, 정신영역의 장애에서는 정신장애의 정기적 진료비율이 높게 나타났다.

〈표 6-2〉 현재 치료, 재활, 건강관리 목적으로 정기적 · 지속적 진료받고 있는지 여부

(단위: %, 명)

구분	지체 장애	뇌병변 장애	시각 장애	청각 장애	언어 장애	지적 장애	자폐성 장애	정신 장애	신장 장애	심장 장애	호흡기 장애	간 장애	안면 장애	장루 · 요루 장애	뇌전증 장애	전체
예	88.3	94.8	87.9	91.0	82.9	65.9	79.4	98.8	100.0	98.9	99.2	98.6	75.4	96.6	98.0	88.5
아니오	11.7	5.2	12.1	9.0	17.1	34.1	20.6	1.2	0.0	1.1	0.8	1.4	24.6	3.4	2.0	11.5
계	100.0	100.0	100.0	100.0	100.0	100.0	100.0	100.0	100.0	100.0	100.0	100.0	100.0	100.0	100.0	100.0
전국 추정수	1,162,531	256,042	252,490	424,652	23,254	202,112	38,072	103,819	107,516	4,944	11,400	15,239	2,629	18,439	7,235	2,630,374

출처: 한국보건사회연구원(2024). 2023년 장애인 실태조사.

(3) 현재 정기적 · 지속적으로 진료를 받고 있는 장소

현재 정기적 진료를 받고 있는 장애인의 진료받는 장소를 살펴본 결과 일반 병 · 의원이 59.2%로 가장 많았고, 다음으로는 종합병원 18.7%, 상급종합병원 17.4%의 순으로 나타났다. 이전 조사에 비해 일반 병의원 이용 비율이 높아진 반면 종합병원은 낮아지고 상급종합병원은 변동이 없었으며, 재활병의원이나 한방병원은 매우 적었다.

장애유형별로는 간장애, 심장장애, 장루 · 요루장애 등 신체 내부장애의 상급종합병원 이용 비율이 다른 진료기관에 비해 높았고 다음으로 종합병원의 이용이 많아 다른 장애유형과는 다른 양상을 보이고 있다. 즉, 신체장애 중 지체장애, 청각장애, 시각장애, 안면장애의 경우에는 일반 병의원을 이용하는 비율이 가장 높은 반면 뇌병변장애는 상급종합병원이나 종합병원의 이용률이 고르게 높았다. 지적장애 등 정신영역의 장애도 일반 병 · 의원을 이용하는 비율이 높아서 차이를 보이고 있다.

〈표 6-3〉 현재 정기적 · 지속적으로 진료를 받는 장소

(단위: %, 명)

구분	지체 장애	뇌병변 장애	시각 장애	청각 장애	언어 장애	지적 장애	자폐성 장애	정신 장애	신장 장애	심장 장애	호흡기 장애	간 장애	안면 장애	장루 · 요루 장애	뇌전증 장애	전체
상급 종합 병원	13.9	29.0	18.6	11.3	25.5	14.9	24.4	11.1	31.0	68.4	45.1	78.9	16.4	41.0	39.7	17.4
종합 병원	14.9	30.8	18.2	17.2	15.4	17.3	19.5	22.8	27.4	23.7	42.3	16.8	14.1	26.9	29.5	18.7
재활 병원	1.2	3.3	0.3	0.5	4.2	0.1	0.4	0.5	0.4	–	–	–	–	0.1	0.4	1.1
병의원	65.1	34.4	60.7	69.3	41.2	61.4	35.0	65.5	41.1	7.9	12.6	4.1	69.0	31.1	30.3	59.2
보건소	1.8	1.0	1.1	0.7	1.0	0.7	0.4	–	–	–	–	–	–	0.2	–	1.2
한방 병의원	3.0	1.1	1.0	0.7	0.5	0.2	–	0.1	0.1	–	–	0.2	0.6	0.7	–	1.7
기타	0.1	0.5	–	0.2	12.1	5.4	20.3	–	–	–	–	–	–	–	–	0.8
계	100.0	100.0	100.0	100.0	100.0	100.0	100.0	100.0	100.0	100.0	100.0	100.0	100.0	100.0	100.0	100.0
전국 추정수	1,026,076	242,607	222,055	386,257	19,279	133,234	30,217	102,599	107,516	4,890	11,304	15,032	1,983	17,819	7,088	2,327,956

출처: 한국보건사회연구원(2024). 2023년 장애인 실태조사.

(4) 현재 정기적 · 지속적으로 진료를 받고 있지 않는 이유

현재 정기적 · 지속적 진료를 받고 있지 않는 주된 이유가 무엇인지를 알아본 결과 '정기적인 진료를 받을 필요성이 없어서'가 86.0%로 가장 많았으며, 그 밖의 이유로는 '경제적인 이유'가 3.9%, '시간이 없어서'가 1.2%의 순으로 나타났다. 장애유형별 정기적 진료를 받지 않는 이유에 있어서는 '경제적 이유'에 있어서는 주로 뇌병변장애, 안면장애, 청각장애, 언어장애 등으로 나타났다. '병 · 의원까지 방문이 불편해서'는 청각장애, 지적장애, 자폐성장애가 다소 많았으며, 정신장애의 경우 '진료받을 필요성이 없다고 생각해서가' 많은 것으로 나타났다.

〈표 6-4〉 현재 정기적 · 지속적 진료를 받고 있지 않는 이유

(단위: %, 명)

구분	지체 장애	뇌병변 장애	시각 장애	청각 장애	언어 장애	지적 장애	자폐성 장애	정신 장애	신장 장애	심장 장애	호흡기 장애	간 장애	안면 장애	장루 · 요루 장애	뇌전증 장애	전체
정기적인 진료를 받을 필요성이 없다고 생각해서	88.5	73.6	90.9	81.6	88.6	84.5	80.2	76.0	–	100.0	100.0	100.0	79.1	81.8	100.0	86.0
병의원까지 방문하기 불편해서	1.3	–	2.1	5.3	–	3.6	3.5	–	–	–	–	–	–	–	–	2.4
의료기관의 장애인 시설 설비, 설치 미비로 이용이 불편해서	0.2	5.2	–	–	0.9	0.9	4.6	–	–	–	–	–	–	–	–	0.6
경제적인 이유로	4.0	8.4	1.1	5.1	5.1	3.6	1.7	–	–	–	–	–	5.6	–	–	3.9
진료받기 싫어서	3.3	6.6	3.3	6.5	–	3.7	5.8	24.0	–	–	–	–	5.2	18.2	–	4.1
시간이 없어서 (바빠서)	1.9	3.4	1.7	–	–	–	–	–	–	–	–	–	–	–	–	1.2
의사(의료진)의 장애에 대한 이해부족 (진료 거부)	–	–	–	–	–	–	–	–	–	–	–	–	10.1	–	–	–
의사소통에 어려움이 있어서	0.7	2.8	–	1.6	5.4	3.7	3.4	–	–	–	–	–	–	–	–	1.6
기타	–	–	0.8	–	–	–	0.9	–	–	–	–	–	–	–	–	0.1
계	100.0	100.0	100.0	100.0	100.0	100.0	100.0	100.0	100.0	100.0	100.0	100.0	100.0	100.0	100.0	100.0
전국 추정수	136,455	13,434	30,434	38,395	3,975	68,879	7,854	1,220	–	54	96	208	646	620	148	302,418

출처: 한국보건사회연구원(2024). 2023년 장애인 실태조사.

(5) 의료시설 및 장비에 대한 만족도

주로 이용하는 의료기간의 장애인을 위한 진료장비(진찰대, 진료의자), 장애인검사장비(체중계, 협압계, 흉부촬영기기, 골밀도검사기기), 의료기관 내 이동보조장치 등의 만족도를 질문한 결과 전체적으로 62.6%가 만족하고 있는 것으로 나타났다. 장애유형별 시설 및 장비에 대한 만족도에 있어서는 대체로 신체 내부장애인의 만족도가 비교적 높은 편이었으나 큰 차이를 보이지는 않았다.

〈표 6-5〉 주로 이용하는 의료기관의 장애인을 위한 의료시설 및 장비에 대한 만족도

(단위: %, 명)

구분	지체 장애	뇌병변 장애	시각 장애	청각 장애	언어 장애	지적 장애	자폐성 장애	정신 장애	신장 장애	심장 장애	호흡기 장애	간 장애	안면 장애	장루·요루 장애	뇌전증 장애	전체
매우 만족	6.1	7.3	6.0	3.6	7.8	3.4	5.3	5.8	16.9	29.2	12.1	23.1	5.0	12.1	8.6	6.3
만족	55.0	61.1	57.6	57.0	53.1	49.7	46.5	53.7	67.9	57.4	68.1	64.7	52.3	69.4	59.7	56.3
보통	33.2	26.4	31.4	33.6	35.3	42.3	34.4	36.2	11.8	12.9	14.2	11.0	35.1	17.0	27.1	32.0
만족 안함	4.9	4.4	4.7	5.0	3.1	4.3	12.0	3.7	2.9	0.5	5.6	1.2	7.6	1.6	3.0	4.7
전혀 만족 안함	0.7	0.8	0.2	0.8	0.7	0.3	1.8	0.6	0.5	–	–	–	–	–	1.7	0.7
계	100.0	100.0	100.0	100.0	100.0	100.0	100.0	100.0	100.0	100.0	100.0	100.0	100.0	100.0	100.0	100.0
전국 추정수	1,162,531	256,042	252,490	424,652	23,254	202,112	38,072	103,819	107,516	4,944	11,400	15,239	2,629	18,439	7,235	2,630,374

출처: 한국보건사회연구원(2024). 2023년 장애인 실태조사.

(6) 의료기관의 편의시설 만족도

주로 이용하는 의료기관의 장애인 편의시설(주 출입구 접근로, 장애인 주차구역, 단차제거, 점자블록 등)에 대한 만족도에 있어서는 전체적으로 절반 정도인 62.0%가 만족하고 있으며, 불만족한 경우는 5.4%로 매우 적었다. 2020년 만족도에 51.4%에 비해서 10.6% 상승했으며 불만족한 경우 비슷하게 나타났다. 장애유형별로는 신체 외부장애에 비해 내부장애의 만족도가 다소 높은 편으로 나타났다.

〈표 6-6〉 주로 이용하는 의료기관의 편의시설 만족도

(단위: %, 명)

구분	지체 장애	뇌병변 장애	시각 장애	청각 장애	언어 장애	지적 장애	자폐성 장애	정신 장애	신장 장애	심장 장애	호흡기 장애	간 장애	안면 장애	장루·요루 장애	뇌전증 장애	전체
매우 만족	4.9	6.4	4.9	3.7	7.3	3.7	5.3	5.2	14.1	22.6	11.0	18.2	7.3	11.8	8.8	5.4
만족	55.9	59.6	57.2	57.2	54.0	50.3	48.3	54.0	68.1	65.0	66.5	68.4	50.7	57.4	65.3	56.6
보통	33.5	27.5	32.7	34.3	32.8	41.8	34.1	36.0	14.4	12.4	17.5	12.3	37.1	22.3	21.7	32.6
만족 안함	5.0	5.6	4.9	4.1	3.2	3.9	11.1	4.2	2.1	–	5.0	1.1	4.9	8.5	2.4	4.7
전혀 만족 안함	0.7	1.0	0.3	0.7	2.6	0.3	1.2	0.6	1.3	–	–	–	–	–	1.7	0.7
계	100.0	100.0	100.0	100.0	100.0	100.0	100.0	100.0	100.0	100.0	100.0	100.0	100.0	100.0	100.0	100.0
전국 추정수	1,162,531	256,042	252,490	424,652	23,254	202,112	38,072	103,819	107,516	4,944	11,400	15,239	2,629	18,439	7,235	2,630,374

출처: 한국보건사회연구원(2024). 2023년 장애인 실태조사.

(7) 장애로 인한 추가 소요비용

장애로 인한 추가 소요비용을 살펴본 결과 월 평균 금액은 17.0만 원으로 2020년의 15만 2.6천 원 보다 높아짐. 2023년 추가비용 항목으로 '장애 관련 식비'를 추가하고 '기타'에 '장애 관련 냉·난방비 등 비용'을 포함하는 등 포함 범위가 넓어진 점을 고려해야 한다. 추가비용은 의료비가 57.8천 원으로 가장 높았고, 보호간병비 28.2천 원, 교통비가 24.1천 원, 부모사후 및 노후대비비 18.5천 원, 장애관련 식비 10.7천 원, 보육·교육비 10.4천 원 등으로 조사되었다. 장애유형별로 보면, 모든 장애(청각장애 제외)에서 의료비가 높게 나타나고 자폐성장애 및 지적장애는 보육·교육비가 높으며, 뇌병변장애는 의료비, 보호·간병비가 높고, 청각장애의 경우 장애인 보조기기 구입·유지비, 신장장애는 의료비, 교통비가 높게 나타났다.

〈표 6-7〉 현재 장애로 인한 추가 소요비용

(단위: %, 천 원)

구분	지체 장애	뇌병변 장애	시각 장애	청각 장애	언어 장애	지적 장애	자폐성 장애	정신 장애	신장 장애	심장 장애	호흡기 장애	간 장애	안면 장애	장루·요루 장애	뇌전증 장애	전체
월평균 총 추가비용	128.4	323.7	97.8	72.6	281.6	284.8	603.2	100.4	294.5	171.5	184.3	251.1	184.6	164.6	130.7	170.0
교통비	24.5	32.3	16.8	8.4	28.7	33.2	63.3	13.9	53.3	28.4	26.3	24.7	26.6	17.2	28.8	24.1
의료비	51.3	128.3	21.7	12.8	82.7	30.0	51.3	32.9	190.9	99.8	84.7	188.0	124.6	39.4	59.7	57.8
보육·교육비	–	7.9	–	1.5	81.3	58.1	230.9	–	–	0.3	–	0.7	–	–	13.5	10.4
보호·간병비	21.0	80.1	21.4	15.3	34.0	26.0	65.0	14.9	22.6	13.7	26.5	5.8	1.9	31.5	2.9	28.2
재활기간 이용료	0.5	8.1	1.2	0.4	6.9	25.9	69.5	5.2	0.1	0.3	1.3	–	–	–	2.1	4.8
통신비	0.1	0.5	0.1	0.3	0.9	0.2	0.3	–	–	0.2	–	0.6	–	–	0.5	0.2
장애인보조기기 구입·유지비	3.8	6.3	7.9	25.6	5.3	1.4	0.3	0.6	2.7	3.1	17.0	1.0	1.2	59.7	–	8.8
부모사후 및 노후대비비	12.3	9.4	13.7	5.6	17.5	95.0	97.3	24.1	9.4	14.1	7.9	9.5	16.8	1.1	11.7	18.5
장애관련 식비	10.3	27.7	10.0	2.1	15.9	7.0	22.0	5.2	10.9	7.7	14.4	20.0	2.6	10.3	5.4	10.7
기타	4.6	23.1	5.1	0.8	8.3	8.0	3.3	3.6	4.6	4.1	6.1	0.9	11.0	5.3	6.2	6.4

출처: 한국보건사회연구원(2024). 2023년 장애인 실태조사.

3. 교육재활

1) 개념

교육재활은 장애인이 가지고 있는 능력을 최대한으로 향상시키고 잠재능력을 개발하여 사회생활에 적응하도록 도움을 주는 교육제도와 교육방법 및 기술을 통한 교육적 서비스이다(전용호, 2000). 교육재활은 장애인의 총체적이고 통합적인 재활에서 교육적 측면을 가리키는 것으로 특수교육과 차별이 모호하다(정영숙 외, 2007).

특수교육이란 특수교육대상자의 교육적 요구를 충족시키기 위하여 특성에 적합한 교육과정 및 특수교육대상자의 교육을 효율적으로 실시하기 위하여 필요한 인적 · 물적 자원을 제공하는 서비스로서 상담지원 · 가족지원 · 치료지원 · 보조인력지원 · 보조공학기기지원 · 학습보조기기지원 · 통합지원 및 정보접근지원 등 특수교육 관련서비스 제공을 통하여 이루어지는 교육을 말한다(「장애인 등에 대한 특수교육법」 제2조). 특수교육대상자는 동법 제15조에 따라 특수교육을 필요로 하는 사람으로 시각장애, 청각장애, 지적장애, 정서 · 행동장애, 자폐성장애, 의사소통장애, 학습장애, 건강장애, 발달지체, 그 밖에 대통령령으로 정하는 장애, 기타 교육장 또는 교육감이 진단 · 평가결과를 기초로 하여 시 · 군 · 구 특수교육운영위원회의 심사를 거쳐 대상자를 결정한다. 특히 특수교육대상자에 대하여는 「교육기본법」[1] 제8조에도 불구하고 유치원 · 초등학교 · 중학교 및 고등학교 과정의 교육은 의무교육으로 하고, 만 3세 미만의 장애영아교육은 무상으로 한다고 법령으로 명시되어 있다.

우리나라에서 교육재활은 크게 세 가지 영역으로 구분해서 설명할 수 있는데 첫째, 학교 및 보육 전문시설을 중심으로 이루어지는 특수교육이고 둘째, 장애인 직업교육이며 셋째, 장애인 평생교육이다. 이 세 가지 영역 중에서 가장 보편적이면서도 크게 비중을 차지하는 부분은 역시 특수교육을 통한 재활이다. 따라서 교육재활의 개념을 특수교육이라는 측면에서 이해하려는 경향이 전 세계적인 현상으로 자리잡아 가고 있으며, 직업교육은 직업재활 영역에서, 평생교육은 재활의 전 영역에서 골고루 다루는 것으로 보인다(김종인 · 우주형 · 이준우, 2007).

따라서, 특수교육은 심신의 장애 때문에 독특한 교육적 요구를 가진 장애인에게 그 요구를 충족시켜 주는 교육적 환경을 정비하여 가능성을 최대한으로 신장시키고 적응력을 몸에 익히며 창조성이 풍부한 인간을 기르는 데 있다(변용찬 · 윤상용, 2001).

---

1) 제8조(의무교육) ① 의무교육은 6년의 초등교육과 3년의 중등교육으로 한다. ② 모든 국민은 제1항에 따른 의무교육을 받을 권리를 가진다.

2) 교육재활 실태

(1) 장애인 교육 정도

장애인의 교육 정도를 살펴본 결과 고등학교 졸업이 30.6%로 가장 많고 다음이 '초등학교' 27.1%, '대학 이상' 17.0%, '중학교' 16.1%, '무학(만 6세 이상)' 8.3%, '전공과' 0.8%로 조사되었다. 우리나라 전체 국민의 학력수준은 30세 이상 인구 중 고졸 이상 학력자는 79.2%, 대학 등 고등교육 이수자는 43.1%를 차지하고 있다(2020 인구주택 총조사 표본 집계 결과 보도자료, 통계청). 장애유형별로는 지적장애와 자폐성장애에서 '전공과'의 비중이 각각 7.4%, 12.3%로 높았고, 고등교육 이수 비율이 높은 경우는 심장장애(34.9%), 안면장애(29.4%), 신장장애(29.0%), 간장애(28.9%), 정신장애(28.8%) 등 인것으로 나타났다.

〈표 6-8〉 장애인 교육 정도

(단위: %, 명)

구분	지체 장애	뇌병변 장애	시각 장애	청각 장애	언어 장애	지적 장애	자폐성 장애	정신 장애	신장 장애	심장 장애	호흡기 장애	간 장애	안면 장애	장루·요루 장애	뇌전증 장애	전체
무학	8.3	8.2	6.3	15.6	6.0	3.8	5.4	2.1	1.6	5.1	4.5	0.4	2.7	10.7	2.4	8.3
초등학교	27.0	26.0	25.1	37.9	34.8	22.7	32.8	9.2	18.4	17.1	27.4	8.4	23.5	31.3	20.1	27.1
중학교	16.9	15.7	16.0	17.8	13.1	12.7	12.8	12.5	14.6	12.5	19.2	14.4	9.5	17.4	14.6	16.1
고등학교	30.7	28.2	29.7	18.4	31.6	46.9	29.4	47.1	36.4	30.3	33.1	48.0	34.7	27.9	45.0	30.6
전공과	–	0.4	0.4	0.1	–	7.4	12.3	0.3	–	–	–	–	–	–	–	0.8
대학 이상*	17.2	21.5	22.4	10.3	14.4	6.6	7.2	28.8	29.0	34.9	15.8	28.9	29.4	12.7	17.9	17.0
계	100.0	100.0	100.0	100.0	100.0	100.0	100.0	100.0	100.0	100.0	100.0	100.0	100.0	100.0	100.0	100.0
전국 추정수	1,162,531	252,731	252,239	424,075	22,090	200,723	36,647	103,818	107,284	4,945	11,400	15,239	2,629	18,439	7,234	2622024

1) 만 7세 이상 기준
2) * 대학 이상은 대학(3년제 이하), 대학(4년제 이상), 대학원 이상을 포함

출처: 한국보건사회연구원(2024). 2023년 장애인 실태조사.

(2) 학교를 다니지 않았거나 중도에 그만둔 이유

장애인들이 학교에 다니지 않았거나, 중도에 그만둔 이유로 '경제적으로 어려워서'가 75.0%로 가장 높게 나타났다. 다음은 '집에서 다니지 못하게 해서' 10.5%, '다니기 싫어서' 6.3%, '심한 장애로 인해서' 4.1%의 순서이다. '심한 장애로 인해서' 학교를 다니지 않았거나 중도에 그만둔 경우를 장애유형별로 간접적 비교를 해보면 자폐성장애인 비율이 64.1%로 가장 많고 다음이 지적장애인이 41.8%로 높게 나타났다. '근처에 학교가 없어서' 학교를 다니지 않았거나 중도에 그만둔 경우는 자폐성 장애인 비율이 11.3%로 다른 장애유형에 비해 더 높은 것으로 조사되었다. 이는 「헌법」 제31조 제2항의 "모든 국민은 그 보호하는 자녀에게 적어도 초등교육과 법률이 정하는 교육을 받게 할 의무를 진다"에 근거하여 교육을 받을 의무에 있어 장애인 또한 교육에서 소외되지 않도록 교육의무준수가 절실히 요청되며, 정부에서도 장애인의무교육을 적극 홍보하고 교육을 받을수 있는 정책을 제시해야 할 것으로 요구된다.

〈표 6-9〉 학교를 다니지 않았거나 중도에 그만둔 이유

(단위: %, 명)

구분	지체 장애	뇌병변 장애	시각 장애	청각 장애	언어 장애	지적 장애	자폐성 장애	정신 장애	신장 장애	심장 장애	호흡기 장애	간 장애	안면 장애	장루·요루 장애	뇌전증 장애	전체
심한장애로 인해서	1.2	4.1	2.6	1.9	13.5	41.8	64.1	17.9	0.7	5.2	–	1.5	6.6	1.4	26.2	4.1
집에서 다니지 못하게 해서	10.6	10.2	9.0	13.6	4.4	5.2	–	3.3	5.8	8.9	5.3	6.3	15.3	22.8	3.6	10.5
다니기 싫어서	5.8	5.9	6.4	3.0	13.1	16.6	–	24.5	10.6	7.5	3.3	7.6	12.5	3.6	13.2	6.3
경제적으로 어려워서	79.4	76.9	79.0	77.6	61.5	18.2	–	46.3	80.6	78.5	87.0	83.3	62.5	72.2	43.2	75.0
근처에 학교가 없어서	1.2	0.9	2.0	2.2	1.1	1.2	11.3	–	1.2	–	3.3	1.4	–	–	–	1.4
학교내 편의 시설이 부족해서	0.1	–	–	–	–	–	–	–	–	–	–	–	–	–	–	–
편의제공이 부족해서	–	–	–	0.1	–	–	–	–	–	–	–	–	–	–	–	–
주의의 시선 및 편견 때문에	0.3	–	0.3	0.1	–	3.7	4.6	–	–	–	–	–	3.1	–	9.3	0.4

구분	지체 장애	뇌병변 장애	시각 장애	청각 장애	언어 장애	지적 장애	자폐성 장애	정신 장애	신장 장애	심장 장애	호흡기 장애	간 장애	안면 장애	장루 · 요루 장애	뇌전증 장애	전체
학교까지 이동이 어려워서	0.5	0.2	–	0.3	–	2.0	–	–	0.3	–	1.1	–	–	–	–	0.4
특수교육대상자를 위한 지원인력의 부족	–	–	0.2	–	–	1.3	2.8	–	–	–	–	–	–	–	1.6	0.1
학교폭력 학교내 따돌림 등으로	0.7	1.3	0.3	0.4	1.5	9.9	9.4	8.1	0.3	–	–	–	–	–	2.5	1.2
기타	0.3	0.5	0.2	0.9	5.0	–	7.7	–	0.6	–	–	–	–	–	–	0.5
계	100.0	100.0	100.0	100.0	100.0	100.0	100.0	100.0	100.0	100.0	100.0	100.0	100.0	100.0	100.0	100.0
전국추정수	649,521	129,378	122,703	302,590	8,442	57,567	3,918	33,084	40,009	1,606	6,445	3,740	1,020	10,976	2,716	1,373,715

출처: 한국보건사회연구원(2024). 2023년 장애인 실태조사.

(3) 어린이집 · 유치원 · 학교생활의 문제점

1순위로 응답한 어린이집 · 유치원 · 학교생활의 문제점은 '수업내용의 이해(진도 따라가기)'가 30.6%로 응답비율이 가장 높게 나타났다. 다음으로는 '문제 없음' 23.9%, '친구들의 이해부족, 놀림' 12.2%, '특수교사의 부족' 10.9%, '특수교육 대상자 지원 인력 미배치' 8.2% 등이 뒤를 잇고 있다. 특히 지적장애아의 경우 '친구들의 이해부족과 놀림'이 18.1%로 2020년 25.1%에 비해서 많이 감소하였다. 이는 장애인의 인식변화가 이루어지고 있음을 시사하고 있으나 아직은 어릴 적부터 장애인 인식개선을 위한 교육이 매우 필요함을 의미한다.

〈표 6-10〉 어린이집 · 유치원 · 학교생활의 문제점

(단위: %, 명)

구분	지체 장애	뇌병변 장애	시각 장애	청각 장애	언어 장애	지적 장애	자폐성 장애	정신 장애	신장 장애	심장 장애	호흡기 장애	간 장애	안면 장애	장루 · 요루 장애	뇌전증 장애	전체
친구들의 이해부족, 놀림	–	8.0	–	13.4	11.3	18.1	6.0	–	–	14.2	–	–	–	6.5	–	12.2
교사(기관장 포함)의 장애인식 및 이해부족	–	–	–	4.6	10.8	3.0	1.4	–	–	–	–	–	–	–	–	2.7

구분	지체 장애	뇌병변 장애	시각 장애	청각 장애	언어 장애	지적 장애	자폐성 장애	정신 장애	신장 장애	심장 장애	호흡기 장애	간 장애	안면 장애	장루·요루 장애	뇌전증 장애	전체
선생님의 과보호	–	–	–	3.4	0.7	–	–	–	–	–	–	–	–	–	–	0.3
수업내용의 이해(진도 따라가기)	12.7	2.9	–	19.3	32.0	36.7	39.5	17.6	–	15.6	–	–	–	31.9	53.5	30.6
교재교구 사용 시 불편	–	1.4	–	11.3	–	–	0.3	–	–	–	–	–	–	–	–	1.0
교육내용의 부적합	–	–	15.4	–	–	3.5	0.6	–	–	–	–	–	–	–	–	2.0
청소나 학교 행사 참여	–	7.4	–	–	5.7	1.1	0.9	–	–	–	–	–	–	–	–	1.8
특수교사의 부족	–	16.6	–	4.3	9.3	9.6	16.6	–	–	–	–	–	–	–	10.1	10.9
특수교육대상자 지원인력 미배치	–	12.8	–	–	5.2	5.7	16.3	–	–	–	–	–	–	–	21.9	8.2
학교내 편의시설 부족	–	8.0	34.2	–	4.5	0.7	–	–	–	–	–	–	–	25.6	–	2.1
등·하교불편	–	7.0	16.2	–	–	2.4	4.2	–	–	12.6	–	–	–	–	–	3.7
문제 없음	15.1	35.8	34.3	43.7	20.5	18.4	12.4	82.4	100.0	55.6	–	100.0	100.0	36.0	14.4	23.9
기타	72.1	–	–	–	–	0.8	1.7	–	–	2.1	–	–	–	–	–	0.8
계	100.0	100.0	100.0	100.0	100.0	100.0	100.0	100.0	100.0	100.0	–	100.0	100.0	100.0	100.0	100.0
전국추정수	3,347	9,929	1,551	6,845	5,569	43,703	22,727	633	112	486	–	307	59	385	424	96,077

출처: 한국보건사회연구원(2024). 2023년 장애인 실태조사.

(4) 어린이집 · 유치원 · 학교까지의 통학방법

어린이집 · 유치원 · 학교까지의 통학방법을 살펴본 결과 '자가용(보호자운전)'이 36.3%로 응답비율이 가장 높았다. 다음으로는 '도보(스스로 보조인과 함께)' 26.7%, '통학버스' 20.8%, '일반버스' 10.2% 등의 방법으로 통학하고 있는 것으로 나타났다. 어린이집 · 유치원 · 학교까지의 통학방법이 '자가용(보호자운전)'인 경우를 장애유형별로 보면 뇌병변장애가 그 응답비율이 68.0%로 가장 많고 자폐성장애 44.9%, 언어장애 43.5%, 뇌전증장애 38.2%, 지적장애 30.4% 등이 높았다. 이는 4대 의무인 교육권 확보를 위해 법률 제 177356호「교통약자의 이동편의 증진법」이 잘 준수되어 장애인들이 교육에서 소외 받는 일이 없도록 최선의 노력을 해야 함을 시사한다.

〈표 6-11〉 어린이집 · 유치원 · 학교까지의 통학방법

(단위: %, 명)

구분	지체 장애	뇌병변 장애	시각 장애	청각 장애	언어 장애	지적 장애	자폐성 장애	정신 장애	신장 장애	심장 장애	호흡기 장애	간 장애	안면 장애	장루 · 요루 장애	뇌전증 장애	전체
일반버스	11.1	1.2	9.3	14.1	4.3	15.3	1.8	93.8	–	28.9	–	28.7	100.0	–	–	10.2
일반택시	–	–	–	–	–	–	0.6	–	–	–	–	–	–	–	–	0.1
지하철 · 전철	12.7	2.3	74.5	3.0	–	1.1	3.1	–	–	14.2	–	–	–	27.8	–	3.5
통학버스	25.3	8.7	–	22.7	22.9	22.4	22.8	–	100.0	4.7	–	25.1	–	8.3	41.7	20.8
특별교통수단 (장애인 콜택시)	–	–	–	–	–	0.3	–	–	–	15.7	–	–	–	–	–	0.2
자가용 (본인운전)	–	–	–	–	–	–	–	–	–	–	–	–	–	–	–	–
자가용 (보호자운전)	15.2	68.0	16.2	17.2	43.5	30.4	44.9	–	–	9.3	–	–	–	–	38.2	36.3
셔틀형 복지버스	–	1.1	–	–	–	2.4	0.8	–	–	–	–	–	–	–	–	1.4
전동 휠체어, 전동 스쿠터	–	–	–	–	–	–	–	–	–	–	–	–	–	–	–	–
도보(스스로, 보조인과 함께)	35.7	13.2	–	42.9	29.3	28.0	25.2	6.2	–	27.2	–	46.3	–	63.9	20.0	26.7
기타	–	5.5	–	–	–	–	0.7	–	–	–	–	–	–	–	–	0.7
계	100.0	100.0	100.0	100.0	100.0	100.0	100.0	100.0	100.0	100.0	–	100.0	100.0	100.0	100.0	100.0
전국추정수	3,347	9,929	1,551	6,845	5,569	43,703	22,727	633	112	486	–	307	59	385	424	96,077

출처: 한국보건사회연구원(2024). 2023년 장애인 실태조사.

(5) 향후 보육 · 교육 시 가장 필요한 지원

장애인들이 향후 보육 · 교육 시 가장 필요한 지원으로 '특수교육 지원인력 증원'이 27.8%로 가장 비중이 높았다. 다음으로는 '발달재활서비스 확대' 26.4%, '대학 등 고등교육 지원 강화' 9.2%, '교육비 부담 감소' 6.3%, '등하교 편리성 지원' 6.0%, '교육에 대한 충분한 정보 제공' 6.0% 등의 순서이다. 장애유형별로 보면 지적장애의 경우는 '특수교육 지원인력 증원' 31.9%, '발달재활서비스 확대' 26.9%, '대학 등 고등교육 지원 강화' 11.0% 등의 순서로 조사되었다. 한편, 지체장애는 '교육도구나 기자재 사용 시 편리성 확보'(62.0%)를 가장 필요로 하며 다음이 '대학 등 고등교육 지원 강화' 23.2%, '교육비 부담 감소' 14.8% 등의 순서로 나타나 장애 특성별로 보

육 · 교육에 대한 정책 및 지원 서비스 수요가 다름을 알 수 있다.

〈표 6-12〉 향후 보육 · 교육 시 가장 필요한 지원

(단위: %)

구분	지체 장애	뇌병변 장애	시각 장애	청각 장애	언어 장애	지적 장애	자폐성 장애	정신 장애	신장 장애	심장 장애	호흡기 장애	간 장애	안면 장애	장루 · 요루 장애	뇌전증 장애	전체
장애아 전문 어린이집 확대	–	8.3	16.2	–	0.6	–	3.3	–	–	–	–	–	–	–	–	1.9
발달재활 서비스 확대	–	24.6	–	12.4	38.6	26.9	34.6				–	46.3	–	–	39.6	26.4
교육도구나 기자재 사용 시 편리성 확보	62.0	1.4	–	9.5	–	0.8	1.3				–	–	–	–	–	3.6
교사의 전문성 확보	–	9.0	–	–	1.4	2.1	4.8				–	–	–	–	–	3.1
특수교육 지원인력 증원	–	25.8	–	13.6	19.6	31.9	35.1	24.6		10.5	–	–	–	–	–	27.8
교사 및 교육기관의 확대	–	–	–	3.8	12.6	4.9	9.4			–	–	17.9	–	–	10.1	5.6
학교 내 편의시설 확대	–	6.1	–	–	–	1.1	–			–	–	–	–	25.7	–	1.2
등하교 편리성 지원	–	7.9	34.2	–	2.6	8.1	2.5			37.4	–	–	–	–	10.1	6.0
교육에 대한 충분한 정보 제공	–	6.8	15.3	–	11.2	6.7	1.4	69.2	100.0	24.9	–	11.4	–	59.5	7.1	6.0
대학 등 고등교육 지원 강화	23.2	4.0	9.3	21.6	3.7	11.0	4.0	–		2.1	–	17.3	28.8	8.3	5.9	9.2
부모교육 · 상담 지원 확대	–	3.2	–	–	4.3	2.1	1.6	–		14.2	–	–	–	–	27.1	2.1
교육비 부담 감소	14.8	3.0	25.0	39.0	3.5	3.2	2.0	6.2		10.9	–	7.2	71.2	6.5	–	6.3
기타	–	–	–	–	1.7	1.1	–	–		–	–	–	–	–	–	0.6
계	100.0	100.0	100.0	100.0	100.0	100.0	100.0	100.0	100.0	100.0	–	100.0	100.0	100.0	100.0	100.0
전국추정수	3,347	9,929	1,551	6,845	5,569	43,703	22,727	633	112	486	–	307	59	385	424	96,077

출처: 한국보건사회연구원(2024). 2023년 장애인 실태조사.

4. 사회재활

1) 개념

사회재활이란 전체 재활과정에 방해가 되는 모든 요소, 즉 사회경제적 어려움을 최소로 줄여 장애인으로 하여금 가정이나 지역사회 또는 직장에 적응할 수 있도록 지원하여 사회통합을 유도하는 것이다(변용찬 외, 2001). 즉, 장애인을 둘러싼 물리적 · 사회적 · 경제적 · 심리적 환경조건을 정비하여 지역사회에서 한 시민으로서 참여하여 인간다운 생활을 누릴 권리를 지닐 수 있게 하는 것이다. 이와 관련하여 ICF(International Classification of Functioning, Disability and Health: 국제기능장애건강분류)에서는 사회참여를 ① 학습과 지식의 적용, ② 일반적 과제(task)와 요구(demand), ③ 의사소통, ④ 이동, ⑤ 자기관리, ⑥ 가정생활, ⑦ 개인 간 상호작용과 관계(relationship), ⑧ 주요 생활영역, ⑨ 의사소통 및 사회적 · 시민적 생활 등으로 규정하고 있으며, 사회재활은 의료재활과 직업재활에서 다루지 못하는 전반적인 재활영역들을 다루어야 함은 물론 이를 유기적으로 연계하는 작업까지 포함시켜야 한다고 보았다(권영준 · 이상진 · 김봉선 · 김상봉 · 김미옥, 2008).

사회재활을 위해서는 다음과 같이 법률적 환경, 행정적 환경, 경제적 환경, 물리적 환경, 문화적 환경이 잘 갖추어져야 한다(윤선오 · 김우호, 2015).

- 법률적 환경: 「장애인복지법」, 「장애인 등에 대한 특수교육법」,「장애인고용촉진 및 직업재활법」, 「국민기초생활보장법」, 「의료보호법」, 「산재법」, 「사회복지사업법」, 「국민연금법」
- 행정적 환경: 행정기관업무
- 경제적 환경: 무갹출연금, 장애인대상 보험
- 물리적 환경: 현관, 출입구, 경사로, 통로, 복도, 화장실, 승강기, 주택개선, 유도블럭, 신호벨, 차량 구조개선, 역사 구조개선
- 문화적 환경: 편견, 멸시

2) 사회재활 실태

(1) 지난 1개월 동안 외출 빈도

지난 1개월 동안 어느 정도 외출을 하였는지에 대한 질문 결과 '거의 매일'이 63.4%, '주 1~3회' 24.6%, '월 1~3 회' 8.6%로 나타났다. 반면 '전혀 외출을 하지 않았다'는 응답은 3.5%였으며, 장애유형별로는 뇌병변장애(13.0%)와 정신장애(6,9%)에서 높게 나타났다. 전혀 외출하지 않는 빈도는 2020년 대비 2배 이상 감소하였다. 이는 코로나19라는 사회적 요인이 작용했던 현상이 많이 회복되었음을 의미한다. 앞으로도 장애인들의 사회활동을 높이기 위해 물리적 · 사회적 환경 등의 적극 적인 환경구축이 지속적으로 필요할 것이다.

〈표 6-13〉 지난 1개월 동안 외출 빈도

(단위: %)

구분	2014년	2017년	2020년	2023년	2023년 연령별			
					17세 이하	18~44세 이하	45~64세 이하	65세 이상
거의 매일	67.3	70.1	45.4	63.4	95.0	75.4	71.1	54.7
주 1~3회	20.3	19.5	32.9	24.6	1.7	17.1	21.3	29.3
월 1~3회	7.2	5.9	12.9	8.6	1.3	5.0	5.2	11.7
전혀 외출 않음	5.2	4.5	8.8	3.5	1.9	2.4	2.4	4.4
계	100.0	100.0	100.0	100.0	100.0	100.0	100.0	100.0

출처: 한국보건사회연구원(2024). 2023년 장애인 실태조사. 재구성.

(2) 외출하지 않는 이유

외출하지 않는 주된 이유에 대해서는 66.8%의 장애인이 '장애 때문에 몸이 불편해서'라고 응답하였다. 특히 호흡기장애, 간장애, 장루요루장애에서는 전체(100%)가 장애로 인한 몸의 불편함 때문에 외출하지 않는 것으로 응답하였고 뇌병변장애(88.4%)와 신장 장애(87.2%)에서도 높게 나타났다. 이밖에 '본인이 하고 싶지 않아서' 17.2%, '외출 도우미가 없어서' 8.5% 순이었다.

〈표 6-14〉 외출하지 않는 이유

(단위: %)

구분	2014년	2017년	2020년	2023년	2023년 연령별			
					17세 이하	18~44세 이하	45~64세 이하	65세 이상
교통이 불편해서	1.1	0.1	5.9	1.2	-	-	0.6	1.6
주차시설 등 편의시설 부족해서	0.9	0.6	0.6	0.8	28.3	-	-	0.5
장애때문에 몸이 불편해서	60.9	72.7	55.8	66.8	37.5	49.6	63.8	70.4
외출 도우미가 없어서	9.8	12.0	9.0	8.5	6.1	21.0	12.9	5.7
시간이 없어서	0.5	0.5	1.5	0.4	-	0.4	-	0.5
본인이 하고 싶지 않아서	12.1	7.8	10.8	17.2	-	19.8	18.5	16.9
주위의 시선 때문에	1.9	0.4	1.2	0.9	-	5.5	2.1	-
경제적 부담으로	-	-	-	-	-	-	-	-
코로나19로 인하여	-	-	11.7	-	-	-	-	-
기타	12.8	5.9	3.5	4.2	28.2	3.7	2.1	4.4
계	100.0	100.0	100.0	100.0	100.0	100.0	100.0	100.0

출처: 한국보건사회연구원(2024). 2023년 장애인 실태조사. 재구성.

(3) 교통수단 이용 시 어려움 여부 및 이유

교통수단 이용 시 어느 정도 어려움을 느끼는지에 대해서는 어렵지 않은 편이라는 응답이 64.8%('거의 어렵지 않다' 42.9%, '전혀 어렵지 않다' 21.9%)로 나타났다. 교통수단 이용이 매우 어렵다고 응답한 경우는 뇌병변장애(29.1%), 자폐성장애 (19.3%), 지적장애(13.8%), 장루요루장애(12.9%), 호흡기장애(11.8%)에서 높았다. 버스 · 택시 불편은 2020년에 52.6%비해서 53.2%로 비슷한 반면 지하철 편의시설 부족은 2020년 12.1%에 비해서 2023년 6.3%으로 절반으로 감소하는 경향을 보였다. 전용 교통수단 부족의 이유도 2020년 17.4%비해서 2023년 15.5%로 지속적으로 감소하는 경향을 보였다. 하지만 아직도 35.2%의 장애인들이 어려움을 느끼고 있으며 장애인들이 인간다운 생활을 누릴 수 있도록 이동권 확보를 위한 다양한 제도 확충이 절실히 요청된다.

〈표 6-15〉 교통수단 이용 시 어려움 여부 및 이유

(단위: %)

구분		2014년	2017년	2020년	2023년
교통수단 이용 시 어려움		39.8	36.7	39.8	35.2
교통수단 이용 시 어렵지 않음		60.2	63.3	60.2	64.8
어려운 이유	버스 · 택시 물리적 접근성과 탑승 어려움	64.4	64.4	52.6	53.2
	버스 · 택시 이용을위한 정보접근 어려움	***	***	***	17.9
	지하철에 엘리베이터 등 편의시설부족	14.6	14.6	12.1	6.3
	장애인 콜택시 등 전용 교통수단 부족	18.3	18.3	17.4	15.5
	자동차 개조 및 운전면허증 확보의 어려움	0.7	0.7	2.1	0.6
	승차거부 및 심리적 불편함	*	*	5.8	6.4
	전동휠체어가 없어서	1.1	**	**	**
	기타	2.0	2.0	10.0	0.2
계		100.0	100.0	100.0	100.0

* 2020년도 이후 보기 문항 신설됨.

** 2017년도 이후 보기 문항 없음.

*** 2023년 이후 보기 문항 신설됨.

출처: 한국보건사회연구원(2024). 2023년 장애인 실태조사. 재구성.

(4) 생활만족도와 문화 및 여가활동에 대한 만족도

〈표 6-16〉에서 보는 바와 같이 장애인들의 전반적인 생활만족도는 매우 만족 6.6%, 약간 만족 58.5%로 2020년에 비해서 상승하였다. 이는 사회 전반적으로 회복되고 있음을 보여준다. 〈표 6-17〉 문화 및 여가활동에 대한 만족도는 2020년 하향 곡선을 그리다가 2023년 5.0%로 다시 반등하는 수치를 보였다.

〈표 6–16〉 생활만족도

(단위: %)

구분	2011년	2014년	2017년	2020년	2023년
매우 만족	8.7	7.1	5.0	5.1	6.6
약간 만족	44.5	48.5	53.6	50.7	58.5
약간 불만족	34.5	33.8	32.6	36.7	28.8
매우 불만족	12.3	10.6	8.8	7.6	6.2
계	100.0	100.0	100.0	100.0	100.0

출처: 한국보건사회연구원(2024). 2023년 장애인 실태조사. 재구성.

〈표 6–17〉 문화 및 여가활동에 대한 만족도

(단위: %)

구분	2011년	2014년	2017년	2020년	2023년
매우 만족	4.3	5.4	4.0	3.6	5.0
약간 만족	35.2	37.5	45.3	39.4	46.7
약간 불만족	38.7	39.1	38.5	42.1	38.2
매우 불만족	21.8	18.0	12.2	15.0	10.1
계	100.0	100.0	100.0	100.0	100.0

출처: 한국보건사회연구원(2024). 2023년 장애인 실태조사. 재구성.

(5) 일상생활 도움 필요 정도

장애인의 일상생활 수행 시 도움이 필요한 정도를 살펴본 결과, '혼자서 스스로'가 45.4%로 가장 높았으며, '일부 도움 필요' 23.0% '대부분 혼자서' 19.4% 등의 순서로 나타났다. 장애인의 35.3%는 타인의 도움을 필요(일부 도움 필요+대부분 필요+거의 남의 도움 필요)로 하고 있었는데, 이 결과는 2020년 32.1%에 비해 다소 증가한 경향을 나타냈다. 만 65세 이상 장애노인의 경우 일상생활에서 도움이 필요한 경우는 37.2%로 전체 장애인에 비하여 높은 편이며, 2020년 34.1%에 비해서도 다소 증가하였다.

〈표 6-18〉 일상생활 도움 필요 정도

(단위: %)

구분	2014년		2017년		2020년		2023년	
	전체	만 65세 이상	전체	만 65세 이상	전체	만 65세 이상	전체	만 65세 이상
혼자서 스스로	51.3	44.9	46.9	38.8	47.8	43.8	45.4	40.6
대부분 혼자서	16.5	18.5	19.2	23.6	20.1	22.0	19.4	22.2
일부 도움 필요	17.7	21.2	19.5	21.7	17.2	18.4	23.0	25.9
대부분 필요	8.6	8.9	8.9	10.1	8.7	9.4	9.0	8.5
거의 남의 도움 필요	5.9	6.5	5.5	5.8	6.2	6.3	3.3	2.8
계	100.0	100.0	100.0	100.0	100.0	100.0	100.0	100.0

출처: 한국보건사회연구원(2024). 2023년 장애인 실태조사. 재구성.

(6) 일상생활지원 주 도움 제공자

〈표 6-19〉에서 일상생활지원 주 도움 제공자를 질문한 결과, 가족구성원이 82.0%(2020년 76.9%)로 여전히 가족의 부담이 높았다. 반면 활동지원사, 요양보호사 등 공적 돌봄서비스 제공자가 주 도움 제공자라고 응답한 비율은 13.8%로, 2020년에 18.6%로 증가하였다가 2023년 다시 13.8%로 감소하였다. 이러한 결과는 장애인활동지원 사업 확대, 발달장애인 활동지원서비스 등 사회재활을 위한 돌봄지원 서비스 확대 이후 실제 서비스내용을 질적으로 검토해 볼 필요가 있다.

〈표 6-19〉 주로 도와 주는 사람의 유형

(단위: %)

구분		2014년	2017년	2020년	2023년
가족 구성원	배우자	37.7	39.4	38.7	37.8
	부모	20.1	21.1	20.8	21.2
	자녀(며느리,사위)	16.7	16.6	13.3	18.5
	형제,자매	5.1	3.7	2.8	3.6
	조부모	1.1	0.5	0.4	0.5
	손자녀	0.5	0.3	0.4	0.3
	기타 가족	0.3	0.3	0.5	0.1
소계		81.5	81.9	76.9	82.0
이웃	친척	0.8	0.5	0.6	0.5
	친구	0.8	0.2	0.4	0.3
	이웃	1.1	1.1	0.2	0.9
소계		2.7	1.8	1.2	1.7
공적돌봄 서비스	활동지원사	3.3	2.2	9.1	3.4
	가정봉사원	0.5	0.6	0.5	0.7
	요양보호사	7.3	8.7	9	9.7
소계		11.1	11.5	18.6	13.8
기타	간병인	2.0	2.4	1.3	1.6
	기타	2.7	2.4	2.0	0.7
소계		4.7	4.8	3.3	2.3
계		100.0	100.0	100.0	100.0

출처: 한국보건사회연구원(2024). 2023년 장애인 실태조사. 재구성.

(7) 현재 도움의 충분도

현재 도움이 충분하다는 비율은 64.8%로 장애인활동지원 서비스 등 돌봄서비스 확대와 이용 경험의 증가로 2020년에 비해 상승하였다. 이는 여러 가지 서비스 지원 확대와 더불어 코로나19 이후의 사회적 변화로 볼 수 있다. 그러나 아직 1/3 이상의 장애인들이 부족함을 느끼고 있으며 장애인들에게 지역사회에서 물리적 · 사회적 ·

경제적 · 심리적 환경조건을 정비하여 지역사회에서 인간다운 생활을 누릴 수 있도록 사회재활에 관심을 가져야 할 것이다.

〈표 6-20〉 현재 도움의 충분도

(단위: %)

구분	2014년	2017년	2020년	2023년	2023년 연령별			
					17세 이하	18~44세 이하	45~64세 이하	65세 이상
충분함	58.9	63.6	54.9	64.8	14.2	54.5	76.7	62.8
부족함	41.1	36.4	45.1	35.3	85.7	45.5	23.2	37.2
계	100.0	100.0	100.0	100.0	100.0	100.0	100.0	100.0

출처: 한국보건사회연구원(2024). 2023년 장애인 실태조사. 재구성.

(8) 장애인 차별 인식

〈표 6-21〉에서 장애인 차별에 대한 인식의 경우 '전혀 없다'는 응답이 1.6%로 나타났으며 '별로 없다' 18.4%, '약간 있다' 61.7%, '매우 있다' 18.4%로 나타났다. '전혀 없다 및 별로 없다'는 2023년 20.0%로 2020년 36.5%에 비해서 많이 높아졌으나, 여전히 많은 장애인들은 사회적 차별을 경험하고 있어 지속적인 차별 예방을 위한 노력이 필요하다.

〈표 6-21〉 장애인 차별 인식

(단위: %)

구분	전체	2023년 연령별			
		17세 이하	18~44세 이하	44~64세 이하	65세 이상
전혀 없다	1.6	0.6	0.5	1.3	2.0
별로 없다	18.4	6.3	10.3	12.9	23.9
약간 있다	61.7	58.1	58.8	62.2	62.2
매우 있다	18.4	35.0	30.3	23.6	11.9
계	100.0	100.0	100.0	100.0	100.0

출처: 한국보건사회연구원(2024). 2023년 장애인 실태조사. 재구성.

(9) 국가와 사회에 대한 복지서비스 요구

장애인들이 국가 및 사회에 대한 요구사항을 살펴본 결과, 소득보장(43.9%), 의료보장(26.9%), 고용보장(7.9%), 주거보장(6.5%), 장애 건강관리(4.2%) 순으로 나타났다. 2020년과 비교할때 소득보장이 다소 낮아지고 고용보장이 필요하다는 경우는 다소 높아졌다. 의료보장은 유사한 수준이며 장애 건강관리를 요구하는 경우는 증가함을 보인다.

〈표 6-22〉 국가 및 사회에 대한 요구사항

(단위: %)

구분	2014년도	2017년도	2020년도	2023년도	2023년 연령별			
					17세 이하	18~44세 이하	44~64세 이하	65세 이상
소득보장	38.5	41.0	48.9	43.9	28.5	41.9	46.7	43.5
의료보장	32.8	27.6	27.9	26.9	17.5	15.3	20.6	33.4
고용보장	8.5	9.2	3.6	7.9	7.8	18.1	10.5	4.3
주거보장	6.4	5.1	7.4	6.5	6.4	6.7	7.9	5.7
이동권 보장	1.8	3.0	1.5	2.9	2.1	2.2	2.3	3.4
보육 · 교육 보장	1.7	1.2	0.7	1.6	24.4	2.7	0.9	0.4
문화여가생활 및 체육활동 보장	1.6	1.4	1.4	1.5	1.7	1.8	1.2	1.7
장애인 인권보장	2.7	2.5	1.9	2.3	3.7	4.0	3.0	1.5
장애인 인식개선	2.2	2.0	1.5	1.4	4.2	2.0	1.7	1.0
장애인 건강관리 (장애예방 포함)	1.2	6.0	2.5	4.2	2.0	4.3	4.0	4.4
의사소통 및 정보접근 참여보장	0.6	0.5	0.3	0.5	1.3	0.5	0.6	0.5
재난안전관리	0.5	0.3	0.1	0.4	0.2	0.0	0.5	0.3
기타	0.3	0.2	0.3	0.1	0.0	0.5	0.1	0.0
없음	1.3	0.0	2.0	0.0	0.0	0.0	0.0	0.0
계	100.0	100.0	100.0	100.0	100.0	100.0	100.0	100.0

출처: 한국보건사회연구원(2024). 2023년 장애인 실태조사. 재구성.

5. 직업재활

1) 개념

직업재활은 "재활의 꽃이다"라고 할 만큼 장애인이 직업적으로 자립할 수 있도록 돕는 일은 여러 가지 재활영역 중에서 가장 중요한 부분으로 인식되고 있다(오길승 · 김종인 · 나운환 · 김동범 · 김정열 · 김종민 외, 2001). 국제노동기구에서는 〈장애인의 직업생활에 관한 권고〉에서 직업재활을 장애인이 한 직업을 얻고 그것을 계속하는 것이 가능하도록 하기 위한 직업 관련 제반 서비스로 직업지도, 직업훈련, 직업선택과 소개를 포함한 계속적이고 종합적인 재활과정의 일부분이라고 정의한 바 있다. 「장애인고용촉진 및 직업재활법」에서도 직업재활을 직업지도, 직업적응훈련, 직업능력개발훈련, 취업알선, 취업, 취업 후 적응지도 등을 통하여 장애인이 직업생활을 통해 자립할 수 있도록 해야 한다고 명시하였다.

즉, 직업재활이란 재활에 관계하는 여러 전문 분야 중 직업능력의 회복지도, 직업지도, 직업훈련, 직업알선 등의 직업적 서비스의 제공을 포함한 계속적이고 종합적인 안정된 고용에 관련하여 원조를 통해 장애인들이 사회구성원으로 정상적인 생활을 할 수 있도록 적극적인 서비스를 제공하는 것이다(김태진 · 주희진 · 이효주 · 허재준, 2014).

장애인고용 촉진 및 직업재활법

[법률 제18754호 일부개정 2022. 01. 11.]

제1조(목적) 이 법은 장애인이 그 능력에 맞는 직업생활을 통하여 인간다운 생활을 할 수 있도록 장애인의 고용촉진 및 직업재활을 꾀하는 것을 목적으로 한다.

제2조(정의) 이 법에서 사용하는 용어의 뜻은 다음과 같다. [개정 2010.6.4 제10339호(정부조직법), 2020.5.26 제17326호(법률용어 정비를 위한 환경노동위원회 소관 65개 법률 일부개정을 위한 법률)]

1. "장애인"이란 신체 또는 정신상의 장애로 장기간에 걸쳐 직업생활에 상당한 제약을 받는 사람으로서 대통령령으로 정하는 기준에 해당하는 사람을 말한다.
2. "중증장애인"이란 장애인 중 근로 능력이 현저하게 상실된 사람으로서 대통령령으로 정하는 기준에 해당하는 사람을 말한다.
3. "고용촉진 및 직업재활"이란 장애인의 직업지도, 직업적응훈련, 직업능력개발훈련, 취업알선, 취업, 취업 후 적응지도 등에 대하여 이 법에서 정하는 조치를 강구하여 장애인이 직업생활을 통하여 자립할 수 있도록 하는 것을 말한다.
4. "사업주"란 근로자를 사용하여 사업을 행하거나 하려는 자를 말한다.
5. "근로자"란 「근로기준법」 제2조 제1항 제1호에 따른 근로자를 말한다. 다만, 소정근로시간이 대통령령으로 정하는 시간 미만인 사람(중증장애인은 제외한다)은 제외한다.
6. "직업능력개발훈련"이란 「근로자직업능력 개발법」 제2조 제1호에 따른 훈련을 말한다.
7. "직업능력개발훈련시설"이란 「근로자직업능력 개발법」 제2조 제3호에 따른 직업능력개발훈련시설을 말한다.
8. "장애인 표준사업장"이란 장애인 고용 인원 · 고용비율 및 시설 · 임금에 관하여 고용노동부령으로 정하는 기준에 해당하는 사업장(「장애인복지법」 제58조 제1항 제3호에 따른 장애인 직업재활시설은 제외한다)을 말한다.

제10조(직업지도) ① 고용노동부장관과 보건복지부장관은 장애인이 그 능력에 맞는 직업에 취업할 수 있도록 하기 위하여 장애인에 대한 직업상담, 직업적성 검사 및 직업능력 평가 등을 실시하고, 고용정보를 제공하는 등 직업지도를 하여야 한다.

제14조(보호고용) 국가와 지방자치단체는 장애인 중 정상적인 작업 조건에서 일하기 어려운 장애인을 위하여 특정한 근로 환경을 제공하고 그 근로 환경에서 일할 수 있도록 보호고용을 실시하여야 한다.

제27조(국가와 지방자치단체의 장애인 고용 의무) ① 국가와 지방자치단체의 장은 장애인을 소속 공무원 정원에 대하여 다음 각 호의 구분에 해당하는 비율 이상 고용하여야 한다.

1. 2021년 1월 1일부터 2021년 12월 31일까지: 1천분의 34
2. 2022년 1월 1일부터 2023년 12월 31일까지: 1천분의 36
3. 2024년 이후: 1천분의 38

② 국가와 지방자치단체의 각 시험 실시 기관(이하 "각급기관"이라 한다)의 장은 신규채용 시험을 실시할 때 신규채용 인원에 대하여 장애인이 제1항 각 호의 구분에 따른 해당 연도 비율(장애인 공무원의 수가 제1항 각 호의 구분에 따른 해당 연도 비율 미만이면 그 비율의 2배) 이상 채용하도록 하여야 한다.

제28조(사업주의 장애인 고용 의무) ① 상시 50명 이상의 근로자를 고용하는 사업주(건설업에서 근로자 수를 확인하기 곤란한 경우에는 공사 실적액이 고용노동부장관이 정하여 고시하는 금액 이상인 사업주)는 그 근로자의 총수(건설업에서 근로자 수를 확인하기 곤란한 경우에는 대통령령으로 정하는 바에 따라 공사 실적액을 근로자의 총수로 환산한다)의 100분의 5의 범위에서 대통령령으로 정하는 비율(이하 "의무고용률"이라 한다) 이상에 해당(그 수에서 소수점 이하는 버린다)하는 장애인을 고용하여야 한다.

② 제1항에도 불구하고 특정한 장애인의 능력에 적합하다고 인정되는 직종에 대하여는 장애인을 고용하여야 할 비율을 대통령령으로 따로 정할 수 있다. 이 경우 그 비율은 의무고용률로 보지 아니한다.

③ 의무고용률은 전체 인구 중 장애인의 비율, 전체 근로자 총수에 대한 장애인 근로자의 비율, 장애인 실업자 수 등을 고려하여 5년마다 정한다.

제30조(장애인 고용장려금의 지급) ① 고용노동부장관은 장애인의 고용촉진과 직업 안정을 위하여 장애인을 고용한 사업주(제28조 제1항을 적용받지 아니하는 사업주를 포함한다)에게 고용장려금을 지급할 수 있다.

제33조(사업주의 부담금 납부 등) ① 의무고용률에 못 미치는 장애인을 고용하는 사업주(상시 100명 미만의 근로자를 고용하는 사업주는 제외한다)는 대통령령으로 정하는 바에 따라 매년 고용노동부장관에게 부담금을 납부하여야 한다.

제68조(장애인 고용촉진 및 직업재활 기금의 설치) 고용노동부장관은 공단의 운영, 고용장려금의 지급 등 장애인의 고용촉진 및 직업재활을 위한 사업을 수행하기 위하여 장애인 고용촉진 및 직업재활 기금(이하 "기금"이라 한다)을 설치한다.

제80조(협조) ① 국가기관, 지방자치단체, 재활실시기관, 그 밖에 장애인과 관련된 기관 및 단체는 장애인의 고용촉진 및 직업재활을 위하여 고용노동부장관이 실시하는 시책에 협조하여야 한다.

2) 직업재활 실태

(1) 장애인 취업률

만 15세 이상 장애인의 취업률을 살펴본 결과 취업한 남자 장애인은 675.4천 명, 그리고 여성은 280.0천 명으로 여성장애인의 취업인구 규모가 남성에 비해 약 2분의 1이 안 되는 수준이다. 2020년 당시에 1/3 수준에 비교하면 여성장애인의 취업인구가 많이 늘었지만 아직 많은 차이를 보이고 있다.

〈표 6-23〉 장애인 취업률

(단위: 명, %)

구분	15세 이상 인구	경제활동인구			비경제 활동인구	경제활동 참가율	취업률	실업률	인구대비 취업자 비율
		계	취업	실업					
남자	1,476,989	706,027	675,436	30,591	770,962	47.80	95.67	4.33	45.73
여자	1,090,554	290,900	280,026	10,874	799,654	26.67	96.26	3.74	25.68
계	2,567,543	996,927	955,462	41,465	1,570,616	38.83	95.84	4.16	37.21

출처: 한국보건사회연구원(2024). 2023년 장애인 실태조사.

(2) 장애유형별 취업률

장애유형별 취업인구 추정수를 보면 '지체장애'가 533,199명으로 가장 많고 그 다음은 '청각장애' 135,827명, '시각장애' 121,894명, '지적장애' 54,804명, '뇌병변장애' 34,549명, '신장장애' 28,463명, '정신장애' 15,382명 등의 순서로 나타났다. 장애유형별 인구대비 취업자 비율은 '안면장애'가 54.09%로 가장 높고 다음이 '간장애' 52.13%, '시각장애' 48.32%, '지체장애' 45.87%, '언어장애' 37.04% 등의 순으로 나타났다.

〈표 6-24〉 장애유형별 취업인구 및 취업률

(단위: 명, %)

구분	15세 이상 인구	경제활동인구			비경제 활동인구	경제활동 참가율	취업률	실업률	인구대비 취업자 비율
		계	취업	실업					
지체장애	1,162,530	553,997	533,199	20,798	608,533	47.65	96.25	3.75	45.87
뇌병변장애	246,554	37,765	34,549	3,216	208,789	15.32	91.48	8.52	14.01
시각장애	252,238	126,306	121,894	4,412	125,932	50.07	96.51	3.49	48.32
청각장애	420,553	139,891	135,827	4,064	280,662	33.26	97.09	2.91	32.30
언어장애	17,985	6,880	6,662	218	11,105	38.25	96.83	3.17	37.04
지적장애	177,470	58,776	54,804	3,972	118,694	33.12	93.24	6.76	30.88
자폐성장애	20,174	5,367	5,367	0	14,807	26.60	100.00	0.00	26.60
정신장애	103,819	17,071	15,382	1,689	86,748	16.44	90.11	9.89	14.82
신장장애	107,171	30,145	28,463	1,682	77,026	28.13	94.42	5.58	26.56
심장장애	4,721	1,792	1,631	161	2,929	37.96	91.02	8.98	34.55
호흡기장애	11,399	2,794	2,392	402	8,605	24.51	85.61	14.39	20.98
간장애	15,184	8,142	7,915	227	7,042	53.62	97.21	2.79	52.13
안면장애	2,629	1,482	1,422	60	1,147	56.37	95.95	4.05	54.09
장루·요루장애	18,195	5,159	4,864	295	13,036	28.35	94.28	5.72	26.73
뇌전증장애	6,921	1,360	1,091	269	5,561	19.65	80.22	19.78	15.76
계	2,567,543	996,927	955,462	41,465	1,570,616	38.83	95.84	4.16	37.21

출처: 한국보건사회연구원(2024). 2023년 장애인 실태조사.

(3) 직장(일)에서의 지위

직장(일)에서 장애인들의 지위는 임금근로자의 경우 73.5% 그리고 비임금근로자가 26.6%를 차지하고 있는 것으로 조사되었다. 임금근로 장애인 중 상용근로자는 25.9% 이고 임시근로자와 일용근로자는 각각 29.6%와 18.0%이다. 비임금근로 장애인의 경우는 '고용원이 없는 자영업자'가 19.5%로 그 비율이 '고용원이 있는 자영업자' 4.8% 나 '무급가족종사자' 2.3%에 비해 높았다.

〈표 6-25〉 직장(일)에서의 지위

(단위: %, 명)

구분	임금 근로자			비임금 근로자			계	전국 추정수
	상용 근로자	임시 근로자	일용 근로자	고용원이 있는 자영업자	고용원이 없는 자영업자	무급가족 종사자		
지체장애	27.4	26.1	17.1	6.0	20.7	2.7	100.0	533,199
뇌병변장애	28.6	39.2	13.1	2.2	14.2	2.7	100.0	34,549
시각장애	31.7	27.1	17.1	4.7	17.6	1.9	100.0	121,894
청각장애	15.4	31.1	23.7	2.2	26.4	1.2	100.0	135,826
언어장애	27.3	21.6	28.6	2.5	15.6	4.6	100.0	6,662
지적장애	20.8	55.8	20.5	–	2.8	–	100.0	54,804
자폐성장애	15.7	70.3	14.0	–	–	–	100.0	5,367
정신장애	14.6	53.2	24.6	–	1.7	5.9	100.0	15,382
신장장애	33.5	24.4	8.1	7.8	23.9	2.4	100.0	28,463
심장장애	33.9	33.2	11.2	4.0	17.7	–	100.0	1,631
호흡기장애	23.6	30.3	5.8	15.6	23.0	1.7	100.0	2,392
간장애	36.8	18.0	15.3	5.7	22.9	1.3	100.0	7,915
안면장애	38.4	19.8	9.3	0.9	29.8	1.7	100.0	1,422
장루 · 요루장애	20.2	21.4	21.0	10.9	25.6	0.7	100.0	4,864
뇌전증장애	23.9	29.8	35.7	–	3.1	7.5	100.0	1,091
전체	25.9	29.6	18.0	4.8	19.5	2.3	100.0	955,463

출처: 한국보건사회연구원(2024). 2023년 장애인 실태조사.

(4) 직장생활에서 느끼는 애로사항

장애인의 현장 직장생활에서 느끼는 애로사항은 '어려움이 없음'이 49.1%로 응답 비율이 가장 높았다. 그다음으로는 '낮은 수입'(30.7%), '업무과다'(8.5%) 등이었다. 장애유형별로 살펴보면 지체장애의 경우 전체 장애인 조사결과와 비슷하게 '낮은 수입'(31.7%)과 '업무과다'(9.5%)를 주된 어려움으로 응답하였다. 지적장애의 경우는 '낮은 수입'(18.7%)과 '장애로 인한 의사소통 어려움'(5.7%)을 직장생활에서의 주된 애로사항으로 응답하였다.

〈표 6-26〉 직장생활에서 느끼는 애로사항

(단위: %, 명)

구분	지체 장애	뇌병변 장애	시각 장애	청각 장애	언어 장애	지적 장애	자폐성 장애	정신 장애	신장 장애	심장 장애	호흡기 장애	간 장애	안면 장애	장루·요루 장애	뇌전증 장애	전체
낮은 수입	31.7	29.6	30.3	32.6	26.8	18.7	21.4	29.6	29.8	22.8	41.3	29.4	29.3	46.5	29.9	30.7
직장내의 대인관계	2.6	1.0	1.9	1.2	5.6	7.3	7.7	9.3	1.4	–	3.1	1.0	6.0	2.4	4.1	2.6
승진문제	–	0.4	0.2	0.1	–	–	–	–	–	–	–	–	0.9	–	–	0.1
업무과다	9.5	7.0	10.6	4.6	6.0	3.2	–	13.5	10.6	2.6	12.5	10.7	15.3	10.3	–	8.5
직무관련 기능 부족	1.2	–	0.5	0.6	2.5	4.6	5.3	5.3	0.4	2.3	3.8	1.3	1.7	–	8.2	1.3
적성과 맞지 않는 업무	0.5	–	0.9	0.9	1.2	1.4	–	–	0.4	–	–	–	–	–	6.3	0.6
장애인에 대한 차별대우	0.4	1.7	0.4	0.1	0.9	2.0	2.7	–	–	–	–	–	2.2	–	–	0.5
장애인 편의시설 미비	1.8	3.2	0.6	0.4	–	4.3	1.3	0.2	0.6	–	8.1	0.5	–	–	–	1.5
출퇴근 불편	3.0	2.1	3.6	1.2	3.2	6.4	11.5	3.1	1.0	2.5	5.9	1.1	–	–	6.1	2.9
장애로 인한 의사소통의 어려움	0.2	3.5	0.6	9.5	12.8	5.7	11.7	1.7	–	–	–	–	–	–	–	2.1
성차별	–	–	–	–	–	–	–	–	–	–	–	–	–	–	–	–
성희롱	–	–	0.2	–	–	–	–	–	–	–	–	–	–	–	–	0.0
어려움 없음	49.3	51.6	49.9	48.8	40.9	46.5	38.3	36.7	55.9	69.9	25.3	56.1	44.7	40.7	45.4	49.1
기타	–	–	0.3	–	–	–	–	0.8	–	–	–	–	–	–	–	0.1
계	100.0	100.0	100.0	100.0	100.0	100.0	100.0	100.0	100.0	100.0	100.0	100.0	100.0	100.0	100.0	100.0
전국 추정수	533,199	34,549	121,894	135,826	6,662	54,804	5,367	15,382	28,463	1,631	2,392	7,915	1,422	4,864	1,091	955,463

출처: 한국보건사회연구원(2024). 2023년 장애인 실태조사.

(5) 직업훈련 경험 여부

장애를 갖게 된 후 직업훈련 경험 여부를 조사한 결과 '직업훈련 경험이 없다'고 응답한 비율은 95.4%로 대부분을 차지하는 것으로 조사되었다. 한편 장애유형별로 '직업훈련 경험이 있다'는 비율은 대체로 낮았지만, 지적장애인과 자폐성장애인의 직업훈련 경험은 각각 16.5%와 23.1%로 다른 장애유형에 비해 상대적으로 높았다.

〈표 6-27〉 **장애를 갖게 된 후 직업훈련 경험 여부**

(단위: %, 명)

구분	지체 장애	뇌병변 장애	시각 장애	청각 장애	언어 장애	지적 장애	자폐성 장애	정신 장애	신장 장애	심장 장애	호흡기 장애	간 장애	안면 장애	장루·요루 장애	뇌전증 장애	전체
예	2.8	3.1	5.1	1.7	3.5	16.5	23.1	6.6	1.4	1.8	0.5	4.3	2.2	0.7	5.5	4.1
훈련중	0.3	0.2	0.7	0.1	–	3.6	3.1	0.2	0.5	1.8	0.5	0.9	–	0.1	–	0.6
아니오	96.9	96.7	94.2	98.2	96.5	79.9	73.8	93.2	98.1	96.4	99.0	94.8	97.8	99.2	94.5	95.4
계	100.0	100.0	100.0	100.0	100.0	100.0	100.0	100.0	100.0	100.0	100.0	100.0	100.0	100.0	100.0	100.0
전국 추정수	1,162,531	246,553	252,239	420,552	17,985	177,470	20,174	403,819	107,171	4,722	11,400	15,184	2,629	18,192	6,922	2,567,542

출처: 한국보건사회연구원(2024). 2023년 장애인 실태조사.

(6) 직업훈련을 받지 않은 주된 이유

장애인이 직업훈련을 받지 않은 주된 이유로는 '훈련받을 필요 없음'(38.5%)로 가장 많았고, '노령이어서'(18.2%)로 '심한 장애로 훈련받기 어려움'(15.3%), '직업훈련이 있는지 모름'(14.5%) 등의 순으로 나타났다. 장애유형별로 볼 때 지적장애의 경우는 '심한 장애로 훈련받기 어려움'이 45.9%로 가장 많았고, '훈련받을 필요 없음'(19.7%)의 순으로 나타났다

〈표 6-28〉 직업훈련을 받지 않은 주된 이유

(단위: %, 명)

구분	지체 장애	뇌병변 장애	시각 장애	청각 장애	언어 장애	지적 장애	자폐성 장애	정신 장애	신장 장애	심장 장애	호흡기 장애	간 장애	안면 장애	장루·요루 장애	뇌전증 장애	전체
직업훈련 있는지 모름	15.3	11.1	17.2	14.9	13.8	14.8	2.0	14.6	8.7	8.7	8.0	14.6	22.1	13.3	17.0	14.5
등록절차 모름	1.3	1.0	0.8	0.6	1.6	1.5	–	1.1	1.0	–	0.8	1.4	1.9	–	3.3	1.1
심한 장애로 훈련받기 어려움	7.5	35.2	8.9	4.0	23.0	45.9	61.4	49.0	29.3	17.0	37.1	9.6	10.4	13.1	42.0	15.3
직업훈련 비용부담	0.7	0.7	0.6	0.7	–	1.2	1.2	1.0	0.3	3.0	0.9	–	–	–	0.4	0.7
직업훈련 내용 마음에 안듦	3.7	3.0	3.1	1.2	2.8	3.8	1.6	7.9	3.4	2.7	4.8	1.6	2.5	0.2	1.8	3.2
직업훈련이 취업에 도움 안됨	7.4	4.2	6.3	3.1	9.6	4.8	4.6	6.3	5.4	6.6	2.0	10.7	6.8	3.3	10.7	6.0
훈련받을 필요없음	45.6	26.4	42.3	35.8	36.0	19.7	23.2	15.8	39.4	47.7	30.9	52.1	46.2	39.5	22.1	38.5
집 근처에 훈련기관 없음	2.0	1.5	2.9	0.6	3.7	4.6	3.4	2.5	1.7	1.2	4.2	4.3	3.9	0.4	1.0	2.0
훈련과정의 장애편의지원 미비	0.3	0.9	0.1	0.2	0.3	0.9	–	–	0.1	–	0.8	–	–	0.7	0.6	0.4
노령이어서	16.2	15.8	17.8	38.8	8.6	0.6	–	1.7	10.6	13.0	10.3	5.6	6.2	29.6	1.1	18.2
기타	–	0.1	–	–	0.6	2.2	2.6	–	0.1	–	–	–	–	–	–	0.2
계	100.0	100.0	100.0	100.0	100.0	100.0	100.0	100.0	100.0	100.0	100.0	100.0	100.0	100.0	100.0	100.0
전국 추정수	1,127,025	238,506	237,636	412,809	17,356	141,751	14,898	96,747	105,137	4,549	11,283	14,395	2,571	18,048	6,540	2,449,250

출처: 한국보건사회연구원(2024). 2023년 장애인 실태조사.

(7) 직업재활을 위해 국가가 가장 먼저 해야 할 일

국가에서 장애인 직업재활을 위해 가장 먼저 해야 할 일에 대해 조사한 결과 '직업능력 개발'을 응답한 비율이 가장 높았다. 다음은 '취업정보 제공' 17.9%, '장애인에 대한 인식개선 활동' 17.0%, 등의 비율 순서로 응답하였다. 2020년 '장애인에 대한 인식개선 활동' 30.8%로 가장 높았던 것에 비하면 많은 사회적 변화와 더불어 필요로 하는 것이 달라지고 있음을 보여준다. 하지만 장애유형별로 보면, '장애인에 대한 인식개선 활동'이 지적장애 28.2%, 정신장애 33.1%, 자폐성장애 31.2%, 안면

장애 30.2%로 응답비율이 많았고 이는 「장애인고용촉진 및 직업재활법」 제5조 2항(직장 내 장애 인식개선 교육)에 근거하여 사업 주는 장애인에 대한 직장 내 편견을 제거함으로써 장애인 근로자의 안정적인 근무 여건을 조성하고, 장애인 근로자 채용이 확대될 수 있도록 장애인 인식개선 교육을 실시하여 장애인들의 직업보장의 기회를 확대하여야 한다.

〈표 6-29〉 국가에서 장애인 직업재활을 위해 가장 먼저 해야 할 일

(단위: %, 명)

구분	지체 장애	뇌병변 장애	시각 장애	청각 장애	언어 장애	지적 장애	자폐성 장애	정신 장애	신장 장애	심장 장애	호흡기 장애	간 장애	안면 장애	장루·요루 장애	뇌전증 장애	전체
장애인에 대한 인식 개선 활동	14.5	17.3	16.8	14.3	22.8	28.2	31.2	33.1	16.3	19.8	13.4	14.7	30.2	18.4	24.5	17.0
취업정보 제공	20.0	15.2	18.6	19.7	15.3	7.7	6.3	11.3	17.1	19.2	17.4	14.9	8.9	23.0	13.9	17.9
직업능력 개발	20.4	23.2	20.7	20.6	19.9	27.9	28.1	19.8	18.4	19.4	26.6	23.4	23.0	23.6	18.5	21.2
취업상담, 평가, 알선	13.2	14.9	12.1	14.4	12.8	11.4	9.9	9.2	14.9	14.7	9.7	17.2	12.5	8.7	14.9	13.2
사후지도	1.6	1.8	1.9	1.0	0.7	3.8	6.4	1.4	1.2	3.6	1.4	–	–	0.5	4.3	1.7
임금보조	13.5	9.0	12.7	13.8	10.4	5.2	2.2	7.7	14.3	12.7	10.3	9.5	10.9	11.7	5.0	12.1
직장내 장애인 편의제공 (편의시설, 근무조건)	4.7	6.7	4.7	4.2	3.5	3.3	1.8	3.6	6.0	3.1	7.3	4.5	6.7	7.8	5.5	4.8
의무고용제 준수 유도	8.7	5.6	9.5	7.8	10.5	5.8	5.0	6.0	8.9	7.5	10.6	9.4	5.0	4.2	7.2	8.0
업무보조서비스, 근로지원인 서비스 확대 및 수준제고	3.3	5.8	3.1	4.1	4.0	6.7	8.2	7.7	2.8	–	3.5	6.3	2.7	2.1	6.3	4.1
기타	0.2	0.3	–	–	–	0.1	0.9	0.3	0.2	–	–	–	–	–	–	0.1
계	100.0	100.0	100.0	100.0	100.0	100.0	100.0	100.0	100.0	100.0	100.0	100.0	100.0	100.0	100.0	100.0
전국추정수	1,162,531	246,553	252,239	420,552	17,985	177,470	20,174	103,819	107,171	4,722	11,400	15,184	2,629	18,192	6,922	2,567,542

출처: 한국보건사회연구원(2024). 2023년 장애인 실태조사.

6. 심리재활

1) 개념

심리재활은 장애인이 갖게 되는 장애에 따른 불가피한 신체 및 사회행동적 제한 인식과 그에 따른 부정적인 심리상태, 즉 사회적 · 심리적 · 정서적 불안감이나 분노 또는 소외감, 우울, 욕구 불만 등과 같은 문제 요인 및 상황을 개선함으로써 심리적 안정을 도모하여 장애인으로 하여금 재활의지를 북돋는 과정이다(최윤영 외, 2010). 장애인에게 심리재활은 타인의 의존적인 생활에서 벗어나 독립적인 생활을 영위할 수 있게 함으로써 그들의 인권과 존엄성을 신장시키며, 국가 차원에서 사장되기 쉬운 장애인의 잠재된 노동력을 활용하여 국가발전에 기여하게 함을 의미한다(강위영, 2004). 정영숙과 이현지(2003)는 심리재활 과정을 검사, 상담, 치료로 설명하였다.

2) 심리재활 실태

(1) 우울증 경험, 자살 생각률

장애인들의 우울감 경험률은 7.7% 이며, 자살 생각률은 8.8%로 나타났다. 자살 생각은 이전의 조사 (11.0%)에 비해 감소하고 있는 것으로 나타났으나 전체 국민에 비해서 높은 편이다. 이들을 위한 우울증이나 자살 생각 등에 대한 원인 파악과 함께 심리상담을 위한 지원서비스 등의 대책이 필요함을 시사하고 있다. 참고로 우리나라 19세 이상 우울장애 유병률은 4.7%이며 13세 이상 국민 중 자살 생각을 해 본 적이 있는 인구 비율은 5.7%로 나타났다

〈표 6-30〉 우울증 경험, 자살 생각률

(단위: %)

구분	2017년	2020년	2023년	연령별			
				17세 이하	18~44세	45~64세	65세 이상
우울감 경험	18.6	6.3	7.7	11.1	19.1	9.8	5.3
자살 생각	14.3	11.0	8.8	3.6	8.1	9.4	8.7

우울장애 유병률 출처: 보건복지부 질병관리청, (2022 국민건강통계 2023)
자살생각률 출처: (통계청, 2022년 사회조사)

출처: 한국보건사회연구원(2024). 2023년 장애인 실태조사. 재구성

(2) 스트레스 인지율

장애인의 스트레스 인지율을 살펴본 결과 스트레스 '조금 느끼는 편이다' 46.0%, '많이 느끼는 편이다' 25.9%, '매우 많이 느낀다' 5.2%로 전체의 3/4 이상이 일상생활에서 어느 정도 스트레스를 느끼고 있음을 알 수 있다. 한편 조사대상 장애인이 느끼는 스트레스를 '대단히 많이' 그리고 '많이 느끼는' 스트레스 인지율은 31.1%로 연령기준이 다르기는 하지만 전체 국민에 비해 높은 수준을 보이고 있다. 참고로 19세 이상의 국민 중 일상생활 중에 스트레스를 '대단히 많이' 또는 '많이' 느끼는 '스트레스 인지율'은 25.6%로 나타났다.

〈표 6-31〉 스트레스 인지율

(단위: %)

구분	연령별				장애정도		전체
	17세 이하	18~44세	45~64세	65세 이상	심한 장애	심하지 않은 장애	
대단히 많이 느낌	5.4	7.2	6.3	4.1	7.2	4.1	5.2
많이 느끼는 편	20.8	24.7	30.8	23.5	29.1	24.3	25.9
조금 느끼는 편	56.9	48.1	45.0	45.9	42.9	47.5	46.0
거의 느끼지 않음	16.9	20.0	18.0	26.5	20.8	24.0	22.9
계	100.0	100.0	100.0	100.0	100.0	100.0	100.0

스트레스 인지율 출처: (보건복지부 질병관리청, 2022 국민건강통계, 2023).

출처: 한국보건사회연구원(2024). 2023년 장애인 실태조사. 재구성

(3) 현재 받고 있는 심리재활치료 서비스 주 평균 이용시간

현재 재활치료를 받고 있는 장애인을 대상으로 심리재활치료서비스의 주당 평균 이용 시간을 알아본 결과 전체적으로 기타 치료(1.6시간), 놀이치료(1.5시간), 작업치료(1.4시간), 언어치료(1.4시간), 물리치료(1.3시간), 음악치료(1.3시간), 미술치료(1.1시간), 심리행동치료(1.0시간) 등의 순으로 나타났다. 장애유형에 따라서는 재활치료 이용 시간에 있어서는 사례 수가 많지 않아서 큰 차이를 보이지 않는 것으로 볼 수 있다.

〈표 6-32〉 현재 받고 있는 심리재활치료서비스 주 평균 시간

(단위: 시간, 명)

구분	지체 장애	뇌병변 장애	시각 장애	청각 장애	언어 장애	지적 장애	자폐성 장애	정신 장애	신장 장애	심장 장애	호흡기 장애	간 장애	안면 장애	장루 · 요루 장애	뇌전증 장애	전체
물리치료	1.3	1.6	1.3	1.2	1.6	1.6	1.0	1.1	1.3	4.1	1.7	1.4	0.5	1.8	1.1	1.3
전국추정수	344,916	62,101	35,187	72,894	3,649	10,383	487	5,162	9,055	556	1,197	1,094	299	1,384	706	549,068
작업치료	1.2	1.6	1.0	–	1.4	1.0	1.5	4.8	1.0	1.0	–	–	–	1.0	1.2	1.4
전국추정수	935	10,737	599	–	1,206	6,482	2,067	316	256	76	–	–	–	23	76	22,775
언어치료	–	1.6	–	1.6	1.8	1.1	1.6	1.0	–	–	–	–	–	–	1.1	1.4
전국추정수	–	6,559	–	3,345	5,148	23,185	17,129	286	–	–	–	–	–	–	279	55,931
음악치료	–	1.6	1.0	–	0.6	1.3	1.1	2.4	–	–	–	–	–	–	–	1.3
전국추정수	–	1,374	251	–	219	6,434	4,061	610	–	–	–	–	–	–	–	12,950
놀이치료	22.0	1.1	–	2.0	2.8	0.7	1.0	2.0	–	–	–	–	–	–	0.7	1.5
전국추정수	414	2,307	–	455	1,523	8,428	6,703	30	–	–	–	–	–	–	112	19,971
미술치료	22.0	1.3	–	0.7	0.9	0.7	1.3	2.0	–	–	–	–	–	–	1.2	1.1
전국추정수	126	1,339	–	453	1,281	10,002	5,237	30	–	–	–	–	–	–	68	18,537
심리 · 행동치료	–	1.0	1.0	0.8	1.2	1.0	1.1	0.7	1.0	–	–	2.0	–	–	1.5	1.0
전국추정수	–	2,114	251	489	720	7,987	4,583	436	334	–	–	93	–	–	132	17,139
기타	2.7	2.0	–	1.0	1.4	1.3	1.6	–	–	–	–	–	–	0.6	2.3	1.6
전국 추정수	2,257	5,255	–	266	1,904	16,832	11,867	–	–	–	–	–	–	176	131	38,688

* 주: 중복응답

출처: 한국보건사회연구원(2024). 2023년 장애인 실태조사.

(4) 현재 받고 있는 심리재활치료서비스 월 평균 비용

현재 이용하고 있는 재활치료서비스의 월 평균 비용은 서비스 유형에 따라 차이가 있었는데, '기타치료(175.8천 원)'를 제외하고 언어치료가 평균 130.6천 원으로 가장 많았고 다음으로는 작업치료 117.9천 원, 심리 · 행동치료 106.8천 원, 놀이치료 97.4천 원 등의 순이었으며 음악치료나 물리치료의 경우 상대적으로 다른 재활치료에 비해 낮은 금액으로 나타났다. 장애유형에 따라서는 언어치료의 경우 뇌병변장애가 높고 심리 · 행동치료는 자폐성장애가 높은 편이었으며 놀이치료도 자폐성장애가 다소 높은 비용을 지출하고 있었다.

〈표 6-33〉 현재 받고 있는 심리재활치료서비스 월 평균 비용

(단위: 천 원, 명)

구분	지체 장애	뇌병변 장애	시각 장애	청각 장애	언어 장애	지적 장애	자폐성 장애	정신 장애	신장 장애	심장 장애	호흡기 장애	간 장애	안면 장애	장루 · 요루 장애	뇌전증 장애	전체
물리치료	30.6	110.2	20.1	23.6	99.7	37.6	86.7	10.5	19.2	12.6	9.7	47.5	109.0	32.6	15.6	37.9
전국추정수	342,644	58,899	34,289	71,653	3,376	10,383	487	5,162	8,838	556	1,197	1,094	299	1,384	706	540,966
작업치료	26.4	135.9	43.4	–	108.5	78.1	188.3	228.1	240.0	16.0	–	–	–	37.0	361.9	117.9
전국추정수	935	9,947	599	–	1,206	6,482	2,067	316	256	76	–	–	–	23	76	21,985
언어치료	–	193.7	–	81.0	130.8	118.2	137.1	0.0	–	–	–	–	–	–	79.8	130.6
전국추정수	–	6,217	–	3,345	5,148	23,185	17,129	286	–	–	–	–	–	–	279	55,589
음악치료	–	143.1	100.0	–	29.5	30.5	87.2	0.2	–	–	–	–	–	–	–	60.1
전국추정수	–	1,374	251	–	219	6,434	4,061	610	–	–	–	–	–	–	–	12,950
놀이치료	2.0	81.7	–	2.0	71.0	90.8	129.8	10.0	–	–	–	–	–	–	77.7	97.4
전국추정수	414	2,146	–	455	1,523	8,428	6,703	30	–	–	–	–	–	–	112	19,810
미술치료	2.0	130.5	–	38.0	54.2	60.7	95.4	10.0	–	–	–	–	–	–	99.8	74.2
전국추정수	126	1,339	–	453	1,281	10,002	5,237	30	–	–	–	–	–	–	68	18,537
심리 · 행동치료	–	134.6	52.0	121.6	57.6	73.7	159.7	178.6	96.0	–	–	2.0	–	–	31.3	106.8
전국추정수	–	1,996	251	489	720	7,987	4,583	436	334	–	–	93	–	–	132	17,021
기타	168.9	223.6	–	170.0	136.0	102.7	258.9	–	–	–	–	–	–	768.5	95.1	175.8
전국추정수	1,274	4,939	–	266	1,904	16,832	11,867	–	–	–	–	–	–	176	131	37,390

주: 자기부담 비용을 모르는 경우 제외

출처: 한국보건사회연구원(2024). 2023년 장애인 실태조사. 재구성

'CHAPTER 07'

장애인과 인권

SOCIAL WELFARE FOR PEOPLE WITH

1. 우리나라 장애인의 인권 실태

1) 장애인복지 패러다임의 변화와 인권

장애인복지의 패러다임은 그 시대의 상황과 여건에 따라 변화된다. 과거의 시설 수용과 격리 차원에서의 서비스가 장애인의 기능회복에 목적을 둔 탈시설화와 재활을 강조하는 시대를 지나, 점차 장애인의 자기결정권과 사회의 변화에 중점을 두고 장애인의 주체성을 강조하는 자립생활 이념을 중심으로 변화하고 있다. 이러한 변화는 수용과 분리, 보호, 재활패러다임으로부터 큰 의미의 사회통합을 지향하는 인권 중심의 자립생활 가치실현의 방향으로 변화하고 발전해 가고 있다.

장애당사자의 인권 충족을 위한 사회적 노력과 긍정적인 변화라고 규정할 수 있는 장애인복지 패러다임의 변화를 먼저 알아보고 장애인 인권에 대해 깊이 살펴보자.

(1) 탈시설화(De-institutionalization)

탈시설화란 사회복지시설 내 거주하는 장애인의 재활과 자립생활을 위하여 적절한 사회복지서비스를 시설과 지역사회에서 제공하기 위한 방안으로 대두된 이념을 말한다. 시설 유형별로 장애당사자들을 입소시키는 시설 중심의 획일적인 '수용' 개념이 아니라 다양한 욕구를 가진 당사자들에게 '서비스 선택권'을 주어야 한다는 것이다. 예를 들어, 주거환경의 경우 집단 대형시설 위주만이 아니라 그룹홈(group home: 장애당사자들이 소규모로 지역사회에서 거주하는 공동생활가정) 등 다양한 주거기능을 확충, 장애당사자들이 각자 개성과 취향에 맞는 환경을 찾도록 하자는 것이다. 이는 큰 규모의 시설이 아닌 작은 생활 단위의 소규모 시설에서 지역사회와 통합되는 비의존적인 개인생활이 제공되어야 함을 강조하고 있다.

미국의 경우, 1940년대 후반부터 언론과 각종 문헌을 통해 수용시설 내 열악한 상황이 알려지기 시작하면서 대규모 수용시설에 대한 사회적인 관심이 증대되고, 1950년대부터 점차적으로 사회문제를 해결하고 시설 내에서의 생활조건을 개선하기 위해 탈시설화 정책으로 변화하였다. 1970년대 이후 장기간의 시설보호로 인해 취약해진 시설거주자의 삶의 질 향상, 대규모 수용시설에 부적절하게 수용된 시설거주자를 시설이 아닌 지역사회에서 보호하고, 서비스를 제공하기 위한 목적으로 탈시설화 정책이 본격적으로 추진되었다.

또한 지역사회보호는 시설보호에 비해 국가지출을 감소시킬 수 있을 것이라는 정치적인 목적도 탈시설화 정책을 촉진하는 요인이 되었다. 이러한 탈시설화 정책의 영향으로 시설 중심의 보호는 일대 전환을 가져와 낮병원, 자조집단, 중간 거주지 시설, 재활프로그램 등 지역사회에 기반을 둔 다양한 형태의 서비스 프로그램이 등장하게 되었다.

탈시설화의 큰 강점은 대규모 집단생활을 하는 시설에서 제공되는 보호에 비해 보다 더 인간적인 서비스를 제공할 수 있는, 효과적인 지역사회에 기초를 둔 보호라는 점이다. 그러나 탈시설화를 위해 선제적으로 필요한 물리적 환경(건축물, 편의시설 등)이나 시민들의 올바른 장애 인식 등이 우선되지 않는 탈시설화는 많은 문제점을 야기시켰다. 또한 시설거주자의 거주지 강제 이전문제, 퇴원 후의 지속적인 서비스의 미흡, 보호자의 보호부담 증대와 재입원화, 지방재정 부담의 가중, 노숙인의 증가 등의 문제점을 초래하였다.

(2) 정상화(Normalization)

정상화 이론은 장애인이 당당한 한 사람의 국민으로서 비장애인과 함께 살아갈 권리가 있다는 점에서 출발하여, 장애인의 편견이나 차별을 배제하고 평범한 한 인간으로서 지역사회에서 함께 가치 있는 역할을 수행할 수 있도록 완전한 사회참여가 이루어져야 함을 강조한다. 1950년대 후반 북구 유럽에서 시설 내 처우 장애인들의 시설 중심의 장애인복지 접근을 비판하면서 출발된 이론으로 시설보호에 반대하면서 장애인도 비장애인과 마찬가지로 동일한 생활환경과 생활형태가 존중되어야 한다는 이념이다. 장애를 가진 사람도 개인의 성장이나 발달과정에서의 경험이 존중되어야 하며, 인생주기에서 누려야 하는 선택의 자유가 보장되어야 한다는 것이다.

정상화 이념에서부터 정상적인 가정에서의 삶, 지역사회에 통합되어 있는 삶이 강조되기 시작하였으며, 시설복지서비스가 아닌 지역사회복지서비스가 강화되기 시작하는 배경이 되었다. 이것은 장애인들의 사회적 역할강화를 통해 모든 일상생활, 사회 · 문화적인 권리를 동등하게 누리고 완전한 사회참여, 즉 장애인복지의 궁극적 목표인 사회통합의 전제조건이라 할 수 있다.

정상화는 장애당사자를 지역사회로 이전한다는 현상적인 면에서는 탈시설화와 표면상 유사하지만, 근본적인 지향점은 다르다고 볼 수 있다. 탈시설화는 시설수용의 비인도주의적인 측면에서 출발하였지만, 시설의 재정비용 측면을 강조한 흐름이다. 즉, 탈시설화는 시설유지에 따른 비합리적인 재정투입에 반대하여 복지예산 삭감의 정치적 이유를 제공하는 기능을 하였다. 반면에 정상화는 시설수용에 반대한다는 측면에서는 탈시설화와 동일하지만, 오히려 재정투입의 대폭적인 증대를 통한 서비스 질의 향상을 주장하며 근본적으로 정상화를 위해서는 시설수용의 경우보다 훨씬 많은 예산이 투입되어야 함을 강조한다.

(3) 사회통합(Social Integration)

사회통합은 장애인을 사회에서 비장애인과 특별히 구분하지 않고 같은 지역사회 속에서 동등한 삶의 모습을 갖게 되는 권리를 보장해야 한다는 이념이다. 장애인 개인을 비롯한 장애인 주변의 사회 · 환경적 요인들이 장애인들의 사회통합 과정에 많은 영향을 미칠 수 있기 때문에 통합을 지원하는 충분하고 다양한 서비스들이 제공되어야 한다. 즉, 비장애인과 동등한 삶의 참여와 기회가 보장되어야 한다는 것이다. 이는 장애인 개인의 인생 발달주기에 맞추어 각 단계에서 존엄성을 존중하여 사회참여를 유도하고, 국가와 사회가 장애인의 통합을 저해하는 제약조건들을 제거해야 한다는 의미이다.

사회통합이란 가치 있는 물리적 · 사회적 환경 속에서 정상적이고 개인으로서 가치 있는 시민들과의 활동과 접촉을 의미하며, 이들 관계에 사람들이 개인적으로 참여하는 것을 의미한다. 장애인의 지역사회통합은 삶의 다양성과 선택의 권리를 보장해 줄 수 있으며 이것의 궁극적인 목적은 장애인들의 삶의 질 향상에 있다(오혜경, 1999).

이러한 사회통합의 정의는 장애인의 개인적 권리실현과 비장애인과 함께 공존하는 사회적 통합실현이 함께 이루어져야 함을 내포하고 있다. 즉, 인간의 기본사회보장에 초점을 맞추고 있고, 장애인들도 다른 비장애인들이 누리고 있는 기본권들은 당연히 장애인에게도 보장되어야 한다는 당연한 논리에 근거하고 있는 것이다.

(4) 자립생활(Independent Living)

자립생활은 장애인들이 자신의 삶을 스스로 선택하고 조정하고 결정하여, 자신의 삶 전체를 스스로 관리하는 것으로 장애인들이 언제 어디서나 자신들이 영위할 수 있는 자유를 가질 수 있음을 의미한다. 자립생활은 장애인 시설 수용으로부터의 탈시설화 요구와 정상화 이념 그리고 장애인 재활과 관련한 지역사회 내에서의 재가서비스에 대한 욕구에서 기초하였다. 정상화 이념을 바탕으로 탈의료화, 탈시설화의 등장이 이루어졌고, 장애인 본인의 삶에 대한 자기의사결정권과 사회통합 이념의 두각으로 자립생활에 대한 중요성이 근래 들어 더욱 부각되었다.

다시 말해 자립생활의 기본이념은 장애인 자신의 삶에 대한 자신의 결정에 대하여 타인의 개입 또는 보호를 최소한으로 하여, 자신의 의지로 선택하고 결정하는 모든 과정에 장애인 당사자의 참여와 주체적으로 '자기선택권'과 '자기결정권'을 가지는 데 있다. 이것은 재활서비스의 수혜자에서 자립생활 패러다임의 소비자로, 더 나아가 공급자로의 권리를 지닌 당당한 주체이자, 인권을 보장받아야 할 가치 있는 존재이며 소중한 인격체로 바로 서는 이념을 담아내고 있는 것이다.

이러한 자립생활의 가장 중요한 핵심적 원칙은 바로 장애인 당사자가 선택과 결정권을 가지고, 사회적 지원을 받는 일방적인 수혜자가 아니라 스스로 자원을 활용해 만들어 나가고 자신에게 맞는 자원을 결정하고 관리하는 당사자라는 것이다. 그러므로 아무리 중증장애인이라 할지라도 지속적인 지원서비스를 제공해야 할 것이다. 이러한 상황에서 장애인에 대한 지원은 개별적이고 차별화되어야 하지만 그동안의 장애인복지나 사회시스템은 당사자의 의견이나 요구는 구조적으로 각각의 다양성을 간과한 공급자 중심의 획일적 지원이 대부분이었다고 해도 과언이 아닐 것이다.

자립생활 패러다임은 장애인을 과거와 달리 환자나 대상자로 치부하지 않고 소비자 내지는 고객으로 정의하고, 장애인의 권리옹호 차원에서의 접근과 소비자의 주권회복을 목표로 하는 큰 뜻을 담고 있다. 즉, 장애인복지가 시혜나 동정의 산물이 아니라 장애당사자를 위한 인권과 권리의 문제로 접근되어야 함을 강조하고 있다.

(5) 인권 패러다임

인권은 현대사회의 정치적 · 사회적 · 문화적 담론 중에서 가장 영향력 있는 개념들 가운데 하나이다. 인권은 기본적이고 필수적인 권리이며, 보편적이다. 장애인이 인간다운 삶을 영위하기 위한 최저선이자, 평등하게 갖는 권리로서 법으로 보장되는 권리 이상의 것이다. 장애당사자들이 인간으로서의 존엄성을 보장받는 기본적인 권리인 것이다.

세계적으로 볼 때 장애인에 대한 기본적 인권을 인식하기 위한 노력은 지속되어 왔다. 그러나 장애인에 대한 사회정책은 기본적으로 전쟁 장애인의 요구에 대한 정치적이고 일시적인 대응의 방법들이었거나 수동적인 내용의 접근이 주를 이루었기에, 장애당사자들의 진정한 권리와 요구가 아닌 오히려 서비스 공급자들의 임시방편적인 수단으로, 장애당사자들은 인권침해를 받으며 장애인복지의 주체가 아닌 수동적인 객체로 대상화되어졌음은 부정할 수 없는 현실이었다.

인권담론은 사회제도나 사회적 태도가 장애인들의 사회적 참여를 가로막는 장애요소를 만들어 낸다고 주장한다는 점에서 사회적 모델과 맥락을 같이하고 있으며, 인권이 추구하는 사회적 책임들을 강조한다. 차별과 편견으로부터 장애당사자들이 고통받거나, 인권침해를 당해도 되는 소수의 집단으로 치부되어지는 상황을 극복하고 그들을 진정으로 지지하며, 생명존중과 자유, 평등과 정의의 소중한 주체로 장애당사자의 존엄과 가치를 당연히 인정하는 것이다.

2) 장애인 인권과 차별

인권(Human Rights)이란 '인간의 권리', '인간이라면 누구나 태어나면서부터 당연히 가지는 기본적 권리'로 해석된다. 사회복지의 최대 가치와 철학이 인간의 존엄성을 구현하는 것이기에 장애인복지의 궁극적인 최대 목표는 '장애인 인권'을 회복하는 것이라고 해도 과언이 아닐 것이다. 장애당사자 한 사람은 이미 인간으로서 존엄성을 가지고 있으며, 인간으로서 당연히 가져야 할 권리와 의무가 존재한다.

1948년 유엔이 채택한 세계인권선언의 전문(前文)에는 인권에 대해 결코 놓쳐서는 안 되는 원칙들이 잘 드러나 있다. 다양한 종교와 역사와 사회적 조건을 지닌 나라의 대표들이 모여 인권에 대해 오래 기간 논의한 끝에 인류 공통의 기준으로 합의하여, 제1조에서는 장애인을 포함한 모든 사람은 태어날 때부터 자유롭고 동등한 존엄성과 권리를 가지고 있다고 하였다.

장애인권리선언(1975년) 제3조에서도 장애인은 인간으로서의 존엄성이 존중되고 같은 나이의 시민과 동등한 기본적 권리를 가지고 있다고 강조하였다. 또한 UN 총회에서 결의되어 1983년 채택된 '장애인에 관한 세계행동계획'의 제2항에는 "세계적으로 5억 이상의 인구가 정신, 신체 또는 감각기관의 손상으로 인한 장애를 가지고 있지만, 이들도 다른 사람과 동등한 권리를 가지고 있음과 동시에 당연히 동등한 의무를 지고 있다"고 하여 장애인도 비장애인과 똑같이 대등한 한 인간으로 주장한다. 또한 지난 2006년 12월 제61차 유엔총회에서 채택된 'UN장애인권리협약'에는 제1조에서 "이 협약의 목적은 장애인이 모든 인권과 기본적인 자유를 완전하고 동등하게 향유하도록 증진, 보호 및 보장하고, 장애인의 천부적 존엄성에 대한 존중을 증진하는 것이다"라고 규정하여 장애인의 인권존중과 인권의 존엄성, 비장애인과 같은 인권의 대등성을 규정하고 있다. 이는 장애인의 완전하고 실질적인 인권을 보장하기 위한 국가적 의무이행을 법적 강제력이 높은 국제협약 수준으로 체결한 데 의미가 있을 뿐만 아니라, 그 원리 중 하나로 '인류 다양성과 인간성의 부분으로서 장애의 다양성을 수용할 것'을 제시하는 등 장애인 인권의 새로운 지평을 제시한 것으로 평가되어진다.

이러한 인권존중의 의무는 우리나라 헌법에도 규정되어 있다. 헌법 제34조 제1항에서 "모든 국민은 인간다운 생활을 할 권리를 가지고 있다"고 규정하여 장애인도 다른 비장애 국민들과 마찬가지로 동등한 인권을 가지고 있다고 정의하고 있다. 2007년에는 「장애인차별금지 및 권리구제 등에 관한 법률」을 제정함으로써, 기존의 장애인에 대한 소극적인 차별금지에서 탈피하여 장애인의 완전한 사회참여를 위한 적극적인 정책으로의 전환과 실질적인 인권 향상에 기여하는 등 장애인의 인권 수준을 높이는 노력을 이어 가고 있다.

그러나 헌법에서 보장된 권리, 즉 대한민국 국민이라면 누구나 누려야 할 시민적 기본권에 대한 우리나라 장애인들의 보장 여부는 그 누구도 확언할 수 없을 것이다. 사회 전반적으로 장애인 차별이 은연 중 만연되어 있음을 중요하게 인식함과 동시에 장애인차별에 대한 깊은 성찰이 계속 요구되고 있다.

장애인 차별(disability discrimination)이란 '장애당사자'가 속해 있는 장애인 집단과 동일시하여 그들이 가진 속성을 가졌다고 보고, 장애인 개인을 불리하게 구분하고 배제하고 제한하는 것을 말한다. 즉, 장애인 개인에 대하여 정치 · 경제 · 사회 · 문화적 생활 전 분야에서 그동안 사회적 권력과 개인 편견 등에 의해 부여된 신체적 · 정신적인 특징 등을 부정적인 측면으로만 부여하여, 다른 사람들과 평등한 입장에서 사회생활에 참여할 기회를 제한시키거나 억압하는 상태를 말한다.

이러한 장애인 차별에 관한 이론으로는 우생학 이론, 상품이론, 편견이론을 들 수 있다.

우생학은 유전학적 지식과 고도의 의료기술을 응용하여 유전적으로 열등한 심신을 가진 인구의 증가를 막는 동시에, 우등한 심신 소질을 가진 인구 증가를 적극적으로 도모하여 인류의 유전형질을 개선하기 위한 학문이다. 미국에서는 우생학을 널리 받아들여 2,500명 이상을 수용하는 대형 시설을 만든 과거가 있고, 1931년까지 미국 30개 주에서 「단종법」이 제정되어 장애인의 불임수술을 실시하기도 하였다. 독일에서는 우생학이 나치 정권에서 중대한 역할로 작용하여 600만 유대인을 학살하고, 수만 명의 독일인 장애인을 가스실로 보내 억압하는 근거가 되기도 하였다.

상품이론은 현대 산업사회에서는 장애인이 갖고 있는 생산력이 잘못 판단되거나 낮게 평가되어 그 생산성을 인정받지 못하며, 경제적 이익에 기여할 수 없는 쓸모없는 존재로 여겨진다(이익섭, 1992)는 이론이다. 이는 자본주의 사회구조 속에서 장애인은 점차 노동현장에서 소외의 대상으로 간주되는 것이다.

편견이론은 장애인에 대한 잘못된 인식과 장애 원인에 대한 비과학적인 인식 때문에, 비장애인들이 부정적 이해에 취해 장애인의 사회참여에 대한 편견을 초래하고 이는 다시 장애인의 이해 부족을 양산하는 악순환 현상을 설명하고 있다.

(1) 「장애인차별금지 및 권리구제 등에 관한 법률」(이하 '장차법')로 본 차별의 정의

장애인의 모든 생활영역에서 장애를 이유로 한 차별을 금지하고 장애를 이유로 차별받은 사람의 권익을 효과적으로 구제함으로써, 장애인의 완전한 사회참여와 평등권 실현을 통하여 인간으로서의 존엄과 가치를 구현함을 목적으로 제정된 「장애인차별금지 및 권리구제 등에 관한 법률」에서 정의한 차별은 다음과 같다.

① 직접차별: 정당한 이유 없이 장애인을 제한 · 배제 · 분리 · 거부 등에 의하여 불리하게 대하는 경우

- 제한: 정당한 이유 없이 도서관(지역사회 편의시설 등) 이용 시간 및 이용 장소 등을 제한하는 경우
- 배제: 휠체어를 이용하는 장애학생의 체육시간 수업 참여를 위해 적극적인 방법을 모색하지 않고 교실에 방치한 경우
- 분리: 지역사회 주변에 일상적인 사회생활을 할 수 있는 환경이 없는 곳에 장애인 복지시설을 설치하고 운영하는 경우
- 거부: 지적 장애인이 친구들과 함께 찜질방에 들어가려고 하자 입구에서 장애인은 병을 옮긴다며 출입을 거부한 경우

② 간접차별: 장애인에 대하여 형식상으로는 제한 · 배제 · 분리 · 거부 등에 의하여 불리하게 대하지 아니하지만 정당한 이유 없이 장애를 고려하지 아니하는 기준을 적용함으로써 장애인에게 불리한 결과를 초래하는 경우

- 각종 국가가 시행하는 시험(공무원 시험 등)에서 시각장애인과 비장애인에게 동일한 평가조건을 제공한다는 이유로 동일한 시험시간이 주어지고 결과적으로 시각장애 응시자는 시험지를 다 읽지 못해 탈락한 경우

③ 정당한 편의제공 거부에 의한 차별: 과도한 부담이나 현저히 곤란한 사정과 같은 정당한 이유 없이 장애인에 대하여 정당한 편의제공을 거부하는 경우(정당한 편의제공이란 장애인이 장애가 없는 사람과 동등하게 같은 활동에 참여할 수 있도록 장애인의 성별, 장애의 유형 및 정도, 특성 등을 고려한 편의시설 · 설비 · 도구 · 서비스 등의 제반 인적 · 물

적 수단과 조치를 말한다.)

- 학교에 다니는 장애학생이 수학여행을 가는 데 있어 학교가 장애학생에게 수학여행 중 필요한 제반 조건(장애를 이유로 이동 등을 보조할 수 있는 지원인력 등)을 제공할 수 없고, 그래서 해당 장애학생이 수학여행 중 다양한 활동에 배제될 수밖에 없다는 서약서를 보호자(부모)에게 받은 경우, 비록 부모로부터 동의를 받았다 할지라도 해당 학교의 장애학생 배제 조치는 차별행위임

④ 광고에 의한 차별: 정당한 사유 없이 장애인에 대한 제한 · 배제 · 분리 · 거부 등 불리한 대우를 표시 · 조장하는 광고를 직접 행하거나 그러한 광고를 허용 · 조장하는 경우

- 학원 수강생을 모집하는 학원 지면 광고에 '벙어리 영어 이제 그만! 귀머거리 영어 탈출' 등의 광고를 싣는 경우

(2) 차별금지 대상

① 장애인: 신체적 · 정신적 손상 또는 기능상실이 장기간에 걸쳐 개인의 일상 또는 사회생활에 상당한 제약을 초래하는 사람

② 장애인을 대리 · 동행하는 사람: 장애아동의 보호자 또는 후견인, 그 밖의 장애인을 돕기 위해 지원하는 사람

③ 보조견 또는 장애인 보조기구의 정당한 사용: 보조견 또는 장애인 보조기구 등의 정당한 사용을 방해하거나 보조견 및 장애인 보조기구 등을 대상으로 차별하는 행위

(3) 차별금지 영역

① 고용: 근로관계에서는 모집, 채용, 임금, 복리후생, 승진, 인사 등에서의 차별금지 및 채용 전 의학적 검사를 금지하고, 장애인이 해당 직무를 수행함에 있어서 장애인이 아닌 다른 사람과 동등한 조건에서 일할 수 있도록 시설 · 장비의 설치 개조, 훈련에 있어서의 편의 제공, 장애인용 작업지시서 등 장애인 능

력 평가를 위한 보조 수단을 제공하여야 한다.

② 교육: 입학 및 전학의 강요 · 거부 금지, 수업 · 실험 · 수학여행 등 활동을 위한 지원을 해야 하며, 교육 활동 시 장애학생 지원부서 또는 담당자 지정 및 교육보조 인력배치에 차별을 하여서는 안 된다. 또한 통학 및 이동 시 교통편의, 이동용 보장구, 학습시설, 화장실 등의 편의시설을 제공하여야 하며, 수업 시 수화통역, 점자자료, 인쇄물 음성변환 출력기, 휠체어 등 장애인보조기구를 제공하여야 한다.

③ 재화와 용역의 제공 및 이용: 편의제공 내용은 토지, 건물 매매 · 임대 · 입주, 금전대출, 보험가입 등의 이용을 보장하고, 시설물 이용 시 주 출입구 접근로, 복도, 계단 또는 승강기, 장애인 주차장 등을 제공하여야 한다. 또한 이동 및 교통수단 분야에 있어서는 안내방송, 행선지 표시, 교통약자용 좌석, 문자안내판 등을 제공하여야 한다.

④ 문화 · 예술 · 체육활동: 장애인의 문화 · 예술 · 체육활동 참여 및 향유를 위하여 출입구, 위생시설, 안내시설, 관람석, 음료대, 판매대 및 무대단상 등에 접근하기 위한 시설 및 장비를 설치 또는 개조하여야 한다. 또한 장애인과 장애인 보조인이 요구하는 경우 문화 · 예술 활동 보조 인력의 배치 및 장애인의 문화 · 예술 활동을 보조하기 위한 휠체어, 점자안내책자, 보청기 등 장비 및 기기를 제공하여야 한다.

⑤ 사법 · 행정 절차 및 서비스와 참정권: 공공기관 등은 장애인이 생명, 신체 또는 재산권 보호를 포함한 자신의 권리를 보호 · 보장 받기 위하여 필요한 행정절차 및 서비스제공에 있어 불편함이 없도록 해야 한다. 또한 참정권 보장을 위해 정당 및 후보자에 대한 정보 접근권 보장(점자자료, 웹사이트 접근성 확보 등) 및 장애의 유형과 정도에 따라 적합한 기표방법 및 선거용 보조기구의 개발과 보급, 보조원을 배치하여야 한다.

⑥ 모 · 부성권, 성 등: 모 · 부성권의 차별금지를 위해 임신 · 출산 · 양육 · 입양 등에서 입양기관은 장애인이 입양하고자 할 경우 장애를 이유로 입양자격을

제한해서는 안 되며, 교육책임자와 보육시설 및 복지시설 종사자는 장애인 자녀를 차별해서는 안 된다. 또한 모든 장애인의 성에 관한 권리는 존중되어야 하며, 장애인은 이를 주체적으로 표현하고 향유할 수 있는 성적 자기결정권을 가진다. 이를 위해 국가 및 지방자치단체는 필요한 지원책을 강구하고, 장애를 이유로 한 성에 대한 편견 · 관습, 그 밖의 모든 차별적 관행을 없애기 위한 홍보 · 교육을 실시하여야 한다.

⑦ 가족 · 가정 · 복지시설, 건강권 등: 장애인의 의사결정권을 존중하기 위해 교육권, 재산권 행사, 사회활동 참여, 거주권 등 보장 및 양육권 · 친권 · 면접교섭권 등에 있어 제한 · 박탈을 금지한다. 건강권을 위해 장애유형 및 특성에 적합한 의료정보 등을 제공하고 선천적 · 후천적 장애 발생의 예방 및 치료 등을 위한 시책을 추진해야 하며, 장애인은 성별, 연령, 장애의 유형 및 정도, 특성 등에 상관없이 모든 폭력으로부터 자유로울 권리를 가진다.

⑧ 장애여성 및 장애아동 등: 장애여성에 대한 차별금지, 성폭력 예방교육 시 장애여성에 대한 성인식 등을 포함한 장애여성에 대한 인식개선 및 지원책 등 적극적 조치를 강구하여야 한다. 장애여성의 장애유형 및 정도에 따른 원활한 수유지원, 직장 보육시설 우선 입소 및 보육서비스 이용 시 편의를 제공하여야 한다. 장애아동의 교육, 훈련, 건강보호 · 재활서비스, 취업준비 등을 제공받을 기회를 제공하고, 장애아동의 유기, 학대, 착취, 감금, 폭행 등의 부당한 대우를 하여서는 아니 되며, 장애아동의 인권을 무시하고 강제로 시설수용 및 무리한 재활치료 또는 훈련을 시켜서는 아니 된다. 그리고 누구든지 정신적 장애를 가진 사람의 특정 정서나 인지적 장애 특성을 부당하게 이용하여 불이익을 주어서는 아니 되며, 국가와 지방자치단체는 정신적 장애를 가진 사람의 인권침해를 예방하기 위하여 교육, 홍보 등 필요한 법적 · 정책적 조치를 강구하여야 한다.

3) 우리나라 장애인 인권실태와 현황

(1) 우리나라 장애인의 차별인식과 사회적 차별 정도

우리나라 2023년 장애인 실태조사에 따르면 장애인 차별에 대한 인식은 좋아졌다고 느끼는 반면「장애인차별금지법」의 인식은 큰 변화를 보이지 않고 있다.

장애인 차별에 대하여 '전혀 없다 및 별로 없다'고 응답한 비율은 2023년 20.0%로 2014년 27.4%, 2017년 20.1%, 2020년 36.5%로 지난번 조사 대비 감소하였고 이는 정책 및 사회적 변화에 따라 장애인들이 느끼는 차별인식은 그때마다 변하고 있음을 알 수 있다.「장애인차별금지법」에 대해 '알고 있다'로 응답한 경우는 2023년 14.9%로 2017년 13.9%에서 2020년 10.5%에 비해서 증가하였다. 장애인 차별이 없다는 응답은 이전 조사에 비해 낮아졌으며 아직은 여전히 높은 수준이므로 지속적인 차별 예방 노력이 다각적으로 요구되고 있다.

「장애인차별금지법」 인지 비율은 2020년 대비 소폭 증가하였고 연령별로는 장애노인의「장애인차별금지법」 인지 비율이 다소 낮게 조사되었다.

〈표 7-1〉 장애인 차별 인식

(단위: %)

구분	전체	2023년 연령별			
		17세 이하	18~44세 이하	44~64세 이하	65세 이상
전혀 없다	1.6	0.6	0.5	1.3	2.0
별로 없다	18.4	6.3	10.3	12.9	23.9
약간 있다	61.7	58.1	58.8	62.2	62.2
매우 있다	18.4	35.0	30.3	23.6	11.9
계	100.0	100.0	100.0	100.0	100.0

출처: 한국보건사회연구원(2024). 2023년 장애인 실태조사. 재구성.

〈표 7-2〉 「장애인차별금지법」에 대한 인지 여부

(단위: %)

구분	전체	2023년 연령별			
		17세 이하	18~44세 이하	44~64세 이하	65세 이상
알고 있다	14.9	19.5	27.6	22.4	7.7
들어본 적 있으나 내용은 모른다	21.2	26.5	25.8	29.3	15.3
모른다	63.9	54.0	46.6	48.3	77.0
계	100.0	100.0	100.0	100.0	100.0

출처: 한국보건사회연구원(2024). 2023년 장애인 실태조사. 재구성.

또한 2020년부터 장애인 실태조사에서는 기존의 학대 · 폭력의 조사 범위를 가족에 한정하였던 것을 전체로 확대하였다.

〈표 7-3〉에서 학대 · 폭력 피해 경험이 있는 장애인은 '자주 있다'와 '가끔 있다'를 합한 경험 비율을 비교해 보면, 정서적 학대는 16.2%, 신체적 학대는 5.1%, 경제적 착취는 1.7%, 방임 및 유기는 1.0%, 성적 학대는 0.8%, 그리고 기타 학대는 0.1% 순으로 나타났다. 학대 유형별로 살펴보면 정서적 학대에서 지적 장애 54.4%, 자폐성 장애가 43.8%, 안면장애 40.9%순으로 높았다.

〈표 7-3〉 학대 유형별 경험 여부

(단위: %)

구분		지체 장애	뇌병변 장애	시각 장애	청각 장애	언어 장애	지적 장애	자폐성 장애	정신 장애	신장 장애	심장 장애	호흡기 장애	간 장애	안면 장애	장루 · 요루 장애	뇌전증 장애	전체
정서적 학대 (언어적 폭력 등 포함)	자주 있다	2.2	2.9	3.2	2.0	4.3	13.2	9.4	6.3	0.9	2.1	2.3	0.0	12.5	0.5	6.7	3.4
	가끔 있다	7.8	12.8	9.2	11.2	28.1	41.2	34.4	29.3	4.4	6.4	7.7	2.5	28.4	2.4	22.6	12.8
소계		10.0	15.7	12.4	13.2	32.4	54.4	43.8	35.6	5.3	8.5	10.0	2.5	40.9	2.9	29.3	16.2
신체적 학대	자주 있다	0.3	0.4	0.6	0.3	1.8	5.0	2.6	2.3	0.5	1.4	0.7	0.0	1.3	0.0	1.8	0.9
	가끔 있다	1.7	3.2	2.8	2.2	9.7	22.7	15.6	9.9	0.0	0.6	0.9	0.0	9.3	0.5	10.5	4.2
소계		2.0	3.6	3.4	2.5	11.5	27.7	18.2	12.2	0.5	2.0	1.6	0.0	10.6	0.5	12.3	5.1

구분		지체 장애	뇌병변 장애	시각 장애	청각 장애	언어 장애	지적 장애	자폐성 장애	정신 장애	신장 장애	심장 장애	호흡기 장애	간 장애	안면 장애	장루·요루 장애	뇌전증 장애	전체
경제적 착취	자주 있다	0.1	0.2	0.2	0.2	0.0	0.8	0.6	0.5	0.0	0.0	0.0	0.0	0.0	0.0	1.4	0.2
	가끔 있다	0.7	1.1	0.7	0.7	2.7	8.8	2.9	3.3	0.2	0.0	0.0	0.0	5.3	0.0	4.4	1.5
소계		0.8	1.3	0.9	0.9	2.7	9.6	3.5	3.8	0.2	0.0	0.0	0.0	5.3	0.0	5.8	1.7
방임 및 유기	자주 있다	0.1	0.3	0.2	0.0	0.0	0.7	0.5	1.4	0.0	0.0	0.7	0.0	0.0	0.0	0.0	0.2
	가끔 있다	0.4	0.9	0.3	0.7	1.9	3.3	2.8	2.0	0.0	0.0	0.0	0.0	3.3	0.0	1.0	0.8
소계		0.5	1.2	0.5	0.7	1.9	4.0	3.3	3.4	0.0	0.0	0.7	0.0	3.3	0.0	1.0	1.0
성적 학대(성희롱, 성추행, 성폭행)	자주 있다	0.0	0.0	0.1	0.1	0.0	0.5	0.5	0.0	0.0	0.0	0.0	0.0	0.0	0.0	0.0	0.1
	가끔 있다	0.2	0.3	0.6	0.1	1.4	5.4	2.0	1.6	0.0	0.0	0.0	0.0	1.3	0.0	1.6	0.7
소계		0.2	0.3	0.7	0.2	1.4	5.9	2.5	1.6	0.0	0.0	0.0	0.0	1.3	0.0	1.6	0.8
기타	자주 있다	0.0	0.0	0.0	0.0	0.0	0.0	0.0	0.0	0.0	0.0	0.0	0.0	0.0	0.0	0.0	0.0
	가끔 있다	0.1	0.0	0.2	0.2	0.0	0.2	0.0	0.0	0.0	0.0	0.0	0.0	0.0	0.0	0.0	0.1
소계		0.1	0.0	0.2	0.2	0.0	0.2	0.0	0.0	0.0	0.0	0.0	0.0	0.0	0.0	0.0	0.1

출처: 한국보건사회연구원(2024). 2023년 장애인 실태조사. 재구성.

2023년 장애인 실태조사에서는 학대 피해 경험이 있는 경우 주된 가해자 유형을 질문하였으며, 학대 피해 경험이 있는 경우에 한해 분석하였다. 정서적 학대의 경우 친구가 29.9%로 가장 많았고, 동거 가족(17.0%), 이웃 · 지인(17.0%), 모르는 사람(14.8%) 순으로 높게 나타났다. 신체적 학대 역시 주된 가해자가 친구인 경우가 44.5%로 가장 많았고, 동거 가족(15.3%), 모르는 사람(10.7%), 이웃 · 지인(9.1%), 학교 · 학원 관계자(9.0%) 순이었다. 경제적 착취의 경우에도 주된 가해자가 친구인 경우가 40.2%로 가장 많았고, 이웃 · 지인(13.7%), 동거 가족(11.4%), 직장 상사 및 동료(10.1%) 순으로 많았다. 이는 우리 사회에서 인권에 대한 전반적인 인식과 장애에 대한 인식 개선, 그리고 학대 · 폭력에 대한 적극적인 공적 개입이 필요함을 시사한다.

〈표 7-3〉에서 성적 학대를 경험한 장애인 '자주 있다'와 '가끔 있다'를 합한 경험 비율을 비교해 보면, 성희롱 · 성추행 · 성폭력을 경험한 장애인은 0.8%로 그 비율이 낮았지만, 지적 장애인(5.9%)과 자폐성 장애(2.5%), 정신장애인(1.6%)은 피해 경험률이 상대적으로 높게 나타났다. 성적 학대의 주된 가해자는 이웃 · 지인(28.4%), 모르는 사람(24.5%), 친구(20.9%), 직장 상사 및 동료(10.9%) 순으로 높게 나타났다.

학대 피해 경험이 있는 경우 대처 방법에 대해서도 분석한 결과 정서적 학대의 경우 '무시하거나 참음'이 66.2%로 가장 많았고, '자리를 피하거나 도망침'(14.6%), '자리에서 항의'(12.7%) 순으로 높게 나타났다. 신체적 학대를 경험한 경우에도 '무시하거나 참음'이 45.1%로 가장 높았고, '자리를 피하거나 도망침'(27.3%), '자리에서 항의'(11.9%) 순으로 높게 나타났다. 경제적 착취의 경우에도 '무시하거나 참음'이 41.0%로 가장 높았고, '가족 · 친구에게 도움 요청'(18.5%), '절차를 몰라서 넘어감'(17.5%) 순으로 높게 나타났다. 방임 및 유기의 경 우 '무시하거나 참음'이 78.7%로 대부분을 차지했다. 성적 학대를 경험한 경우에는 '무시하거나 참음'이 37.1%로 가장 높았고, '자리를 피하거나 도망침'(15.1%), '공공 기관에 도움 요청'(13.9%), '가족 · 친구에게 도움 요청'(13.1%)의 순으로 높게 나타났다.

성적 학대의 경우 장애인은 상담을 못했다는 응답이 34.9%를 차지했으며, 가족(44.5%), 친척 · 친구 · 이웃(12.8%), 성폭력 피해 전문기관(4.8%)의 순으로 나타났다. 장애인에 대한 성희롱 · 성추행 · 성폭력의 예방과 피해 발생 시 상담 및 구제 수단의 접근성 확대가 필요하다.

〈표 7-4〉에서 생활 영역별로 사회적 차별의 생애 경험을 질문한 결과 유치원 및 어린이집의 경우 입학 · 전학 시 차별 경험 비율이 32.4%로 나타났다. 이외에도 초등학교(34.3%), 중학교(31.6%), 고등학교(25.8%), 대학교(14.5%)로 나타났다.

〈표 7-4〉 장애로 인한 사회적 차별 경험 (학교)

(단위: %)

구분	지체 장애	뇌병변 장애	시각 장애	청각 장애	언어 장애	지적 장애	자폐성 장애	정신 장애	신장 장애	심장 장애	호흡기 장애	간 장애	안면 장애	장루·요루 장애	뇌전증 장애	전체
유치원	10.1	39.0	34.3	22.7	15.2	35.2	37.1	34.4	0.0	11.9	0.0	0.0	0.0	63.5	38.1	32.4
초등학교	25.3	39.5	31.6	27.6	30.8	36.3	39.8	33.0	34.1	7.8	0.0	0.0	39.0	0.0	51.5	34.3
중학교	21.4	45.7	28.8	26.8	39.5	32.3	41.4	21.1	30.9	0.0	77.9	0.0	40.7	0.0	39.7	31.6
고등학교	15.5	41.5	12.9	18.2	34.7	27.1	38.3	29.8	15.2	9.7	54.9	0.0	22.3	0.0	38.9	25.8
대학교	9.2	20.0	10.4	26.9	34.6	15.7	18.4	28.5	8.9	15.0	0.0	0.0	0.0	0.0	7.0	14.5

주: 비해당은 제외함

출처: 한국보건사회연구원(2024). 2023년 장애인 실태조사. 재구성.

그리고 학교생활에서 또래 학생으로부터의 차별 경험도 53.3%로 높아 전반적으로 학교에서의 차별 경험이 많았다. 또한 취업에서의 차별 경험이 28.3%로 비교적 높게 나타났다.

이러한 결과는 교육과정과 직업생활에서의 차별 해소 및 예방을 위한 조치가 강화될 필요가 있음을 보여 준다. 종합적으로 장애인의 29.4%는 현재 본인이 장애로 인해 차별받고 있다고 느끼고 있었고('항상 느낀다'와 '가끔 느낀다'의 합산 비율), 80.1%는 우리나라에서 장애인에 대한 차별이 있다고 느끼고 있었다('약간 있다'와 '매우 있다'의 합산 비율). 이러한 결과는 실제 장애인 본인이 경험하거나 느끼는 차별보다 장애인들이 우리 사회에 대해 느끼는 차별 민감도가 높다고 볼 수 있는 결과이다.

(2) 사례로 보는 장애인 차별 실태

우리나라 국가인권위원회에서 접수하고 상담한 사례를 중심으로 장애인 차별 사례와 유사사례, 보도자료를 통해 장애인 차별 실태와 정책 개입 · 권고 내용 등을 구체적으로 알아보자.

사례 ① 장애인시설에서 아이들이 옷을 적시면 옷이 마를 때까지 발가벗겨 놓습니다.

• 상담요지

자폐와 지적장애로 1급 장애 아이를 둔 부모입니다. 아이가 다니는 장애인 시설에서 여름이라 날이 더우니 물장난을 많이 하는가 봅니다. 옷이 젖으니 젖은 옷을 말리는 동안 아이를 발가벗겨 놓은 채 방에 넣고 옷이 다 마를 때까지 한 시간 정도 방치한다고 합니다. 젖은 옷은 빨지 않고 그대로 말려서 입힙니다. 이전에도 인권위원회에서 이 시설에 조사를 나온 적이 있는데 인권위원회에서 미리 연락을 하고 가니까 원장이 아이들에게 입막음을 시킨 일이 있었습니다. 너무나 속상하지만 아이를 맡겨 놓은지라 불이익이 우려되어 시설 이름을 말하고 싶지는 않습니다.

• 답변요지

장애인 학대에 대한 조사가 가능합니다.

장애아동에게 신체보호를 해주지 않은 채 나체 상태로 장시간 방치한 점에 대해서 인격침해, 아동학대, 장애인차별금지법 위반여부 판단을 받아볼 수 있습니다. 당분간 여분의 옷을 보내주는 점에 대한 고려와 함께, 인권위 진정으로 인한 불이익을 주지 않도록 인권위 법에 명시되어 있음을 알려 드립니다.

• 유사 상담 사례

– 아동시설에서 원생들에게 성적 학대를 하였어요.

ㅇㅇ아동원에서 근무하고 있는 교사입니다. 몇몇 교사들이 남녀 원생들의 옷을 벗겨 추운 베란다에 세워 벌을 주어 수치심과 추위에 떨게 한 일이 있었습니다. 또한 유치부 원생들에게 한글을 모른다고 때리고 욕하고 "네가 이래서 장애인이다"라며 장애인 차별과 무시를 하는 등 장애아이의 인권을 침해하였습니다. 저도 현재 아동원에 있어 진정을 하면 퇴원 등 불이익을 당할 것이 두려워 실명으로 진정을 할 수는 없으나, 인권위원회가 이 사건과 관련하여 꼭 조사를 해주시기 바랍니다.

– 장애인시설장이 장애인의 금전을 착취하고 보수 없이 노동을 시켜요.

장애인시설에서 일하는 직원입니다. 시설장이 개인적으로 건강즙을 파는 사업을 시작했습니다. 그런데 시설장이 장애인들에게 재료손질을 시키고 심지어 그 건강즙을 장애인들에게 팔고 있습니다. 한 장애인은 건강즙을 먹지 않겠다고 했다가 시설장으로 부터 눈에 보이지 않는 불이익과 소외를 당했습니다. 결국은 그 장애인도 건강즙을 먹게 되었습니다.

올해는 밭을 사서 장애인들과 같이 일구고 있습니다. 장애인들이 노동을 했음에도 노동의 대가는 지급되지는 않습니다. 그곳에서 재배된 작물은 다시 장애인 시설에서 구입합니다. 어떤 장애인이 밭에서 일하는 것이 너무 힘들다고 지자체에 신고하여 지자체에서 감사를 나왔습니다. 그러자 시설장이 그 장애인의 외부활동을 금지시키는 등의 불이익을 주고 소외를 시켰습니다. 구청이나 보건복지부에 신고해도 시설장이 지역 유지라서 그냥 와서 시설장과 차 한 잔 마시고 돌아가기 일쑤입니다.

– 시설에서 지적장애인 아들을 오랜 시간 묶어두어 손을 쓸 수가 없을 정도입니다.

아들은 지적장애 1급이며 저는 대학 재학을 위하여 아들을 ㅇㅇ시설에 맡기게 되었습니다. 1년이 지나자 시설에서는 아들을 더 이상 맡을 수 없다며 다른 시설로 옮길 것을 요구했습니다. 아들이 현재 시설에 만족하고 거리상 다른 시설로 가기가 어렵다고 거절했습니다. 그러자 시설에서는 부모 동의도 없이 마음대로 아들을 다른 시설로 옮겨버렸습니다. 얼마 후 아들이 병원 응급실에 있다는 연락을 받고 갔더니, 아들은 숟가락도 들지 못할 정도로 손도 못쓰게 되고 상처가 있었습니다. 지적장애가 있었지만 신체적으로는 건강하던 아들이 손을 못 쓰는 신체장애도 생기게 되었습니다. 의사의 말에 의하면 오랜 시간 묶어놓아 강박에 의해 몸에 마비 등 장애가 온 것 같다고 합니다.

● 보도자료

"중증장애인 질식사고 등 초래한 장애인거주시설 생활재활교사 검찰 고발"

지자체에 시설의 위법사항 관련 행정처분, 시설 거주인 보호조치 권고

보도자료 2014. 12. 18.

국가인권위원회는 ㅇㅇ장애인거주시설에서 중증 지적장애인 박모 씨(여, 47세)가 보호 소홀로 떡을 먹다 질식사고(2010년) 후 현재까지도 의식불명 상태로 입원 중인 사건, 2014년 중증 지적장애인 이모 씨(여, 35세)의 돌발 행동을 제지하다 팔을 부러뜨린 사고와 관련해 생활재활교사 박모 씨(여, 26세)를 업무상과실치상 혐의로 검찰에 고발하였습니다.

인권위원회는 ㅇㅇㅇ시설이 거주 장애인 간에 발생한 성추행 등에 대해 적절한 대처를 하지 못한 것, 간호사를 배치하지 않고 거주인 건강관리가 부족한 상태에서 2013년 중증 지적장애인 김모 씨(남, 38세)가 결핵으로 사망한 것, 두 시설 모두에서 일부 장애인에게 다른 장애인을 돌보도록 해온 것 등과 관련하여 관할 감독기관인 지방자치단체에 해당시설의 행정처분을 포함하여 인권교육, 주기적인 시설 거주인 면담을 포함한 점검과 감독 강화 등을 권고하였습니다. 인권위원회는 2014년 4월 두 곳의 장애인거주시설에서 거주 장애인간의 성추행이 발생하고 있음에도 이를 방치하고 있고, 거주인 보호를 하지 않아 질식사고, 사망과 골절사고 등이 계속 발생하였으며, 시설 종사자가 거주 장애인에게 청소나 세탁 등 일을 부당하게 시키고 있다는 내용의 진정을 접수한 후 현장조사 및 시설 거주 장애인들에 대한 심층 면담을 통해 사실관계를 확인했습니다. 두 시설의 거주인은 모두 지적장애인들인데 일부 생활재활교사 등은 다른 거주인들에 비하여 기능이나 인지력이 나은 장애인들에게 다른 장애인의 침구를 정리하게 하거나, 세탁 · 청소를 시켰으며, 스스로 대소변 처리가 어렵거나 혼자 활동하기 어려운 장애인들을 보조하는 일을 맡기기도 했습니다. 인권위원회는 이러한 조사결과에 따라 다음과 같이 권고하기로 결정했습니다.

1. 검찰총장에게, 피해자의 질식사고, 골절사고와 관련하여 박모 씨를 「형법」 제268조의 업무상과실치상 혐의로 고발한다.
2. ㅇㅇ시장에게, 가〉 두 시설이 「장애인복지법」 제59조의7, 제60조의4 규정에 반하여 거주인에 대한 건강관리를 해태한 행위와 거주인 간의 성추행에 대한 부주의한 행위, 「장애인복지법」 시행규칙 제42조 〔별표5〕의 간호사 배치 등의 시설인력기준 위반행위 등에 대하여 필요한 행정조치를 취할 것. 나〉 두 시설의 모 · 부성권 보호와 성적 자기결정권 보호를 위한 교육과 지원책을 마련할 것. 다〉 두 시설에서 거주인들의 권리 침해나 제약, 부당한 처우가 없도록 주기적으로 거주인 개인별 심층면담을 실시하는 것을 포함하여 관리 · 감독을 강화할 것을 권고한다.

> 3. ○○○○원장에게, 가〉 두 시설 거주인들의 성적 자기결정권 보호를 위하여 필요한 전문적인 교육을 소속 종사자와 거주인에게 상당 기간 반복하여 실시하고, 시설내의 성추행이 재발하지 않도록 대책을 마련할 것. 나〉 거주인에 대한 부당한 처우나 기타 안전사고가 발생하지 않도록 세부적인 보호 및 의료서비스 계획을 수립하고 소속 종사자에 대한 내부 관리 및 감독체계를 마련할 것을 권고한다.

사례 ② 교육시설 이용 시 휠체어 장애인에 대한 편의제공이 미흡합니다.

- 상담요지

전신마비 장애인입니다. 현재 ○○대학교 교육원 일반인 과정에서 강좌를 듣고 있습니다.

수강해야 할 강좌를 살펴보던 중 희망하는 강좌가 휠체어가 다닐 수 없는 강의 동에 개설되어 있는 것을 확인하였습니다. 학교에 전화해서 강의실을 바꿔주거나 계단에 경사로를 설치하여 휠체어가 들어갈 수 있도록 조치를 부탁 하였습니다. 그러나 담당자는 "강의실 변경은 어렵다", "수업 여건과 수강생 의견을 다 수용 할 수 없다", "또한 한 사람 때문에 강의 동 변경은 불가능하다"고 답변하였습니다.

- 답변요지

교육기관은 장애인에 대한 편의 제공 의무가 있습니다.

교육시설인 대학에서 장애인 학생에게 휠체어 통로를 고려하지 않고 강의실을 배정하고, 확인 후 연락을 취했음에도 강의실 변경을 거절한 것은 장애인에 대한 정당한 편의제공을 거부한 것으로 보입니다. 「장애인차별금지법」 제14조는 "교육책임자는 재학 중인 장애인의 교육활동에 지장이 없도록 교육기관 내에서의 이동, 접근에 불이익이 없도록 해야 한다"고 규정하고 있습니다.

- 유사 상담 사례

– 공공기관에 엘리베이터가 없어 휠체어 사용 장애인의 청사 이용이 어렵습니다.

○○군 본청의 장애인용 화장실은 남 · 여 미 구분 상태여서 장애인들이 화장실

을 이용할 수 없었으며, 민원실 장애인용 화장실의 경우 출입구의 유효 폭이 규정에 맞지 않습니다. 또한 내부공간이 협소하여 휠체어를 이용하는 장애인들이 화장실을 이용할 수 없었습니다. 본관, 민원동, 신관동, 별관 중 이동의 자유를 보장하는 엘리베이터가 설치되어 있지 않아, 휠체어를 사용하는 장애인은 청사를 이용함에 있어 어려움이 큽니다. 장애로 인한 이동권에 차별을 받고 있으므로 권리구제를 원합니다.

– 학교에 휠체어를 사용하는 장애 학생이 이용할 수 있는 화장실이 없어요.

아들이 휠체어를 타는 장애인으로 고등학교 3학년에 올라갑니다. 학교는 수능을 대비해 3학년생을 위해서 조용한 곳에 멀찍이 별도의 교실을 만들고 운영하고 있는데 장애인 화장실이 없습니다. 학교 측은 만들어주려고 노력하고 있으나 교육청에서는 예산이 없다고 하면서 난색을 표하고 있습니다. 고3년생을 위해 특별히 지은 것으로 다른 학부모들이 한명을 위해서 모두가 희생하는 것을 원하지 않기 때문에 교실 이동은 불가하다고 봅니다.

– 지하철 입구에 호출버튼이 없어 시각장애인의 이동에 어려움이 있습니다.

시각장애 1급으로 경의선 ㅇㅇ지하철역을 방문했으나 장애인용 호출버튼이 개찰구에만 있고 출입구에 없었습니다. 전철을 타기위해 도움을 받고자 사회복무요원을 호출하려면 호출버튼을 눌러야 하는데 호출버튼이 개찰구 앞에 있습니다. 시각장애인은 개찰구부터 보행에 도움을 받아야 하는 것이 아니라 지하철 출입구부터 도움을 받아야 합니다. 또한 ㅇㅇ고속버스터미널에는 차 타는 곳, 표 예매 하는 곳, 화장실 등에 대한 점자 안내판이 전혀 설치되어 있지 않습니다. 시각장애인을 위한 차량 노선 정보도 제공하고 있지 않아 시각장애인은 노선 정보도 확인할 수 없습니다. 정당한 편의가 제공되지 않은 점을 조사해서 시정해 주기바랍니다.

• 참조 결정례

고속 시외버스 등 대중교통수단 이용에 있어 장애인 차별 정책 권고

2015년 4월 13일

직권 조사 결정 배경

수동 및 전동휠체어를 사용하는 장애인들이 휠체어를 탄 채 고속 및 시외버스에 탑승할 수 없다며 정부와 국회에 「교통약자법」 개정 요구함. 고속 및 시외버스의 편의시설 미비로 휠체어 사용 장애인에게 발생하는 시외 이동권 문제가 중대하다고 판단되어 2014년 9월 25일 직권조사를 결정함.

판단 요지

고속 및 시외버스는 대중교통수단으로 장애인도 비장애인과 동등하게 이용할 권리가 있으며, 고속 · 시외버스를 이용함에 있어 장애인이라는 이유로 불합리하게 차별받아서는 아니 된다는 점, 호주, 영국, 미국 등에서는 휠체어 사용 장애인의 고속버스에 대한 접근성 제고를 위해서 국가 차원에서 관련 규정을 의무화하고, 단계적 목표를 설정하여 최종 목표연도에는 모든 고속버스에 휠체어 승강 설비 등 장애인 편의시설이 100% 설치 완료될 수 있도록 하는 계획을 가지고 있다는 점, 휠체어 사용 장애인이 안전하고 편리하게 탑승할 수 있는 고속 · 시외버스의 종류를 반드시 저상버스만으로 한정할 필요가 없다는 점, 현재 운행 중인 고속 · 시외버스를 부분 개조하여 휠체어 승강설비를 장착하고, 휠체어 사용자를 위한 전용공간을 설치하는 것이 기술적으로 모두 가능한 점 등을 판단 시 고려함.

주문 요지

국가인권위원회는 현재 국내에서 운행 중인 고속 및 시외버스에 휠체어 사용 장애인이 안전하고 편리하게 탑승할 수 있는 버스가 단 한 대도 없는 사실과 관련하여, 국가가 장애인의 시외 이동권 보장을 위해서 관련 법령에 규정된 국가의 의무를 충실히 이행하지 않은 것으로 판단하고, 국회의장 및 기획재정부 장관에게 버스운송사업자가 고속 및 시외버스에 휠체어 사용 장애인 등이 탑승 가능한 이동편의시설을 설치하는 경우 재정지원을 받을 수 있는 방안을 마련할 것과 국토교통부장관에게는 향후 '교통약자 이동편의 증진계획' 수립 시 고속 · 시외버스에 휠체어 리프트 등 편의시설이 단계적으로 갖춰질 수 있도록 하는 방안을 포함하고, 계단이 있는 버스에 연차별, 단계적으로 휠체어 승강설비 설치를 의무화하도록 관련 법령을 개정할 것 등을 권고함.

● 보도자료

"휠체어 사용자의 영화관 등 관람석 규정 개선 권고"

– 휠체어 관람석의 시야확보, 동반자와 함께 관람 가능하도록 개선해야 –

보도자료 2014. 10. 22.

국가인권위원회는 휠체어 사용자가 영화관이나 공연장 등 복합문화시설에 다른 관람석과 동등한 수준으로 시야가 확보되고, 동행한 사람과 나란히 앉아서 관람할 수 있도록 관련규정을 개정할 것을 보건복지부 장관에게 권고하였습니다.

사단법인 장애물 없는 생활환경 시민연대의 실태조사(2012년)에 의하면, 전체 조사대상 영화상영관 890곳 가운데 80% 이상인 722곳의 장애인관람석이 스크린을 기준으로 맨 앞쪽 줄에 설치되어 있는 것으로 나타났습니다. 인권위원회 조사결과에서도 휠체어 이용자의 좌석은 다른 관객이 휠체어 이용자의 앞자리에 앉을 경우 무대가 거의 보이지 않는 구석진 곳에 위치해 있거나, 일반 관람석과 동떨어진 왼쪽이나 오른쪽 통로에 별도로 설치되어 있었습니다. 이에 따라 휠체어 이용자가 영화를 관람할 때, 좌석이 스크린과 너무 가까워 상영시간 내내 고개를 지나치게 위로 들고 관람하거나, 시야의 각안에 스크린 전체가 들어오지 않아 시야가 제한되는 것으로 조사됐습니다.

인권위원회는 휠체어를 이용하는 장애인 관람석 기준을 규정한 「장애인 · 노인 · 임산부 등의 편의보장에 관한 법률」(이하 「편의증진법」) 시행규칙 제2조(별표1. 20.)가 장애인관람석을 '출입구 또는 피난통로에서 접근하기 쉬워야 한다' 고만 규정할 뿐, 장애인의 관람 편의를 고려한 시야 확보, 동반자와 함께 관람할 수 있도록 하는 등의 규정을 두고 있지 않아 이와 같은 문제가 있는 것으로 분석하였습니다. 예컨대, 미국의 장애인관람석 등의 규정(연방접근성 표준 4.3.3) 및 독일의 표준화연구소 규정 등은 장애인의 관람석을 '동등한 시야' 또는 '적절한 시야'가 확보되도록 설치하라고 규정하고 있고, 특히 미국의 경우 함께 간 동반자로부터 분리되지 않도록 '다른 고정 좌석과 통합된' 곳에 설치하고, 가급적 전체 관람석에 분산 배치하여 장애인의 좌석 선택권도 보장할 수 있도록 규정하고 있습니다. 인권위원회는 「장애인차별금지 및 권리구제 등에 관한 법률」 제24조의 장애인의 문화, 예술 활동에서의 차별금지 규정과 관련하여 장애인이 단지 영화관이나 극장에 진입하는 것을 넘어 문화예술 창작물을 적절히 향유할 수 있어야 하는 것이 장애인 인권보장을 위한 중요한 가치라고 보았습니다. 인권위원회는 이에 휠체어 이용자가 비장애인들이 누리는 것과 동등한 수준으로 시야가 확보된 곳에서, 동반자와 나란히 앉아 관람할 수 있도록 장애인 관람석 규정을 개정할 것을 권고한 것입니다.

2. 장애인의 인권보장을 위한 과제

장애인 인권의 중요성은 아무리 강조해도 지나치지 않을 것이다. 장애인의 권리를 보장하기 위한 장애인복지제도는 빠르게 변화되고 있으나, 장애당사자와 가족들이 겪는 현실은 장애를 가졌다는 이유만으로 삶의 현장에서 다양한 인권침해의 상황에 직면하게 된다. 이러한 현실은 장애당사자와 가족의 노력만으로 극복하기 어려운 만큼, 당연히 국가와 사회가 장애인의 인권보장을 위해 다각적인 노력을 기울여야 할 것이다. 장애인복지의 목표달성을 위해 반드시 기본적으로 해결되어야 하는 과제이자, 필수요소가 장애인의 인권을 존중하는 사회구조가 형성되는 것이라고 볼 수 있다. 장애인의 삶의 질 향상을 위한 전제조건이 인권보장인 만큼 인권적 관점의 장애인복지정책은 인간으로서 반드시 누려야 할 권리실현 차원에서 접근해야 한다.

우리나라도 다양한 법률과 제도를 통해 장애당사자들의 인권보장을 위해 노력을 기울이고 있다. 1981년에 제정된 「심신장애자복지법」을 바탕으로 1999년 개정을 거쳐 2007년에 전면 개정된 「장애인복지법」은 우리나라 장애인복지에 관한 기본법적인 성격을 가진다. "장애인의 인간다운 삶과 권리보장을 위한 국가와 지방자치단체 등의 책임을 명백히 하고, 장애발생 예방과 장애인의 의료 · 교육 · 직업재활 · 생활환경개선 등에 관한 사업을 정하여 장애인복지 대책을 종합적으로 추진하며, 장애인의 자립생활 · 보호 및 수당지급 등에 관하여 필요한 사항을 정하여 장애인의 생활안정에 기여하는 등 장애인의 복지와 사회활동 참여증진을 통하여 사회통합에 이바지함을 목적으로" 제정되었다(「장애인복지법」 제1조).

장애계의 오랜 숙원과 노력을 통해 2007년 제정된 「장애인 차별금지 및 권리구제 등에 관한 법률」은 "모든 생활영역에서 장애를 이유로 한 차별을 금지하고 장애를 이유로 차별받은 사람의 권익을 효과적으로 구제함으로써 장애인의 완전한 사회참여와 평등권 실현을 통하여 인간으로서의 존엄과 가치를 구현함을 목적"으로 제정되었다.

또한, 장애인 · 노인 · 임산부 등이 생활을 영위함에 있어 안전하고 편리하게 시설 및 설비를 이용하고 정보에 접근하도록 보장함으로써 이들의 사회활동참여와 복지증진을 위해 공포된 「장애인 · 노인 · 임산부 등의 편의증진보장에 관한 법률」, 2010년에 제정된 「장애인연금법」, 1999년에 제정된 「장애인고용촉진 및 직업재활법」, 2007년에 제정된 「중증장애인생산품 우선구매 특별법」, 2005년에 제정된 「장애인기업활동촉진법」, 2011년에 제정된 「장애인활동지원에 관한 법률」, 2015년에 제정된 「발달장애인법」 등 장애인의 인권보장과 사회통합을 위한 많은 법률들을 제정하고 시행해 오고 있다.

그러나 다양한 법률과 제도를 통해 장애인 인권신장을 위한 인간의 존엄과 가치, 행복추구권, 인간다운 생활을 할 평등권 등을 명시하고 있지만, 우리 사회에서는 아직도 장애에 대한 올바른 인식이 부족하고 사회적 편견으로 기존의 입법 내용들이 적극적으로 집행되지 못하고 있는 현실이다. 아무리 훌륭한 법을 제정한다고 하더라도 국가의 의지와 준수 여부가 충족되지 않는 한 장애인의 인권보장과 인권신장은 실현되지 않을 것이다.

한 사회에서 장애와 장애인에 대한 편견과 차별의식은 문화적으로 깊이 뿌리 박혀 있으므로, 장애인의 인권증진을 위해서는 범국가적 차원에서 장애당사자들의 건강권, 보육권, 이동권, 교육권, 노동권 등 다양한 생존을 위한 당연한 권리의 충족을 위한 노력이 수반되어야 한다. 특히 장애인의 완전한 사회참여와 평등을 위해 장애인복지의 주체인 장애당사자와 가족들의 삶의 영역에서 도출되는 다양한 의견과 목소리에 귀를 기울이는 것이 중요하다. 장애인의 자립생활과 인권에 근간한 사회적 환경의 보장, 즉 시혜와 동정이 아닌 권리로서의 장애인복지정책과 시행이라는 가치 아래, 인간이 누리는 다양하고 당연한 권리들이 진정으로 그들의 권리로 보장될 수 있도록 노력해야 한다. 장애당사자가 장애인이라는 사회적 차별과 편견이 아닌, 당당한 국민의 한 사람으로 자유롭게 살아갈 수 있도록 차이가 차별이 되지 않는 사회와 국가를 만들기 위해 산적해 있는 과제들을 해결해 나가야 할 것이다.

장애인의 인권보장을 위한 다섯 가지의 현실적인 당면 과제를 제시한다.

첫째, 사회적 차별 해소를 위한 국가와 사회의 강력한 의지와 집행이 이루어져야 한다.

둘째, 지역사회에서 진정한 장애인의 자립생활이 실현될 수 있도록 다양한 제반 조건, 즉 교육권, 주거권, 이동권, 의료권 등의 포괄적인 장애인복지서비스가 완비되어야 한다.

셋째, 장애당사자가 기본적인 일상생활을 영위하고 소비의 주체로 살아갈 수 있도록 소득보장이 현실화되어야 한다.

넷째, 비장애인들과 동등한 삶의 영위를 위해 촘촘한 권리보장 시스템이 확보되어야 한다. 특히 인권침해와 학대 등의 주 피해자인 정신적 장애유형(지적장애 · 정신장애 · 자폐성장애) 당사자들에 대한 종합적 대책(예: 발달장애 국가책임제 등)이 조속히 수립되어야 한다.

다섯째, 장애인의 진정한 인권증진을 위한 장애인복지예산의 지속적인 확대와 인권정책의 적극적인 실천이 절실하다.

'CHAPTER 08' 장애인과 소득

SOCIAL WELFARE FOR PEOPLE WITH

우리는 많은 문헌과 각종 자료들을 통해 장애인에게 소득보장이 필수적이라는 주장을 접하게 된다. 장애인들에게 소득보장을 하려면 국가의 정책적 노력과 그에 따른 사회적 비용이 수반되어야 하는데 '왜 이들에게 국민의 세금을 지출하는 소득보장을 해야 하는 것일까' 하는 의문에 대해 답하는 과정을 통해 장애인의 소득보장정책을 살펴보고자 한다.

1. 장애인의 경제적 생활실태

〈표 8-1〉에서 2023년 장애인 실태조사 결과에 의하면, 장애인 가구의 월평균 소득은 305.8만 원이며 월평균 총가구 소득이 200만 원 미만인 장애인의 비율은 43.7%로 2020년의 59.0%에 비해 15.3% 포인트나 감소했다. 반면에 총가구 소득 400만 원 이상 가구의 비율은 2020년 12.9%에서 2023년 26.8%로 두 배 이상 늘어났다(한국보건사회연구원, 2024).

〈표 8-1〉 월 평균 총 가구 소득액

(단위: 만 원)

구분	지체 장애	뇌병변 장애	시각 장애	청각 장애	언어 장애	지적 장애	자폐성 장애	정신 장애	신장 장애	심장 장애	호흡기 장애	간 장애	안면 장애	장루 · 요루 장애	뇌전증 장애	전체
200만 원 미만	41.4	46.7	42.2	55.1	30.6	31.2	6.6	60.4	41.3	26.5	49.4	20.0	36.7	53.9	51.0	43.7
200~399만 원	30.4	27.0	30.4	27.0	40.1	32.3	31.1	25.8	31.4	37.8	31.4	29.7	31.2	27.5	29.4	29.5
400만 원 이상	28.1	26.2	27.4	17.9	29.3	36.4	62.4	13.7	27.2	35.8	19.1	50.3	32.2	18.7	19.6	26.8
계	100.0	100.0	100.0	100.0	100.0	100.0	100.0	100.0	100.0	100.0	100.0	100.0	100.0	100.0	100.0	100.0
평균 금액	310.4	307.3	332.1	244.8	326.5	354.6	527.0	225.6	320.4	364.3	253.1	493.6	340.2	264.7	259.5	305.8

출처: 한국보건사회연구원(2024). 2023년 장애인 실태조사. 재구성.

한편, 〈표 8-2〉에서 장애인 가구의 월 평균 지출액은 평균 242만 6천 원이며 100~149만 원 구간이 16.7%로 가장 많았고, 이어서 50~99만 원 14.9%, 150~199만 원 14.1%, 200~249만 원 12.1%, 250~259만 원 9.8%, 300~349만 원 8.9% 순으로 나타났다.

〈표 8-2〉 지난 1년간 가구의 실제 월 평균 지출 금액

(단위: 만 원)

구분	지체 장애	뇌병변 장애	시각 장애	청각 장애	언어 장애	지적 장애	자폐성 장애	정신 장애	신장 장애	심장 장애	호흡기 장애	간 장애	안면 장애	장루 · 요루 장애	뇌전증 장애	전체
50만 원 미만	0.2	0.2	–	0.1	–	0.6	–	1.2	–	–	–	–	–	–	0.3	0.2
50~99	14.4	16.0	16.4	21.2	9.5	8.0	1.2	20.9	5.2	8.4	14.4	4.1	8.3	13.1	18.6	14.9
100~149	15.5	16.9	17.6	21.3	13.9	12.0	1.2	21.2	19.1	11.6	17.3	8.8	14.7	25.0	19.4	16.7
150~199	14.0	14.1	13.9	15.9	13.0	11.5	4.5	17.4	14.8	7.3	16.6	6.9	18.8	16.4	13.8	14.1
200~249	12.6	11.1	10.3	11.1	14.9	13.9	5.1	13.2	12.7	10.8	17.2	11.0	7.7	12.6	11.9	12.1
250~299	10.3	8.2	9.1	10.6	7.4	8.4	12.8	7.8	11.9	12.0	9.9	11.3	12.0	8.5	11.8	9.8
300~349	9.1	8.8	11.2	5.3	14.3	11.1	11.0	6.5	10.2	9.4	6.7	17.4	10.7	7.2	7.5	8.9
350~399	6.7	5.4	5.3	3.4	7.3	9.6	12.1	3.8	7.1	12.9	6.7	7.6	6.7	4.4	3.5	6.1
400~499	7.9	9.3	9.7	6.8	11.4	12.9	19.1	5.2	9.1	14.7	5.4	17.7	11.9	6.4	7.5	8.6
500 이상	9.2	10.1	6.5	4.3	8.3	11.9	33.0	2.9	9.8	12.9	5.8	15.2	9.1	6.4	5.7	8.6
계	100.0	100.0	100.0	100.0	100.0	100.0	100.0	100.0	100.0	100.0	100.0	100.0	100.0	100.0	100.0	100.0
평균 금액	245.4	248.5	235.5	199.3	264.9	285.5	466.2	187.6	267.9	292.2	218.4	334.6	259.9	216.2	216.2	242.6

출처: 한국보건사회연구원(2024). 2023년 장애인 실태조사. 재구성.

또한, 〈표 8-3〉에서 장애인의 72.1%가 현재 장애로 인하여 월평균 17.0만 원을 추가로 지출하고 있는 것으로 2020년의 15만 2.6천 원 보다 높아졌다. 2023년에는 2020년에 비해서 추가비용 항목으로 '장애 관련 식비'를 추가하고 '기타'에 '장애 관련 냉 · 난방비 등 비용'을 포함하는 등 포함 범위가 넓어졌다.

추가비용은 의료비가 57.8천 원으로 가장 높았고, 보호간병비 28.2천 원, 교통비가 24.1천 원, 부모사후 및 노후대비비 18.5천 원, 장애관련 식비 10.7천 원, 보육 · 교육비 10.4천 원 등으로 조사되었다. 따라서 의료비, 보호간병비, 교통비, 이 세 가지 비용에 대한 지원이라도 제대로 이루어진다면 장애로 인한 추가비용은 크게 감소할 수 있다. 따라서 장애인의 추가 의료비를 줄이기 위해 건강보험료에서 장애인의 본인부담을 지원하는 정책이 필요하다.

또한 장애인 보조기기에 대한 금액은 2020년 15.3천 원 대비 2023년 8.8천 원으로 크게 감소하였다(한국보건사회연구원, 2024).

〈표 8-3〉 현재 장애로 인한 추가 소요비용

(단위: 천 원)

구분	지체 장애	뇌병변 장애	시각 장애	청각 장애	언어 장애	지적 장애	자폐성 장애	정신 장애	신장 장애	심장 장애	호흡기 장애	간 장애	안면 장애	장루 · 요루 장애	뇌전증 장애	전체
월평균 총 추가비용	128.4	323.7	97.8	72.6	281.6	284.8	603.2	100.4	294.5	171.5	184.3	251.1	184.6	164.6	130.7	170.0
교통비	24.5	32.3	16.8	8.4	28.7	33.2	63.3	13.9	53.3	28.4	26.3	24.7	26.6	17.2	28.8	24.1
의료비	51.3	128.3	21.7	12.8	82.7	30.0	51.3	32.9	190.9	99.8	84.7	188.0	124.6	39.4	59.7	57.8
보육 · 교육비	0.0	7.9	0.0	1.5	81.3	58.1	230.9	0.0	0.0	0.3	0.0	0.7	0.0	0.0	13.5	10.4
보호 · 간병비	21.0	80.1	21.4	15.3	34.0	26.0	65.0	14.9	22.6	13.7	26.5	5.8	1.9	31.5	2.9	28.2
재활기관 이용료	0.5	8.1	1.2	0.4	6.9	25.9	69.5	5.2	0.1	0.3	1.3	0.0	0.0	0.0	2.1	4.8
통신비	0.1	0.5	0.1	0.3	0.9	0.2	0.3	0.0	0.0	0.2	0.0	0.6	0.0	0.0	0.5	0.2
장애인 보조기기 구입 · 유지비	3.8	6.3	7.9	25.6	5.3	1.4	0.3	0.6	2.7	3.1	17.0	1.0	1.2	59.7	0.0	8.8
부모사후 및 노후대비비	12.3	9.4	13.7	5.6	17.5	95.0	97.3	24.1	9.4	14.1	7.9	9.5	16.8	1.1	11.7	18.5
장애 관련 식비	10.3	27.7	10.0	2.1	15.9	7.0	22.0	5.2	10.9	7.7	14.4	20.0	2.6	10.3	5.4	10.7
기타(장애관련 냉 · 난방비)	4.6	23.1	5.1	0.8	8.3	8.0	3.3	3.6	4.6	4.1	6.1	0.9	11.0	5.3	6.2	6.4

출처: 한국보건사회연구원(2024). 2023년 장애인 실태조사. 재구성.

2. 장애인 소득보장정책

우리나라에서 장애인들에게 제공되는 소득보장정책은 직접적 소득보장정책인 공공부조로서 행해지는 정책(비기여, 소득 · 자산조사급여), 사회보험정책(기여)이 있고, 간접적 소득보장 대책인 각종 감면 및 할인 정책(진단적 기능)이 있다.

1) 직접적 소득보장

(1) 공공부조

① 국민기초생활보장제도

2023년 장애인 실태조사 결과 조사대상 장애인 중 17.4%가 국민기초생활보장제도 생계급여 수급가구로 나타났다. 2020년 19.1% 대비 소폭 감소하였으나 정신장애인, 뇌전증장애인 및 지적장애인의 생계급여, 의료급여, 주거급여 수급가구 비율이 가장 높아서 이들 장애유형의 빈곤상태를 확인할 수 있다. 우리나라 전체가구 대비 국민기초생활 생계급여 수급자 가구가 3%에 비해 3배가 넘은 수치로 국민기초생활보장제도에 대한 장애가구의 소득 의존성을 잘 나타내 주고 있다. 즉 국민기초생활제도는 소득이 없는 장애인들의 생활안정에 크게 기여할 수 있는 주요한 제도임을 알 수 있다.

국민기초생활보장제도상 수급권자가 되기 위해서는 소득평가액과 재산의 소득환산액으로 소득인정액을 산정하여 소득이 최저생계비에 미치지 못하는 경우 수급권자가 된다. 급여는 최저생계비에서 자신의 소득을 공제하고 나머지를 지원하는데, 실제 지급되는 급여액은 실질적인 최저생계를 보장하지 못하고 있는 실정이다.

〈표 8-4〉 국민기초생활보장 급여별 수급자 비율

(단위: %, 명)

구분	지체 장애	뇌병변 장애	시각 장애	청각 장애	언어 장애	지적 장애	자폐성 장애	정신 장애	신장 장애	심장 장애	호흡기 장애	간 장애	안면 장애	장루·요루 장애	뇌전증 장애	전체
생계급여	11.9	24.6	11.5	12.8	18.2	34.7	8.7	61.0	19.3	17.7	21.0	9.4	16.1	13.5	46.6	17.4
의료급여	12.0	23.9	11.5	12.2	17.9	35.4	7.3	61.0	19.5	18.5	20.6	8.9	16.1	13.7	46.2	17.3
주거급여	15.4	28.1	14.9	15.7	21.3	38.5	12.7	64.1	22.3	18.5	26.7	9.6	17.3	16.3	50.6	20.7
교육급여	0.8	0.9	0.6	0.6	4.3	5.4	3.6	0.8	0.9	1.8	0.7	–	–	0.7	5.6	1.2

이와 같은 장애인의 특성을 감안하지 않는 수급권자 선정기준은 여러 가지 모순점을 안고 있다. 2023년 장애인 실태조사에서 장애인가구는 보장구 · 의료비 · 간병비 · 특수교육비 등의 추가 지출로 평균적으로 월 17만 원의 비용을 지출하는 것으로 나타났다. 하지만 이와 같은 장애로 인한 추가생계비 지출이 중위소득에도, 소득평가액에도 반영되지 않아, 장애인가구는 상대적으로 수급권자 선정에 있어 불리한 위치에 놓여 있다. 이러다 보니, 차상위 계층 장애인 가구의 경우, 장애로 인한 추가생계비로 인하여 실질소득이 오히려 국민기초생활보장제도 수급자보다 낮음에도 불구하고 수급자로 선정되지 못하고 있으며, 장애로 인한 추가생계비 부담이 장애인 개인 혹은 가족에게 모두 전가되고 있는 실정이다. 또한 대부분의 장애인들은 여러 가지 질병과 특정 의약품을 소비해야 하는 경우가 많은데, 수급권자가 되어야만 의료급여 혜택을 받을 수 있기 때문에 많은 의료비 지출을 개인이 부담해야 한다. 그리고 장애와 이동의 문제로 편의시설이 확보되어 있는 주거시설이 필요하므로 주택면적과 주거시설 비용이 일반 비장애인보다 많이 소요된다. 그러므로 전월세 비용도 많이 들어, 현재의 국민기초생활보장제도의 재산기준으로는 주거지를 구할 수 없는 형편이다.

〈표 8-5〉 2021년 생계급여 수급자 기준

구분	1인 가구	2인 가구	3인 가구	4인 가구
생계급여 수급자 기준	548,349원	926,424원	1,195,185원	1,462,887원

② 장애수당 및 장애아동수당

장애로 인한 추가비용을 감안하여 부가급여의 일환으로 장애수당 및 장애아동수당 제도를 운영하고 있다. 이는 국민기초생활보장제도와 함께 대표적인 공공부조 사업이다.

장애수당은 만 18세 이상의 등록한 장애인 중 「장애인연금법」상 중증장애인에 해당하지 않는 자(종전3~6급)로 국민기초생활보장 수급자 및 차상위 계층에게 지급하고 있다.

〈표 8-6〉 2021년 장애수당 지급 기준

구분	월 지급액
국민기초생활보장 생계 또는 의료급여 수급자(재가)	4만 원
국민기초생활보장 주거 또는 교육급여 수급자 (생계 · 의료급여 미수급자) 및 차상위 계층	4만 원
보장시설 수급자(생계 또는 의료급여)	2만 원

출처: 보건복지부(2021), 2021년 장애인연금 사업안내.

또한 장애아동수당은 「국민기초생활보장법」에 의한 수급자 및 차상위 계층의 18세 미만 재가 장애아동을 대상으로 하며, 「초 · 중등교육법」에 의한 초 · 중 · 고등학교 또는 이에 준하는 특수학교 및 각종 학교에 재학 중인 경우에는 20세 이하까지 장애아동수당 지급 대상에 포함시키고 있다. 장애아동수당은 중증장애인과 경증장애인으로 구분하여 차등 지급하고 있다. 여기서 중증장애인은 「장애인연금법」상 중증장애인에 해당하는 자(종전 1급, 2급 및 3급 중복)를 의미하며, 경증장애인은 「장애인연금법」상 중증장애인에 해당하지 않는 자(종전3~6급)를 말한다.

〈표 8-7〉 2021년 장애아동수당 지급액(월)

구분	생계 또는 의료급여 수급자	주거 또는 교육급여 수급자	차상위 계층	보장시설 수급자 (생계 또는 의료)
중증장애인	20만 원	15만 원	15만 원	7만 원
경증장애인	10만 원	10만 원	10만 원	2만 원

출처: 보건복지부(2021), 2021년 장애인연금 사업안내.

장애수당 역시 국민기초생활보장제도에서 언급했던 것처럼 소득기준이 중위소득 기준으로 삼아 지급 여부를 결정함으로 문제가 발생하고 있다. 국민기초생활보장 수급자 혹은 차상위 계층을 선정할 때 장애로 인한 추가지출 비용을 고려하지 않기 때문에 선정기준보다 높은 소득이 있으나, 장애로 인한 추가지출이 발생하여 실생계비가 중위소득 기준이하로 떨어지는 경우 결국 최저생계조차 꾸려가지 못하면서도 장애수당이나 장애아동수당을 지급받지 못하는 모순이 발생하고 있다. 따라서 장애수당 및 장애아동수당이 장애로 발생하는 소득기회 감소와 추가비용의 보전이라는 성격에 비추어 장애인 모두에게 확대되어야 한다.

③ 장애인연금

장애인연금제도는 중증장애인에게 근로능력의 상실 또는 현저한 감소로 인하여 줄어드는 소득과 장애로 인하여 추가로 드는 비용을 보전하기 위하여 매월 일정액의 연금을 지급하는 사회보장제도이다. 이 제도는 그동안 장애인 당사자 단체를 중심으로 20세 이전에 장애인이 된 경우 국민연금 등 사회보장체계에서 배제된다는 점을 들어 무기여 장애연금 도입을 꾸준히 제기하면서 장애인연금 제도의 필요성이 논의되어 왔으며, 이와 같은 논의를 발판으로 장애로 인하여 생활이 어려운 중증장애인의 생활안정 지원과 복지증진 및 사회통합을 도모하기 위해 2010년 7월부터 도입되었다.

이와 같은 장애인연금제도는 다음과 같은 측면에서 그 의의를 찾을 수 있다(유동철, 2010). 먼저, 다층적 안전망의 기본 구도가 완성된다는 것이다. 통상적으로 소득보장제도는 하나의 제도보다는 다층 안전망으로 운영되는 경우가 많다. 1차적으로는 사회보험제도, 즉 기여에 기반한 제도(국민연금 내 장애연금), 2차적으로는 국민연금 가입 이전에 장애가 발생하거나 장애연금 수급요건이 되지 않는 경우를 포괄하는 무기여 방식의 기초장애연금 혹은 장애부조, 마지막으로 일반 공공부조제도가 그것이다. 기초장애연금은 이 중 장애인을 위한 2차 소득보장안전망에 해당된다. 이는 근로능력이 없거나 장애로 인해 소득이 상실된 장애인에 대해 소득보전 급여를 제공하는 것을 주요 목적으로 한다. 즉, 공적연금의 사각지대에 머물고 있는 장애인들에게 기초장애연금을 도입함으로써 적절한 소득을 제공할 수 있는 토대가 마련되었다는 점에서 장애인연금의 의의가 있다고 하겠다.

둘째, 장애인연금(장애수당)의 급여수준에 대한 법적 근거가 마련되었다는 것이다. 그동안 장애수당의 급여수준에 대한 법적 기준은 없었다. 「장애인복지법」 제49조와 동법 시행령 제30조에 의해 그 성격과 대상자에 대한 기준만 설정되어 있을 뿐이었다. 반면 장애인연금은 그 법률적 토대를 마련함으로써 급여수준이 행정기관의 재량적 조치에 의해 결정되는 한계를 극복할 수 있게 되었다.

셋째, 장애인연금은 기초연금과 함께 기초연금의 현실적 토대를 마련하였다는 점에서 그 의의를 찾을 수 있다. 장애인연금의 기초급여부분은 기초연금액과 동일하게 설정되어 있는데, 이는 장애인연금이 기초연금과 함께 향후 기초연금의 전면적 도입 가능성을 열어 놓았다는 것이다.

넷째, 그 동안 장애수당이 소득보전의 성격인지 추가지출비용의 보전 성격인지 명확하지 않은 점이 있었다. 법에서는 소득보전을 위해서 지급한다고 규정되어 있지만, 시행령에서는 추가지출비용을 고려해서 지급한다고 규정되어 있어 두 성격이 한 제도 안에 불분명하게 혼재되어 있었다. 그러나 장애인연금은 기초급여와 부가급여를 구분하여 기초급여는 소득보전의 성격을 띠는 것으로, 부가급여는 추가지출비용 보전의 성격을 띠는 것으로 명확히 구분하고 있어 분명성을 기했다는 면에서 의의가 있다.

장애인연금 대상은 18세 이상의 등록한 중증장애인(종전 1급, 2급 및 3급 중복장애) 중 본인과 배우자의 소득인정액이 선정기준액 이하인 자로 한정하고 있다.

〈표 8-8〉 2021년도 장애인연금 선정기준액

	단독가구(배우자가 없는 경우)	부부가구(배우자가 있는 경우)
선정기준액	122만 원	195.2만 원

출처: 보건복지부(2021). 2021년 장애인연금 사업안내.

급여종류로는 기초급여와 부가급여로 나누어진다. 기초급여는 근로능력의 상실 또는 현저한 감소로 인하여 줄어드는 소득을 보전해 주기 위해 지급하는 급여로 소득보장성격의 연금으로 2021년 최고액 30만 원까지 선정기준액과 소득인정액의 차액에 따라 지급한다.

또한, 부가급여는 장애로 인하여 추가로 드는 비용의 전부 또는 일부를 보전해 주기 위하여 지급하는 급여로서 국민기초생활보장 수급자(생계 또는 의료급여 수급자)와 차상위 계층(생계 또는 의료급여 미수급자 중 주거 또는 교육급여 수급자, 기준 중위소득 50%이하 해당자), 차상위 초과자(기초생활수급자, 차상위 계층에 해당되지 않으면서 장애인연금 선정기준액 이하에 해당되는 자)에 대해 지급하고 있다.

〈표 8-9〉 2021년 장애인연금 급여액

기초급여					
구분	차액(선정기준액-소득인정액)				
1인 수급 시 기초 급여액	28만 원 초과	26~28만 원	24~26만 원	22~24만 원	20~22만 원
	300,000원	280,000원	260,000원	240,000원	220,000원
	18~20만 원	16~18만 원	14~16만 원	12~14만 원	10~12만 원
	200,000원	180,000원	160,000원	140,000원	120,000원
	8~10만 원	6~8만 원	4~6만 원	2~4만 원	2만 원 이하
	100,000원	80,000원	60,000원	40,000원	20,000원
2인 수급 시 기초 급여액	44만 원 초과	40~44만 원	36~40만 원	32~36만 원	
	480,000원	440,000원	400,000	360,000원	
	28~32만 원	24~28만 원	20~24만 원	16~20만 원	
	320,000원	280,000원	240,000원	200,000원	
	12~16만 원	8~12만 원	4~8만 원	4만 원 이하	
	160,000원	120,000원	80,000원	40,000원	

부가급여		
구분	65세 미만	65세 이상
국민기초 생활보장 수급자 (일반재가/ 생계, 의료수급)	80,000원	380,000원
보장시설수급자 (급여특례/ 생계, 의료수급)	-	70,000원
차상위 계층 (일반/ 주거, 교육수급)	70,000원	70,000원
차상위 계층 (급여특례/ 주거, 교육수급)	-	140,000원
차상위 초과(일반)	20,000원	40,000원

출처: 보건복지부(2021), 2021년 장애인연금 사업안내.

(2) 사회보험에 의한 소득보장

① 국민연금제도

국민연금은 노령, 장애 또는 사망 등과 같은 사회적 위험의 발생으로 소득능력의 상실 또는 감소로 인해 소득이 단절된 국민들에게 연금을 지급함으로서 개인의 생활안정 유지와 복지증진에 기여할 수 있도록 하는 소득보장제도이다. 이는 사회보험의 일종으로 예외적인 경우를 제외하고 원칙적으로 국내에 거주하는 18세 이상 60세 미만의 우리나라 전 국민이 강제적으로 가입하여야 한다. 국민연금의 급여의 종류에는 노령연금, 장애연금, 유족연금, 반환일시금 및 사망일시금으로 구분하여 일정한 요건을 갖춘 경우 해당 급여를 지급하고 있다.

이 가운데 장애인들의 직접적 소득보장에 해당하는 것이 장애연금이다. 장애연금은 가입기간 중 산업재해가 아닌 타 이유로 발생한 질병 또는 부상이 완치된 후에 장애가 남아 있는 경우 그 등급에 해당하는 장애연금액을 장애가 존속하는 동안 지급한다. 지급방법에는 장애일시 보상금과 장애연금의 방법이 있다. 장애일시 보상금은 국민연금법 상 장애등급 4급에 해당하는 경미한 장애를 입은 경우에 기본 연금액의 225%를 일시금으로 지급한다. 반면, 장애연금은 장애등급 1~3급에 해당하는 장애를 입은 경우에 지급하는데 장애정도에 따라 기본연금액의 100%(1급), 80%(2급), 60%(3급)와 부양가족이 있는 경우에 지급하는 부양가족 연금액을 합산하여 지급한다.

하지만 현행 장애연금제도는 장애연금 수급시기가 장애원인 발생일로부터 2년이 경과해야 한다는 점, 국민연금을 납입한 사람만 대상으로 하기 때문에 18세 이전에 장애를 입거나 선천적인 장애를 갖고 있는 경우는 수급대상에서 제외된다는 문제점을 안고 있다. 실제로 18세 이상 장애인 중 국민연금에 가입 및 수급 중인 장애인은 33.3%로 낮게 나타났으며 장애유형별로 비교해 보면, 국민연금 가입 및 수급율이 높은 장애는 심장장애(44.8%), 간장애(44.7%), 안면장애(42.9%), 시각장애(38.9%), 지체장애(38.5%) 등이었다(한국보건사회연구원, 2021).

② 산업재해보상보험제도

산재보험은 대부분 국가에서 사회보험 가운데 가장 먼저 도입되었으며, 우리나라도 1964년에 도입되어 의료보험보다 10년 먼저 도입되었다. 산재보험은 산업현장에서 활동하는 근로자에게 발생할 수 있는 제반 재해에 대한 보험 방식으로 근로자와 그 가족을 보호하고 사업주의 위험부담을 경감시키려는 제도이다.

산업재해를 당한 근로자가 산재보상보험제도에 의해 받을 수 있는 급여로 요양급여, 휴업급여, 장해급여, 유족급여, 상병보상급여, 장의비, 특별급여가 있다. 이 가운데 장애인과 관련된 급여는 장해급여이다. 장해급여는 산업재해로 인한 부상, 질병 후 장애가 남아있는 경우에 지급하며, 장애 정도(1급~14급)에 따라 차등 지급하고 있다.

2) 간접적 소득보장

(1) 장애인자립자금 대여

장애인자립자금대여는 저소득 장애인에게 생업, 출퇴근용 자동차 구입, 기술훈련, 보조기구 구입 등에 필요한 자금을 장기 저리로 대여하여 자립을 유도하고 생활안정을 도모하는 데 목적을 두고 실시하고 있다. 대여대상은 만 19세 이상의 성년 등록 장애인으로 가구의 소득인정액이 기준 중위소득 50% 초과 100% 이하인 가구로서 금융기관의 여신규정상 결격사유가 없는 자가 해당된다.

대여조건은 무보증대출과 보증대출, 담보대출 등 대출 종류에 따라 상한 금액을 다르게 규정하고 있으며, 5년 거치 5년 상환방식을 채택하고 있다.

〈표 8-10〉 장애인자립자금 대여조건

융자조건		
한도액	이율	융자기간
○ 무보증대출 : 가구당 1,200만 원 이하 ○ 보증대출 : 가구당 2,000만 원 이하 ○ 담보대출 : 담보 범위 내(5,000만 원 이하)	– 21년 1분기 이전 대상자: 최고 연 3.0% – 21년 2분기 이후 대상자 최고 연 2.0%	5년 거치, 5년 상환

출처: 보건복지부(2021). 2021년 장애인복지 사업안내.

(2) 각종 경제적 부담 경감시책

장애인 소득보장정책의 다른 하나는 장애로 인한 소득경감과 추가비용 부담을 완화시켜 주기 위해 각종 공공요금을 비롯한 준 정부기관에서 운영하는 편의시설에 대해 이용료를 면제 혹은 감면해 주는 제도를 들 수 있다. 예를 들면, 자동차 특별소비세, 소득세 인적공제, 상속세 인적공제 등 각종 세금감면과 항공료, 전기료, 통신료 할인 등 각종 감면 혜택이 주어지고 있다.

① 의료 및 재활지원

주요사업명		지 원 대 상	지 원 내 용
장애인 의료비 지원		• 「의료급여법」에 의한 의료급여 2종 수급권자인 등록장애인 • 건강보험의 차상위 본인부담 경감 대상자인 등록장애인(만성질환 및 18세 미만 장애인)	• 의료기관 이용 시 발생하는 급여항목 본인부담금의 일부 또는 전액 지원(비급여 제외) – 1차 의료기관 외래진료 본인부담금 750원 일괄지원 • 2차, 3차 의료기관 진료 – 의료(요양)급여수가적용 본인부담 진료비 15%(차상위 14%, 암환자 5%, 입원 10% 등) 전액을 지원하되 본인 부담금 식대 20% 및 약제비는 지원하지 않음
건강보험 지역 가입자의 보험료 경감	자동차분 건강보험료 전액 면제	• 「장애인복지법」 규정에 의해 등록한 장애인 소유 자동차	• 해당 자동차는 건강보험료 산정 시 제외
	산출 보험료 경감	• 지역가입자 중 등록장애인이 있는 세대로 소득이 360만 원 이하인 동시에 과표 재산이 1억 3천5백만 원 이하	• 장애 정도가 심한 장애인(상이자는 1 · 2등급): 30% 경감 • 장애 정도가 심하지 않은 장애인(상이자는 3~5등급): 20% 경감 • 6 · 7등급 상이자 : 10% 경감
	장기요양 보험료 경감	• 장애의 정도가 심한 장애인이 장기요양보험가입자 또는 그 피부양자인 경우	• 노인장기요양보험 수급자로 결정되지 못한 때 30% 감면
	장애인 등록 진단서 발급비 지원	• 기초생활수급자로서 신규 등록 장애인 • 재판정으로 재진단 받는 등록장애인 중 기초수급자 또는 차상위 계층 • 직권재판정 대상자(소득 무관)	• 진단서 발급 비용 지원 – 지적, 자폐성, 정신장애:4만 원 – 그 외 장애:1만 5천 원
장애등록 검사비 지원		• 기초생활수급자로서 신규 등록 장애인 • 재판정으로 재진단 받는 등록장애인 중 기초수급자 또는 차상위 계층 • 직권재판정 대상자(소득 무관)	• 최대 10만 원 범위 내에서 실비 지원
발달재활서비스		• 연령기준:만 18세 미만 장애아동 • 장애유형:뇌병변, 지적, 자폐성, 언어, 청각, 시각 장애아동(중복장애 인정)	• 매월 14만 원~22만 원의 발달재활서비스 바우처 지원

주요사업명	지 원 대 상	지 원 내 용
발달재활서비스	• 소득기준 : 전국가구 평균소득 180% 이하	• 언어 · 청능, 미술 · 음악, 행동 · 놀이 · 심리, 감각 · 운동 등 발달재활서비스 선택하여 이용
언어발달 지원	• 연령기준 : 만 12세 미만 비장애 아동(한쪽 부모 및 조손가정의 한쪽 조부모가 시각 · 청각 · 언어 · 지적 · 뇌병변 · 자폐성 등록 장애인) • 소득기준 : 기준 중위소득 120% 이하	• 매월 16만 원~22만 원의 언어재활 등 바우처 지원 • 언어발달진단서비스, 언어 · 청능 등 언어 재활서비스, 독서지도, 수화지도
장애인 보조기구 교부	• 장애유형: 지체, 뇌병변, 시각, 청각, 심장, 호흡기, 언어, 자폐성, 지적장애 • 소득기준: 「국민기초생활보장법」상 수급자 및 차상위 계층 • 교부대상: 서비스 지원 종합조사에서 보조기기 필요(적격)로 판정된 자	• 품목 및 교부대상 – 욕창방지용 방석 및 커버, 와상용 욕창 예방 보조기구 – 보행차, 좌석형 보행차, 탁자형 보행차, 목욕의자, 휴대용경사로 – 음식 및 음료섭취용 보조기구, 식사도구, 젓가락 및 빨대, 머그컵, 유리컵, 컵 및 받침대, 접시 및 그릇, 음식보호대, 기립훈련기, 이동변기 – 음성유도장치, 음성시계, 영상확대비디오(독서확대기), 문자 판독기, 녹음 및 재생장치 – 시각신호표시기, 진동시계, 헤드폰(청취증폭기) – 보행차, 좌석형 보행차, 탁자형 보행차, 음식 및 음료 섭취용 보조기기, 음식섭취 보조기기(음식 및 음료 섭취용 보조기기, 식사도구, 젓가락 및 빨대, 머그컵, 유리컵, 컵 및 받침접시, 접시 및 그릇, 음식보호대), 기립틀 및 기립을 위한 지지대, 목욕의자, 경사로, 이동변기, 독립형 변기 팔 지지대 및 등지지대, 환경 제어 장치, 지지대 및 손잡이, 장애인용 유모차, 바닥 특수 앉기 자세유지용 장치, 목욕용 미끄럼방지용품 : 지체 · 뇌병변장애인

주요사업명	지 원 대 상	지 원 내 용
장애인 보조기구 교부		– 미끄럼 및 회전을 위한 보조기기, 의류 및 신발, 휠체어 액세서리, 침대 및 탈착식 침대 판/전동조절식 매트리스 지지단, 소변수집장치: 지체 · 뇌병변 · 심장 · 호흡기장애인 – 대화용장치: 뇌병변 · 지적 · 자폐성 · 청각 · 언어장애인
장애인 보조기기 건강보험 급여 (의료급여) 적용	• 건강보험: 등록장애인 중 건강보험 가입자 및 피부양자 • 의료급여: 등록장애인 중 의료급여 수급권자	• 건강보험대상자전동휠체어, 의지 · 보조기, 자세보조용구 등 83개 품목에 대해 지급기준 금액의 90%까지 국민건강보험공단에서 지원(차상위는 100% • 의료급여 수급권자: 전동휠체어, 의지 · 보조기, 자세보조용구 등 88개 품목에 대해 지급기준 금액의 100%까지 의료급여 기금에서 지원
여성장애인 출산비용 지원	• 「장애인복지법」 제32조에 의한 등록 여성 장애인 중 출산한 자 및 4개월 이상의 태아를 유산 · 사산한 자 * 인공 임신중절수술은 지원불가(「모자보건법」 제14조 제1항의 경우는 제외)	• 출산(유산, 사산포함) 태아 1인 기준 1백만 원 지급
장애입양아동 의료비 지원	• 만 18세 미만 장애아 등을 입양하여 양육하는 가정	• 장애아동 의료비(진료, 상담, 재활 및 치료소요 비용)를 연간 260만 원 내에서 지원

② 서비스 지원

주요사업명	지 원 대 상	지 원 내 용
장애인 활동지원	• 만 6세~64세의 「장애인복지법」상 등록장애인 중 서비스 지원 종합조사 결과 산출된 종합점수에 따라 활동지원급여 수급자격을 인정받은 자	• 월 한도액 – 활동지원급여(1~15구간): 월 842천 원~6,730천 원 – 특별지원급여 • 한시적 지원 – 출산: 월 1,122천 원 – 자립준비: 월 281천 원 – 보호자 일시부재: 월 281천 원
장애아 가족 양육 지원	• 만 18세 미만 장애 정도가 심한 장애아동을 양육하는 가정 • 소득기준: 기준 중위소득 120% 이하 * 휴식지원 프로그램은 소득 기준 상관없이 만 18세 미만 모든 장애아가족에게 지원(돌봄서비스 받는 가정 우선 지원)	• 돌봄서비스 – 아동의 가정 또는 돌보미 가정 등에서 돌봄서비스 제공 – 아동 1인당 연 720시간 범위 내 지원 • 휴식지원 프로그램 – 문화 · 교육프로그램, 가족캠프 등 휴식지원 프로그램 운영 및 상담서비스, 생활지도, 자조모임 결성 지원
실비 장애인 거주시설 입소 이용료 지원	• 기준 중위소득 이하인 가구의 등록장애인의 실비 장애인거주 시설에 입소한 장애인	• 실비장애인거주시설 입소 시 입소비용 중 매월 290천 원 지원
장애인 자동차 표지 발급	• 장애인 또는 장애인과 주민등록표상의 주소를 같이 하면서 함께 거주하는 배우자, 직계존 · 비속, 직계비속의 배우자, 형제 · 자매, 형제 · 자매의 배우자 또는 자녀의 명의로 등록 하여 장애인이 주로 사용하는 자동차 1대	• 주차가능 표지 부착 차량에 대해 장애인전용주차구역에 주차 가능
공동주택 특별 분양 알선	• 무주택세대구성원인 장애인(지적장애 또는 정신 및 제3급 이상의 뇌병변 장애인의 경우 그 배우자 포함)	• 청약저축에 상관없이 전용면적 85제곱미터 이하의 공공분양 및 공공임대주택 분양 알선
무료 법률 구조제도 실시	• 기준 중위소득 125% 이하인 등록장애인	• 소장애의 정도가 심한 장애인 소송 시 법원에 소요되는 일체의 비용(인지대, 송달료, 변호사 비용 등)을 무료로 법률구조 서비스 제공 – 무료 법률 상담 – 무료 민사 · 가사사건 등 소송 대리(승소가액이 2억 원 초과 시 소송 비용 상환) – 무료 형사변호(단, 보석보증금 또는 보석보증 보험 수수료 본인 부담) ※ 장애의 정도가 심하지 않은 장애인은 변호사비용만 지원하며 인지대 등 소송비용은 본인 부담)

③ 공공요금 감면

주요사업명	지 원 대 상	지 원 내 용
차량 구입 시 도시 철도채권 구입 면제	• 장애인 명의 또는 장애인과 주민등록상 같이 거주하는 보호자 1인과 공동명의로 등록한 보철용의 아래 차량중 1대 –비사업용 승용자동차 –15인승 이하 승합차 –소형화물차(2.5톤 미만)	• 도시철도채권 구입의무 면제(지하철 공사가 진행되고 있는 특별시와 광역시에 해당)
고궁, 능원, 국·공립박물관 및 미술관, 국·공립공원, 국·공립공연장 공공체육시설 요금 감면	• 등록장애인 및 중증장애인과 동행하는 보호자 1인 – 국·공립 공연장 중 대관공연은 할인에서 제외	• 입장요금 무료 ※ 실비 차원의 시설 이용료 등은 자체규정에 따라 감면 가능 ※ 국·공립 공연장(대관공연 제외) 및 공공체육시설 요금은 50% 할인 ※ 공공체육시설 : 생활체육관, 수영장, 테니스장, 스키장 등
공영주차장 주차 요금 감면	• 등록장애인(자가 운전 혹은 장애인 승차)	• 지방자치단체의 조례에 의거 할인 혜택 부여 ※ 대부분 50% 할인혜택이 부여
철도·도시철도 요금 감면	• 등록장애인	• 등록장애인중 중증장애인과 동행하는 보호자 1인 – KTX, 새마을호, 무궁화, 통근열차: 50% 할인 • 경증장애인 – KTX, 새마을호:30% 할인(주중에 한하여) – 무궁화, 통근열차:50% 할인 • 도시철도(지하철, 전철): 100%
유선통신 요금 감면	• 등록장애인	• 시내, 외 전화:월 통화료 50% 감면 • 인터넷전화:월 통화료 50% 감면 • 114 안내요금 면제 • 초고속인터넷 월 이용료 30% 감면
이동통신 요금 감면	• 등록장애인	• 가입비 면제 • 기본료 및 통화료(음성 및 데이터 한함) 35% 할인 * 차상위 계층은 가구당 4인 한도 감면 가능, 월 최대 감면액은 10,500원 * 단, 이동전화재판매사업자(MVNO, 알뜰폰) 사업자는 감면 미실시

주요사업명	지 원 대 상	지 원 내 용
시 · 청각 장애인 TV수신료 면제	• 시각 · 청각 장애인이 있는 가정	• TV수신료 전액 면제
항공요금 할인	• 등록장애인	• 대한항공(1～4급), 아시아나항공(중증) 국내선 요금 50% 할인(1～3급 장애인은 동행하는 보호자 1인 포함) • 대한항공(5～6급 장애인), 아시아나항공(경증) 국내선 30% 할인
연안여객선 여객운임 할인	• 등록장애인	• 연안여객선 중증장애인 여객운임 50% 할인
고속도로 통행료 50% 할인	• 장애인 또는 장애인과 주민등록표상 같이 기재되어 있는 보호자의 명의로 등록한 차량 에 승차한 등록장애인	• 고속도로 통행료 50% 할인
전기요금 할인	• 중증장애인	• 전기요금 정액 감액 – 여름철(6～8월): 월 20,000원 한도 – 기타 계절: 월 16,000원 한도
도시가스 요금 할인	• 중증장애인	• 주택용(취사용 및 개별난방용에 한함) 도시가스 할인
장애인 자동차 검사수수료 할인	• 「장애인복지법」 제32조에 의한 등록 장애인 본인 또는 세대별 주민등록표상 같이 기재 되어 있는 보호자의 명의로 등록된 비사업용 자동차 1대 – 승용차, 12인승 이하 승합차, 적재량 1톤 이하 화물차	• 정기검사 및 종합검사 수수료의 50～30% – 중증장애인:50% – 경증장애인:30% • 장소:교통안전공단 자동차검사소

④ 각종 세제혜택

주요사업명	지 원 대 상	지 원 내 용
승용자동차에 대한 개별소비세 면제	• 중증장애인 본인 명의 또는 장애인과 주민등록표상 생계를 같이 하는 배우자 · 직계존속 · 직계비속 · 직계비속의 배우자 · 형제 · 자매 중 1인과 공동명의로 등록한 승용자동차 1대	• 개별소비세 500만 원 한도로 면제 (교육세는 개별소비세의 30% 한도)
장애인용 차량에 대한 지방세 감면	• 차량 명의를 중증장애인의 장애인 본인이나 그 배우자 또는 주민등록표상 장애인과 함께 거주하는 직계존 · 비속, 직계 비속의 배우자, 형제, 자매 중 1인과 공동명의 – 배기량 2,000cc 이하 승용차 – 승차정원 7인승 이상 10인승 이하인 승용자동차, 승차정원 15인승 이하 승합차, 적재정량 1톤 이하인 화물차, 이륜자동차 중 1대	• 취득세(종전 등록세 포함) · 자동차세 면세
차량 구입 시 지역개발 공채 구입 면제	• 지방자치단체별 조례에서 규정하는 장애인용 차량(도지역)	• 지방자치단체별 조례에 의거 장애인 차량에 대한 지역개발공채 구입의무 면제
소득세 공제	• 등록장애인	• 부양가족 공제 시 장애인인 경우 연령 제한 미적용 • 소득금액에서 장애인 1인당 연 200만 원 추가 공제
장애인 의료비 공제	• 등록장애인	• 당해 연도 의료비–의료비 지출액 전액의 15% 공제
장애인 특수교육비 소득공제	• 등록장애인	• 장애인재활교육시설로 인정받은 비영리법인에 지급하는 특수교육비 전액의 15% 공제
장애인 보험료 공제	• 등록장애인	• 장애인전용보장성보험의 보험료 공제 – 연 100만 원 한도, 15% 공제
상속세 상속 공제	• 등록장애인	• 상속인 및 동거가족인 등록장애인에게 상속 공제
증여세 과세가액 불산입	• 등록장애인	• 장애인이 생존기간 동안 증여받은 재산가액의 합계액에 대하여 최고 5억 원까지 증여세 과세가액에 불산입

주요사업명	지 원 대 상	지 원 내 용
장애인 보장구 부가가치세 영세율 적용	• 등록장애인	• 부가가치세 감면 – 의수족, 휠체어, 보청기 등
장애인용 수입물품 관세 감면	• 등록장애인	• 장애인용 수입물품에 대하여 관세 면제
특허출원료 또는 기술평가청구료 등의 감면	• 등록장애인	• 특허 출원 시 출원료, 심사청구료, 1~3년차 등록료, 기술평가 청구료 면제

출처: 보건복지부(2021). 2021년 장애인복지 사업안내.

3. 소득보장정책의 발전방향

장애인 중에서 상당수는 경제활동에 참여할 수 없어서 장애인 가구의 절대빈곤율이 31.1%에 이르는 등 구조적인 문제를 가지고 있다. 따라서 장애인가구의 빈곤을 감소시키기 위해서는 경제활동에 참여할 수 없는 장애인들을 위한 적극적인 소득보장정책이 필요하다.

우리나라의 장애인에 대한 소득보장 정책은 다른 나라와 비슷한 형태로 운영되고 있다. 그러나 외관상으로 나타난 것이 아닌 내용면에서 볼 때는 전혀 다르다는 사실이다. 우리 제도가 사회보장형 공적부조 형태를 취하고 있다는 데서 그 차이를 발견할 수 있다.

장애인 소득보장의 기본 골격은 「국민기초생활보장법」이다. 이 제도는, 가입자의 자산, 소득, 부양의무자 등의 조건에 따라 지급액을 차등(差等)하여 지급하고 있다. 문제는 기본적으로 산정된 금액이 너무 낮은데다가 그 나마 지급액도 조건에 따라 삭감되고 있기 때문이다. 무엇보다 앞에서도 언급하였듯이 장애인 소득보장 정책으로 국민기초생활보장제도가 가지고 있는 문제점 가운데 가장 큰 것은 수급자 선정기준이나 급여액에 장애로 인한 추가비용에 대한 고려가 전혀 반영되지 못하고 있다는 점이다. 즉, 장애인의 가구소득이 비록 생계급여 등의 수급자 선정기준을 상회하고 있다고 하더라도, 추가지출이 있기 때문에 이를 공제하면 실제로 수급자로 선정되어야 하나 그렇지 못한 실정이다. 또한, 국민기초생활보장 수급자로 선정되더라도 급여액에 추가비용을 고려하지 않고 비장애인과 동일하게 지급함으로 장애인가구는 생계급여를 지급받고도 최저생계비 이하로 생활을 해야 하는 문제를 안고 있다.

또한 장애수당 등 각종 수당제도도 그 수급 대상을 까다롭게 하여 대상자를 제한하거나 지급 금액이 낮아 수당이 가지는 본래의 의도인 생활안정을 위한 소득보장과 생산 활동의 복귀를 위한 충분한 지원을 하지 못하고 있다. 그러므로 목적을 달성하는 생산적인 정부의 투자가 아닌 이렇다 할 효과 없이 오히려 대상자에게 원성을 듣는 소모적인 재정지출로 인식되고 있으며 현재까지 그러한 결과를 낳고 있는 중이다.

결국, 장애인가구의 빈곤 해소를 위해서는 장애인연금 및 장애수당의 수급대상자를 기초보장수급자 및 차상위 계층을 넘어서 더 확대할 필요가 있다. 또한 장애인연금 및 장애수당 급여액을 인상할 필요가 있다. 중증장애인에게 지급되는 장애인연금의 경우 기초급여는 기초연금의 도입과 함께 20만 원 이상으로 인상되었으나 여전히 소득보전의 기능을 하기에는 미흡한 수준이다. 특히 장애로 인한 추가비용을 보전해야 하는 부가급여는 월 2~8만 원(만 18세 이상~65세 미만)에 불과하여 2020년 장애인 실태조사에서 나타난 15만 2,600원에 훨씬 못 미치는 금액이다. 그뿐만 아니라 경증장애인에게 지급되는 장애수당은 월 4만 원에 불과하여 장애로 인한 소득보전은커녕 추가비용에도 미치지 못하는 형편이다. 이에 따라 장애인연금 및 장애수당의 대상자를 현재의 최빈곤층에서 더 확대하고, 특히 부가급여 및 장애수당은 장애로 인한 추가비용을 보전할 수 있는 수준으로 인상할 필요가 있다(이선우, 2015).

또한, 우리나라는 장애수당이나 장애연금 등 직접적인 소득보장정책이 충분히 발달하지 못해 보완적 성격의 경제적 부담경감제도가 확대되어 왔다. 이와 같은 간접적 소득보장정책은 장애인의 경제적 소득지원뿐만 아니라 사회참여 기회의 증진효과를 거두기 위한 제도로 긍정적인 역할을 하고 있으며, 이러한 지원 시책들은 외국에서도 시행되고 있다.

하지만 감면 및 할인을 통한 방식은 일정 소득 이상의 계층에 대해서 지원하는 기능은 강하지만 지원의 필요성이 높은 저소득층 장애인에 대한 지원 대책으로는 기능하지 못하고 있다. 왜냐하면 저소득 장애인의 경우 재산이 많지 않고 자동차를 보유하고 있지 않으며, 항공편 이용의 기회가 거의 없기 때문에 감면 및 할인제도를 이용할 가능성은 전혀 없기 때문이다. 즉, 장애범주의 확대와 인구고령화로 인해 장애인은 지속적으로 확대될 것으로 예상되므로 모든 장애인을 대상으로 하는 간접적인 소득보장정책은 소득지원의 본래 취지에서 벗어나, 저소득층 장애인에 대해서는 근본적 문제를 해결해 주지 못하고 오히려 도덕적 해이를 비롯한 불균형적인 재분배 결과를 초래할 수 있다(권선진, 2006).

따라서 각종 시책의 양적 종류만을 확대하는 것보다는 소득지원이라는 근본 문제를 해소하는데 도움을 줄 수 있는 시책, 장애인의 사회참여를 촉진할 수 있는 정책, 그리고 저소득 장애인에게 집중될 수 있는 시책을 중심으로 늘려가야 할 것이다(양점도 외, 2013).

결국 장애인 소득보장정책의 추진방향은 새로운 제도를 도입하여 추진하는 것보다 기존 제도에 각 장애인의 욕구를 반영하여 정교화하는 작업이 필요한 시점이라 할 것이다. 즉, 기존 제도의 시행결과에 대한 정확한 평가를 바탕으로 제도의 문제점이나 개선점을 보완하고 발전시켜 장애인들의 개별적인 욕구를 충족시킬 수 있는 적절성을 갖춘 서비스가 제공되어야 할 것이다.

'CHAPTER 09' 장애인과 접근권

SOCIAL WELFARE FOR PEOPLE WITH

1. 장애인 접근권의 개념

국제장애권리협약 제9조는 접근권(accessibility) 조항으로 접근권에 대해 "장애인을 포함하여 사람들이 쉽게 접근할 수 있고, 신체적 · 시각적 · 청각적 · 인식적 수준에서 사용할 수 있는 사물과 서비스의 수단 혹은 상황이다. 여기에는 물리적 혹은 이미 만들어진 환경 혹은 대중교통에 대한 접근성과 정보, 의사소통에 대한 접근성이 포함된다."라고 개념 정의하였다. 이러한 접근성이 보장되는 권리를 장애인접근권이라 할 수 있다. 「장애인 · 노인 · 임산부 등의 편의증진보장에 관한 법률」 제4조에서는 "장애인 등은 인간으로서의 존엄과 가치 및 행복을 추구할 권리를 보장 받기 위하여 장애인 등이 아닌 사람들이 이용하는 시설과 설비를 동등하게 이용하고 정보에 자유롭게 접근할 수 있는 권리를 가진다."라고 규정하고 있다(2003. 12. 31. 개정).

한편 우리나라는 장애인의 이동권과 접근권을 보장하기 위하여 「장애인복지법」 제23조에 "국가와 지방자치단체는 장애인이 공공시설 및 교통수단을 안전하고 편리하게 이용할 수 있도록 편의시설의 설치와 운영에 관하여 필요한 시책을 강구"하도록 규정하고 있다. 그에 따라 추락사고 등 장애로 인하여 추가로 발생할 수 있는 안전사고와 비상재해 등에 대비하여 시각, 청각 및 이동에 불편을 겪는 장애인을 위하여 피난로를 확보하고, 점자 · 음성 및 문자안내판을 설치하며, 긴급정보시스템 등 장애인의 특성을 배려한 안전 대책을 세우도록 하고 있다(법 제24조). 또한 장애인이 선거권을 행사하는 데 불편함이 없도록 필요한 시설을 설치하고, 문화생활과 체육활동의 증진을 위한 관련 시설 및 설비, 그 밖의 환경을 정비하여 지장이 없도록 지원해야 한다(법 제26조, 제28조).

이러한 「장애인복지법」에 근거한 장애인의 접근권을 보장하기 위해 우리나라는 장애인 · 노인 · 임산부 등의 편의증진보장에 관한 법률을 1997년에 제정하였다. 이 법은 장애인 · 노인 · 임산부 등이 일상생활을 할 때 다른 사람의 도움없이 안전하고 편리하게 시설 및 설비를 이용하고 정보에 접근하도록 보장함으로써 이들의 사회활동 참여와 복지증진을 이루는 데 그 목적을 두고 있다(법 제1조). 그리고 시설주에게 시설설치를 강제하는 조항(법 제9조)을 두어 실질적으로 장애인이 시설을 이용하는 데 불편이 있는 경우 이 법을 근거로 하여 직접적인 조치를 강구할 수 있도록 하였다.

또한 이 법 제4조에는 장애인의 접근권은 인간으로서의 존엄과 가치 및 행복을 추구할 권리를 보장받기 위하여 장애인이 아닌 사람들이 이용하는 시설과 설비, 정보에 자유롭고 동등하게 이용하고 접근할 수 있도록 규정하고 있다. 법에서 규정하고 있는 장애인의 이동과 접근의 보장은 사회적 접근, 경제적 접근, 물리적 접근 등 다양한 의미를 지니고 있다. 그중 장애인의 실질적인 이동과 관련한 물리적 접근은 장애인들의 사회활동을 제약하는 환경을 개선하여 그들이 사회적, 물리적으로 정상적인 생활을 하도록 하는 것이다. 즉, 장애인의 접근권과 이동권 보장이란 모든 사람이 일상생활에서 사회의 시설물을 제한없이 이용할 수 있는 기본적인 권리이고, 장애로 인해 활동에 제약이 있어서는 안 된다는 것을 의미한다. 이를 위해 편의시설을 갖추어야 하는 시설은 건물의 내 · 외부시설, 보행시설, 교통시설, 가로시설물 등으로 구분할 수 있으며, 이는 다시 교통신호시설, 유도안내시설, 위생시설, 출입구 접근로, 경사로, 높이 차이 제거 등으로 세분화할 수 있다.

2. 장애인 접근권 보장 현황

1) 장애인 대상물 접근권

장애인 대상물 접근권이란 장애인이 신체상의 불리함을 보완하여 이동이나 활동을 편리하게 해 주는 역할이다.

(1) 편의시설에 대한 접근

편의시설이란 "장애인 등이 생활을 영위하는 데 이동과 시설이용의 편리를 도모하고 정보에의 접근을 용이하게 하기 위한 시설과 설비(장애인, 노인, 임산부 등의 편의 증진 보장에 관한 법률)"이며 이는 편의시설이 사회참여를 위한 이동, 시설이용, 정보접근 등 물리적 접근 외에 다양한 함의를 지님을 보여준다.

편의시설을 설치해야 할 구체적인 대상물로는 도로, 공원, 공공건물, 공중이용시설(제1종 근린생활시설, 제2종 근린생활시설, 문화 및 집회시설, 종교시설, 판매시설), 의료시설(병원, 장례식장), 교육연구시설(학교, 교육원, 도서관), 노유자시설(아동관련시설, 노인복지시설, 기타 사회복지시설), 수련시설, 운동시설(체육관, 운동장), 업무시설, 숙박시설, 공장, 자동차관련시설(주차장, 운전학원), 교정시설, 방송통신시설, 묘지관련시설, 관광휴게시설, 공동주택(아파트, 연립주택, 다세대주택, 기숙사), 교통수단, 통신시설 등이며 장애인들의 사회적응에 대한 불편이나 제약을 최소화 또는 제거하기 위한 사회적 기구나 제반 시설과 설비이다.

의무적으로 설치해야 하는 편의시설의 종류에는 주출입구 높이 차이 제거(전체시설), 점자블록, 주출입구 접근로, 출입구 문, 대변기, 장애인전용주차구역, 복도, 계단 또는 승강기 등이 있다.

편의시설은 장애인들과 비장애인들이 동일하게 이동 또는 사회에 참여할 수 있도록 보장하는 것이며 장애인들이 가지고 있는 사회적 불리를 인적 · 물적 · 사회적 자원의 활용과 협력을 통해 최대한으로 감소시키는 데 필요한 시설이며 장애인들만을 대상으로 하는 것이 아닌 사회적 구성원을 대상으로 무장애의 환경구축을 목적으로 한다.

편의시설은 장애인의 사회참여를 위한 가장 기본적인 것이며 장애인복지서비스를 적절하게 제공하기 위해서는 제공되는 장소에 대한 접근 또는 이동이 갖추어져야 한다. 한편 장애인 접근권 확보를 위한 편의시설의 설치 및 확충은 단순하게 장애인의 대상물 접근과 이동의 편의만을 위한 것이 아닌, 설치에 따라 파생되는 사회적 · 경제적 측면이 내포되어 있다.

그러나 편의시설 대상 시설의 제한, 이동상의 연계마비 등으로 실제로는 편의시설이 매우 부족하며, 특히 교통수단이나 교육시설 등에 있어서 장애인의 편의를 고려한 설비가 제대로 갖추어져 있지 않은 실정이다.

〈표 9-1〉 **편의시설의 종류**

매개시설	주출입구 접근로	마감재, 이음새, 단차, 기울기, 보행 장애물
	장애인전용주차구역	출입구 접근 가능성, 주차면수, 넓이, 표시 및 표지판 등
	주출입구 높이 차이 제거	단차, 출입구 폭, 경사로
내부시설	출입구 문	높이 차이, 점자블록, 폭, 손잡이, 전 · 후면 유효거리
	복도	폭, 바닥면, 단차, 보호벽 등
	계단 또는 승강기	폭, 면적, 손잡이, 점자표시 등
	경사로	폭, 기울기, 바닥면, 손잡이 등
위생시설	대변기	남녀 구분, 연결통로, 단차, 점자블록, 점자표시, 칸막이 유효 폭, 높이, 손잡이 등
	소변기	손잡이, 높이
	세면대	높이, 수도꼭지
	욕실	폭(출입구, 내부), 바닥면, 미닫이문, 욕조 높이 등
	샤워실 및 탈의실	폭, 바닥면적, 의자 높이, 수도꼭지 형태 등
안내시설	점자블록	연속성, 표준형
	유도 및 안내시설	안내판(촉지도식), 음성안내장치 등
	경보 및 피난시설	청각경보시스템, 연속설치 등
기타	객실, 침실	접근 가능성, 개수, 유효, 폭, 침대 높이, 화장실 등
	관람석, 열람석	위치, 단차, 면적
	접수대, 작업대	단차, 접근 가능성, 높이, 깊이
	매표소, 판매기	높이, 점자표시 등

출처 : 한국지체장애인협회자료 재구성, 2013.

2) 편의시설 설치 실태

장애인을 포함한 이동약자의 접근권 확보를 위한 중요한 수단인 편의시설은 80.2%의 설치율을 나타내고 있다(한국장애인개발원, 2018). 이는 2013년 전수조사 결과에서 나타난 설치율 67.9%, 적정설치율 60.2%에 비해 설치율에서는 12.3%, 적정설치율에서는 14.6% 포인트가 개선된 것으로 나타나 장애인 편의시설 설치율은 꾸준히 증가하고 있는 것을 알 수 있다.

〈표 9-2〉 장애인편의시설 실태조사 결과

대상 건물수	설치기준항목수*	설치수 및 설치율		적정 설치수 및 적정설치율	
		설치수	설치율	적정 설치수	적정설치율
185,947	9,034,890	7,243,294	80.2%	6,754,701	74.8%

*건물유형에 따라 세부적으로 설치하여야 하는 편의시설의 설치항목을 모두 합한 것.

출처: 한국장애인개발원(2018), 2018 장애인 편의시설 실태조사.

편의시설 종류별 설치 결과에서 비치용품을 제외한 5개의 시설 중에서 설치율이 가장 높은 것은 내부시설로 83.7%였으며, 그 다음으로 매개시설이 82.2%로 비교적 높은 것으로 조사되었다. 적정설치율 또한 내부시설이 77.6%로 가장 높게 나타났으며, 매개시설이 77.8%로 다음으로 높게 나타났다. 반면, 위생시설의 설치율은 70.8%, 안내시설의 설치율은 66.8%로 타 시설에 비해 낮은 설치율을 보였다. 이처럼 위생시설에서 설치율 및 적정설치율이 타 시설에 비해 10% 정도 낮게 나타난 주요한 요인은 시각장애인 유도 안내를 위한 음성유도, 점자블록 설치 위치가 잘못된 경우가 많았으며, 시각장애, 청각장애, 지체장애에 대해 요구되는 부분을 이해하지 못하는 데서 생기고 있다. 또한 장애인화장실의 경우 기존건물에 추가 및 별도로 만들게 될 경우, 바닥면적과 구조적인 문제로 적정하게 설치되지 못하는 경우가 많이 생기고 있다(한국장애인개발원, 2018).

아울러 안내시설은 시각장애인 및 청각장애인 유도 · 안내설비, 경보 및 피난설비와 같이 건물의 구조와 관련이 없는 설치시설로, 향후 설치율을 높일 수 있는 시설인 주 출입구 접근로의 시각장애인 점자블록 설치와 촉지도식 안내판 설치에 대한 유도를 통해 설치율을 높일 수 있을 것으로 판단된다.

〈표 9-3〉 편의시설 종류별 설치현황

구분	대상 건물수	설치기준 항목수	설치수 및 설치율		적정 설치수 및 적정설치율	
			설치수	설치율	적정 설치수	적정설치율
매개시설	185,926	3,791,947	3,116,303	82.2%	2,950,482	77.8%
내부시설	181,780	3,299,282	2,762,138	83.7%	2,560,854	77.6%
위생시설	91,982	1,489,298	1,055,077	70.8%	959,091	64.4%
안내시설	51,852	295,558	197,551	66.8%	181,197	61.3%
기타시설	17,436	124,179	93,540	75.3%	84,392	68.0%
비치용품	9,361	34,626	18,685	54.0%	18,685	54.0%
계	185,947	9,034,890	7,243,294	80.2%	6,754,701	74.8%

출처: 한국장애인개발원(2018). 2018 장애인 편의시설 실태조사.

건물유형별 장애인편의시설의 설치율과 적정설치율에서 모두 낮은 건물유형은 1종 근린생활시설(A), 2종 근린생활시설(B), 종교시설(D), 노유자시설(H), 공장(M), 묘지관련시설(Q), 공원(T), 기숙사(V)로 나타났다. 특히, 적정설치율이 70% 미만으로 나타난 건물유형은 노유자시설(H), 공장(M), 묘지관련시설(Q), 공원(T)으로 조사되었으며, 노유자시설은 사회복지시설로서 우선적으로 개선이 필요한 부분으로 여겨진다.

〈표 9-4〉 건물유형별 편의시설 설치현황

구분		대상 건물수	설치기준 항목수	설치수 및 설치율		적정 설치수 및 적정설치율	
				설치수	설치율	적정 설치수	적정설치율
건물유형별	A	33,656	1,485,132	1,177,667	79.3%	1,088,170	73.3%
	B	13,760	422,324	319,236	75.6%	302,960	71.7%
	C	2,101	160,677	135,851	84.5%	126,715	78.9%
	D	5,449	188,172	147,054	78.1%	136,018	72.3%
	E	1,824	120,309	102,656	85.3%	96,985	80.6%

구분		대상 건물수	설치기준 항목수	설치수 및 설치율		적정 설치수 및 적정설치율	
				설치수	설치율	적정 설치수	적정설치율
건물유형별	F	3,830	320,052	267,648	83.6%	251,111	78.5%
	G	19,243	1,422,689	1,190,633	83.7%	1,105,823	77.7%
	H	23,950	1,324,789	966,538	73.0%	884,849	66.8%
	I	518	39,212	31,932	81.4%	29,142	74.3%
	J	1,653	60,604	49,979	82.5%	47,096	77.7%
	K	12,323	861,319	720,108	83.6%	671,801	78.0%
	L	3,623	204,736	162,601	79.4%	152,955	74.7%
	M	7,027	327,578	224,206	68.4%	201,509	64.3%
	N	1,546	38,250	32,241	84.3%	30,840	80.6%
	O	208	12,818	10,420	81.3%	9,561	74.6%
	P	47	2,829	2,299	81.3%	2,074	73.3%
	Q	138	6,589	5,023	76.2%	4,603	69.9%
	R	297	14,724	12,704	86.3%	11,893	80.8%
	S	338	25,305	20,589	81.4%	18,787	74.2%
	T	1,949	66,393	43,989	66.3%	41,474	62.5%
	U	51,753	1,888,072	1,587,369	84.1%	1,501,216	79.5%
	V	714	42,317	32,551	76.9%	30,119	71.2%
	계	185,947	9,034,890	7,243,294	80.2%	6,754,701	74.8%

A:1종 근린생활시설 B:2종 근린생활시설 C:문화 · 집회시설 D:종교시설 E:판매시설 F:의료시설 G:교육연구시설 H:노유자시설 I:수련시설 J:운동시설 K:업무시설 L:숙박시설 M:공장 N:자동차관련시설 O:방송통신시설 P:교정시설 Q:묘지관련시설 R:관광휴게시설 S:장례식장 T:공원 U:공동주택 V:기숙사

출처: 한국장애인개발원(2018). 2018 장애인 편의시설 실태조사.

3) 장애인 이동권에 대한 접근권

이동권은 일반적으로 알려진 접근권(rights to access)과 함께 쓰이기도 하고, 접근권의 하위 개념으로 사용되기도 한다. 이동권은 물리적 장벽, 특히 교통시설 이용등에서의 제약을 받지 않을 권리라고 정의할 수 있다. 국민이면, 또는 시민이라면 누구나 이용하도록 되어 있는 대중교통 시설은 장애인들에게 무용지물인 경우가 많다.

이동이 가능해야 친구를 만날 수 있고, 일을 할 수 있으며, 교육을 받을 수 있고, 문화생활을 할 수 있다. 이동이 가능하지 않으면 정치적 권리도 행사할 수 없다. 선거를 하기 위해 집에서 투표장까지 이동해야 하지만, 그렇게 할 수 없다면 소중한 참정권은 행사할 수 없게 되는 것이다. 이와 같이 자유롭게 이동할 수 있는 권리는 누구에게나 가장 소중한 권리다.

장애인 이동권은 그동안 노약자나 임산부 등과 함께 「교통약자의 이동편의 증진법(이하 교통약자법)」에서 법적 근거를 확보하고 있었으며, 「장애인차별금지 및 권리구제 등에 관한 법률(이하 장애인차별법)」 등에 의해 구체적으로 법적 규정을 확보하게 되었다.

(1) 장애인 이동권 실태

① 장애인 이동의 제약 현황

장애인의 이동에 대한 불편한 정도를 나타내는 지표로서 2023년 장애인 실태조사에서 조사한 장애인들이 집 밖 활동 시 불편한 정도를 살펴보면, 장애인의 42.1%는 집 밖 활동 시 불편하다고 응답하였다. 이 가운데 12.2%는 '매우 불편하다'고 응답하였고, '약간 불편하다'는 응답은 29.9%로 나타났다. 그에 반해 '거의 불편하지 않다' 40.2%, '전혀 불편하지 않다' 17.7%로 나타나 불편하지 않다는 비율은 응답자 가운데 57.9%로 확인되어, 장애인 2명 가운데 1명은 집 밖 활동 시 불편함을 느끼고 있어 장애인 이동이 제약되고 있음을 알 수 있다.

집 밖 활동 시 불편한 정도를 장애종류별로 살펴보면, 뇌병변장애(78.7%), 자폐성장애(72.6%), 언어장애(54.8%), 호흡기장애(53.7%), 장루 · 요루장애(51.9%) 순으로 집 밖 활동 시 불편하다는 비율이 높았다. 특히 뇌병변장애의 경우 '매우 불편하다'는 응답자가 35.8%로 타 장애종류에 비해 매우 높은 이동의 제약 상황을 맞이하고 있음을 알 수 있다(한국보건사회연구원, 2024).

〈표 9-5〉 집 밖 활동 시 불편 정도

(단위: %)

구분	지체 장애	뇌병변 장애	시각 장애	청각 장애	언어 장애	지적 장애	자폐성 장애	정신 장애	신장 장애	심장 장애	호흡기 장애	간 장애	안면 장애	장루 · 요루 장애	뇌전증 장애	전체
매우 불편	9.5	35.8	12.1	7.3	13.5	13.8	25.5	6.0	8.6	12.6	19.5	1.6	4.4	17.0	15.6	12.2
약간 불편	26.0	42.9	23.2	32.5	41.3	38.4	47.1	30.9	26.6	29.4	34.2	5.8	24.2	34.9	24.3	29.9
거의 불편하지 않음	41.3	18.2	46.2	47.2	29.6	36.2	25.3	46.4	43.3	32.9	39.0	48.5	38.3	35.7	41.0	40.2
전혀 불편하지 않음	23.2	3.2	18.4	13.0	15.6	11.7	2.0	16.7	21.4	25.0	7.3	44.1	33.1	12.5	19.0	17.7
계	100.0	100.0	100.0	100.0	100.0	100.0	100.0	100.0	100.0	100.0	100.0	100.0	100.0	100.0	100.0	100.0

출처: 한국보건사회연구원(2024). 2023년 장애인 실태조사. 재구성.

장애인의 집 밖 활동 시 불편한 이유로는 '장애인 관련 편의시설 부족'이 52.3%로 가장 많았고, 이외에 '외출 시 동반자가 없어서' 22.1%, '의사소통의 어려움이 있어서' 14.7%, '주위 사람들의 시선 때문에' 10.3%의 순이었다. 장애인 관련 편의시설 부족이 여전히 가장 높은 장애인 이동의 제약요소로 지적되고 있으며, '주위 사람들의 시선 때문에'라는 응답은 10.3%로 2014년 11.4%, 2017년 10.6%, 2020년 8.6%로 감소하다가 다시 10.3%로 오르는 현상을 보였다. 장애인이 사람들의 시선 때문에 외출이 불편하다고 느낀다면 아직은 우리 사회의 장애인에 대한 불편한 시선이 개선되어야 할 항목이다.

한편, 집 밖 활동 시 불편한 이유가 장애종류별로는 차이가 있음을 알 수 있다. 즉 지체장애(73.1%), 뇌병변장애(59.1%), 신장장애(64.7%), 간장애(52.9%), 장루 · 요루장애(58.9%)의 경우는 전체 장애인을 대상으로 한 조사결과와 동일하게 '장애인 관련 편의시설 부족'이 가장 높게 나타났다. 반면, 시각장애(33.6%), 지적장애(31.7%), 정신장애(33.2%), 심장장애(22.1%), 호흡기장애(18.1%), 뇌전증장애(38.1%)의 경우는 집 밖 활동 이 불편한 가장 큰 이유는 '외출 시 동반자가 없는 경우'가 가장 큰 이유로 지목되었다. 그 밖에 청각장애(49.8%)와 언어장애(55.2%), 지적장애(37.1%), 자폐성장애(44.0%)의 경우는 '의사소통의 어려움'이 집 밖 활동을 제약하고 있다는 응답이 다수를 이루고 있었다(한국보건사회연구원, 2024).

〈표 9-6〉 집 밖 활동 시 불편 이유

(단위: %)

구분	지체 장애	뇌병변 장애	시각 장애	청각 장애	언어 장애	지적 장애	자폐성 장애	정신 장애	신장 장애	심장 장애	호흡기 장애	간 장애	안면 장애	장루·요루 장애	뇌전증 장애	전체
장애인 관련 편의시설 부족	73.1	59.1	56.6	32.0	20.2	11.8	8.4	11.2	64.7	66.5	75.0	52.9	17.0	58.9	19.1	52.3
외출 시 동반자가 없어서	17.1	23.6	33.6	16.5	12.3	31.7	30.2	33.2	29.2	22.1	18.1	34.6	11.8	9.7	38.1	22.1
주위 사람들의 시선 때문에	8.1	12.6	6.5	1.0	11.6	19.2	17.4	46.4	3.5	5.7	2.0	2.5	71.3	26.9	30.2	10.3
의사소통의 어려움이 있어서	1.3	4.2	2.7	49.8	55.2	37.1	44.0	8.4	1.1	2.0	1.8	–	–	–	9.2	14.7
기타	0.4	0.5	0.6	0.7	0.7	0.3	–	0.8	1.4	3.7	3.1	10.0	–	4.5	3.4	0.6
계	100.0	100.0	100.0	100.0	100.0	100.0	100.0	100.0	100.0	100.0	100.0	100.0	100.0	100.0	100.0	100.0

출처: 한국보건사회연구원(2024). 2023년 장애인 실태조사. 재구성.

〈표 9-7〉에서 2023년 장애인 실태조사 결과, 장애인들의 외출 시 주된 교통 혹은 이동 수단을 살펴보면 '자가용'이 40.1%로 가장 높은 비중을 차지했고, '일반버스'가 19.8%, '도보'가 13.6%, '지하철 · 전철'이 10.2%, '일반택시' 5.4% 순으로 높은 비율을 보였다(한국보건사회연구원, 2024).

〈표 9-7〉 주요 교통 이동수단

(단위: %)

구분	지체 장애	뇌병변 장애	시각 장애	청각 장애	언어 장애	지적 장애	자폐성 장애	정신 장애	신장 장애	심장 장애	호흡기 장애	간 장애	안면 장애	장루·요루 장애	뇌전증 장애	전체
일반버스	17.8	9.9	21.6	24.4	15.1	26.9	10.4	38.0	15.3	16.6	16.9	12.5	17.1	16.2	33.3	19.8
일반택시	5.3	8.8	4.4	5.4	3.6	3.8	1.4	5.9	5.7	10.7	10.1	2.3	0.4	6.7	11.1	5.4
지하철 · 전털	10.2	4.9	13.7	11.8	6.5	9.1	7.6	13.8	6.7	19.0	6.9	9.1	13.8	15.4	10.7	10.2
특별교통수단 (장애인 콜택시)	1.7	8.8	3.9	0.8	1.4	2.4	0.6	0.8	11.2	3.8	3.2	0.3	–	–	2.0	2.8
복지관 버스	0.1	1.0	0.6	0.3	1.4	2.9	3.3	0.9	–	–	–	–	–	0.6	0.5	0.6
자가용	46.9	43.6	37.7	30.0	47.7	23.7	48.4	14.8	50.5	43.8	46.7	64.1	55.5	41.0	18.6	40.1
셔틀형 복지버스	0.1	1.0	1.0	0.7	0.7	2.4	1.4	0.8	1.0	0.9	0.2	–	–	–	0.8	0.6

구분	지체 장애	뇌병변 장애	시각 장애	청각 장애	언어 장애	지적 장애	자폐성 장애	정신 장애	신장 장애	심장 장애	호흡기 장애	간 장애	안면 장애	장루·요루 장애	뇌전증 장애	전체
통학·통근버스	0.4	0.3	0.4	1.0	3.0	6.6	10.8	0.6	0.1	0.5	–	0.6	0.4	0.2	2.5	1.1
자전거·오토바이	2.5	1.0	2.2	4.6	3.7	3.6	0.6	3.0	1.0	1.3	2.3	2.6	2.7	1.0	1.8	2.7
전동휠체어·전동스쿠터	2.8	7.3	0.5	1.3	0.4	0.4	–	0.3	0.6	–	3.5	–	–	0.5	–	2.2
바우처택시(교통약자지원)	0.3	1.4	0.4	0.3	0.4	0.8	–	0.3	1.5	–	0.3	0.4	–	–	2.9	0.5
도보	11.8	10.2	13.5	19.2	15.3	17.4	15.5	20.4	5.1	3.4	8.2	8.1	10.0	11.9	14.9	13.6
기타	0.1	1.8	0.1	0.1	0.8	0.1	0.1	0.4	1.3	–	1.6	–	–	6.5	0.9	0.4
계	100.0	100.0	100.0	100.0	100.0	100.0	100.0	100.0	100.0	100.0	100.0	100.0	100.0	100.0	100.0	100.0

출처: 한국보건사회연구원(2024). 2023년 장애인 실태조사. 재구성.

〈표 9-8〉에서 2023년 장애인 실태조사 결과, 장애인들이 교통수단을 이용할 때 어려운 정도는 장애인의 64.8%는 교통수단 이용 시 거의 또는 전혀 어렵지 않다고 응답하였고, 35.2%가 매우 또는 약간 어렵다고 응답하였다. 장애유형별로는 뇌병변장애, 자폐성장애, 지적장애가 가장 어려움이 큰 것을 알 수 있으며, 간장애, 안면장애 등의 경우에는 상대적으로 어려움이 적은 것으로 나타났다(한국보건사회연구원, 2024).

〈표 9-8〉 교통수단 이용 시 어려운 정도

(단위: %)

구분	지체 장애	뇌병변 장애	시각 장애	청각 장애	언어 장애	지적 장애	자폐성 장애	정신 장애	신장 장애	심장 장애	호흡기 장애	간 장애	안면 장애	장루·요루 장애	뇌전증 장애	전체
매우 어렵다	9.0	29.1	9.3	6.6	7.5	13.8	19.3	5.9	6.8	4.4	11.8	1.9	0.8	12.9	10.1	10.7
약간 어렵다	21.7	36.2	20.7	26.1	24.1	32.1	31.2	25.2	21.3	22.6	19.5	4.7	10.9	17.0	21.2	24.5
거의 어렵지 않다	41.6	30.6	47.8	49.8	45.0	42.0	40.9	47.0	40.4	41.4	54.7	37.4	37.1	50.1	45.2	42.9
전혀 어렵지 않다	27.7	4.1	22.2	17.6	23.4	12.1	8.7	21.9	31.5	31.5	14.1	56.0	51.2	20.0	23.5	21.9
계	100.0	100.0	100.0	100.0	100.0	100.0	100.0	100.0	100.0	100.0	100.0	100.0	100.0	100.0	100.0	100.0

출처: 한국보건사회연구원(2024). 2023년 장애인 실태조사. 재구성.

〈표 9-9〉에서 2023년 장애인 실태조사 결과, 교통수단 이용 시 어려움을 느끼는 이유에 대해서는 '버스 · 택시의 물리적 접근과 탑승 시 어려움(정류장이 멀거나 차량 구조로 탑승 시 불편)이 53.2%로 절반을 넘었고, '버스 · 택시 이용을 위한 정보 접근 어려움' 17.9%, '장애인 콜택시 등 전용 교통수단 부족' 15.5%, '승차 거부 및 심리적 불편함' 6.4%, '엘리베이터 등 편의시설 부족' 6.3% 순으로 나타났다.

버스 · 택시의 물리적 접근과 탑승 시 어려움을 느끼는 경우는 지체장애(67.7%), 장루요루장애(61.7%), 간장애(56%), 청각장애(54.6%), 뇌병변 장애(54.4%)에서 상대적으로 높은 편이었다. 이는 아직도 1/3이상의 장애인이 교통수단 이용 시 어려움을 느끼고 있으며 이를 개선하기 위해서는 특히 버스 · 택시와 관련한 개선이 필요함을 알 수 있다. 또한 장애유형에 따라서 느끼는 어려움에 차이가 있으므로 물리적 접근 뿐만 아니라 정보접근 개선 등 다각적인 노력이 필요하다(한국보건사회연구원, 2024).

〈표 9-9〉 교통수단 이용 시 어려운 이유

(단위: %)

구분	지체 장애	뇌병변 장애	시각 장애	청각 장애	언어 장애	지적 장애	자폐성 장애	정신 장애	신장 장애	심장 장애	호흡기 장애	간 장애	안면 장애	장루 · 요루 장애	뇌전증 장애	전체
버스 · 택시의 물리적 접근과 탑승시 어려움	67.7	54.4	48.8	54.6	52.3	22.2	19.6	14.2	35.1	49.2	48.9	56.0	44.6	61.7	29.7	53.2
버스 · 택시 이용을 위한 정보접근 어려움	8.5	8.1	26.9	29.2	18.0	39.5	28.8	38.8	12.8	15.2	13.6	7.4	12.2	10.1	20.6	17.9
엘리베이터 등 편의시설 부족	8.9	6.9	3.7	5.7	2.0	1.5	–	1.2	6.8	10.1	1.1	15.7	–	8.1	6.3	6.3
장애인 콜택시 등 전용 교통수단 부족	12.5	26.0	16.8	7.2	16.2	12.6	14.5	14.9	41.6	25.5	34.7	18.0	9.2	9.5	21.6	15.5
자동차 개조 및 운전면허증 확보 어려움	0.3	1.4	0.2	0.5	–	0.9	–	–	0.9	–	–	–	–	–	–	0.6
승차거부 및 심리적 불편함	2.1	3.2	2.9	2.9	11.0	22.5	37.0	29.3	2.7	–	1.8	2.9	34.0	8.5	21.8	6.4
기타	–	–	0.6	–	0.5	0.9	–	1.6	–	–	–	–	–	2.2	–	0.2
계	100.0	100.0	100.0	100.0	100.0	100.0	100.0	100.0	100.0	100.0	100.0	100.0	100.0	100.0	100.0	100.0

출처: 한국보건사회연구원(2024). 2023년 장애인 실태조사. 재구성.

② 이동편의시설 실태

국내 대중교통은 버스와 택시가 가장 일반적이며, 서울을 비롯한 인천, 대구, 부산, 대전, 광주 등에서는 지하철이 운행되고 있다. 버스의 경우 일반버스는 휠체어 접근이 불가하기 때문에 저상버스가 필요한데 2004년 저상버스의 첫 도입 이후, 2020년 현재 운행 중인 저상버스는 전국적으로 9,840대, 27.8%의 보급률을 나타내, 2019년 9,016대, 26.2%보다 1.6% 높아진 보급률을 보였다. 지역별로 살펴보면, 서울의 경우 4,272대가 집중 보급되어 57.8%로 가장 높은 보급률을 보이지만 충청남도 10.0%, 전라남도 11.5%, 울산광역시 12.3%로 매우 낮은 보급률 나타내고 있어, 전국적인 보급 실태는 지역에 따라 편차가 심한 것을 알 수 있다(국토해양부, 2020).

〈표 9-10〉 저상버스 도입현황

구분	2019년		2020년	
	저상버스	보급률	저상버스	보급률
합계	9,106	26.2	9,840	27.8
서울특별시	3,945	53.3	4,272	57.8
부산광역시	638	25.3	687	27.3
대구광역시	546	33.8	565	34.9
인천광역시	469	19.9	528	22.7
광주광역시	215	20.6	261	25.0
대전광역시	289	28.4	318	31.3
울산광역시	101	12.1	104	12.3
세종특별자치시	66	23.2	68	27.9
경기도	1,422	13.4	1,608	14.1
강원도	187	34.3	187	36.1
충청북도	131	20.6	128	20.1
충청남도	74	9.2	88	10.0
전라북도	186	22.4	195	23.5
전라남도	97	13.4	101	11.5
경상북도	177	15.0	196	16.2
경상남도	370	21.6	406	23.6
제주특별자치도	103	26.5	128	32.9

출처: 국토교통부(2021). 2020년 교통약자 이동편의 실태조사 연구.

이동에 불편을 느끼는 교통약자의 이동을 지원하기 위하여 휠체어 탑승설비 등을 장착한 차량인 특별교통수단은 2020년 기준으로 전국적으로 3,914대로 법정대수 4,694대 대비 83.4%의 보급률로 나타나, 2019년 보급률 73.6% 대비 약 10%가 증가하였다(국토교통부, 2021). 한편 교통약자를 위한 이동편의시설 기준적합 설치율은 전체적으로 2018년 70%에 비해 2020년에는 72.1%로 2.1% 향상되었다. 교통수단의 경우 도시철도 및 광역철도 차량이 79.6%(2018년)에서 86.6%(2020년)로 7.0%가 높아졌으며, 항공기가 69.7%(2018년)에서 73.0%(2020년)로 4% 상승한 것으로 조사되었다.

또한, 여객시설 기준적합 설치율은 2018년 72%에서 2020년 74%로 2% 향상되었다. 공항여객터미널(88.3%), 도시철도 및 광역전철역사(87.4%), 철도역사(85.2%), 여객선터미널(81.2%) 등의 설치율은 80% 이상의 높은 설치율을 보였다. 하지만 버스정류장은 34.6%로 매우 낮은 설치율을 나타냈고, 여객자동차터미널도 67.1%로 낮은 상태를 보이고 있다.

〈표 9-11〉 교통약자 이동편의시설 기준적합 설치율

(단위: %)

구분		2018년	2020년
전체 평균		70.0	72.1
교통수단	버스차량	86.7	88.4
	철도차량	98.6	98.6
	도시철도 및 광역전철 차량	79.6	86.6
	항공기	69.7	73.7
	여객선	34.3	35.4
	교통수단 평균	73.8	76.5
여객시설	여객자동차터미널	63.3	67.1
	버스정류장	32.8	34.6
	철도역사	84.1	85.2
	도시철도 및 광역전철역사	85.8	87.4
	공항여객터미널	84.3	88.3
	여객선터미널	81.8	81.2
	여객시설 평균	72.0	74.0
보행환경		64.2	65.9

출처: 국토교통부(2021). 2020년 교통약자 이동편의 실태조사 연구.

4) 정보접근권

정보접근권은 의사표현과 정보이용에 필요한 통신, 수화통역, 자막, 점자 및 음성도서 등 모든 서비스를 받을 권리를 의미한다(이선우, 2009). 장애인의 정보접근이 이루어져야 하는 분야는 정보통신기술환경과 의사소통환경으로 나눌 수 있다(420장애차별철폐공동투쟁단, 20113). 정보통신기술의 활용과 관련되어 장애인의 정보통신기술의 소외 수준은 꽤 심각하다. 정보화 기관의 조사에 따르면 장애인의 PC이용률은 비장애인의 6분의 1수준으로 나타났고, 인터넷 활용 수준도 비장애인에 비해 현저히 떨어지는 것으로 보고된 바 있다. 그뿐만 아니라, 정보통신기기의 활용은 많은 비용을 들일 수 밖에 없는데, 장애인 계층은 대부분 빈곤계층이므로, 정보통신기기를 구입해 활용하는 것은 현실적으로 무리가 있다. 의사소통 환경에서도 마찬가지로 시각 · 청각 장애인을 위한 지원이 부족한 상황이므로, 공공기관 및 미디어에 수화통역관을 배치한다든지, 점자책의 보급을 확대하는 것이 요구된다.

장애인의 정보통신기기 사용률은 정보격차의 현황을 파악할 수 있는 주요 지표로서 〈표 9-12〉에서 2023년 실태조사에 나타난 장애인의 휴대폰/스마트폰 사용률은 90.5%로 가장 많았고 인터넷 사용률은 47.7%, 컴퓨터(노트북, 테블릿PC 포함) 사용률은 29.6%였다. 장애유형별로 살펴보면, 자폐성장애인이나 지적장애인의 휴대폰/스마트폰 사용률이 타 장애유형에 비해 낮았으며, 인터넷 사용률은 청각장애, 장루 · 요루장애, 뇌병변장애에서 상대적으로 낮았다. 2023년 조사에서는 스마트 주변기기(스마트 워치, 스마트 헬스밴드, 인공지능 스피커 등)를 추가로 조사했으며 이용률은 10%정도로 나타났다(한국보건사회연구원, 2024).

〈표 9-12〉 정보통신기기 이용률

(단위: %)

구분		지체 장애	뇌병변 장애	시각 장애	청각 장애	언어 장애	지적 장애	자폐성 장애	정신 장애	신장 장애	심장 장애	호흡기 장애	간 장애	안면 장애	장루·요루 장애	뇌전증 장애	전체
2023년	휴대폰/스마트폰	97.3	82.1	95.2	91.5	70.6	68.4	47.6	73.3	96.6	97.5	99.4	99.4	96.3	88.9	91.7	90.5
	컴퓨터	33.7	23.1	33.0	15.3	28.8	32.6	36.4	25.2	39.8	52.7	32.3	62.4	57.0	24.1	30.5	29.6
	스마트 주변기기	12.1	7.3	13.6	5.3	6.9	8.2	7.0	3.4	14.1	21.7	12.2	25.6	21.0	8.2	8.7	10.0
	인터넷*	55.2	38.8	49.9	27.8	48.4	43.4	41.4	45.2	66.2	68.1	51.5	80.9	78.1	42.5	53.9	47.7
2020년	휴대폰/스마트폰	95.2	75.3	92.4	86.8	73.5	63.7	53.5	71.1	95.0	98.0	93.4	98.9	100.0	89.4	88.3	87.6
	컴퓨터	31.9	18.9	34.8	18.3	33.7	36.8	45.1	22.7	43.4	47.8	22.3	53.8	57.2	27.4	44.5	29.7
	인터넷*	39.7	26.3	40.6	22.4	38.8	41.9	48.0	31.7	51.5	56.0	31.7	68.5	62.1	32.6	50.2	36.5

주: *인터넷을 통해 자신이 원하는 정보를 찾을 수 있는 경우임.

출처: 한국보건사회연구원(2024). 2023년 장애인 실태조사. 재구성.

3. 접근권 보장을 위한 정책 및 서비스

첫째, 보편적 인권존중에 기반을 둔 장애인차별금지에 대한 국민적 인식이 확립되어야 한다.

둘째, 국가와 지방자치단체는 장애인이 공공시설과 교통수단 등을 안전하고 편리하게 이용할 수 있도록 편의시설의 설치와 운영에 필요한 정책을 강구하여야 한다.

셋째, 국가와 지방자치단체는 장애인이 정보에 원활하게 접근하고 자신의 의사를 표시 할 수 있도록 전기통신·방송시설 등을 개선하기 위하여 노력하여야 한다.

넷째, 국가와 지방자치단체는 공공주택 등 주택을 건설할 경우에는 장애인에게 장애 정도를 고려하여 우선 분양 또는 임대할 수 있도록 노력하여야 한다.

다섯째, 국가와 지방자치단체는 장애인이 생활기능을 익히거나 되찾을 수 있도록 필요한 기능치료와 심리치료 등 재활의료를 제공하고 장애인의 장애를 보완할 수 있는 장애인보조기구를 제공하는 등 필요한 정책을 강구하여야 한다.

여섯째, 국가와 지방자치단체, 「공공기관의 운영에 관한 법률」 제4조에 따른 공공기관, 「지방공기업」에 따른 지방공사 또는 지방공단은 장애인과 장애인을 부양하는 자의 경제적 부담을 줄이고 장애인의 자립을 촉진하기 위하여 세제상의 조치, 공공시설 이용료 감면, 그 밖에 필요한 정책을 강구하여야 한다.

4. 접근권 보장을 위한 과제

첫째, 접근권이 지체장애인의 이용에만 국한된다는 인식에서 벗어나 청각장애인, 시각장애인, 정신지체 장애인 등의 정보접근 방식에 대한 다양한 개발이 요구되어야 한다.

둘째, 공공건물에 대한 편의시설 설치의무 및 권장사항을 사적건물로 확대하고 권장사항을 의무사항으로 강화해야 한다.

셋째, 대중교통 수단의 접근권을 강화하여 장애인의 선택과 편리도모, 대중버스, 철도, 지하철 등을 모든 장애인들이 편리하고 안전하게 이용할 수 있도록 해야 한다.

따라서 장애인 접근권은 장애인의 기본권을 보호하는 수단이므로 법적 강제성을 부여하는 것이 타당하며 임의적이거나 예외적인 사항도 강제적이고 의무적인 조항으로 규정을 강화하여야 한다. 불이행 시에는 강력한 행정조치가 동반되어야 한다.

'CHAPTER 10'

장애인과 자립생활

장애는 복잡하고 역동적이며 다차원적이고 논쟁이 많은 개념이다. 전통적으로 장애인문제를 다루는 기본적인 입장은 장애인을 어떻게 재활하는가에 있었다. 즉, 장애인을 어떻게 치료 · 교육 · 훈련시켜 사회가 요구하는 수준의 사회적 능력에 도달하게 할 것인가가 장애인복지정책과 실천에서 주된 관심의 방향이었다. 이러한 입장은 과거의 장애인이 사회에서 도태되거나 격리되어 생존 자체를 위협받던 시기에 비하면 장애인의 삶의 가능성을 보다 진전시켜 놓은 것임에는 틀림없다. 하지만 장애라는 것이 치료나 교육 그리고 훈련으로 극복이 가능하고 사회가 요구하는 수준까지 장애 완치나 기능 회복이 가능한가의 문제는 여전히 의문을 가진다. 이런 의문에 대한 논의로서 먼저 장애에 관한 패러다임[1]이 어떤 방향으로 변화되는가를 살펴볼 필요가 있다.

역사적으로 장애에 관한 패러다임은 분리와 통제 중심에서 지역사회의 참여를 지원하고 지지하는 방향으로 변화되고 있으며, 또한 개별적 · 자선적 접근에서 사회

1) 쿤(Kuhn)은 패러다임의 개념을 매우 복잡한 범주로 사용하였지만 그중 가장 포괄적인 정의에 따르면 패러다임은 '어느 과학자 사회의 구성원들에 의해서 공유되는 신념, 가치, 기술 등을 망라한 총체적 집합'을 가리킨다. 이러한 패러다임의 개념을 '장애인정책분석의 개념'으로 채택하면서 자립생활이론을 체계화한 드용(Dejong, 1981)은 그의 연구에서의 패러다임은 '장애의 세계를 보는 실무자나 연구자들의 개별적인 관점'이라고 하였다.

적 · 제도적 접근으로 발전, 변화되어 왔다고 할 수 있다. 시대별 사회경제적 토대에 따라 장애를 보는 시각이 변하였으며, 변화된 시각에 따라 장애인에 대한 사회적 접근 또한 변화하게 되었다. 따라서 장애를 바라보는 시각이나 설명하는 이론 또한 다양하고 복잡하며 체계적인 분류가 부족한 실정이다. 하지만 다음에서는 사회적 관점에서 장애를 설명하는 자립생활모델에 대해 살펴보고자 한다.

1. 자립생활의 개념 및 등장배경

1) 자립생활의 개념 및 의의

자립생활(Independent Living: IL)모델은 1970년대를 통해 미국을 중심으로 체계화되고 발전된 이념이자 실천모델로 기존의 치료 · 재활 중심의 장애인복지에서 소비자 중심 · 장애인 당사자 중심의 새로운 패러다임의 변화로 등장한 모델이다. 자립생활모델을 최초로 연구한 학자 드용(Dejong)은 미국의 장애인 정책이 시민권운동의 연장선상에서 장애인 당사자의 권리운동과 지역사회에서의 생활에 대한 강력한 요구운동을 통해 그 방향성이 결정되었다고 주장하였다(김동호, 2000).

자립생활모델에서 자립이란 자신의 모든 과업을 수행하는 것이 아니라 자신의 생활 전반을 조정하고 관리하는 것을 의미하는데 장애인들이 스스로 필요한 원조와 지원을 다양한 지원체계를 통해 제공받음으로써 장애인의 자립생활이 이루어지게 되고 결국 이로 인해 자립이 가능하게 된다는 개념이다(Brisenden, 1989; 김미옥 외, 2004 재인용). 즉, 장애인의 자립이란 장애인 자신이 가지고 있는 능력을 최대한 활용하여 직업적 · 경제적으로 자립적인 생활을 영위하는 것을 의미한다.

그러므로 자립생활에서 자립은 장애인들의 신체적 또는 지능적인 능력과 연관된 것이 아니고 또한 아무런 경제적 지원 없이 스스로 생활하여 독자적으로 이룰 수 있는 것도 아니기에 우리가 일반적으로 알고 있는 자립의 개념과는 약간 다른 의미를 가진다. 또한 미국자립생활협의회(NCIL)에서는 자립생활을 삶에 대한 자신의 결정에 대하여 타인의 개입 또는 보호를 최소화하고 자신의 삶을 선택하고 결정하는 모든 과정에 장애인 당사자들이 참여하는 과정으로 정의하였다. 결국 자립생활은 장애를 가진 사람들이 의존성에서 벗어나 스스로의 선택과 결정 그리고 주도적인 역할을 바탕으로 지역사회에서 통합되어 살아가는 것을 목표로 하는 새로운 장애인복지 패러다임을 의미한다.

즉, 자립생활은 개별적인 일을 관리하고 스스로의 선택에 의해 정상적으로 지역사회의 일상적인 생활에 참가하고, 생산적인 일을 포함하는 사회적인 역할을 수행하며, 자기결정과 타인에 대한 비생산적인 신체적이고 심리적인 의존성을 최소화하는 결정권을 포함하는 개념이다(Nosek, 1988). 여기에는 신변처리, 지역에서의 일상생활에의 참가, 사회적 역할의 수행, 자기결정, 신체적 및 심리적인 타인에의 의존을 최소한으로 할 것을 포함한다.

그러므로 자립생활은 개인적인 문제로 전문가의 치료와 개인적인 노력을 통하여 장애를 극복하여야 한다는 재활과는 달리 장애를 사회적 문제로 보고 사회적으로 동등한 조건을 제공해야 한다는 점에서 장애를 새로운 시각으로 바라보는 장애인복지 패러다임의 변화라고 할 수 있다. 따라서 자립생활모델에서는 중증의 장애인이라도 다른 사람들처럼 자기결정권과 자기선택권을 가져야 하고, 여기에 대한 책임을 가지고 살아야 한다고 보며 결국에는 장애인 자신이 주체적인 삶을 추구하는 과정으로 이해한다.

자립생활이란 결코 추상적인 것만은 아니라 할지라도 우리가 사는 이 사회에서 장애인이 좀 더 자유롭고 평범하게 살기를 원한다. 이와 같이 자립생활모델에서는 장애인문제에 대한 재활적 · 직업훈련적 접근보다는 지역사회 생활에서의 발생되는 문제의 제거 및 해결, 이를 위한 장애인 당사자의 주체적인 역할과 그것을 위한 지원을 중시한다. 따라서 자립생활 패러다임이 내포하고 있는 핵심적인 사항은 장애인 당사자의 선택권과 자기결정권의 확보와 개별적인 지역사회 생활 중심 지원서비스의 제공이라 할 수 있다(김동호, 2000).

따라서 자립생활모델은 장애인 스스로가 자신의 삶을 영위하고 통제하며, 삶의 중요한 결정에서 선택하고 그 선택에 책임을 진다는 가정하에 모든 서비스에 대한 수혜 여부나 삶에서 중요한 결정 순간에 장애인 스스로가 선택하고 결정할 수 있도록 돕는 실천모델이다(정무성 외, 2015).

2) 자립생활의 등장배경

1960년대 말 1970년 초 미국에서 시작된 자립생활모델은 새로운 권리와 자격을 획득하려는 장애인 자신들의 노력으로 시작되어, 당사자뿐만 아니라 장애 전문가와 연구자들에게 장애인 정책 및 실천에 있어 새로운 서비스 전달모델과 조사연구의 방향을 제시해 주었다.

중증장애인의 새로운 욕구에 대한 반응으로 출현한 자립생활모델은 재활모델에서 제시하는 해결방법을 재활의 해결책으로 보지 않고 문제의 일부로 본다는 것을 중요한 변화로 본다. 즉, 장애와 관련된 문제가 장애인 개인에게 있는 것이 아니라 재활과정 또는 물리적 환경과 전반적인 사회통제 기재를 포함하는 환경에 있다는 것이 기본 관점이다. 이런 관점으로 접근해 보면 자립생활모델은 장애의 문제를 새롭게 정의할 수 있는 분석 패러다임을 제공함으로써 기존의 재활모델을 통해 본 장애문제와 이에 대한 정책 및 실천과는 다르게 접근한다는 점에서 장애인 사회통합 논의에 중요한 함의를 제공해 준다(박수경, 2006).

3) 자립생활의 배경이론

자립생활 개념은 전통적으로 장애인과 관련된 문제가 장애인 개인에게 있다고 인식했던 재활적 관점에서 벗어나 장애인이 경험하고 있는 제반 문제의 근본요인은 사회가 가지고 있는 불합리적한 체제에 있다고 보는 인식의 새로운 전환을 의미한다. 바꾸어 말하면 장애는 비장애에 대하여 결함이나 부족함이 될 수 없으며 장애는 개인이 가지고 있는 많은 특징이나 개성의 일부이므로 이로 인한 장애인의 선택권, 자기 결정권 침해는 있을 수 없으며 장애인이 이러한 개인 권리를 누릴 수 있도록 물리적 · 심리적 접근권을 보장해야 한다는 것이다.

따라서 자립생활의 기본 이념은 장애인 자신의 삶에 대한 자신의 결정에 대하여 타인의 개입 또는 보호를 최소화함으로써 자신의 의지로 선택하고 결정하는 모든 과정에 장애인 당사자가 참여하여 주체적으로 자기선택권과 자기결정권을 가지는 데 있다. 자립생활의 배경과 관련된 이념을 정리하면 다음과 같다.

(1) 탈의료화

탈의료화는 장애인 자신에 대한 운명을 전문가인 의사나 의료전문가에 의해 결정되는 수동적 환자 또는 대상자가 아닌 주체적인 인격체로 받아들이며 모든 결정이나 선택과정에 본인이 참여하고 책임질 수 있다고 보는 주장이다(이채식 외, 2015).

장애란 자기 존재의 변화시킬 수 없는 경우가 많기 때문에 장애인이 오랫동안 병자 역할을 지속하게 되고 그 결과 자신의 장애 상태뿐만 아니라, 장애인 자신의 인격 자체도 비정상적이고 바람직하지 못한 것으로 받아들이게 된다. 더구나 장애 상태가 지속되는 동안에는 병자의 역할이란 이름하에 제시된 의존성을 수동적으로 당연시하게 받아들인다.

여기에서 파생되어 나온 자립생활 운동은 병자의 역할이나 손상된 역할에 의해 제시된 행동 기대를 거부하고 장애인들이 의존의 대가로 그들의 가족, 직업 및 시민으로서의 책임을 박탈당하는 것을 기대하지 않음을 주장한다(오혜경, 1999).

(2) 탈시설화

탈시설화는 장애인들이 지금까지 살아오던 가정과 지역사회와는 분리되어 입소시설 또는 병원의 입원을 이용하던 방식에서 벗어나 가정과 지역사회로 되돌아오는 것을 의미한다. 1970년대 미국 내의 대형 수용시설 내의 비인간적인 처우를 받으며 수용되어 있던 장애인 부모 및 보호자들에 의해 주도된 사회운동이다(오혜경, 1999). 그 당시에 탈시설화가 등장한 이유는 다음과 같다.

첫째, 시설은 필요악이기 때문에 원래는 없는 것이 좋다.

둘째, 최선의 시설이라도 차선의 가정보다는 못하다.

셋째, 시설의 서비스는 열악하며 인간답고 문화적인 생활은 하기 어렵다.

넷째, 시설에서의 수용보호는 인간의 기본 권리인 자유, 인권, 사생활의 침해를 받기 쉽다.

다섯째, 시설은 관리적이며 비민주적이므로 시설이용자의 주체성이 나타나기 어렵다.

따라서 장기간 시설보호로 인한 시설병의 예방과 시설거주자의 삶의 질 향상, 대규모 수용시설에 부적절하게 수용된 시설거주자를 시설이 아닌 지역사회에서 보호하고 서비스를 제공하기 위한 목적으로 탈시설화를 추진하였다(이채식 외, 2015).

(3) 시민권 운동

초기의 시민권 운동은 흑인 등의 소수집단에게 필요한 수당과 생활지원만을 제공하고자 하는 급여권(benefit rights)에 반대되는 개념으로서의 시민권(civil rights) 운동으로 전개하였으나 자립생활운동은 시민권과 급여권 모두에 초점을 맞추고 있다(이채식 외, 2015). 시민권운동은 특히 고용 부분에서의 여러 형태의 차별을 금하는 1973년 「재활법」과 1990년 「미국장애인법(ADA)」 그리고 영국의 1995년 「장애인차별금지법」 등에 반영되었고 장애인의 시민권운동의 시작은 대중교통수단에 대한 이용권 투쟁에서부터였다.

(4) 소비자 주권

소비자 주권은 기존의 공급자 횡포에 대한 저항운동으로 발생하였는데 이 운동에 의하면 생산품의 품질과 적절한 가격을 요구하는 것은 소비자의 권리로 인식하게 되었다. 장애인은 자신이 소비자로서 제공받고 있는 기존의 재활치료 또는 장애인 복지대책의 품질 및 가격에 대해 이의를 갖게 되었고 오늘날의 자립생활에 있어 서비스에 대한 선택과 장애인 자신에 의한 소비생활 양식을 관리하는 데 영향을 주었다(이채식 외, 2015).

2. 재활과 자립생활모델 비교

자립생활은 개인적인 문제로 전문가의 치료와 개인의 노력으로 장애를 극복하여야 한다는 재활과는 달리 장애를 사회적 문제로 보고 비장애인과 사회적으로 동등한 조건을 제공해야 한다는 점에서 차이가 있다.

이전의 재활모델에서는 장애인 당사자들이 그들의 문제에서 배제된 채 전문가 주도의 재활 프로그램을 수행하는 데 참여하였다. 장애의 문제를 개인의 문제로만 취급하여 그들의 신체적 · 정신적 기능을 향상시키기 위해 재활훈련이라는 명목하에 많은 장애인이 지역사회와 통합되지 못한 삶을 살 수밖에 없는 결과를 초래하였다. 또한 장애인들은 원천적으로 장애를 평생 지속적으로 가지고 살아갈 수밖에 없는 존재이기 때문에 치료나 재활을 통해 기능 회복이 가능하다는 것은 그 자체로서 모순이라 할 수밖에 없다.

반면에 자립생활모델에서 장애는 장애인 본인의 개인적 문제가 아니라 그를 둘러싼 사회 및 환경과의 역동적인 과정에서 발생되는 문제라고 본다. 따라서 자립생활의 목표는 장애인의 사회적 참여를 방해하는 환경요인들을 변화시켜 장애인 스스로의 역할을 강조하며 장애인의 인권신장을 위한 시민권 개념을 바탕으로 궁극적으로는 사회통합과 정상화를 목표로 한다. 이러한 측면에서 권리에 근거한 자립생활모델은 전통적인 장애인 동정에 근거한 재활모델과는 많은 차이가 있다.

역사적으로 자립생활 운동과 재활 프로그램을 별개의 것으로 간주할 것인가에 대해 많은 논란이 있어 왔다. 이에 대해 양자는 경쟁적인 객체로서가 아니라 상호보완적인 개념으로 이해해야 한다는 방식으로 대립성은 해소되어 왔다. 하지만 자립생활은 보다 포괄적인 성격으로 이해될 필요가 있다. 즉, 자립생활의 핵심개념인 장애인의 선택권과 결정권은 장애인복지의 광의적 · 협의적 분야에서 모두 견지되어야 할 기본적인 원리로 이해되어야 하며, 재활적 관점에서 전통적으로 중시되어 왔던 치료, 훈련, 기술확보는 자립생활을 위해 제공되어야 하는 포괄적인 서비스체계의 하위적 개념으로 설정되어야 할 것이다.

〈표 10-1〉은 재활모델과 자립생활모델의 차이점을 비교한 것으로 구체적으로 살펴보면 다음과 같다.

〈표 10-1〉 재활모델과 자립생활모델 비교

항목	재활모델	자립생활모델
문제의 정의	신체적 손상/직업기술의 결여/심리적 부적응/동기와 협력의 부족	전문가, 친척 등에의 의존/부적절한 지원서비스/건축물의 장애/경제적 장애
문제의 위치	개인	환경 내 또는 재활과정
문제의 해결	사회복지사, 의사, 물리치료사, 작업치료사, 직업재활사 등 전문적인 개입	동료상담원, 권익옹호, 자조, 소비자 주권 사회적 장애 제거 등
사회적 역할	환자/ 클라이언트	소비자
통제, 조정자	전문가	소비자
접근방법 특징	• 개인 비극이론에 기초한 개인문제 • 개인적인 치료에 의존한 재활 • 의료적인 접근(병리적인 차원) • 전문집단에 의해 조정, 관리, 지배	• 정상화이론 • 사회구조적인 문제로 접근(사회환경 변화) • 자조모임 및 활동 육성 • 경험적 장애체험(당사자 입장 고려)
추구결과 목표	최대한의 ADL(일상생활활동)/유급취업/심리적 적응/증대된 동기화/완벽한 신변처리	자기관리/최소한의 제한된 환경/생산성(사회적 · 경제적)

출처: G. Dejong(1981).

1) 문제의 정의

장애인문제 정의에서 재활모델은 신체적 손상이나 결함 그리고 작업기술의 결여와 개인의 심리적 부적응 등을 문제로 보는 것이라면 자립생활모델은 전문가나 가족, 친척 등에 의존하려는 경향, 부적절한 지원서비스 그리고 경제적 · 사회적 장애 등을 것을 문제로 본다.

따라서 재활모델에서 문제의 초점을 장애를 가진 개인에게 초점을 둔다면 자립생활모델에서는 장애 자체를 문제화시키는 사회 · 환경적인 부분에 초점을 둔다는 측면에서 많은 차이가 있다.

2) 문제의 위치

장애인문제의 초점을 재활모델에서는 개인에게 절대적인 문제가 있다고 진단한다. 그러므로 개인의 노력 의지나 치료 여부에 따라 장애 극복가능이 결정된다고 보는 것이다. 반면에 자립생활모델에서는 개인이 생활하는 환경이나 사회적 편견 그리고 재활 과정상에 문제가 있다고 진단하여 사회환경이나 문제해결을 가로막는 사회적 장벽을 개선하면 자립생활이 가능해진다고 보는 측면에서 차이가 있다.

3) 문제의 해결

문제를 해결하는 방법에서 재활모델은 의사나 물리치료사 등 전문가의 전문적인 개입으로 문제를 해결할 수 있다고 주장하고 자립생활모델에서는 장애인이 가진 문제는 장애인 스스로가 해결할 수 있다고 본다. 따라서 문제해결 방법 측면에서 전문가의 전문적 개입 없이 문제해결이 불가능하다고 보는 것이 재활모델인 반면에 동료상담원 상담, 권익옹호, 자조, 사회적 장애 제거 등 소비자로서 주권 확보와 함께 장애장벽을 제거해 주는 것이 자립생활모델의 문제해결 방법이다.

4) 사회적 역할

사회적 역할 측면에서 재활모델은 장애인이 사회적 역할을 위해서는 치료나 교정을 받아야 할 환자 및 재활이나 복지의 대상으로서의 클라이언트로 간주한다면 자립생활모델에서는 재활이나 복지를 선택할 수 있고 결정할 수 있는 소비자의 역할을 강조한다.

5) 통제의 주체

통제의 주체 측면에서 살펴보면 재활모델에서는 통제의 주체가 의사나 사회복지사 등이 전문가가 된다면 자립생활모델에서는 소비자인 장애인 자신이 통제의 주체가 되어 각종 문제에 대해 결정을 하고 책임을 진다.

6) 추구결과 목표

재활모델에서 추구하는 결과는 궁극적으로 직업재활 및 고용에 있다. 또한 중증 · 중복장애인일 경우 신변자립이나 최대한의 일상생활을 영위할 수 있게 하는 것도 목표가 된다. 반면에 자립생활모델에서는 지역사회에 자립하여 비장애인과 생활하는 것이다.

이런 측면에서 재활모델은 장애인이 가진 장애 자체를 문제의 원인으로 설정하고 그것을 해결하기 위하여 장애인 자신의 잔존기능을 회복하고 장애 상태를 극복하고 해결하는 것이 최우선의 과제로 생각하며, 자립생활모델에서는 장애보다는 장애를 야기하는 제반 조건들을 문제로 가정하고 이러한 문제(제약조건, 환경 등)를 해결하기 위한 접근을 강조하는 측면에서 비교가 된다. 따라서 추구하는 목표에서 재활모델과 자립생활모델은 비교적 많은 차이가 있다.

3. 우리나라 자립생활서비스 현황

1) 자립생활센터 기능과 역할

한국의 자립생활운동은 미국과 일본의 영향을 받아 1990년대 후반에 이념이 보급되기 시작하였고, 이에 영향을 받아 2001년 우리나라 최초의 자립생활센터로 서울 피노키오와 광주 이루이웃센터에서 서비스를 시작했다. 또한 정부에서는 2003년에 발표한 제2차 장애인복지발전 5개년 계획에서 중증장애인 자립생활센터 설립과 자립생활 훈련에 대한 목표를 정하기도 하였다. 그 후 정부에서는 중증장애인들의 강력한 요구을 받아들여 2005년부터 자립생활센터에 대한 지원 시범사업을 시행하였고, 2007년 5월부터는 전국적으로 약 70개 이상의 자립생활센터에서 본격적인 서비스를 시작하였다.

장애인 자립생활센터가 갖추어야 할 기본요건을 정리해 보면 다음과 같다(Nosek, 1988).

① 소비자주도(consumer control)의 의사결정, 서비스제공, 자립생활센터의 설립 운영 및 정책방향결정 등에 장애인 본인이 직접 참여해야 한다.
② 지역사회 중심(community based)의 기관이어야 한다.
③ 비수용(non-residential) 시설이어야 한다.
④ 전 장애영역포괄(cross-disability): 모든 장애종류를 대상으로 서비스를 제공해야 한다.
⑤ 민간 비영리(non-profit)기관이어야 한다.
⑥ 자립생활서비스를 제공해야 한다.

자립생활센터를 장애인복지관의 재활센터와 비교한다면, 그 차별성을 이해할 수 있을 것이다. 장애인복지관(재활센터)은 장애인문제의 관점을 장애인의 개인적 요소에 두고 있다. 따라서 문제해결의 방법은 그러한 문제적 요소를 치유하거나 해소하는 내용으로 구성된다. 프로그램은 정형화된 틀로 제시되고 대상자는 그 틀에 적합한 장애인으로 선정되기 때문에, 장애인의 개별적이고 다양한 조건에는 충분히 부합되지 못한다고 볼 수 있다. 문제를 소지한 장애인은 환자나 클라이언트로 전문가의 통제를 받아야 하는데 장애인복지관(재활센터)의 전략과 목적은 장애인이 특수한 기술을 습득하거나 사회가 요구하는 수준으로 행동을 변화하게 하는 데 있다.

반면에 자립생활센터는 장애인의 문제가 장애인의 의존성을 키우는 환경적 요소에서 비롯된다고 보고 환경적 차원에서의 포괄적인 지원서비스를 구축하고 다양한 개별적 욕구에 대응한다. 그리고 장애인이 의존성을 탈피하기 위해서는 서비스 제공에 있어 선택과 결정권을 보장해야 하는데 서비스 목표는 여기서부터 출발한다. 결국, 자립생활센터는 장애인이 자기결정을 높이는 태도를 갖게 하고 이를 지원하고 보장하는 환경의 개선과 관계망의 구축에 목적을 둔다. 장애인복지관(재활센터)과 장애인 자립생활센터에서 제공되는 서비스를 비교해 보면 〈표 10-2〉와 같다.

〈표 10-2〉 장애인복지관(재활센터)과 자립생활센터 비교

구분	복지관 재활센터	자립생활센터
문제인식	신체적 손상/직업기술의 결여/심리적 부적응/동기와 협력의 부족	전문가, 친척 등에의 의존/부적절한 지원서비스/건축물의 장애/경제적 장애
제공하는 서비스	• 의료 • 재활치료 • 직업훈련 • 심리상담 • 사회적응훈련 • 조기특수교육 • 주간보호/단기보호	• 정보제공 • 권익옹호 및 법률상담 • 활동보조서비스 • 동료상담 • 자립생활기술훈련 • 이동서비스 • 주택알선 및 개조서비스 • 환경개선운동
서비스의 성격	프로그램	지원
서비스의 기본모델	발달적, 행동주의적 모델	개별화 지원모델
장애인의 사회적 역할	환자/클라이언트	소비자
문제해결의 통제자	전문가(의사, 물리치료사, 작업치료사, 직업재활상담원, 사회복지사)	장애인 당사자(집단)
주요전략	기술습득, 행동조절	자기결정과 관계
서비스의 목적	행동을 변화시키는 것	환경과 태도를 변화시키는 것

출처: Bradley (1994)와 Dejong (1981)에서 재구성.

2) 자립생활서비스 유형

자립생활서비스는 장애인들이 자신의 가정이나 지역사회 내에서 독립적으로 생활하는 데 필수적인 상품과 서비스가 포함된다. 미국의 경우 자립생활센터에서 제공하고 있는 주요 서비스에는, 동료상담, 활동보조서비스, 교통편의 제공, 자립생활기술훈련, 정보제공과 의뢰, 권익옹호, 주택서비스, 장비관리 수리 및 임대, 복지혜택에 대한 상담이 있다(장애인자립생활문제연구소, 1986; 김원경 · 정대영, 1994). 하지만 우리나라의 경우 자립생활서비스를 크게 기본사업과 선택사업으로 나누어 제공하고 있는데 제공되는 서비스의 내용을 구체적으로 살펴보면 다음과 같다(보건복지부, 2015).

(1) 기본사업

가. 동료상담

동료상담(Peer Counseling)은 자립생활을 경험한 동료장애인에 의하여 제공되는 상담으로 동료 역할모델을 통해 자기신뢰(장애수용) 등을 목적으로 한다. 장애로 인하여 파생된 문제를 해결하기 위한 제반 경험을 바탕으로 장애인이 자신의 동료장애인을 가장 잘 이해하며, 욕구를 바탕으로 자립생활 실현을 지원할 수 있다고 보는 것이다. 장애인 자신이 필요하거나 무엇을 원하는지 등의 욕구는 장애인 자신이 가장 잘 알고 있으며 장애인의 독립이나 지역사회 생활에 있어 필요한 실질적이고 구체적인 지원내용은 장애경험이 없는 전문가에 의뢰하기보다 유사한 장애경험을 갖고 장애동료에게 의뢰, 지원되는 것이 실제적이라는 것이다. 그 외에 가족관계, 지역사회자원 활용방법, 곤란한 문제에의 대처 방법 및 법률적 자문 등에 대해 상담을 하거나 정보를 제공하기도 한다.

나. 자립생활기술훈련

자립생활기술훈련(Independent Living Skill training)은 대개 신변처리기술, 가정생활기술, 사회생활기술의 3개 영역으로 구성되는데 커뮤니케이션기술, 소비자 권리, 생활기술, 가사기술, 주택선택과 개조, 가계관리, 활동보조인 관리, 건강관리, 레크리에이션기술, 성생활, 이동기술 등의 내용으로 진행된다(장애인자립생활문제연구소, 1986).

스스로의 의사결정의 중요성, 활동보조서비스 관리, 신변처리 및 일상생활 관리, 개인 재정관리, 지역사회 자원의 활용 등에 대한 교육 초점이 맞추어져 있으며 동료지원방식을 적극 활용하기도 한다. 또한 자립생활 체험홈을 활용하는 프로그램을 포함할 수도 있다. 그 외에 야학, 검정고시 대비 등 장애인의 자립을 위한 기본적인 교육활동 프로그램도 포함할 수 있다.

다. 정보제공과 의뢰

정보제공과 의뢰(Information/Referral)서비스는 자립생활에 영향을 미칠 수 있는 각종 제도 · 정책, 지역사회자원에 대한 정보제공과 다른 기관에서 적절한 서비스를 받을 수 있도록 알선하는 활동이다. 장애인들은 각종 정보에 취약할 수 있는데 자립생활센터에서는 장애인에게 필요한 정보를 취합 제공함으로써 장애인들이 자신에게 알맞은 정보를 가지고 선택할 수 있도록 지원한다.

정보제공과 의뢰는 다른 서비스 기관과 지역사회에도 제공되어 장애인에 대한 사회인식을 제고시키고 장애인이 지역사회나 다른 서비스기관으로부터 제공받을 수 있는 서비스나 자원을 알려주는 중요한 기능이 된다.

라. 권익옹호

권익옹호(Advocacy)는 장애인 스스로가 자신의 신념과 권익을 위해서 이전까지의 전통적이고 의존적인 사회규범에서 탈피하여 주체적으로 자신의 권리와 권익을 추구하는 것으로 단순한 서비스 제공의 차원을 넘어 권리의 차원에서 문제를 지원해주는 것으로, 권리의 침해를 해소하고 인권옹호 및 법률적인 지원을 포함한다. 개인적 · 사회적 권리침해에 대해 옹호적 활동을 하고, 법률적 자문 지원을 받을 수 있고, 인권교육 및 인식 개선사항 등을 포함할 수 있다.

(2) 선택사업

가. 활동보조서비스

활동보조서비스(Personal Assistance Service)[2]는 중증장애인에게 신변활동, 가사 및 일상생활의 보조, 이동 등의 활동 보조서비스를 말한다. 활동보조서비스는 자원봉사서비스와는 달리 유료의 비용을 전제로 한다. 활동보조서비스가 자원봉사서비스와는 달리 유료로 하는 것은 장애인이 선택권과 결정권을 가지고 서비스를 구매하는 소비자(당사자)의 입장에서 서비스 시간, 용도 등을 스스로 결정할 수 있게 하여 자신의 삶에 대한 통제권과 자율성을 높이기 위한 것이다.

여기에서 유료라는 것은 매우 중요한 사항으로 장애인이 선택권과 결정권을 가지고 서비스를 구매하는 소비자의 입장에서 서비스 시간, 용도 등을 결정할 수 있는 근거가 된다. 장애인은 자신의 활동보조원을 채용하여 관리할 수 있도록 지도받는다(장애인자립생활연구소, 1986).

활동보조서비스는 중증장애인이 지역사회에서의 생활에 활동적으로 참여하는 데 있어 선택과 참여 그리고 접근의 영역을 확장시키며 그 결과로 교육적 · 직업적인 목표를 추구할 수 있는 가능성이 증가된다.

나. 주택서비스

주택서비스(Assistance in obtaining and modifying accessible housing)는 주택의 개조, 소개, 주거서비스 지원제도에 대한 정보제공 등 장애인의 자립생활을 위해서 생활하는 데 불편이 없는 주택 마련을 위해 장애인에게 알맞은 주택을 구해 주는 서비스 및 장애인에게 알맞은 구조로 주택을 개조하도록 지원하는 서비스이다.

---

2) 활동보조서비스는 신체적 · 정신적 장애 등의 사유로 혼자서 일상생활과 사회생활을 하기 어려운 중증 장애인에게 활동지원급여를 제공함으로써 자립생활과 사회참여를 지원하고, 그 가족의 부담을 줄임으로써 장애인의 삶의 질 증진을 목적으로 보건복지부에서 제공하는 서비스를 말한다.

다. 이동서비스

이동서비스(Transportation)는 리프트 차량 등을 활용하여 장애인이 이동(Door to Door) 활동을 할 수 있는 여건을 만들어 주고 활동의 영역을 넓힐 수 있도록 교통편의 제공 등을 통해 장애인이 자립생활을 달성할 수 있게 하는 구체적이고 핵심적인 서비스이다.

라. 개별 자립생활지원

개별 자립생활지원서비스는 장애인의 개별적 욕구(자립생활, 교육 · 문화 등의 사회참여, 가족 지원 등 포함)에 대응하고 이를 위한 자원을 연계 · 동원하는 서비스를 포함한다.

마. 기타 사업

기타사업은 장애유형 및 생애주기별 지원사업, 가족지원사업, 교육 · 훈련사업, 고용지원사업, 자원개발사업 등이 있다.

이러한 자립생활서비스들은 지역사회에서 장애인이 살아가기 위해 필요한 최소한의 보조적 지원체계들이다. 자립생활모델이 장애인 개인의 약점을 치유하려는 데에 있지 않고 나아가 개인이 가진 역량을 충분히 발휘할 수 있는 환경과 관계망을 조성하는 데 있음을 알 수 있다.

4. 자립생활의 과제

장애인 자립생활의 핵심은 장애인 당사자 주권주의에 있다. 자립생활 이념이란 장애인 스스로가 자신의 삶을 선택하고 결정하며 자신의 생활 전반에 대한 통제력을 가지고 있음을 의미한다. 이러한 이념의 바탕에는 장애인들이 언제나 피교육자, 수혜 대상자의 입장에서 벗어나 능동적이고 주체적인 삶의 주인으로 자리매김하는 것이라 볼 수 있다. 그러므로 장애인 자신의 삶에 영향을 미치는 중요한 사건들을 선택하고 결정해 나갈 수 있는 능력을 고취시키는 접근과 제도적 지원이 필요하다. 이러한 이념을 바탕으로 자립생활 모델의 서비스 수준을 높이기 위한 정책적인 과제를 정리하면 다음과 같다.[3)]

1) 장애인의 욕구와 환경에 기반한 서비스 전달체계 구축

현재 우리나라에서 시행되고 있는 장애 관련 복지정책은 개별 장애인의 욕구와 환경을 고려하지 않고 일률적으로 장애등급에 따라 제공하도록 설계되어 있다. 장애인복지서비스의 경우에 등록된 장애인을 대상으로 서비스 종류와 양을 정하다 보니 동일한 장애등급을 받은 장애인은 개인적인 필요와 상관없이 장애등급에 따라 본인이 제공받을 수 있는 서비스의 내용이 이미 결정된다. 이러한 공급자 위주의 서비스는 개별적인 욕구와 환경을 고려하지 않아 효과성 측면에서 이용자의 욕구충족에 어려움이 발생한다. 또한 장애인 서비스 전달체계의 경우에는 장애 등록 및 관련 제도의 시행을 담당하고 있는 공적 기관과 실질적인 서비스 제공을 담당하고 있는 민간기관 간에 업무가 분절되어 있어 서비스를 이용하고자 하는 장애인들이 어려움을 겪고 있다.

따라서 장애인의 개별적인 특성과 욕구 · 환경 등을 반영한 서비스 제공을 위한 의학적 장애 정도에 따라 서비스가 임의로 결정되는 현행 장애등급제도가 먼저 개선되어야 한다. 구체적으로는 현행 장애등급제를 보완하여 등록된 장애인에게 개별적으로 필요한 서비스를 지원하기 위한 구체적 욕구에 맞는 제도적 개선이 있어야 한다.

3) 이 자료는 〈장애인 자립생활 기반 구축을 위한 연구보고서〉(국가인권위원회, 2013) 내용을 일부 발췌 · 요약하였음.

2) 자립생활을 위한 일상적 활동 지원 확대

자립생활이란 장애인이 지역사회에서 자신의 생활전반을 조정하고 관리하며 자신에게 주어진 사회적 역할을 주체적으로 수행해 나가는 과정을 의미한다. 이때 중요한 것은 장애인이 타인에 대한 의존을 최소화하면서 일상적인 삶에 대한 통제권을 갖는 것이며, 이를 위해서는 장애인보조기구 또는 활동보조인과 같은 사회적 지원이 요구된다. 이를 위해서는 향후 지원서비스가 활성화될 수 있도록 분절적인 서비스를 통합 · 연계 · 조정할 수 있는 서비스 제공기관의 설치와 체계적인 사례관리의 시행 그리고 더 나아가 지원기구 산업체에 대한 인증제 시행이 필요하다.

3) 자립생활을 위한 지역사회 환경 구축

자립을 통한 지역사회 환경 구축은 장애인이 거주공간을 물리적인 의미에서 지역사회로 둔다는 것만을 의미하는 것이 아니라 그가 거주하는 지역사회 내에서 삶의 모든 측면에서 배제되지 않고 통합되어 주류에 참여한다는 것을 의미한다. 따라서 장애인에게 있어 사회통합과 참여는 그 반대 개념인 사회적 배제를 극복하는 것을 의미하며 이를 위해서는 장애인의 지역사회 정착을 저해하는 각종 제도 및 정책의 개선이 필요하다. 즉, 이것은 장애인에게 탈시설화를 거쳐 지역사회로 나와 지역사회에 통합되고 참여하는 과정을 의미하며 지역사회에 거주하고 있는 장애인에게 자립생활이란 완전한 사회통합과 참여에 이르기 위한 정책적 노력을 의미한다.

4) 시설거주 장애인의 탈시설화 및 지역사회복귀 지원

시설 위주의 장애인 서비스는 시설의 대형화를 양산하며 통제 위주의 관리, 집단생활로 인한 선택권 제한 등의 문제뿐만 아니라 시설병(hospitalism), 인권침해 등을 야기할 가능성이 높다. 이를 위해 시설의 소규모화, 시설거주인을 위한 자립생활 전환 지원, 지역사회 내 자립생활 지원 및 불필요한 입소방지 등과 같은 노력이 필요하다. 이를 개선하기 위해서는 장애인 관련 법률에 탈시설 및 자립생활과 관련한 내용을 명시하고, 지역사회 초기 정착을 지원할 수 있는 각종 정보 및 소득 · 주거의 제공과 관련한 구체적인 정책이 마련되어야 하며 무엇보다 중앙정부 차원에서의 계획이 필요하다.

5) 다중차별 장애인에 대한 자립 지원

장애유형 중에 발달장애인은 장애의 특성상 자기주장과 자기권리옹호가 취약하며 이로 인해 다중적 차별구조에 놓이기 쉽다. 구체적으로 발달장애인은 각종 폭력에 노출되기 쉽고 자기결정권을 제한당하는 경우가 많으나 자기 스스로 의사표현을 충분히 하지 못해 자기보호가 어려운 측면이 있다. 이러한 어려움에도 불구하고 실제 장애인정책에서는 이러한 차이들이 충분히 고려되지 못하여 의도하지 않은 배제가 발생하기도 한다.

따라서 발달장애인이 지역사회에 통합되어 살아가기 위해서는 기존의 신체적 장애인 중심의 장애인 복지체계를 개선하여 다양한 스펙트럼을 가진 발달장애인의 특성이 고려된 맞춤형 지원 및 권리옹호 체계의 구축이 필요하다.

P·A·R·T 03

장애인복지 실천현장에 대한 이해

SOCIAL WELFARE FOR PEOPLE WITH DISABILITIES

'CHAPTER 11'

장애인 거주시설

SOCIAL WELFARE FOR PEOPLE WITH

본 장에서는 우리나라에서 장애인복지서비스를 최일선에서 담당하고 있는 장애인 거주시설에 대해 살펴보고자 한다. 장애인 거주시설은 거주공간을 활용하여 일반가정에서 생활하기 어려운 장애인에게 일정 기간 동안 거주 · 요양 · 지원 등의 서비스를 제공하는 동시에 지역사회생활을 지원하는 시설이다. 과거에는 분리, 집단생활, 통제 등과 같은 부정적 이미지가 지배해 왔던 장애인 거주시설의 서비스는 최근 탈시설화와 정상화, 자립생활 이념이 전개되면서 기존의 수용보호적 서비스에서 탈피하여 이용장애인의 자기결정과 선택권 강화를 기반으로 하여 개별적 욕구와 지역사회 중심의 삶을 강조하는 자립생활지원서비스를 제공하는 등의 변화를 통해 향후에도 장애인복지정책 및 실천에서 중요한 전달체계로 기능할 것으로 판단되어진다. 본 장에서는 장애인 거주시설의 개념과 유형, 현황, 주요서비스, 향후 과제와 전망 등을 살펴보고자 한다.

1. 장애인 거주시설의 개념 및 종류

1) 장애인 거주시설의 개념

「장애인복지법」 제58조에 의하면, 장애인 거주시설이란 '거주공간을 활용하여 일반가정에서 생활하기 어려운 장애인에게 일정 기간 동안 거주 · 요양 · 지원 등의 서비스를 제공하는 동시에 지역사회생활을 지원하는 시설'로 규정되어 있다. 이러한 정의에 의하면 장애인 거주시설은 장애인에게 거주서비스뿐만 아니라 요양이나 지원 등의 서비스를 제공하는 복합적인 기능을 수행함을 알 수 있다.

2011년 「장애인복지법」 개정 전에는 장애인생활시설이라는 명칭을 사용하였다. 하지만 이러한 용어는 장애인의 대규모 수용, 혹은 시설 내에서 모든 생활이 이루어진다고 하는 부정적인 개념과 함께 시설을 보호의 공간으로 제한하고 있다는 지적이 제기됨에 따라 〈표 11-1〉과 같이 「장애인복지법」의 조문 개정을 통해 거주시설이라는 명칭으로 변경하게 되었다. 이를 통해 신규 거주시설의 진입은 소규모(30인 이하)로 제한하고, 거주공간을 보다 가정과 유사하게 만들고, 이용절차를 욕구 중심으로 변경하는 등의 변화를 통해 지역사회에서의 삶을 강조하고, 한 공간에서의 24시간 생활하는 개념이 아니라 일반 가정에서 거주하는 것과 동일한 개념으로 전환하여야 한다는 것을 강조하는 삶의 공간으로서의 변화를 추구하였다.

〈표 11-1〉 「장애인복지법」에서의 장애인 거주시설의 개념 변화(2011. 3. 30.)

개정 전	개정 후
제58조 1항. 장애인 생활시설: 장애인이 필요한 기간 생활하면서 재활에 필요한 상담 · 치료 · 훈련 등의 서비스를 받아 사회복귀를 준비하거나 장애로 인하여 장기간 요양하는 시설	제58조 1항. 장애인 거주시설: 거주공간을 활용하여 일반가정에서 생활하기 어려운 장애인에게 일정 기간 동안 거주 · 요양 · 지원 등의 서비스를 제공하는 동시에 지역사회생활을 지원하는 시설 제59조3항. 제58조 제1항 제1호에 따른 장애인 거주시설의 정원은 30명을 초과할 수 없다.

장애인 생활시설에서 거주시설로서의 명칭 변화는 울펜스버거(Wolfensberger, 1972)가 정상화의 중요한 맥락으로 주거기능과 다른 서비스의 분리를 강조한 것과 상통한다. 즉, 주류사회에서 주거는 단지 주거일 뿐이며, 대개 교육, 노동, 치료, 그리고 레크리에이션, 사회적 · 사교적 상호작용은 학교, 훈련센터, 사무실, 병원, 교회, 운동장 술집과 같은 장소에서 이루어지고, 이들의 위치는 일반적으로 거주지와 분리되어 있으므로 장애인을 위한 서비스에서도 거주서비스와 다른 서비스는 분리되어야 한다는 것이다. 왜냐하면 거주서비스에서 거주와 치료, 교육, 노동, 종교활동, 레크리에이션을 모두 한 울타리 안에서, 심지어 한 지붕 아래서 제공하는 것은 명백히 비정상적이기 때문이다(강희설, 20003 재인용).

2) 장애인 거주시설의 종류와 기능

우리나라의 법정 장애인 거주시설은 현재 5가지의 유형이 있으며, 〈표 11-2〉에서 보는 바와 같이 장애유형별 거주시설, 중증 장애인 거주시설, 장애영유아 거주시설, 장애인 단기거주시설, 장애인 공동생활가정 등이 있으며 장애유형별 거주시설은 다시 지체 · 뇌병변 장애인 시설, 시각장애인 시설, 청각 · 언어장애인 시설, 지적 · 자폐성 장애인 시설로 나누어진다.

〈표 11-2〉 장애인 거주시설의 종류 및 대상 장애인 유형[1)]

시설의 유형		시설별 대상 장애인(장애등급)
① 장애유형별 거주시설	지체 · 뇌병변장애인 시설	지체 · 뇌병변장애인(중복장애 포함)
	시각장애인 시설	시각장애인(중복장애 포함)
	청각 · 언어장애인 시설	청각 · 언어장애인(중복장애 포함)
	지적 · 자폐성 장애인 시설	지적 · 자폐성장애인(중복장애 포함)

1) 장애인 단기거주시설, 장애인 공동생활가정의 경우 별도의 장애유형을 고려하지 않으나 와상 상태의 중증장애인 또는 6세 미만 장애영유아의 경우에 중증장애인 거주시설 또는 장애인영유아 거주시설로 이용(입소) 권고

시설의 유형	시설별 대상 장애인(장애등급)
② 중증장애인 거주시설	1급, 2급 중증장애인(장애유형 상관없음)
③ 장애인영유아 거주시설	6세 미만의 장애영유아
④ 장애인 단기거주시설	1개월 기준으로 보호자의 휴식 또는 일시적 피난 등이 필요한 장애인
⑤ 장애인 공동생활가정	유형별 거주시설 입소대상자와 동일

출처: 보건복지부(2016).

(1) 장애유형별 거주시설

장애유형별 거주시설은 장애유형을 기준으로 하여 설치되는 시설로 장애유형이 같거나 유사한 장애를 가진 사람들이 이용하게 하여 그들의 장애유형에 적합한 주거지원 · 일상생활지원 · 지역사회생활지원 등의 서비스를 제공하는 시설로서, 이용장애인의 유사한 장애특성에 기반하여 적합한 개별적 서비스 제공이 가능토록 하는 장점이 있다.

(2) 중증장애인 거주시설

중증장애인 거주시설은 장애 정도를 기준으로 하여 설치되는 시설로 장애의 정도가 심하여 항상 도움이 필요한 장애인에게 주거지원 · 일상생활지원 · 지역사회생활지원 등의 서비스를 제공하는 시설로서 장애의 유형과는 상관없이 1, 2급의 중증장애인을 대상으로 서비스를 제공하고 있다.

(3) 장애영유아 거주시설

장애영유아 거주시설은 연령을 기준으로 하여 설치되는 시설로 6세 미만의 장애영유아를 보호하고 재활에 필요한 주거지원 · 일상생활지원 · 지역사회생활지원 등의 서비스를 제공하는 시설이다. 입소일 기준 6세 미만의 장애영유아의 이용이 가능하며, 입소 후에는 성인이 되기 전까지 이용할 수 있다.

(4) 장애인 단기거주시설

장애인 단기거주시설은 입소기간을 기준으로 하여 설치되는 시설로, 1개월 기준으로 장애인 보호자의 휴식 또는 일시적인 피난 등과 같이 보호자의 부재로 도움이 필요한 장애인에게 단기간 주거서비스, 일상생활지원서비스, 지역사회생활서비스를 제공하는 시설이다. 하지만 현실적으로 장애인 거주시설의 부족현상으로 인하여 장기적인 시설서비스 이용이 필요하지 않는 장애인이 일시적으로 이용할 수 있는 시설임에도 불구하고 상당수의 단기보호 시설의 경우 장기로 운영되는 경우가 많아 문제점으로 지적되고 있다.

(5) 장애인 공동생활가정

장애인 공동생활가정은 장애인들이 스스로 사회에 적응하기 위하여 전문인력의 지도를 받으며 공동으로 생활하는 지역사회 내의 소규모 주거시설로 일반 가정과 같은 형태에서 이용장애인 정원이 10명 미만으로 운영되는 시설이다.

2. 장애인 거주시설의 현황

장애인 거주시설의 현황은 〈표 11-3〉과 〈표 11-4〉에서 보는 바와 같이 2015년 기준, 총 1,484개소가 있으며, 장애유형별 거주시설이 총 383개소로 이 중 지체 · 뇌병변장애인 시설이 39개소, 시각장애인 시설이 16개소, 청각 · 언어장애인 시설이 7개소, 지적 · 자폐성장애인 시설이 321개소이다. 또한 중증장애인 거주시설이 233개소, 장애영유아 거주시설이 10개소, 장애인 단기거주시설이 141개소, 장애인 공동생활가정이 717개소이다.

시설을 실제로 이용하는 장애인의 현황은 총 31,222명이며, 장애유형별로 살펴보면 지체 · 뇌병변장애인 5,271명, 시각장애인 935명, 청각 · 언어장애인 347명, 지적 · 자폐성장애인 23,924명, 기타 745명으로 전체 거주시설을 이용하는 장애유형 중 지적 · 자폐성 장애인이 76.7%로 가장 많은 것으로 확인되었다. 이는 최근 정상화와 탈시설화를 중심으로 한 지역사회 편의시설 개선, 장애인활동지원서비스 등과 같은 지역사회 중심의 장애인복지서비스 인프라의 확대로 다른 장애유형에 비해 단기적으로 지역사회로의 전환이 어려운 지적 · 자폐성 장애인을 제외한 타 장애유형의 경우 지역사회 내 서비스로 전환되어 감을 알 수 있다. 성별로는 남성이 약 61.3%에 해당하는 19,138명으로 여성 12,084명에 비해 상대적으로 많은 것으로 나타났다. 연령별로는 18세 이상이 87.3%인 27,246명으로 확인되었다.

〈표 11-3〉 장애인 거주시설 수 및 입소인원

(단위: 개소, 명)

구분	시설수	입소 인원	성별		연령별		장애유형별				
			남	여	18세 미만	18세 이상	지체 · 뇌병변	시각	청각 · 언어	지적 · 자폐	기타
2006	288	20,598	12,416	8,182	4,873	15,725	2,754	823	454	12,948	3,619
2007	314	21,709	13,149	8,560	4,954	16,755	2,781	848	422	13,685	3,973
2008	347	22,250	13,447	8,803	5,013	17,237	2,893	875	479	13,493	4,510
2009	397	23,243	14,148	9,095	4,749	18,494	2,230	760	519	9,539	10,195
2010	452	24,395	14,929	9,466	4,368	20,027	3,673	873	386	14,338	5,125
2011	490	25,345	15,486	9,859	4,135	21,210	3,818	797	358	15,322	5,050
2012	1,348	30,640	18,838	11,802	4,384	26,256	2,956	774	302	14,441	12,167
2013	1,397	31,152	19,112	12,040	4,018	27,134	4,070	904	283	19,330	6,565
2014	1,457	31,406	19,306	12,100	4,243	27,163	5,229	989	383	23,926	879
2015	1,484	31,222	19,138	12,084	3,976	27,246,	5,271	935	347	23,924	745

출처: 보건복지 통계연보(2016).

〈표 11-4〉 장애인 거주시설 유형별 시설 수 및 입소인원

(단위: 개소, 명)

구분	소계		거주시설 유형								거주시설 유형							
			장애유형별 거주시설								중증 장애인 거주시설		장애 영유아 거주시설		단기보호 시설		공동생활 가정	
			지체·뇌병변 장애인시설		시각 장애인 시설		청각·언어 장애인시설		지적·자폐성 장애인시설									
	시설 수	입소 인원	시설 수	입소 인원	시설 수	입소 인원	시설 수	입소 인원	시설 수	입소 인원	시설 수	입소 인원	시설 수	입소 인원	시설 수	입소 인원	시설 수	입소 인원
2006	288	20,598	30	2,281	15	824	12	728	122	8,408	102	8,038	7	319	69	-	358	-
2007	314	21,709	33	2,283	14	792	11	521	131	9,325	116	8,345	9	443	76	-	400	-
2008	347	22,250	33	2,292	14	784	11	546	144	9,192	136	8,981	9	455	84	-	450	-
2009	397	23,243	38	2,230	14	760	11	519	172	9,539	153	9,728	9	467	91	-	531	-
2010	452	24,395	40	3,673	14	873	10	386	196	14,338	182	4,813	10	312	103	-	589	-
2011	490	25,345	39	2,102	15	787	9	361	226	10,788	191	10,798	10	509	119	-	637	-
2012	1,348	30,640	40	2,057	16	786	8	335	278	11,748	201	11,006	10	510	128	1,438	667	2,760
2013	1,397	31,152	39	1,978	16	770	8	320	293	12,001	216	11,412	9	473	131	1,432	685	2,766
2014	1,457	31,406	44	2,208	15	632	7	270	309	12,136	223	11,344	9	466	137	1,495	713	2,855
2015	1,484	31,222	39	1,668	16	628	7	255	321	12,368	233	11,314	10	541	141	1,548	717	2,899

출처: 보건복지 통계연보(2016).

3. 장애인 거주시설의 주요 서비스

과거에는 장애인 거주시설의 서비스는 분리, 집단생활, 통제 등과 같은 부정적 이미지가 지배해 왔다. 따라서 최근의 장애인 거주시설의 서비스 원칙은 이런 부정적 이미지를 긍정적 이미지로 바꾸는 방향과 관련이 있다. 이런 변화를 위해서 가장 중요한 것은 거주서비스가 단절된 것이 아니라 지역사회서비스와 연속되어 있는 것이며, 다양한 서비스들 가운데 하나가 되도록 해야 한다.

모든 사람이 가능하면 시설이 아닌 자신의 가정에서 살 수 있도록 하는 것이 좋다. 이것은 서비스에서 가장 중요한 과제이다. 이런 의미에서 원칙적으로 거주시설

은 불필요하며, 같은 맥락에서 아무리 좋은 시설도 집만큼 좋을 수는 없다. 거주시설의 필요성은 본인의 집이 아닌 다른 장소에서 거주하는 것이 불가피한 경우가 발생하고 있다는 점에서 출발한다. 가족이 더 이상 보호자로서의 책임을 이행할 수 없고, 가정지원서비스가 지원되더라도 혼자서는 살아가기 어려운 상황에 있는 장애인의 경우에는 원래의 가정기능을 단기적 또는 장기적으로 대리할 수 있는 서비스가 필요하다. 이런 경우에 최대한 가정과 같은 환경에서 대리적 서비스가 제공될 수 있도록 하는 것이 필요하며, 이것이 거주시설서비스의 목표로 설정되어야 한다(Colton & Hellinckx, 1994). 이를 통하여 거주시설로 삶의 장소를 옮기는 일은 현재의 조건을 개선시키기 위한 긍정적인 선택이 되어야 하고, 거주시설의 삶도 긍정적으로 경험이 될 수 있어야 한다(National Institute of Social Work, 1988). 이런 두 가지 방향으로의 근본적인 변화를 위하여 거주시설서비스가 재구조화되어야 하며, 이는 기존의 수용보호 및 재활, 치료, 훈련 등의 보호 중심과 재활 중심의 서비스에서 벗어나 거주시설 이용 장애인의 욕구를 기반으로 자기결정권 강화를 통한 이용자 삶 중심과 지역사회생활 중심의 자립생활지원이라는 장애인 거주시설의 서비스의 방향성과 원칙으로 나타나고 있다.

1) 거주시설의 자립생활지원 방향과 원칙

가) 자립생활과 자립생활지원

우리는 흔히 자립이라는 의미를 혼자의 힘으로 이동을 하고 일상에서 주어지는 과업을 누구의 도움 없이 수행할 수 있는 능력을 가진 상태로 이해한다. 그래서 신체적인 손상을 입어 스스로 일상적인 과제를 할 수 없는 사람을 의존적(dependent)인 사람으로 여긴다. 이러한 의존성은 다른 사람의 통제 안에 종속(subordinate)되어지는 결국 다른 사람의 보살핌과 조정의 대상으로 만들기도 한다(한국장애인복지시설협회, 2016).

그러나 여기에서 자립생활이라 함은 모든 과업을 스스로 할 수 있는 능력을 말하는 것도, 재활 현장에서 목표로 하는 신체적 자립과 경제적 자립을 의미하는 것도 아닌 자기결정에 핵심 가치를 두는 삶의 방식을 의미한다. 즉, 자립생활이란 장애인 개인이 필요한 지원을 받으면서 지역사회에서 자신의 생활을 스스로 결정하고 통제하는 삶을 살아가는 것을 말한다.

이러한 자립생활의 개념은 두 가지 중요한 원칙을 포함하고 있는데 첫 번째는 자립생활을 하는 것이 신체 능력과 지적 능력과는 무관하다는 것이다. 자립생활은 장애유형과 정도에 상관없이 모든 장애인에게 해당되는 것으로 발달장애인을 포함한 중증장애인에게도 반드시 적용되어야 하는 개념이라 할 수 있다(Brisenden, 1989). 물론 자립생활의 개념 안에는 완전한 자기결정권에 따른 자립생활이 가능하지 않다고 하더라도 이전보다 상대적으로 더 자립적인 생활을 누릴 수 있는 상대적 자립(relative independence)의 개념도 포함되어 있어 중증장애인의 자립생활을 논할 때 많이 언급되기도 한다. 실천 현장에서 자기결정에 어려움이 있는 중증장애인들이 예전보다 나은 자립생활을 할 수 있도록 지원을 해야 하지만 자립생활의 기본 전제는 중증장애인도 자신의 삶을 스스로 만들어 나가는 주체라는 것이다. 이 점을 인식하는 것이 매우 중요하다

또 하나의 중요한 원칙은 장애인의 자립생활은 아무런 지원 없이 이루어지는 것이 아니라는 점이다. 즉, 장애인들은 다양한 지원체계를 통해 필요한 원조와 지원을 제공받음으로써 장애인의 자립생활이 가능하다는 것이다(Morris, 1993). 이때 이들의 자립생활을 위해 다양한 지원이 제공될 수 있는데 장애인 개인의 필요를 기반으로 계획되고 제공되는 인적 · 물적 · 환경 조성 등 개별적 지원 및 지원 체계를 자립생활지원이라 할 수 있다.

거주시설 이용자들의 자립생활은 60~70년대 영국의 자립생활운동에서 그 배경을 찾을 수 있다. 영국의 자립생활운동은 거주시설에 생활하는 이용자들이 거주시설 보호에서 벗어나고자 한 시도에서 시작되었고, 자신의 삶과 그들이 살고 있는 시설에 대한 더 큰 주도권을 가지려는 욕구들이 표출되면서 발전되었다.

거주시설에서 자립생활이라고 하면 크게 두 가지 측면에서 생각해 볼 수 있다. 첫 번째는 "거주시설 운영과 서비스 지원에 있어서 자립생활의 이념을 어떻게 적용시

킬 것인가"이며, 두 번째는 "거주시설의 장애인들을 어떻게 지역사회로 이주하여 살아갈 수 있게 할 것인가"이다.

지금까지 거주시설 이용자들의 자립생활은 두 번째 측면에서 많이 논의되어 왔다. 그러나 거주시설의 자립생활의 핵심은 거주시설 안에서부터 이용자들의 자기결정과 선택, 존엄성을 보장하는 자립생활이 시작되어야 한다는 것이다. 거주시설 안에서도 자립생활의 이념이 적용되어 거주시설이 긍정적인 경험을 할 수 있는 공간이 되어야 할 것이다. 따라서 거주시설 이용자들의 자립생활지원에는 거주시설 안에서의 자립생활과 지역사회로의 자립생활, 이 두 가지 측면이 모두 중요하게 고려되어야 한다.

나) 거주시설에서의 자립생활 쟁점

(1) 거주시설 특성과 자립생활의 제한

아무리 좋은 시설이라 할지라도 거주시설이 가지고 있는 특성만으로 이용자들이 자립생활을 실천하는 데 상당한 어려움이 있을 수 있다. 거주시설의 특성으로는 크게 집단성, 격리성(폐쇄성), 권력 불평등성, 비선택성을 들 수 있는데 각 특성이 이용자들의 자립생활에 미치는 영향을 살펴보면 다음과 같다(유동철 · 김경미 · 김동기 · 신유리, 2013).

① 집단성

현재 거주시설의 규모는 「장애인복지법」 제59조 3항에서 30인을 초과할 수 없도록 규정하고 있지만 대부분 거주시설이 50인을 초과하는 대규모의 시설이다. 우리나라 거주시설서비스의 가장 큰 특징은 이러한 집단성으로 기인하는 부분이 크다고 할 수 있다.

집단이 가지고 있는 속성은 개인의 인권을 침해할 수 있는 여지가 크다. 거주시설의 경우 기본적으로 집단을 유지하기 위해 공동생활을 위한 기준을 설정하고 엄격하게 적용한다. 쉽게 거주시설의 집단성은 하루 일과 시간 및 취침 시간, 외출 시간, 외부인 접촉 방법, 종교 활동 등 다양한 생활에서 기준을 정해 두고 있다. 이것은 결국 개인의 자기결정권과 다양성, 개성을 침해할 수밖에 없다. 이러한 공간에서 일상적인 일과에 개인의 기본적인 자유와 사생활이 보장되기 어렵다.

따라서 아무리 좋은 시설이라도 집단생활이라는 자체는 장애인의 거의 모든 기본권인 본인의 의사와 관계없이 제한될 수밖에 없다.

② 격리성(폐쇄성)

거주시설은 집단성과 함께 격리성, 폐쇄성의 문제점을 가지고 있다. 격리성은 크게 두 가지 양상으로 나타난다. 하나는 물리적 격리이며, 또 다른 하나는 사회적 격리이다. 물리적 격리는 주거시설이 지역사회와 거리상으로 떨어지는 것을 말하며, 사회적 격리는 사회적 자원과의 교류에서 격리되는 현상을 말한다. 물리적 격리는 거주시설의 대규모화와 직접적으로 연관되어 있으며, 시설의 폐쇄성은 사회적 격리에 해당된다.

이 중 이용자들은 사회적 격리로 인해 기본적으로 절망감, 상실, 고독감, 우울 등의 정서적인 문제들을 갖게 될 수 있으며, 사회적 관계의 격리 과정에서 이러한 문제들은 더욱 심각해질 수 있다. 또한 외부로 드러나지 않는 거주시설의 폐쇄성은 인권유린을 지속적으로 일어나게 하고, 장기간 방치되고 있는 것이 사실이다. 최근 시설의 사회화라는 측면에서 시설의 격리성을 줄이기 위한 노력들이 나타나고 있으나 상당수의 시설은 여전히 지역사회와 상당히 떨어져 있어 지역사회 안에서의 보편적이고 평범한 생활을 누리기가 어려우며, 지역사회 교류를 통해 지역사회로 이주할 수 있는 준비를 하는 데 어려움이 생길 수 있다. 거주시설 이용자들은 거주시설이 갖는 격리성과 관련하여 이러한 경험을 하고 있다.

③ 권력 불평등성

거주시설은 돌봄서비스가 집중적으로 제공되는 곳이다. 사실 돌봄은 돌봄 관계에 있는 사람들 사이의 신뢰, 상호배려, 관심에 기반한 실천이라 할 수 있지만 돌봄을 제공하는 자와 돌봄을 제공받는 자가 존재한다는 면에서 어느 정도 권력 불평등성을 가질 수밖에 없다. 실제로는 돌봄을 제공하는 사람과 돌봄을 받는 사람의 관계는 수평적이지 않을 때가 많고, 돌봄을 받는 사람은 자신의 욕구를 충족시키기 위해 절대적으로 의존해야 하기 때문에 돌봄 제공자의 행위에 잠재적으로 취약한 상황에 놓이게 된다.

이런 상황이 악화되면 거주시설서비스 과정에서도 시설 이용자들이 자신의 주장을 제대로 표현하지 못하거나 참여할 기회가 제한되고, 무기력을 느낄 수 있으며, 심한 경우에는 폭력과 학대의 대상이 되기도 한다.

④ 비선택성

거주시설의 비선택성 문제는 두 가지로 나눌 수 있다. 하나는 시설 입소의 자발성 문제이고, 또 다른 하나는 다양한 거주시설에 대한 선택권 문제이다. 사실 거주시설 문제의 출발점은 자발적으로 시설에 입소하는 것이 아니라 타인에 의한 입소를 하는 경우가 많다는 것이다. 거주시설의 경우 개정된 「장애인복지법」 제57조에서 시설 선택권을 규정하고 시설에 대한 정보제공 의무를 규정하고 있으나 이에 대한 구체적인 지침이 마련되지 않아 실효성이 떨어지고 있는 상황이다. 이러한 거주시설의 비선택성은 이용자들이 자신이 살아갈 곳을 결정할 수 있는 기회를 박탈하고, 거주시설이라는 곳이 결국은 갈 곳이 없는 경우에 주어지는 최종 목적지인 곳으로 전락할 수 있다. 또한 시설에서 생활하다가 다른 시설로의 선택이 제한될 경우 원하지 않는 환경에서 원하지 않는 사람들과 평생 생활해야 하는 어려움을 안고 살아갈 수밖에 없다. 이용자들이 거주시설을 선택하고 옮기는 것은 자유로워야 한다.

(2) 자립과 돌봄의 충돌

장애인 거주시설은 이용자들에게 거주지와 함께 돌봄서비스를 제공하는 시설이다. 특히 발달장애인을 포함한 중증장애인의 경우 더 많은 돌봄서비스를 필요로 한다. 돌봄이 지속적으로 필요한 사람들을 지원하고 있는 시설 직원들은 현실적으로 자립생활과 돌봄이 충돌하는 지점을 경험하게 된다.

자립생활패러다임의 핵심적 가치는 자기결정권이다. 자기결정권이란 일상적인 활동의 결정권을 본인이 행사해야 한다는 것이다. 즉, 본인이 스스로 자신의 삶의 방식을 결정하고 그 생활 전반에 걸쳐 스스로의 삶의 주체적으로 이끌 뿐만 아니라 사회활동에 적극적으로 참여함을 의미한다. 그렇기 때문에 돌봄을 제공하는 직원은 그들을 최대한 존중해야 하는 것이 원칙일 것이다.

그러나 자립생활 패러다임이 지니고 있는 한계는 돌봄이 지속적으로 필요한 중증장애인이 직면하고 있는 자립의 어려움이다. 발달장애인을 포함한 중증장애를 가진 이용자의 자기결정과 선택을 존중하기 위해 "그들이 원하는 모든 것을 지원할 것인가"의 질문에 대한 직원들의 답변은 그들의 요청대로 지원을 하는 것이 "전부가 아니다"라고 말한다. "왜 그가 그것을 요구하는 것인가", "그 결과는 어떻게 되는가", "이용자는 그것을 어디까지 이해하고 요구하는 것인가"라는 의문을 간과하고, 요청만으로 본인의 의사에 근거한 지원이 제공되었다고 말할 수 없는 부분이 있다는 것이다. 때로는 이러한 자기 결정권의 행동범위가 자신의 생명을 위협하거나 다른 사람에게 해가 되는 부분이 있을 수 있다. 특히 의사결정에 어려움이 있을 수 있는 발달장애인의 경우 이러한 경우에도 "완전한 자립생활을 위해 모든 것을 존중해야 할 것인가", "그대로 보고만 있어도 될 것인가" 등 거주시설에서 이러한 상황은 반복될 것이며, 자립생활을 지원하는 직원들에게 커다란 고민과 과제가 될 수 있을 것이다. "자립인가?, 돌봄인가" 이 경계선에서 직원들의 충돌은 계속될 것이며, 정말 도전적인 행동이 있는 최중증 장애인의 경우 돌봄의 필요로 자립이라는 부분을 결국 간과하는 경우도 현실적으로 발생할 것이다.

유동철 외(2013)는 이러한 돌봄과 자립의 충돌을 해결할 수 있는 방안으로 돌봄의 윤리패러다임을 제시하고 있다. 돌봄의 윤리 패러다임에서는 인간의 삶 전체에서 주고받는 돌봄은 비정상적인 것이 아니라 보편적이고 정상적이라는 데에서 시작된다. 또한 인간은 자립적이고 독립적인 개인이기 이전에 관계적이고 상호의존적인 존재로 규정한다. 이에 대한 논리적 토대를 제공한 사람이 누스바움(Nussbaum)이다. 누스바움은 인간 생애 전 과정에 걸친 타인에 대한 절대적 의존이 인간 존재의 보편적 속성이라는 점을 전제하지만 실제 사회가 의존을 비정상적인 것으로 다룸으로써 돌봄이 사회 부정의의 원천이 되는 현상에 주목한다. 그에 따르면 정의로운 사회는 '돌봄을 필요로 하는 사람이 돌봄을 받을 수 있고, 돌봄을 제공하는 사람이 타인의 목적을 위한 수단으로 착취되지 않는 사회, 모든 사람이 타인과의 평등 속에서 좋은 삶의 기회를 제공받고 인간 그 자체로서 존중받는 사회'를 의미한다. 또한 그는 공적 돌봄의 규범적 기초를 '시민들이 자신이 가치 있다고 생각하는 삶을 추구할 수 있는 역량을 보장'하는 데에서 찾는다. 이러한 기반 위에서 시민들이 각자 자신의 방식으로 삶을 설계할 수 있고 삶을 선택할 수 있다고 보는 것이다.

이러한 측면에서 장애인들에게 주어지는 돌봄 또한 단순히 의존성을 나타내는 부정적인 것으로, 자립생활과 위배되는 것으로 쉽게 결론 내릴 수 없다. 본 장에서는 이러한 자립과 돌봄이라는 충돌 속에서 중증장애인에게 제공될 수밖에 없는 돌봄을 이렇게 이해하고자 한다. 결국 자립과 돌봄은 같이 가는 것이며, 돌봄은 자립생활에 필요한 역량을 개발하기 위해 원하는 장애인에게 제공되어야 하는 자립생활지원의 한 부분이다. 여기서 중요한 점은 거주시설 이용자의 자립생활을 존중하기 위해 돌봄을 부정하는 것이 아니라 돌봄을 필요로 하는 이용자와 돌봄을 제공하는 직원이 어떠한 관계에서 어떻게 지원을 해 나갈 것인가가 중요한 부분이 될 것이다. 이 부분을 자립생활지원의 방향과 원칙으로 풀어 가고자 한다.

다) 거주시설에서의 자립생활지원 방향과 원칙

(1) 자립생활지원의 방향

자립생활지원은 거주시설 이용자와 직원과의 관계와 역할을 포함하는 개념으로 이를 정확하게 규정하는 것이 자립생활지원의 방향이 될 수 있다.

자립생활지원의 방향은 거주시설 이용자와 직원이 상호 의존적이고 협력적인 관계를 유지하면서 자립생활에 필요한 다양한 지원을 제공해야 한다는 것이다. 이를 구체적으로 유동철 외(2013)의 누스바움의 돌봄 패러다임과 정종화(2002)의 지원모델에 기반하여 설명하면 다음과 같다(한국장애인복지시설협회, 2016).

누스바움의 돌봄 패러다임은 〈표 11-5〉에서 보는 것과 같이 돌봄과 자립은 상충되는 개념이 아니기 때문에 돌봄의 부정적인 인식을 지양하고, 이용자와 직원이 상호 의존적 관계를 유지하면서 자립생활에 필요한 이용자들의 역량증대를 위해 다양한 서비스를 지원할 것을 제시한다.

〈표 11-5〉 누스바움의 돌봄 패러다임

항목	재활 패러다임	자립생활 패러다임	누스바움의 돌봄 패러다임
의존에 대한 관점	의존	자립	상호의존
문제의 정의	신체적 손상/직업기술의 결여/ 심리적 부적응/ 동기와 협력의 부족	전문가, 친척 등에 의존/부적절한 지원서비스/ 건축물의 장애/경제적 장애	돌봄의 비정상성
문제의 위치	개인	환경/재활과정	사회
문제의 해결	의사, 물리치료사, 작업치료사, 직업재활상담원 등에 의한 전문적 개입	동료상담/ 옹호/ 자조/ 소비자주권/ 사회적 장애의 제거	역량증대를 위한 서비스 지원
사회적 역할	환자/ 클라이언트	소비자	시민
누가 통제하는가	전문가	소비자	통제 아닌 상호신뢰와 배려
요구되는 결과들	최대한의 ADL/ 유급취업/ 심리적 적응/ 증대된 동기화/ 완벽한 신변처리	자기관리/ 최소한의 제한된 환경/ 생산성 (사회적 · 경제적)	의미 있는 자기 삶의 추구/ 돌봄 향유 또는 자립

출처: 유동철 외(2013).

정종화(2002)의 자립생활을 위한 지원모델은 중증장애인의 현실적인 자립생활을 위해 장애인 당사자와 지원자 그룹의 상호협력적 관계를 중요하게 제시한다〈표 11-6〉. 서비스 과정에서 발생할 수 있는 문제를 종사자와 당사자와의 관계와 과정에 있다고 정의하고 기본적으로 당사자와 종사자와의 파트너십을 강조한다.

〈표 11-6〉 자립생활을 위한 지원모델

항목	재활모델	자립생활모델	지원모델
형태	의존	자립	상호의존
문제의 정의	신체적 결손, 직업훈련, 기술의 결여, 심리적 부적응, 동기부여와 협조의 부족	전문가와 가족에의 의존, 부적절한 시스템, 물리적 심리적 장애물	당사자와 지원자 그룹의 상호 협력적 관계
문제의 위치	개인	사회(환경)	관계와 과정
관리의 주체	전문가	당사자, 이용자(소비자)	파트너십이 기본
정보의 취급 여부	비밀공개 여부(부분공개)	공개(개인에게 공개)	공개(개인 관련자 포함)
시스템	복잡함	간단(단순)	간단(단순)
접근방법	전문적 기술적 접근	동료상담	정상화, 사회통합, 자기원조
기대효과	ADL 향상, 직업훈련 가능, 신변처리 기능의 향상	self management, 사회적 가치의 향상, 사회개혁과 주민의식 계몽	사회통합과 함께 더불어 사는 공생사회 구현

출처: 정종화(2002).

(2) 자립생활지원의 원칙

거주시설 이용자의 자립생활을 지원하기 위해서는 크게 정상화의 원칙, 개별화의 원칙, 유연성의 원칙, 신뢰(평등)의 원칙, 지켜보기의 원칙이 필요하다.

① 정상화의 원칙

지원 자체는 정상적인 것이며, 특별하게 취급되지 않는다. 이러한 부분은 울펜스버거(Wolfensberger) 등에 의해 정교화된 정상화 이념과 연결되는데, 이 이념에서는 정상적이고 일상적인 생활의 리듬을 존중할 것을 강조한다. 아침에 일어나고 저녁에 잠자리에 드는 등의 행위를 포함하는 하루 일과에서의 정상적인 리듬, 일주일에 낮 시간은 직장에 나가서 일하고 일주일의 밤 시간과 주말은 휴식을 취하는 일주일의 정상적인 리듬, 특정 시기에 휴가가 있고, 휴식기간을 가지는 등 정상적인 삶의 리듬이 동일하게 적용되어야 한다. 그리고 다양한 시설 내 지원서비스에도 일상적이고 정상적인 삶의 리듬이 유지될 수 있도록 서비스를 제공해야 한다.

이러한 정상화의 원칙에 따른 자립생활지원의 모습은 다음과 같다.

- 이용자가 자율권을 가지고 일과를 스스로 정할 수 있도록 한다.
- 주거와 활동을 분리하여 지역사회 장소에서 일과를 보낼 수 있도록 한다.
- 이용자가 자유롭게 외출하여 지역사회 시설을 사용할 수 있도록 한다.
- 개인적인 시간을 보낼 수 있고 활동할 수 있는 사적 공간을 제공한다.

② 개별화의 원칙

누스바움은 돌봄을 제공함에 있어서 개인의 역량이 고려되어야 한다고 주장한다. 같은 서비스라도 개개인의 특성에 따라 역량에 미치는 효과는 서로 다를 수 있기 때문이다. 거주시설서비스 또한 마찬가지이다. 서비스의 결정과 제공에 있어 이용자 개인의 삶의 상황, 연령, 성, 가족관계, 지역적 상황, 능력 등이 고려되어야 하며, 이 경우 장애인의 정당한 욕구가 충족되어야 한다.

개별화의 원칙에 근거한 자립생활지원의 모습은 다음과 같다.

- 이용자의 욕구에 부합하는 서비스를 파악한다.
- 이용자를 계속 성장할 수 있는 사람으로 인정하고 강점에 집중한다.
- 이용자의 자유와 자기결정을 최대한 발휘하게 하여 개성을 존중한다.
- 개별화된 지원을 제공한다.

③ 유연성의 원칙

자립생활지원에 있어 유연성의 원칙은 크게 이용자, 서비스 환경, 시설 운영 환경 측면에서 생각해 볼 수 있다. 먼저 이용자의 측면에서 자립생활을 지원하는 직원은 어떠한 당사자의 기호와 욕구에도 개방적이어야 한다. 이용자가 원하고 희망하는 생활은 매우 다양할 수 있다는 것을 인정하고, 매우 포괄적인 범위에서 자립생활을 지원할 수 있는 준비가 되어 있어야 한다. 그리고 서비스 환경도 거주시설 환경을 벗어나 다양한 장소에서 자립생활지원이 이루어져야 할 것이다. 그리고 실질적인 자립생활을 위해 다양한 인력들이 협력하여 지원할 수도 있을 것이다. 시설 운영환경 측면에서는 정해진 이용자들의 일과와 생활방식에 다양한 변화를 줄 수 있어야 한다. 거주시설이 가지고 있는 특성과 제한점에도 어느 정도의 환경 변화와 이용자들의 지원방식의 변화로 이용자들에게 실질적인 지원을 줄 수 있다. 즉, 거주시설의 새로운 변화를 위한 작은 노력으로도 거주시설 안과 밖에서 좋은 지원을 할 수 있다.

이러한 유연성의 원칙에 따른 자립생활지원의 모습은 다음과 같다.

- 이용자의 다양한 선택과 결정을 존중한다.
- 이용자의 생활에 최대한 유연한 사고와 지원 태도를 유지한다.
- 지역사회의 다양한 자원을 개발하고 활용한다.
- 이용자 중심의 거주 환경 변화를 중요하게 생각하고 시도한다.

④ 신뢰(평등)의 원칙

자립생활지원에 있어서 이용자와 지원을 하는 직원 간의 신뢰와 배려가 매우 중요하다. 제도적 · 계약적 관계보다는 인간적 · 자발적인 관계가 더 중요하다는 것이다. 신뢰가 부족한 조직에서는 규제와 규칙의 강화를 통한 통제에 많은 시간과 비용을 쏟게 되어 성과가 하락하게 되고, 낮은 성과는 다시 신뢰 저하로 이어져 공식적 규칙과 규제를 강화시킬 수 있다. 앞서 거주시설이 가진 특성 중 돌봄 제공자와 돌봄 수혜자 간의 권력 불평등성을 살펴보았다. 이러한 권력 불평등성을 해결하고 신뢰를 형성하는 좋은 방법 중의 하나가 이용자들이 시설 운영에 참여하면서 상호 간의 배려와 합의 문화를 만들어 나가는 것이다. '이용자 참여'는 그들이 어떤 서비스를 어느 정도 받아야 하는가에 영향을 주는 결정에 대한 이용자의 참여를 의미하는 용어이고, 이용자 참여의 기본 전제는 바로 서비스 제공자와 이용자의 불평등한 관계의 개선을 포함하고 있다.

신뢰(평등)의 원칙이 적용된 자립생활지원의 모습은 다음과 같다.

- 이용자와 직원은 평등한 관계라는 인식을 갖는다.
- 이용자가 시설 운영에 참여하여 그들의 거주공간을 만들어 간다.
- 이용자의 고충, 개선 의견을 정기적으로 수렴하고 존중한다.
- 이용자가 결정할 수 있는 많은 기회와 정보를 제공한다.

⑤ 지켜보기의 원칙

데라모토 아키히사 · 오카베 코우스케 · 스에나가 히로시(2012)의 · 좋은 지원 · 을 보면 중증장애인 이용자에게 질문을 하지 말라고 제시하고 있다. 이용자가 주체이기 때문에 "그 사람에게 묻는다"라는 생각이 당연한 것처럼 받아들여져 직원이 이용자에게 질문하는 모습을 자연스럽게 볼 수 있다. 그러나 직원이 무엇인가를 질문하고 이용자는 일단 말로써 답하고는 있지만 질문하는 것은 기본적으로 상대에게 대답하라는 메시지를 포함하고 있는 명령형 커뮤니케이션이라는 것이다. 때로는 의사소통에 어려움이 있는 이용자의 정확한 생각을 파악하기 위해서는 말로 질문하는 것보다 그 사람의 얼굴과 행동을 태연하게 지켜보는 편이 좋은 방법이라고 할 수 있다. 지켜보기의 원칙에는 세 가지 의미가 있는데 첫째, 필요한 신체 또는 가사 지원 등이 생길 경우에 대응할 수 있도록 대기 시간으로서 지켜보기, 둘째, 위험방지로서 지켜보기, 셋째, 의사소통으로서 지켜보기 등이 있다. 구체적으로 대기시간을 가지면서 지켜보기를 통해 실제로 필요한 지원을 할 수 있다. 위험한 상황에 종사자가 먼저 개입하면서 위험의 상황을 미리 막아 위험요소를 파악할 수 없을 때가 많은데 지켜보기를 통해서 혼자 생활하면서 발생할 수 있는 위험을 방지하기 위한 부분을 파악할 수 있다. 그리고 때로는 의사소통을 하면서 직원이 일방적으로 지원하는 것이 아니라 함께 있는 시간 동안 충분한 의사소통을 하면서 지켜보는 것은 정확한 욕구와 희망사항을 파악할 수 있는 좋은 기회가 될 수 있다.

지켜보기의 원칙이 적용된 자립생활지원의 모습은 다음과 같다.

- 이용자가 충분히 생각하고 대답할 수 있도록 기다린다.
- 이용자의 언어적 의사표현뿐만 아니라 비언어적 의사표현에도 관심을 갖는다.
- 이용자가 문제 상황을 스스로 해결할 수 있도록 기다린다.
- 이용자가 충분히 자신의 다양한 감정을 표현할 수 있는 기회를 제공한다.

라) 거주시설의 자립생활지원 실천

거주시설 이용자들의 자립생활지원을 위해 크게 두 가지 측면에서 실천이 필요할 것이다. 크게 자립생활지원을 위한 환경을 구축하는 것과 거주시설 지원영역에서 자립생활지원을 실천하는 것이다. 거주시설 지원영역에서 자립생활지원을 실천하는 방안은 자립생활지원서비스의 과정에서 자세히 살펴보고 여기서는 자립생활지원을 위한 환경 구축을 중심으로 살펴보고자 한다(한국장애인복지시설협회, 2016).

(1) 자립생활지원 환경 구축

자립생활지원 환경을 크게 7가지를 제시하고자 한다. 여기에서 지원환경이라 함은 지리적 환경, 물리적 환경, 서비스 환경, 거주 환경 등이 포함된다.

① 대규모의 시설→소규모의 시설

거주시설에서 자립생활의 이념을 적용하기 위해서는 우선 일반 가정집과 유사한 소규모의 시설 형태를 띠어야 할 것이다. 초기 시설 설립 시 소규모의 형태를 지향하여야 하며, 현재 대규모 시설의 경우 이와 같은 환경 구축에 현실적인 어려움이 있겠지만 장기적이고 단계적인 계획을 통해 시설을 지역사회에서 소규모 형태의 시설로 분산시키거나 이용자들의 소규모 시설 또는 일반주택으로의 이주를 고려할 수 있다.

② 집단 중심의 공간→개인 중심의 공간

자립생활을 위해서는 일상생활의 모든 측면에서 기본적인 인권과 자유권이 보장되어야 한다. 다른 사람들에게 자신의 생활을 공개하기를 원하지 않고 독립된 공간에서 혼자서 살고 싶다면 최대한 적절한 공간 확보를 위해 노력하여야 한다. 기본적으로 아주 개인적인 공간에서 방문을 잠글 수 있고, 개인의 시간을 충분히 조용히 누릴 수 있도록 사생활이 보장되어야 할 것이다. 초기 시설 설립 시 충분한 개인 중심의 공간을 고려한 비시설적인 디자인 설계를 고려해야 하며, 집단 공간이 많은 현 시설의 경우 리모델링 등을 통한 개인 중심의 공간을 확보해 주는 노력이 필요하다.

③ 전문가의 선택권→이용자의 선택권

자립생활의 핵심 원칙은 이용자가 자신의 선택권을 최대한 발휘하는 것이다. 장애가 중하고 의사표현이 어렵다는 이유로 일상생활과 서비스 지원과정에서 전문가의 일방적인 판단과 결정이 주를 이루어서는 안 된다. 거주시설의 모든 일과와 서비스 지원 시 이용자가 고민하고 선택할 수 있도록 충분한 시간과 정보를 제공해야 한다. 그리고 앞서 살펴보았듯이 이용자가 적절한 선택권을 최대한 발휘할 수 있도록 이용자가 원할 시 직원은 이용자와 상호 의존하고 협력적인 관계를 통하여 적절한 결정을 내릴 수 있도록 지원해야 한다.

④ 획일화된 생활패턴→평범한 생활패턴

거주시설은 집단생활이 이루어지는 한계가 분명 있겠지만 다양한 개인의 삶이 존재한다는 것을 인식하고 여러 일상에서 이용자 개인의 개성을 존중하여야 할 것이다. 생활 주체는 이용자이기 때문에 거주시설의 법적 기준과 규칙을 최소화하여 유연하고 융통성 있는 생활패턴이 다양하게 존재해야 할 것이다. 그러기 위해서는 이용자 개인이 선택한 일, 여가, 외출, 식사, 운동 등 여러 모양의 평범한 생활패턴을 최대한 존중해 줄 수 있도록 거주시설 운영 및 지원 방침에 변화를 주어야 할 것이다.

⑤ 집단화된 지원→개별화된 지원

자립생활지원에서 가장 중요한 것은 시설이나 직원 중심이 아닌 이용자 중심의 지원이 이루어져야 한다는 점이다. 시설 운영자나 직원들의 판단만으로 지원내용을 결정하거나 미리 짜여진 서비스에 이용자를 맞추는 식의 지원이 이루어지는 것이 아닌 자립생활에 목표를 두고 이용자에 초점을 맞춘 개별화된 지원이 중심이 되어야 한다. 이에 거주시설은 지원 방식을 개별화된 지원 방식에 두고, 개별화된 지원이 현실적으로 실천되기 위해 필요한 다양한 자원 확보를 위한 노력이 필요하다.

⑥ 수동적 · 의존적 이용자→능동적 · 참여적 이용자

자립생활에서 이용자의 능동적 참여는 매우 중요하다. 자립생활 이념에서 이용자는 단순 지원을 받는 수동적이고 의존적인 위치에 서 있는 사람이 아닌 적절한 지원을 통해 자신의 삶에 주체적이고 능동적으로 참여할 수 있는 주체이다. 이용자의 참여는 이용자의 생활 전반에서 이루어져야 하며, 이용자와 관련된 모든 정보는 공개되어야 하고 평등한 관계에서 논의할 수 있는 장을 마련하여야 한다. 시설은 구체적으로 거주시설 운영과 서비스 전 과정에서 이용자의 참여가 적극적으로 이루어질 수 있도록 방안을 마련하여야 한다.

⑦ 지역사회와 분리된 환경→지역사회와 통합된 환경

자립생활의 이념은 지역사회에서 지역사회 주민들과 평범한 삶을 누리고 삶을 함께 공유하는 것을 포함한다. 이를 위해 거주시설은 접근성이 떨어지는 위치에 있더라도 이용자에게 지역사회 각종 행사, 축제 등 다양한 활동에 참여할 수 있는 기회를 제공하여야 한다. 지역사회 주민과의 교류와 다양한 자원 활용을 통해 지역사회와 통합된 환경을 구축해야 한다. 이러한 부분은 원하는 이용자가 지역사회 일반주택으로의 이주 시 통합된 환경에서 자연스러운 지원을 할 수 있다.

2) 거주시설의 자립생활지원서비스의 과정

가) 거주시설의 자립생활지원서비스 전체 과정 개요

장애인 거주시설에서의 자립생활지원서비스의 전체 과정을 살펴보면 이용결정, 사정/재사정, 계획수립 · 실천, 점검과 평가, 종결 및 사후지원의 5단계로 구분할 수 있으며 이를 자세히 살펴보면 [그림 11-1]과 같다(한국장애인복지시설협회, 2016).

이용결정	– 이용문의 – 초기면접 – 예비방문(거주체험) – 이용결정회의 – 입주	– 지역에서 서비스 지원 우선 – 적절한 정보 제공 – 예비이용자의 욕구 반영
사정/재사정	– 이용자 관찰 – 이용자 및 가족상담 – 서비스기관 기록 검토 – 다양한 사정(진단) – 자원조사 – 이용자 관찰 – 이용자 및 가족상담 – 서비스기관 기록 검토 – 다양한 사정(진단) – 자원조사	– 이용자 꿈, 선호 – 문제보다 강점 중심 – 지역에서 자기 주도적 삶 – 원하는 것에 집중 – 이용자 꿈, 선호 – 문제보다 강점 중심 – 지역에서 자기 주도적 삶 – 원하는 것에 집중
계획 수립, 실천	– 전체 일정 계획 – 개별지원회의 실시 – 개별지원계획서 작성 – 서비스 동의 과정 – 개별 서비스 지원	– 지역에서 자립 – 선택과 자기결정 – 개성 존중 – 사생활 존중 – 삶의 질 확보
점검과 평가	– 일지 작성 및 점검 – 모니터링 보고서 – 개별지원 평가서 – 재사정 여부, 계획 수정 – 거주 형태 변경 등 – 일지 작성 및 점검 – 모니터링 보고서 – 개별지원 평가서 – 재사정 여부, 계획 수정 – 거주 형태 변경 등	– 이용자 의견 청취 – 만족도 조사 등 – 이용자 상황 변화 점검 – 서비스 목표 점검 – 지역활동 증가 점검 – 이용자 의견 청취 – 만족도 조사 등 – 이용자 상황 변화 점검 – 서비스 목표 점검 – 지역활동 증가 점검
종결, 사후지원	– 자립생활 – 전원 결정 – 가정 복귀 – 사망 – 서비스 종료 후 지원 계획	– 자립을 위한 지원 – 이용자의 선택, 결정 – 가족 상담 등 지원

[그림 11-1] 장애인 거주시설의 자립생활지원서비스 과정

출처: 한국장애인복지시설협회(2016).

나) 이용결정 단계

거주시설 이용결정 단계는 세부적으로 이용문의, 초기면접(intake), 예비방문, 이용결정 회의, 계약, 입주 등으로 구분된다. 우리나라에는 장애인 거주시설 이용의 적절성을 판단하는 공공적 사정체계가 없기 때문에, 당사자가 원하는 시설을 찾고 이용결정 절차를 진행하는 주체는 장애인과 가족, 시설이 된다.

자립생활지원의 원칙하에 이용결정 단계를 지원함에 있어 중요한 질문은 다음과 같다.

- 원 가정에서 생활하면서 다른 서비스를 이용하여 욕구를 충족할 수 없는가?
- 필요한 거주기간은 장기인가? 단기인가?
- 장애인은 장기적인 거주서비스 이용을 희망하는가?

특히, 장애인과 가족이 장기적인 거주서비스 이용을 모두 동의하는지는 명확히 확인해야 한다. 이용결정 단계는 일반적으로 '입소조치'라고 불리는 예전의 행정적 조치로서가 아닌 이용자 개인의 선택, 지역에서 자립, 사회통합의 방향을 유지 하면서 진행되어야 한다.

(1) 이용문의 의뢰

이용문의에서의 기본원칙은 이용 희망 장애인과 가족은 충분한 정보를 제공받아야 하며, 시설은 장애인 개인의 결정과 선택을 존중하여 서비스를 제공하여야 한다는 것이다. 서비스의 구체적인 내용은 다음과 같다.

- ▸ 이용 희망 장애인 및 가족이 전화, 홈페이지 등을 통해 개별시설로 직접 이용을 문의하는 경우 상담자가 관할 동사무소를 통해 지방자치단체에 의뢰하도록 안내한다.
- ▸ 실비 이용자의 경우 대기자 명단을 확인하고 대기 순번에 의해 상담을 진행한다.
- ▸ 지방자치단체를 통해 이용의뢰를 받은 경우 상담을 진행한다. 상담 시점에 시설 이용을 원하는지 확인하고, 당해 시설의 이용자로 적절한지 연령, 장애 정도, 장애유형 등을 확인한다.
- ▸ 시설 이용 의사와 적정성이 확인된 이용 희망자의 경우 이용 결정절차를 정확히, 최대한 당사자가 이해할 수 있는 방식으로 설명하고, 시설에 대한 정보를 제공한다.
- ▸ 초기면접을 위해 일정을 협의한다.

여기에서 유의해야 할 점은 이용의뢰 및 결정 단계에서 가족들과 장애인 당사자의 스트레스가 상당히 높을 수 있다는 것이다. 시설 정보를 과장해서 제공하는 것도 문제지만 가족과 이용 희망 장애인이 안심할 수 있도록 최대한 친절하고 상세하게 안내해야 한다.

(2) 초기면접

초기면접은 거주시설 이용 희망 장애인과 가족의 편의를 최대한 반영하여 일정 및 장소를 결정해야 한다. 서비스의 구체적인 내용은 다음과 같다.

- ▸ 초기면접은 대기 순서에 의해 우선순위가 결정되며, 이용 희망 장애인과 가족의 상황에 따라 일정을 협의한다.
- ▸ 초기면접은 이용 희망 장애인의 기본적인 인적사항을 확인하고 상담을 통해 초기 사정 영역을 결정하고, 이용결정 절차와 시설에 대한 정보를 제공한다.
- ▸ 초기사정 시 수집해야 할 정보는 이용 희망 장애인 및 가족의 이용욕구와 희망(일상생활의 형태, 숙소 형태, 필요한 교육과 훈련, 원하는 이용기간, 원하는 활동 등), 당사자와의 관련된 일반적인 정보(인적사항, 소득, 개인력, 가족을 포함한 사회적 관계망, 학습능력, 생활능력, 적응행동 정도, 도전적 행동, 기타 위험요소 등)이다.
- ▸ 담당자는 수집된 정보를 기록하고 시설의 능력을 고려하여 시설이용의 적합성을 검토하여 예비방문(거주체험)을 결정하고 일정을 협의한다.

이 단계에서 이용 희망 장애인을 위하여 필요한 경우 시설 직원이 이용 희망 장애인이 현재 거주하고 있는 가정을 방문하여 상담을 진행하는 것을 고려해야 한다. 현재 거주하고 있는 가정에 방문하여 상담을 실시하면 이용 희망 장애인이 더 편하게 상담에 임할 수 있으며 현재 살고 있는 곳을 확인하면서 이용 희망 장애인의 선호나 상황을 이해하는 데 도움이 될 수 있다. 시설에서 초기면접을 실시할 경우 사전에 안내하여 초기면접과 예비방문의 일정을 이어서 진행할 수 있도록 안내하여 이용 희망 장애인에게 편의를 제공할 수 있다.

(3) 예비방문

예비방문에서의 기본원칙은 예비이용자가 시설의 서비스를 최대한 이용하여 경험할 수 있도록 하며, 체험기간 동안에 선택권과 자기결정권이 보장되어야 한다는 것이다. 서비스의 구체적인 내용은 다음과 같다.

- ▸ 예비방문은 장애인 거주시설 최저기준에 의해 최소한 반나절(되도록 하룻밤을 포함) 이상 제공되어야 한다.
- ▸ 예비이용자는 이용자, 직원 만남, 지역사회 둘러보기 등 관계적 요소에 대한 정보와 식당, 침실, 공용장소, 마당 등 시설에 대한 정보를 제공받는다.
- ▸ 예비이용자는 시설이 개인의 요구사항을 얼마나 충족시킬 수 있는지, 이용자에 대한 여러 보관기록을 어떻게 관리하는지 등의 정보를 제공받는다.
- ▸ 담당자는 예비방문 기간 동안 장애인의 욕구, 서비스 참여 및 만족 수준, 개인의 생활양식, 일상생활, 가정생활, 대인관계, 심리적 특성, 금전 사용 등을 관찰하여 기록한다.
- ▸ 시설은 예비방문 기간 동안 발생할 수 있는 개인 비용에 대하여 안내하여야 하며, 예비방문 평가 동의서를 받는다.

장애인 거주시설 최저서비스 최저기준은 반나절의 체험기간을 제시하고 있으나 예비이용자의 적응 등 다각적 평가를 위해 1주일 이상의 거주 체험이 이루어지는 것이 바람직하다. 가능하다면 예비이용자가 이용결정이 된다면 실제 생활하게 되는 방, 거실 등에서 체험하는 것이 더 좋다. 또한 예비이용자가 시설을 선택하기 위해 실시하는 예비방문이지만, 기존 이용자들에게도 예비이용자와 함께 사는 것을 선택할 수 있는 절차를 마련하여야 한다.

(4) 이용결정회의

이용결정회의는 예비이용자의 욕구와 특성에 맞춰 시설이 제공할 수 있는 서비스가 적합한지 검토하는 과정이며 이용 여부를 최종 결정하게 된다. 서비스의 구체적인 내용은 다음과 같다.

- ▸ 이용결정회의는 시설장의 책임하에 초기사정 및 예비방문에서 평가, 기록을 담당한 모든 직원이 참여한다.
- ▸ 기존 이용자 중에서 예비이용자와 같이 생활하게 되는 이용자 또는 이용자 자치회에서 참여하여 이용여부를 결정하는 데 의사를 표현하도록 한다.
- ▸ 사정 및 평가서, 회의록, 소견서, 이용자의 의견 등을 종합하여 이용 여부를 최종 결정한다.
- ▸ 시설은 예비이용자의 가족에게 시설의 의무, 이용자 및 가족의 권리와 의무 등을 안내하고 이용 및 서비스 계약서를 작성한다.
- ▸ 이용이 최종 결정되면 지방자치단체에 보고하여 행정절차를 진행하여, 이용자가 서비스를 받는 데 불편하지 않도록 지원한다.

이용결정회의는 시설장, 사무국장, 사회재활교사, 간호사, 물리치료사, 선임 및 담당 생활재활교사, 이용자 대표 등 다양한 이해관계자가 참여하여 논의하는 것이 중요하다. 개별 시설은 서비스의 전문화와 기존이용자와의 관계 등을 고려하여 장애유형이나 연령 등을 한정하여 이용결정을 하지만, 장애가 중증이라는 이유로 이용을 거부하지 않고 오히려 중증 장애인에게 이용 기회를 우선 제공하는 것이 바람직하다.

(5) 입주

입주과정에서는 이용자와 가족의 긴장감과 거부감을 완화시킬 수 있도록 충분한 정보와 상담을 제공하고, 적응을 돕기 위해 노력해야 한다. 서비스의 구체적인 내용은 다음과 같다.

- ▸ 지방자치단체의 이용결정 공문을 수령한 후 이용자 또는 가족에게 연락하여 시설 입주 날짜를 상의한다.
- ▸ 이용결정 기간 동안에 미비했던 서류가 있으면 시설 입주일에 맞추어 준비할 수 있도록 안내한다.
- ▸ 이용자가 생활하게 될 방의 크기, 옷장, 사물함 등에 대한 정보를 제공하여 이용자가 원하는 개인물품을 가지고 입주하도록 한다.

입주과정에서는 시설의 이용을 시작하게 되는 이용자와 가족에게 입주 초기에 갖기 쉬운 긴장감과 거부감을 완화하고 적응을 돕기 위한 세심한 노력이 필요하다. 가족에게 가족모임을 소개하고 함께 활동함으로써 서로를 지지, 격려할 수 있도록 지원한다. 또한 입주 초기에 오해하기 쉬운 것으로, 이용자와 가족에게 시설 및 직원은 공식적 비용 이외에 어떤 형태로든 개인적 사례나 향응 등을 받지 않는 다는 것을 안내하여야 한다.

다) 개별지원 단계

입주 후 실제적인 개별지원 단계는 사정과 계획 수립, 서비스 제공과 모니터링, 평가 등이 연속적이고 순환적으로 이루어진다. 이러한 구체적인 서비스에 대한 내용이나 지원방법은 각 영역별 매뉴얼에서 자세히 다루기 때문에 여기서는 개별지원과 관련된 기준을 정리하는 것으로 하였다.

(1) 개별서비스지원 기준

이용자가 입주 후 시설에서 살아갈 때 중요하게 고려해야 하는 것으로는 〈표 11-7〉에서 보는 것과 같이 첫째 자기결정, 둘째 자립, 셋째 개성 존중, 넷째 사생활 존중, 다섯째 지역 중심, 여섯째 삶의 질 확보 등이 있다.

〈표 11-7〉 개별서비스지원 기준

지원 원칙, 기준	중요 내용
자기결정	– 이용자, 당사자의 선택과 결정, 책임 – 자신의 삶을 본인이 통제할 권리 존중
자립심	– 스스로 할 수 있도록 기다림 – 직원들에게 의존해서 생활하지 않도록 지원(행위의 주체가 누구인지 명확히 하는 것이 중요함)
개성 존중	– 1실의 인원을 최소화하는 것이 큰 영향을 미침 – 집단생활에서 올 수 있는 비슷하게 대우받는 것을 지양, 개인으로 대우
사생활 존중	– 이용자의 공간에 허락을 구하여 출입 – 운영자, 직원 등이 이용자 공간의 주인이 당사자라는 인식 전환 필요

지원 원칙, 기준	중요 내용
지역 중심	– 지역의 회사, 공장에서 일함 – 헬스장, 미용실 등 동네 시설을 이용
삶의 질 확보	– 원하는 것을 할 수 있도록 지원(의사소통 필요) – 옹호자, 후견인 등 서비스 필요 – 고충 및 문제 제기를 자연스럽게 할 수 있는 분위기

출처: 한국장애인복지시설협회(2016).

(2) 개별지원

① 사정

- 사정은 서비스 제공자가 이용자에게 필요하다고 판단하는 것보다 이용자가 원하는 것에 주목한다. 이용자의 문제보다는 이용자의 강점에 주목한다.
- 자립생활지원을 방향성으로 갖고 사정 단계를 지원하는 것에서 중요한 점은 이 단계가 전문가 중심이 되기 쉬운 과정이라는 것이다.
- 과거의 접근은 운영자나 직원이 이용자에게 필요한 것을 가장 잘 알기 때문에 이용자들을 위한 서비스를 만들어 일방적으로 제공하여 이용자를 변화시키는 것을 목표로 하였다. 하지만 자립생활지원의 접근은 당사자가 본인이 원하는 것을 가장 잘 알기 때문에 당사자가 서비스를 선택하고 결정하며, 직원은 그것을 지원하고 보조하는 것으로 역할이 변화하고 있다.
- 이러한 접근에서 이용자의 꿈, 선호, 강점 등은 사정단계에서 가장 중요한 키워드로 등장하게 된다.
- 과거의 접근은 자원을 조사하거나 여러 사정의 목표가 시설 안에서 어떻게 편안하고 안전하게 살도록 할 것인가에 머물렀다. 하지만 자립생활지원의 접근은 무엇을 어떻게 하여야 지역에서 자기 주도적으로 살 수 있는가, 지역에서 자립하기 위해서는 어떤 준비가 필요한가, 각 개인이 지역의 직장을 다니고, 지역에서 여가활동과 취미활동하는 것에 인적 · 물적 자원은 어떤 것이 얼마나 필요한가 등에 주목하는 것이다.

- 지역에서 활동하는 하는 것에 대해 위험을 사정하고 이를 해결하기 위해 어떤 자원이 필요한가를 고민할 필요가 있을 수 있다. 앞에서와 같이 자립생활지원을 방향성으로 갖는다면 목표와 관심이 다르기 때문에 필요한 정보가 달라지고 따라서 필요한 사정의 내용이 달라질 것으로 보인다.

② 계획 수립 및 서비스 제공

- 여기서 중요한 것은 서비스 제공자의 입장이 아닌 서비스 이용자의 입장에서 지원계획과 서비스가 이루어져야 한다는 것이다.
- 이용자 스스로 자신의 삶을 통제하는 것은 개인의 삶의 질을 결정하게 된다.
- 거주시설의 집단생활이 갖게 되는 태생적 한계는 이용자의 개성은 무시당하며 모두 비슷하게 대우받고, 사생활이 존중되지 않으며 개인으로 대우받지 못한다는 것이다. 이러한 상황에서는 누구나 자존감을 상실해 가고 자립심을 잃게 된다.
- 이용자에게 제공되는 모든 서비스와 지원에 대해 그것이 이용자의 자립심을 훼손하지 않는지 의심하고, 점검해야 한다.
- 자립생활지원을 방향성으로 갖고 개별지원계획을 수립하는 것은 이용자 및 가족, 관련자의 참여와 이용자의 직접적인 선택과 결정이 매우 중요하다.

③ 점검과 평가

- 주목할 것은 점검과 평가의 기준이 서비스 제공이 이용자의 욕구, 꿈, 선호 등을 계획한 것처럼 잘 반영하였는가, 하는 것이다.
- 개별이용자에 대한 서비스가 일관되게 이용자의 지역사회 참여 증대와 자립, 자기결정을 확대하는 방향성을 유지하고 있는가 하는 것이다.
- 서비스 제공자의 입장이 아닌 서비스 이용자의 입장에서 지원계획과 서비스가 이루어지고 있는지를 점검하고 평가하는 것이다.
- 시설에서 놓치기 쉬운 지점은 이러한 점검, 평가는 어려운 것이어서 직원이, 전문가가 중심이 되기 쉽다는 것이다. 하지만 가장 중요한 것은 점검과 평가의

가장 중요한 주체는 이용 당사자여야 한다는 것이다.

라) 이용종료 단계

이용종료 단계는 세부적으로 자립생활, 전원, 가정복귀, 사망, 이용종료 후 지원 계획 등으로 나뉜다. 평가 단계에서 서비스의 종결이 결정된 경우 이용종료 후 지원에 대한 계획을 세워야 한다. 서비스의 종결은 다양한 경우가 있을 수 있어서 상황에 맞는 서비스지원이 필요하다.

(1) 자립생활

중증장애인이라 하더라도 본인의 의지가 있고, 적절한 지원이 있다면 자립이 가능하다. 자립생활을 원하는 이용자는 자립할 수 있도록 지원해야 한다. 서비스의 구체적인 내용은 다음과 같다.

- ▶ 상담, 개별지원계획 회의 등을 통해 이용자가 자립을 원하는지 확인한다.
- ▶ 개별지원계획 회의를 통해 자립생활의 의지, 여건, 준비상황, 가족의 의견 등을 점검한다.
- ▶ 자립에 대한 이용자의 욕구가 확인되고, 개별지원계획 회의를 통해 실현 가능하다고 판단되면 자립과 관련된 서비스를 지원한다. 여기는 활동지원서비스 신청, 장애 재판정 신청, 일부 지자체의 경우 자립정착금 신청, 자립생활센터와의 연계, 임대주택 신청, 이용종료 행정절차 지원 등이 포함될 수 있다.

자립을 지원할 때 자립생활센터와 연계하여 지원하면 이용자에게 보다 다양한 지원을 할 수 있다. 평소에 지역의 자립생활센터와 연계되어 있으면 도움이 될 수 있다. 본인이 자립을 원하지만 현실적으로 곧바로 자립하기 어려운 경우에는 필요한 훈련이나 서비스를 통해 구체적으로 자립을 준비할 수 있도록 지원한다. 그럼에도 자립은 본인의 의사와 의지가 가장 중요하다. 또한 가족들은 자립에 대하여 부정적 시각이 있을 수 있으므로 가족에게 적절한 정보를 제공하고, 교육 · 상담 등을 통해 가족의 지지를 받도록 노력해야 한다.

(2) 전원

이용자가 전원을 원하는 경우 개별이용자의 욕구와 상황에 맞는 적절한 서비스를 제공할 수 있는 기관으로 전원할 수 있도록 지원한다. 서비스의 구체적인 내용은 다음과 같다.

- ▶ 이용자가 전원을 원하는 것이 확인되면 개별지원계획 회의를 통해 전원이 이용자의 삶의 질을 높일 수 있는지, 이용자가 진정으로 전원을 원하는지 논의한다.
- ▶ 전원에 대한 이용자의 욕구가 확인되고, 이용자에게 더 유리할 수 있다고 판단되면 적절한 기관이 있는지 정보를 수집하여 이용자에게 제공한다.
- ▶ 이용자가 전원할 기관을 지정하면 해당기관의 이용절차, 전원관련 규정 등에 맞추어 서비스를 지원한다.
- ▶ 전원이 완료된 시점에는 이용자의 동의를 얻어 이용자의 개인기록을 전원기관에 이전하며, 이 과정은 공문을 통해 진행한다.

전원은 여러 이유와 형태가 있을 수 있지만 중요한 것은 이용자의 욕구에 기초하여 논의되어야 하며, 가족의 동의를 얻어서 진행해야 한다.

(3) 가정복귀

이용자와 가족의 의사에 따라 언제든지 가정에 귀가할 수 있다. 이것은 명절 등에 잠시 방문이 될 수도 있고 완전한 이주를 뜻할 수도 있다. 여기서 중요한 것은 이용당사자와 가족의 의사에 따라 언제든지 가정으로 돌아 갈 수 있으며 이때에는 적절한 지원을 통해 보다 안정적으로 가정에 귀가할 수 있도록 해야 한다는 점이다.

이용자가 시설의 규칙을 지키지 못하여 시설이용을 종료할 수는 있으나, 이를 악용하여 이용자의 자유를 제한해서는 안 되며, 가족에게도 이러한 이유로 압력을 가하지 않아야 한다. 이용자 또는 가족의 경우 이러한 점을 오해할 수 있기 때문에 세심하게 배려할 필요가 있다. 또한 이용종료를 결정하여 가정에 귀가하는 것은 본인의 의사 또는 누구나 인정할 만한 정당한 사유가 있을 때 진행할 수 있다. 또한 운영자 또는 상급직원 몇몇에 의해서 결정되어서는 안 되며, 개별지원계획 회의와 같은 수준의 이용종료 회의에서 결정해야 한다.

(4) 사망

이용자의 사망 시 본인의 종교적 · 개인적 성향을 고려하여 장의 절차 등의 서비스를 제공한다. 서비스의 구체적인 내용은 다음과 같다.

- ▶ 의사의 진단에 따라 더 이상 치료가 어려워진 이용자의 경우 최대한 편안하게 상황을 받아들일 수 있도록 호스피스 서비스를 제공한다.
- ▶ 이용자의 사망 시 본인의 종교적 성향과 개인 취향, 가족의 선택에 따라 적절한 장의 절차를 취해야 한다.
- ▶ 사망신고 및 이용종료보고 등의 행정절차를 시설에서 담당하며, 개인재산을 남긴 경우 법적 절차에 의해 상속 등을 지원할 수 있다.

장의 절차를 전적으로 가족이 진행하고자 할 수 있는데 이러한 경우 정부에서 지원되는 장의비를 가족에게 지급하고 시설에서는 가족이 필요로 하는 것을 지원한다.

(5) 이용종료 후 지원계획

시설 이용이 종료될 시 이용종료 후 지원계획을 세워 그에 따라 지원한다. 서비스의 구체적인 내용은 다음과 같다.

- ▶ 자립, 전원 등의 서비스 종료 시 필요한 경우 이용종료 후 지원계획서를 작성한다.
- ▶ 이용종료 후 지원계획은 이용자 및 가족, 이해관계자와 협의하여 본인의 의사를 최대한 존중하여 계획한다.
- ▶ 이용자가 원하는 것을 중심으로 지원하며, 이용자가 새로운 환경과 관계에 적응하도록 돕는다.
- ▶ 종료 후 지원은 주기적인 전화상담, 방문상담 등을 포함할 수 있으며 개별이용자에게 맞추어 계획한다.

때로는 이용종료 후 지원이 새로운 환경에 대한 적응에 방해가 될 수 있기 때문에 서비스 주도기관의 지원인력과 연계를 통해 지원하는 것이 도움이 될 수 있다.

4. 장애인 거주시설의 과제와 개선방안

장애인 거주시설은 최근 큰 변화의 기로에 서 있으며, 이는 탈시설화와 정상화 및 자립생활 이념에 따라 거주시설에서의 장애인의 삶이 비장애인과 다르지 않고 동등한 삶이 보장되어야 한다는 것이다. 즉, 아주 소소한 것이라도 자신의 삶을 스스로 선택하고 결정하며, 지역사회 속에서 함께 살아가도록 하는 것이 장애인 거주시설의 핵심적 가치이자 궁극적 목표라고 할 것이다. 이를 실현하기 위한 장애인 거주시설의 과제와 개선방안을 제언하면 다음과 같이 정리할 수 있다.

1) 소규모화 정책에 따른 문제 해결

장애인 거주시설의 소규모화 정책에 따른 문제가 개선되어져야 한다. 집단거주에 따른 문제를 해소하고, 탈시설화와 정상화 이념을 실현하기 위해 대형시설 위주의 장애인 거주시설의 정책이 소규모시설(30인 이하)이나 공동생활가정 중심으로 전환되어 신규시설은 이용정원을 30인 이하로 제한하고, 기존의 대형시설은 지속적으로 소규모화를 독려하고 있으나, 이를 지원하기 위한 정부의 정책은 이러한 부분을 반영하고 있지 못해 오히려 공동생활가정이나 소규모시설이 대형시설에 비해 인력과 예산 부족현상을 겪게 되어 기존의 대형시설의 소규모화를 저해하고 있는 것이 현실이다. 따라서 소규모시설에 대한 인력과 예산을 현실화시켜야 할 필요성이 있다.

2) 단기거주시설의 본연의 기능 확립

둘째, 장애인 단기거주시설의 본연의 기능 확립이 필요하다. 시설 현황에서 살펴보았듯이 2015년 기준으로 전국에 장애인 단기거주시설은 141개소에 1,548명이 거주하고 있다. 단기거주시설은 보호자의 일시적 부재 등으로 도움이 필요한 장애인에게 단기간의 거주서비스를 제공하는 것이 목적이지만, 거주시설 소규모화 정책에 따른 기존 대형시설의 정원 감축 및 신규 소규모시설의 확충의 어려움 등으로 장기간 거주서비스를 제공하는 유형별 거주시설이나 중증장애인 거주시설 등의 이용이 어려워 그 수요를 단기거주시설이 대체하고 있어 본연의 목적인 단기보호서비스가 실제로는 제공되지 않고 장기 거주시설화되어 가고 있다는 문제점이 있다. 이는 결국 보호자의 질병이나 일시적으로 부득이하게 보호를 받지 못할 상황에 놓인 장애인들이 서비스를 받지 못하는 상황으로 이어지고 있다. 따라서 장기간 거주서비스를 제공할 수 있는 시설의 지속적인 확충을 통해 단기거주시설이 본연의 기능을 할 수 있도록 하여야 한다.

3) 보통의 집과 유사한 거주공간으로 변화

장애인 거주시설의 물리적 환경변화가 필요하다. 장애인 복지서비스는 원래의 가정이나 또는 지역사회의 일상적인 거주공간에 살도록 지원하는 것을 원칙으로 하여야 한다. 그럼에도 불구하고 불가피하게 거주시설을 이용하는 경우에도 거주시설을 통하여 제공되는 거주공간은 최대한 가정집과 같은 환경이어야 한다. 그러나 우리나라 제도를 보면 거주시설은 근원적으로 집과 같은 공간이 아니다. 현행 「장애인복지법」 시행규칙에 따르면 1인당 거실 면적은 가구 점유 면적을 합산하여 3.3m^2 이상이면 된다. 그리고 한 방에는 성인의 경우 8명까지 공동으로 생활할 수 있다. 이는 가정과는 판이하며, 정확히 시설적인 방식이다(한국장애인복지시설협회, 2013). 공간에 대한 한국, 영국, 일본의 법정 최저기준을 비교하면 〈표 11-8〉과 같다.

〈표 11-8〉 한국과 외국의 거주공간 기준 비교

한국	영국	일본
• 생활시설 거실 면적 – 6세 미만: 1인당 $2m^2$ 이상 – 6세 이상: 1인당 $3.3m^2$ 이상 • 생활시설 1실 정원 – 6세 미만: 10명 이하 – 6세 이상: 8명 이하 • 공동생활가정 면적과 정원 – 1인당 거실 면적: $3.3m^2$ 이상 – 1개방 거주인원 2인 이하	• 침실과 거실을 합하여 1인당 $14m^2$ 이상 • 휠체어 사용자의 경우 $17.1m^2$ 이상 • 원칙적으로 1인 1실	• 거실 1인당 바닥 면적: 수납설비를 제외하고 $9.9m^2$ 이상

출처: 한국장애인복지시설협회(2013).

또한 거주시설은 격리된 공간에 설치되어서는 안 되고, 일상적인 삶이 가능한 일상 주거지역에 소규모로 설치되어야 하며, 별도의 공용화장실, 별도의 세탁실, 별도의 식당 등이 있어야 하는 현행 법정 기준과 달리 가능한 한 아파트나 단독주택과 같이 각 집마다 화장실, 세탁공간, 식사공간 등이 있어야 하며, 이런 집과 같은 모습이 통상적인 시설의 모습이 되도록 법령을 정비하고 이에 따라 기존 시설의 물리적 환경을 변화시킬 필요가 있다.

4) 연속적인 다양한 유형의 거주서비스 확립

지금까지 장애인 거주시설은 그 자체로 고립된 공간으로 인식되어졌고, 지역사회에서 살 것인가와 시설에 들어갈 것인가는 최후의 거주장소를 결정하는 극단적인 결단을 통하여 접근하는 것으로 이해되었다. 이 문제를 해결하기 위해서는 거주라는 측면과 서비스라는 요소가 분리되어야 한다(National Institute of Social Work, 1988). 그래서 거주라는 측면도 개인의 욕구에 부합하게 설계되어야 하며, 서비스라는 요소도 마찬가지로 욕구와 부합하는 것이 되어야 한다. 예를 들어, 거주 측면에서 보면 어떤 사람은 거주공간에 공간 개조나 특별한 장비들이 부가되어야 하는 경우가 있는가 하면, 보통의 거주공간으로 충분한 경우도 있다. 그리고 서비스 측면에서 보면 어떤 사람은 일상생활에서 밀착된 집중적인 서비스가 필요한 경우가 있는가 하면, 일상생활에 대해서는 거의 지원이 불필요한 경우도 있다. 이처럼 거주의 욕구와 서비스의 욕구를 분리하고, 개인마다 다른 형태의 서비스가 제공될 수 있어야 한다. 거주시설의 서비스는 개인의 필요에 부응하여야 하며, 제도적으로 부응하는 체계를 갖추기 위해서는 거주시설의 종류가 다양해져야 한다(한국장애인복지시설협회, 2013).

장애인의 거주서비스 유형은 거주와 서비스의 욕구에 따라 매우 다양할 수 있다. 어떤 사람은 서비스가 거의 필요 없는 경우도 있으며, 24시간 서비스가 필요한 경우도 있다. 또 거주형태는 통상적인 주거공간이 필요한 경우도 있고, 특별히 개조되거나 특수한 설비가 포함된 거주공간이 필요한 경우도 있다[그림 11-2].

[그림 11-2] 거주공간과 서비스에 따른 거주서비스 유형 구분

출처: 한국장애인복지시설협회(2016).

- A유형은 일상적인 주거형태이면서 서비스의 강도가 높은 경우이다. 지역사회의 일반가정과 유사한 공간에 살면서 지속적인 서비스를 받는 경우가 해당될 수 있다.
- B유형은 일상적인 주거형태이면서 서비스도 거의 필요 없는 경우이다. 지역사회에서 체험홈이나 공동생활가정과 같은 독립된 형태로 살면서 특별한 지원서비스를 받지 않는 형태이다.

- C유형은 신체나 감각 장애 등의 이유로 특별히 개조되거나 별도의 설비가 포함되어 있는 공간에 거주하면서 지원서비스의 필요성은 낮은 경우이다.
- D유형은 개조되거나 별도의 설비가 포함되어 있는 공간에서 지속적인 지원서비스를 받는 유형이다.

이처럼 거주시설의 형태는 다양하게 설계될 수 있으며, 특정 거주시설 내에서도 개인의 욕구에 따라 다양한 서비스가 제공되는 방식이어야 한다.

제공하는 서비스의 기간과 목적에 따라서도 다음과 같은 형태가 존재할 것이다.

- 비교적 장기거주(1년 단위 거주 계약, 필요시 거주지 변경 가능)
- 1개월 이하 또는 1개월 단위 거주(단기보호)
- 생활훈련을 목적으로 하는 단기거주(훈련형 그룹홈 또는 체험홈)

서비스의 강도, 내용, 제공 기간 등에 따라 다양한 거주시설의 형태가 필요하며, 특수거주의 일종인 거주시설은 [그림 11-3]과 같이 지역사회의 일반거주 형태와 연속되어 있어야 한다.

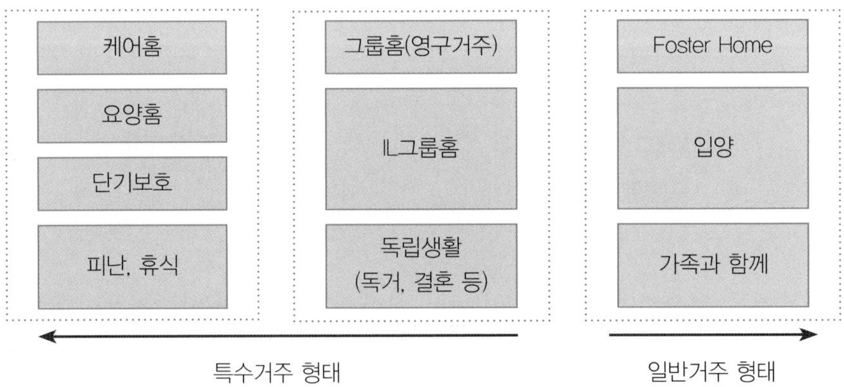

[그림 11-3] 다양한 거주 형태

출처: 황규인(2012).

거주시설에서의 삶의 경험이 안전하고 편안하기 위해서는 개인의 차별적인 욕구를 고려하는 것이 중요하다. 장애유형에 따라 특별한 서비스가 필요한 경우가 많이 있기 때문이다. 발달장애와 정신장애를 동반하여 자신 또는 타인에게 상해를 입힐 수 있는 위험이 있는 경우에는 신체적 개입과 같은 특별한 지원서비스가 부가되어야 한다. 그리고 고연령의 일부 발달장애인에게는 조기노령화에 따른 지원서비스도 고려되어야 한다(황규인, 2012).

그리고 장애아동은 부모 또는 성인의 보호 아래 안정감 있게 지낼 수 있도록 지원하는 것이 바람직한 반면, 성인은 최대한 독립적인 가정에서 본인의 의사와 결정에 따라 생활할 수 있도록 지원하는 것이 중요하다. 거주시설서비스 구축에도 이런 점이 반영되어야 한다. 자기 가정에서 살기 어려운 장애아동의 경우에는 입양과 위탁보호가 우선적인 대안이 되어야 한다. 반면, 성인은 주택임대, 공동주택, 거주시설서비스(그룹홈, 케어홈, 요양홈 등) 등 독립적인 성인으로서의 욕구를 충족할 수 있는 방법이 우선적인 대안으로 고려되어야 한다.

CHAPTER 12 장애인 지역사회재활시설

지역사회재활은 지역사회의 변화를 목적으로 장애인이나 그 가족 그리고 지역사회 내의 전문가와 지역사회가 일반화된 기술을 바탕으로 이미 존재하는 여러 서비스의 협력체계를 구축하여 통합된 서비스를 제공함으로써 장애인이 사회의 한 구성원으로 참여할 수 있도록 하는 사업이다. 그 특성은 새로운 기구설립보다는 기존 복지서비스 전달체계를 개선하고, 관련 단체들 간의 협력체계 구축하여 지속적 · 통합적으로 장애에 대한 물리적 · 사회적 환경을 개선하고 지역사회 내 장애인 또는 장애인자조그룹의 참여를 유도하여, 장애인에 대한 의료재활, 교육재활, 직업재활, 사회재활 등 다면적인 서비스를 제공하는 것이다. 따라서 지역사회재활은 지역사회 장애인에게 1차적인 의료 중심 재활서비스를 제공하는 기본적인 역할을 넘어서 장애인에게 동등한 기회부여와 적극적인 사회참여를 유도하기 위한 전략으로서 지역사회의 환경 변화를 강조하고 있다.

이에 지역사회재활시설은 장애에 대한 패러다임의 변화와 서비스접근방식의 변화로 나타나게 되었다. 우선 장애를 바라보는 관점이 개별 및 의료모델에서 사회적 모델로 재활모델에서 자립생활모델로의 전환, 탈시설화, 정상화 이념을 바탕으로 지역사회라는 환경의 중요성을 강조하며 장애인의 적합한 환경에 대한 자기결정과 선택을 강조하기 시작하였다. 또한 장애인복지서비스의 발전에 따라 의료적 관점의 서비스에서 지역사회 관점 서비스로의 변화를 통해 지역사회에서 살아가기 위한 전문적 훈련서비스를 제공하는 형태로 변화되었고 이후 장애를 가지고 있는 사람들도 지역사회 구성원, 즉 당사자로서 지역사회에서 통합하기 위한 기능적 지원을 강조하고 있기에 지역사회 내에서 재활을 받을 수 있는 지역사회재활시설의 필요성이 더욱 대두되기 시작하였다.

1. 장애인 지역사회재활시설의 개념 및 종류

1) 장애인 지역사회재활시설의 개념

장애인 지역사회재활시설은 「장애인복지법」 제58조 제2항에 의하면 장애인을 전문적으로 상담 · 치료 · 훈련하거나 장애인의 일상생활, 여가활동 및 사회참여활동 등을 지원하는 시설이라고 정의하고 있다. 탈시설화와 지역사회 중심 재활 이념에 따라 1990년도부터 우리나라에 본격적으로 나타나 시설 중심에서 지역사회 중심으로 장애인복지실천을 추진하고 있으며 2011년 「장애인복지법」 개정과 함께 장애인 지역사회재활시설의 유형이던 장애인 공동생활가정과 단기보호시설이 장애인 거주시설로 편입되고 2012년 「장애인복지법」 개정에서는 장애인 및 장애아동에 대한 재활치료시설이 증가함에 따라 장애인 재활치료시설이 추가되어 신설되었다.

2) 장애인 지역사회재활시설의 종류

장애인 지역사회재활시설은 장애인복지관, 장애인 주간보호시설, 장애인 체육시설, 장애인 수련시설, 장애인 생활이동지원센터, 수화통역센터, 점자도서관, 점서 및 녹음서 출판시설, 장애인 재활치료시설로 구분되며 다음과 같이 정의하고 있다.

장애인복지관	장애인에 대한 각종 상담 및 사회심리 · 교육 · 직업 · 의료재활 등 장애인의 지역사회생활에 필요한 종합적인 재활서비스를 제공하고 장애에 대한 사회적 인식개선 사업을 수행하는 시설.
장애인 주간보호시설	장애인을 주간에 일시 보호하여 장애인에게 필요한 재활서비스를 제공하는 시설. 일상생활 및 사회생활을 영위하는 데 지원이 필요한 장애인에게 낮 시간 동안 재활 프로그램 및 교육 등의 기회를 제공하고, 또한 장애인 가족구성원이 안심하고 사회 · 경제활동을 영위하기 위한 시설.
장애인 체육시설	장애인의 체력증진 또는 신체기능회복 활동을 지원하고 이와 관련된 편의를 제공하는 시설.
장애인 수련시설	장애인의 문화 · 취미 · 오락활동 등을 통한 심신수련을 조장 · 지원하고 이와 관련된 편의를 제공하는 시설.
장애인 생활이동지원센터	장애인의 사회활동 기회를 확대하기 위해 이동에 상당한 제약이 있는 장애인에게 차량운행을 통한 직장 출퇴근 및 외출보조 기타 이동서비스를 제공하는 시설.
수화통역센터	의사소통에 지장이 있는 청각 · 언어장애인에 대한 수화통역 및 상담서비스를 제공하는 시설.
점자도서관	시각장애인에게 점자간행물 및 녹음서를 열람하게 하는 시설.
점서 및 녹음서 출판시설	시각장애인을 위한 점자간행물 및 녹음서를 출판하는 시설
장애인 재활치료시설	장애아동을 포함한 장애인에게 언어 · 미술 · 음악 등 재활치료에 필요한 치료, 상담, 훈련 등의 서비스를 제공하고 서비스를 이용한 자로부터 비용을 수납하여 운영하는 시설.

2. 장애인 지역사회재활시설의 현황 및 서비스

1) 장애인 지역사회시설의 현황

장애인 지역사회재활시설은 2015년도 현재 1,230개소가 운영 중에 있으며 장애인 주간보호시설이 625개로 가장 많은 수를 차지하고, 장애인복지관 224개소, 수화통역센터 193개소, 장애인 생활이동지원센터 156개소가 운영 중에 있다. 장애인 체육시설, 점자도서관, 점자도서 및 녹음서 출판시설은 적은 수가 운영 중에 있다.

장애인복지관을 중심으로 우리나라 장애인 지역사회재활시설에 대한 변천과정을 기술하면 우리나라의 장애인 복지시설은 초기의 수용 · 보호하는 차원에서 출발하였으며, 이용시설로의 출발은 1981년으로 볼 수 있다. 즉, 제32차 UN총회에서 1981년을 '세계장애자의 해'의 제정과 함께 우리나라에서는 1981년 「심신장애자복지법」을 제정하고 장애인 이용시설로 재활센터 건립을 추진하게 된다. 그리고 이의 일환으로 1982년 12월 서울장애인종합복지관의 개관을 시작으로 이후 1975년 한국소아마비협회가 정립회관을, 1982년 9월에 한국시각장애자복지관이 공식 허가를 받아 최초의 공식 장애인복지관이 되었다.

1989년 12월 「심신장애자복지법」이 「장애인복지법」으로 개정되면서 장애인 복지시설을 장애인 재활시설, 장애인 요양시설, 장애인 유료복지시설, 장애인 이용시설, 장애인 직업재활시설, 점자도서관, 점서 및 녹음서 출판시설 등으로 유형화되고 이때 장애인 이용시설이란 개념이 처음 등장하였다. 1990년대에는 각 지방자치단체에서 장애인복지관의 설립을 활발하게 추진하면서 장애인복지관의 양적인 증가가 이루어졌다. 이후 1999년 2월 「장애인복지법」의 전문개정과 함께 장애인 복지시설을 장애인 생활시설, 장애인 지역사회재활시설, 장애인 직업재활시설, 장애인 유료복지시설, 기타 대통령령이 정하는 시설 등으로 구분하고 장애인 지역사회재활시설에 장애인복지관, 의료재활시설, 체육시설, 수련시설, 공동생활가정 등을 포함함으로써 재가장애인을 위한 이용시설을 확대하였으며 장애인 지역사회재활시설의 유형이 처음으로 만들어지게 되었다(서울복지재단, 2007).

2011년 3월 개정된 「장애인복지법」에 의해 단기보호시설과 공동생활가정이 거주시설로 편입되면서 2012년에 시설 수가 줄어들긴 했지만 이후 계속적으로 증가하고 있는 것을 알 수 있다. 이는 재가장애인들의 서비스 확대와 연결되는 긍정적인 움직임으로 볼 수 있으나 계속적으로 늘어나는 장애인의 수와 필요욕구에 대한 다양성과 질적 수준이 아직 부족한 상황이다.

〈표 12-1〉 장애인 지역사회재활시설 현황(2015년 12월 현황)

(단위: 개소)

구분	장애인 지역사회재활시설 현황							
	계	장애인 복지관	주간 보호시설	장애인 체육시설	생활이동 지원센터	수화통역 센터	점자 도서관	점자도서 및 녹음서 출판시설
합계	1,240	224	625	30	156	193	19	1
서울	193	45	119	6	1	26	–	–
부산	74	14	53	1	1	5	1	–
대구	52	6	39	2	1	4	1	–
인천	43	9	32	1	1	1	1	–
광주	37	7	28	–	1	1	–	–
대전	49	4	38	2	1	5	1	–
울산	41	4	32	2	1	1	1	–
세종	4	1	1	–	1	1	–	–
경기	205	31	103	4	31	31	5	–
강원	62	10	15	–	19	18	1	–
충북	49	12	15	1	11	10	1	–
충남	53	14	10	–	15	15	–	–
전북	73	12	26	3	15	15	2	–
전남	73	16	24	2	13	17	2	–
경북	101	19	29	4	24	24	1	1
경남	99	15	46	2	19	18	1	–
제주	22	5	15	–	1	1	1	–

출처: 보건복지부(2016). 2016년 장애인복지시설 일람표 재구성.

〈표 12-2〉 장애인 지역사회재활시설 연도별 시설 추이(2015년 12월 현황)

(단위: 개소)

연도	2010년	2011년	2012년	2013년	2014년	2015년
시설 수	1,701	1,820	1,140	1,184	1,213	1,248

출처: 통계청(2016). 장애인시설 및 사업현황.

2) 장애인 지역사회재활시설의 서비스

(1) 장애인복지관

장애인복지관의 주요사업은 2013년도 기점으로 변화되었다. 2013년도 이전에는 상담지도사업, 의료재활사업, 교육재활사업, 직업재활사업, 사회심리재활사업, 재가장애인복지사업 등을 주요사업으로 진행하였지만 2013년도부터 장애인복지관 기능전환을 통해 상담 · 사례관리, 기능강화지원, 장애인가족지원, 역량강화 및 권익옹호지원, 직업지원, 지역사회네트워크, 문화여가지원, 사회서비스지원 등의 서비스를 장애인에게 조정하고 제공하는 기능을 갖는다. 이러한 서비스를 지원하기 위해 분화된 조직체계를 갖추고 있으며 물리치료사, 언어치료사, 작업치료사, 특수교사, 사회복지사, 직업재활사 등 다양한 전문가들이 장애인들이나 장애인가족에게 다양하고 전문적이며 통합적인 장애인복지서비스를 제공하고 있다.

① 장애인복지관의 주요사업 내용

<table>
<tr><th>대분류</th><th>중분류</th><th>주요사업 내용</th></tr>
<tr><td rowspan="5">상담 · 사례관리</td><td>사례발굴</td><td>– 사례대상자 발굴 및 상담, 사례대상자 연계</td></tr>
<tr><td>접수 및 사정</td><td>– 접수상담, 각종 진단 및 사정</td></tr>
<tr><td>개입계획</td><td>– 개별지원계획 수립 및 의뢰, 연계, 사례관리 계획수립(단순, 일반, 집중)</td></tr>
<tr><td>개입</td><td>– 긴급대상자 위기사례관리, 집중관리대상자 사례관리, 직접서비스 제공, 자원연계 및 서비스 중개, 모니터링 및 재사정, 종결 및 사후관리</td></tr>
<tr><td>지역회의</td><td>– 지역사회 통합사례회의, 지역사회 솔루션위원회</td></tr>
<tr><td rowspan="4">기능강화 지원</td><td>운동 · 지각향상</td><td>– 운동발달(물리치료), 작업활동(작업치료), 다감각촉진활동(심리안정치료, 심리이완치료, 심리안정 반응촉진치료 등), 수중운동, 감각통합활동</td></tr>
<tr><td>의사소통 향상</td><td>– 언어활동(언어치료)</td></tr>
<tr><td>학습능력 향상</td><td>– 특수교육</td></tr>
<tr><td>사회적응력 향상</td><td>– 심리운동, 특수체육, 음악활동(음악치료), 미술활동(미술치료), 놀이활동(놀이치료)</td></tr>
</table>

대분류	중분류	주요사업 내용
장애인 가족지원	상담 및 교육	– 가족지원 전문상담, 정보제공, 가족교육
	가족기능강화	– 가족 휴식지원, 가족조력교실, 중도장애인 가족지원, 가족 역량 강화지원(부모역할, 부부관계지원, 비장애형제 지원, 부모모임 지원 등)
	양육지원	– 가족 돌봄지원, 케어서비스(주간 및 단기보호), 방과후 교실, 방학 프로그램, 야간 및 주말 프로그램, 가족단위 문화프로그램
	여성장애인 복지증진	– 여성장애인 상담실 및 쉼터운영, 여성장애인 임신·출산·양육·가사보조활동 지원, 여성장애인 결혼 주선 등
	장애인 무료급식	– 결식우려 장애인 무료급식소(식당) 운영, 거동불편 저소득 재가 장애인 식사배달 등
역량강화 및 권익옹호 지원	역량강화 및 지역사회참여 활동지원	– 동료상담, 자조모임 육성, 동아리활동지원, 주거서비스, 이동지원서비스, 보조기구 관리, 수리, 임대
	권익옹호	–「장애인차별금지법」 준수 운동, 권리침해 해소, 인권옹호, 법률적인 지원
	정보제공	– 장애인정보화교육 등 정보화지원, 시각장애인 도서(시청각자료 등) 제작·출판·보급·대여, ARS 운영, BBS운영
	수화 관련	– 수화교실, 수화통역 봉사원 양성 및 파견, 수화자막 및 비디오 등 영상물 제작·보급·대여 등
직업지원	직업상담 및 평가	– 직업상담, 직업평가, 구인 및 구직상담
	전환교육	– 전환교육, 중등/고등 직업준비프로그램
	직업적응 및 역량개발훈련	– 직업적응훈련, 직업훈련, 취업알선(지원고용 등), 현장훈련, 취업 후 지도
	사업체 개발 및 관리	– 사업체 개발, 사업체 관리
지역사회 네트워크	지역사회장애인 복지서비스 개발 및 지원	– 지역유관기관 장애인복지서비스 자문, 장애인서비스 개발 컨설팅
	지역의 사회통합 환경 조성	– 장애인 및 장애인가족에 대한 인식개선, 장애발생예방 캠페인, 지역사회통합 환경 진단 및 계획수립
	주민조직 지원	– 주민조직체 형성 및 교육, 지역행사 및 정보제공
	민관협력 네트워크 구축	– 지역사회복지협의체 활동, 각종 지역위원회 활동, 지역사회 장애인 중심기관 역할
	지역자원 개발 및 관리	– 자원봉사자 발굴, 교육, 활동, 관리 – 후원자 개발 및 관리

대분류	중분류	주요사업 내용
문화여가 지원	문화 및 스포츠 지원	– 스포츠 프로그램, 문화여가 프로그램 – 문화예술인 및 스포츠선수 육성, 체육관 및 수영장 운영
	평생교육	– 평생교육, 취미활동 지원
	정보접근 지원	– 정보화교육
사회서비스 지원	장애인활동지원	– 활동보조, 방문간호, 방문목욕
	장애아동 재활치료	– 언어 · 청능치료, 미술 · 음악치료, 행동 · 놀이 · 심리운동치료, 기타 재활서비스, 장애조기발견 및 발달진단서비스, 중재를 위한 부모 상담서비스
운영지원 및 기획 · 홍보	총무	– 인사 및 조직관리, 각종위원회 운영, 회계 및 문서관리, 시설 및 차량관리, 식당운영
	기획	– 사업계획 수립 및 평가, 조사연구사업, 직원개발사업, 실습지도
	홍보	– 홍보물제작, 지역홍보, 온라인 홍보 및 홈페이지 운영, 견학안내
	고객만족 윤리경영	– 이용자 참여, 고객만족사업, 윤리경영

② 장애인복지관의 사례관리과정[1)]

그동안 장애인복지관의 사례관리는 복지관 내에서 제공되는 서비스 유형 특성과 결합하여 적용해 왔다. 진단판정사업과 기초재활서비스 영역, 재가복지서비스 영역, 직업재활 영역, 집단 프로그램 영역으로 구분한 사례관리를 근간으로 삼아 왔다. 또 사례관리를 필요로 하는 강도에 따라 단순형, 기본형, 종합형, 전문관리형으로 구분하여 욕구상황에 적절한 사례관리 개입 수준을 설명해 왔다.

이러한 장애인복지관의 사례관리 유형은 고정적인 것이 아니다. 장애인복지관의 기능과 역할이 변화하고, 수행되는 서비스 유형이 달라진다면 이에 맞는 사례관리 유형도 변화해야 한다. 장애인복지관의 기능과 역할은 시대 변화에 따라 일정한 방향으로 변화를 요구하는 경향이 있다. 기본적으로 장애인권 관점의 발전, 당사자주의의 강조와 권한강화, 참여와 선택의 존중, 권익옹호, 가족지원, 삶의 질과 관련된

1) 한국장애인복지관협회(2013). 장애인복지관 사례관리 매뉴얼 개발 연구를 참고하여 재구성하였음.

지역사회 네트워크에 의한 지원 강화 등 기존의 종합적인 서비스 제공 기능에 더하여 보다 다양한 영역에서 서비스 지원을 필요로 하고 있다.

장애 분야의 사례관리 적용과 관련하여 실천현장에 강조하는 변화와 요구들은 개별적 모델에서 사회적 모델에 의한 장애 관점의 변화, 이용자 중심의 참여와 선택권의 보장, 당사자의 자기결정을 지원하는 정보제공 및 안내기능의 강화, 이미 존재하고 있는 자연적 · 비공식적 원조망의 강화, 자조활동 지원의 강화, 사례관리 수행체계의 배치모델에서 지원모델로의 전환 등이 있다.

장애인복지 영역에서 사례관리의 최근의 실천모델은 기존의 개인병리학적인 관점보다는 선택적 접근법과 장애인에게 특별히 적용할 수 있는 방법을 제공한다. 이들은 장애인의 자기결정권과 시민권에 기초한 강점 중심의 접근 그리고 이용자 참여와 권리에 기반한 서비스 접근으로 요약할 수 있다.

장애인복지관 심층 사례관리 과정은 기본적으로 '진입과 과정 → 초기상담 → 사정 → 개별지원계획 → 계획실행 → 점검 및 평가 → 종결 → 사후지원' 등으로 이루어진다. 그러나 생애주기, 장애유형 및 정도, 서비스내용, 지역적 특성 등에 따라 기본과정이 중복 또는 생략될 수 있다.

장애인복지관 사례관리의 과정에서 가장 강조되는 지점은 바로 장애인과 가족의 주체성 회복이다. 장애인과 그 가족을 서비스 과정 안에서 주도적인 역할을 갖도록 하는 것은 장애인복지서비스 패러다임으로서 지속적으로 강조되고 있지만 현장에서 이러한 사례들을 찾는 것은 쉬운 일이 아니다. 즉, 장애인복지서비스는 여전히 전문가 중심, 구조 중심의 형태를 가지고 있으며 따라서 장애인과 그 가족은 전문가의 진단, 판정에 의존하며 또 장애인복지관에 구성되어 있는 구조적 서비스에만 의존하는 것이 현실이다. 장애인과 그 가족이 사례관리 과정에 주도적 역할을 갖도록 돕는 것을 전제된 목표로 삼으며 서비스과정 내내 이를 위한 기술들을 펼치는 것은 장애인복지관 사례관리의 차별된 특징으로 여겨진다.

따라서 장애인복지관의 사례관리서비스의 중요한 특징으로서 권리 중심의 사례관리서비스로 진행되어야 함을 강조하며, 기존의 전통적인 전문가 중심, 내부구조

중심의 접근에서 벗어나 장애인과 그 가족의 능력과 강점을 중심으로 이를 활용하여 문제를 해결하고, 그 해결과정에서 장애인과 그 가족이 주도적 역할을 수행할 수 있도록 구성하고자 한다.

가. 사례관리 진입과 과정

사례관리 수행에 기본 원칙인 서비스 통합화를 고려할 때 장애인복지관 사례관리체계는 단일창구를 통하여 진입하고 다학제 접근이 가능한 체계로 구성하는 것이 중요하다. 따라서 장애인복지관 사례관리 운영의 효율성을 도모하기 위하여 초기 면접창구를 단일화하여 이용자들이 편리하고 일관성 있게 진입하도록 하여야 하며, 필요한 경우 여러 전문분야가 협력하고 사정하며, 사정에 관여한 여러 전문분야 사람들이 논의하여 구체적인 서비스 계획을 수립하는 방식의 작동체계를 갖추어야 한다.

나. 초기 상담(intake)

복지관 이용 희망 장애인과 가족 또는 지자체 및 기타 의뢰자가 전화, 내방, 온라인신청 공문 등을 통해 서비스 이용 여부를 의뢰하면, 상담자는 이용 대상으로서 적합한지 확인 후 접수상담을 위한 날짜를 예약받는다. 이때 담당자는 이용 절차를 정확하게 설명하고 다양한 정보를 제공한다.

장애인과 가족이 자신에게 필요한 서비스와 지원의 내용 등을 결정하기 위해서는 자신들의 욕구를 인식하고 당사자로서 가지는 권리, 그리고 필요한 서비스에 대한 정보와 이해가 제공되어야 한다. 이를 위해 초기상담 시 기관에 대한 안내(철학과 가치, 설립목적, 이용절차) 등 이해를 도모하고 개별지원계획 개념과 목적, 개별지원계획서 수립 및 실행, 과정, 권리와 책무 등을 안내하며 관련 정보를 사전에 제공하는 것이 필요하다. 또한 초기상담 이전에 장애인과 가족이 자신들이 가지는 우선적인 관심사와 바람을 충분히 생각하고, 자신들이 가지고 있는 자원들을 점검해 볼 수 있도록 사전에 장애인과 가족이 가정에서 미리 정리해 올 수 있는 사항을 안내한다.

{예시 12-1} 초기면접지

<table>
<tr><th colspan="6">초기면접지</th></tr>
<tr><td>접수번호</td><td colspan="3"></td><td>일시</td><td></td></tr>
<tr><td>상담자</td><td colspan="3"></td><td rowspan="2">장소</td><td rowspan="2">□내방 □가정 □전화
□지역사회 기관:</td></tr>
<tr><td>면접 참여자</td><td colspan="3">□본인 □가족 □기타:( )</td></tr>
<tr><td>면접 경로</td><td colspan="5">□본인(가족)요청 □담당자 발굴 □주민 의뢰 □기관 내 의뢰
□타기관 의뢰 □기타( )</td></tr>
<tr><td colspan="6">기본정보</td></tr>
<tr><td>이름</td><td></td><td>생년월일</td><td></td><td>성별</td><td>□남 □여</td></tr>
<tr><td>집전화</td><td></td><td>핸드폰</td><td></td><td>e-mail</td><td></td></tr>
<tr><td>주소</td><td colspan="3"></td><td>종교</td><td>□천주교 □기독교 □불교
□무교 □기타</td></tr>
<tr><td>보호구분 및 지원</td><td colspan="5">□기초생활수급자 □차상위(조건부 수급자 포함)
□기타(의료보호, 유공자, 한부모가족, 희귀난치성 질환 등:)</td></tr>
<tr><td>장애유형</td><td colspan="3">□장애등록 □미등록</td><td>장애등록명</td><td>장애 급</td></tr>
<tr><td>진단기관</td><td colspan="3"></td><td>등록일자</td><td></td></tr>
<tr><td>중복장애</td><td colspan="3"></td><td>보조기</td><td>□사용(건강보험적용, 미적용)
□미사용</td></tr>
<tr><td>건강상태</td><td colspan="5">□질환( ) □외상 □중독 □시각/청각 문제 □정신건강 □경기
□기타( ) □약복용(과거) □약복용(현재) □복용약물( )
□정기진료 병원(병원명:진료내용:검진기간:)
※건강 관련 추가 기술사항</td></tr>
<tr><td>가구형태</td><td colspan="5">□부모가구 □한부모가구 □조손가구 □다문화 □외국인 □기타( )</td></tr>
<tr><td>가족사항</td><td colspan="5"></td></tr>
<tr><td>주거상황</td><td colspan="5">□자가 □전세 □월세 □영구임대아파트 □기타( )</td></tr>
<tr><td colspan="6">장애인 및 가족의 주요 욕구 및 관심</td></tr>
<tr><td colspan="6">□경제적 · 소득지원 □교육 · 지원 □문화 및 여가활동 지원 □의료 · 재활 건강지원
□심리 · 정서지원 □사회적 지원(법적인 권리, 제도, 이동 등 관련 서비스 내용 등)
□돌봄 · 보호 휴식지원 □직업 · 고용 지원 □기타:</td></tr>
<tr><td>상담자 의견</td><td colspan="5"></td></tr>
<tr><td>사정영역</td><td colspan="5">□사회 □의료 □심리 □교육 □언어 □직업 □기타:</td></tr>
</table>

다. 사정(assessment)

사정은 초기상담을 통해 얻어진 자료를 토대로 장애인과 가족과 관련하여 무엇이 변화되고 어떤 요소들이 문제를 유지하고 통제하는지, 변화를 가져오기 위해서 어떤 자원이 필요한지, 어떤 문제들이 변화로부터 나올 것인지, 어떤 변화들이 평가될 수 있는지에 대한 평가를 위해 필요한 정보를 모으고 평가하는 것이다. 사정단계에서는 총제적인 관점에서 장애인과 가족의 다양한 문제와 욕구, 약점, 강점뿐만 아니라 가용한 자원에 대해서도 확인해야 한다.

따라서 사정은 장애인과 가족의 욕구와 장애인 개인의 기능적 능력뿐 아니라 비공식적 지지망과 지지의 정도, 공식적 지역사회 자원체계와 장애인과 가족의 강점에 대한 분석까지 포함해야 한다. 구체적으로 장애인과 가족의 소득, 주택, 직업, 건강, 정신건강, 사회활동, 여가활동, 일상활동, 이동수단, 법률, 교육적 욕구 등을 파악해야 한다. 또한 장애인의 신체적 · 인지적 · 정서적 · 행동적인 면에서의 독립적인 기능능력에 대한 사정이 이루어져야 하는데, 장애인의 가족구성원, 형제, 동료, 이웃, 다른 지역사회 접촉, 모임 구성원, 단체, 학교, 휴먼서비스 기구 등 비공식적 지지망의 구조, 상호작용, 이들로부터 받고 있는 지지의 유형(도구, 물질, 사회적 지지)을 파악해야 한다. 마지막으로 지역사회 공공서비스, 휴먼서비스 기관, 전문화된 복지 프로그램 등과 같은 공식적인 지역사회 자원체계를 파악하여 자원목록을 만드는 것이 중요한데 이때에는 각 자원의 유용성, 적당성, 적절성, 수용성, 접근성에 대한 정보를 포함해야 한다.

라. 개별지원계획

장애인과 그 가족의 주체성 회복을 위하여 개별지원계획은 첫째, 개별지원계획회의에 누가 참여할지를 결정하는 등의 개별지원계획회의의 목표와 역할을 충족할 수 있도록 회의를 준비하고, 둘째, 개별지원계획회의를 통해 당사자의 필요를 충족시킬 수 있도록 큰 목표와 세부목표, 그에 따른 실행계획을 결정하고, 셋째, 실행계획의 실행을 이끌어 갈 책임자를 결정하는 과정을 거친다.

개별지원계획을 수립한다는 것은 한 사람만을 위한, 그 사람에게 맞는 지원계획을 수립한다는 것이다. 이 계획은 오로지 대상으로 맞춰진 당사자에게만 유효할 뿐이다. 이렇듯 한 개인에게 집중된 사례관리를 위한 논의는 당사자에게는 매우 중요한 결정이다. 따라서 당사자는 자신을 위한 계획에 주도적 역할을 가질 권리가 있으며, 그것은 보편적으로 매우 당연한 일이기도 하다. 서비스조직은 그러한 당사자의 권리를 보호해야 할 책임을 가지며 개별지원계획을 통해 당사자에게 도움이 되는 계획을 세울 책임 역시 가진다. 이를 위해 서비스조직은 당사자와 관계된 관계자들과 소통함으로써 당사자에 관한 최대한의 정보를 수집해야 할 것이며, 이 정보를 바탕으로 계획이 세워지는 과정에서 당사자의 의견이 최대한으로 반영될 수 있도록 노력해야 할 것이다. 서비스 실행에 있어서까지 당사자의 주도성을 유지할 수 있다면 과거 주변적 역할에서 자신의 삶의 주체로 새롭게 등장하도록 하는 데 큰 힘이 될 수 있을 것이다.

{예시 12-2} 사정관리 사정표

사정관리 사정표

<table>
<tr><td>이름</td><td></td><td>성별</td><td></td><td>연령</td><td></td></tr>
<tr><td>사정일시</td><td></td><td>유형</td><td>□ 신규□ 재사정</td><td>사례관리자</td><td></td></tr>
<tr><td colspan="6">장애인 및 가족 사정영역</td></tr>
<tr><td colspan="6">1. 장애인 및 가족의 강점과 능력</td></tr>
<tr><td colspan="6"></td></tr>
<tr><td colspan="6">2. 장애인 및 가족의 주요 욕구 및 우선 순위</td></tr>
<tr><td colspan="6"></td></tr>
<tr><td colspan="6">3. 장애인 및 가족의 지원, 자원(비공식적 자원, 지역사회의 자원, 공식적 자원, 지지망)</td></tr>
<tr><td colspan="6"></td></tr>
<tr><td colspan="6">4. 장애인 및 가족의 고려점(장애물: 내부/ 외부 장애물)</td></tr>
<tr><td colspan="6"></td></tr>
<tr><td colspan="6">5. 가계도 및 생태도</td></tr>
<tr><td>□ 가계도</td><td></td><td colspan="2">□ 생태도(현재 생태도/ 미래생태도)</td><td colspan="2"></td></tr>
<tr><td colspan="2">개인 기능 및 잠재적 능력 사정영역</td><td colspan="4">□ 사회 □ 의료 □ 심리 □ 교육 □ 언어 □ 직업 □ 기타:( )</td></tr>
</table>

<table>
<tr><th colspan="6">사정내용</th></tr>
<tr><th>영역</th><th>사정도구</th><th>사정결과</th><th>차기 선결과제</th><th>평가자</th><th>비고</th></tr>
<tr><td></td><td></td><td></td><td></td><td></td><td></td></tr>
<tr><th colspan="2">사례관리 수준</th><td colspan="4">□ 일반 □ 집중 □ 긴급 □ 잠재적 사례관리자</td></tr>
</table>

{예시 12-3} 개별지원계획 회의록

개별지원계획 회의록

<table>
<tr><th colspan="2">성명
(성별)</th><td></td><th>생년
월일</th><td></td><th>회의
일시</th><td></td><th colspan="2">사례관리
수준</th><td colspan="2">□ 일반 □ 집중 □ 긴급</td></tr>
<tr><th rowspan="4">개
입
목
표</th><th rowspan="2" colspan="2">목적</th><th rowspan="2">목표</th><th rowspan="2">지원계획</th><th rowspan="2">실시자</th><th colspan="2">실시방법</th><th rowspan="2">개입 시기</th><th rowspan="2" colspan="2">점검 및
평가</th></tr>
<tr><th>접근
대상</th><th>내용</th></tr>
<tr><td colspan="2">장애인과 그 가족이 결정한 목적을 기술한다.</td><td>목적 달성을 위한 하위목표를 기술한다.</td><td>목표 달성을 위한 구체적인 프로그램을 기술한다.</td><td>누가 프로그램을 주도할지 기술한다.</td><td colspan="2">프로그램을 구체적으로 어떻게 진행할지 결정한다.</td><td>프로그램 진행 시기를 기술한다.</td><td colspan="2">점검 시기와 평가 시기를 기술한다.</td></tr>
<tr><td colspan="2"></td><td></td><td></td><td></td><td colspan="2"></td><td></td><td colspan="2"></td></tr>
<tr><th colspan="3">차기 회의 계획</th><td colspan="8">▷언제?
▷어디서?</td></tr>
<tr><td colspan="5">나(또는 우리가족)는 개별화 지원계획의 개발에 참여할 기회를 가졌음을 확인합니다. 또한 이 계획은 나(또는 우리 가족)에 대한 관심과 우선순위를 정확히 반영하였음을 확인합니다. 위와 같은 개별지원계획목표와 계획에 동의하며 계획된 목표를 성취하기 위해 적극적으로 참여하고 협력할 것을 상호 약속합니다.

○○○○년 ○월○일
성명: ______________(인)
부 : ______________(인)
모 : ______________(인)</td><td colspan="6">위와 같은 개별지원계획목표와 계획에 동의하며 계획된 목표를 성취하기 위해 적극적으로 참여하고 협력할 것을 상호 약속합니다.

○○○○년 ○월 ○일
참석자: ______________(인)
______________(인)
______________(인)
______________(인)
사례관리자 ______________(인)</td></tr>
</table>

마. 점검 및 평가

점검은 개별지원계획이 적절하게 실행되고 있는지, 장애인과 그 가족이 기대하는 서비스를 제공받고 있는지, 제공되는 서비스가 필요하고 적절한지, 지원체계가 서비스 제공과 지지역할을 제대로 수행하고 있는지, 실제로 서비스 전달되는 동안 기존의 사례계획이 장애인과 그 가족에게 만족스러운지 또는 개별지원계획의 수정이 필요한지를 지속적으로 점검하는 과정으로서, 적극적이고 유동적인 활동이며, 서비스 진행과정을 조정하는 기능을 한다.

한편 평가는 개별지원계획에서 합의한 프로그램 계약 기간이 종료되는 시점에 이루어진다. 평가단계에서도 점검에서와 유사하게 계획된 목표가 달성되었는지, 그리고 장애인과 그 가족이 초기계획과 점검단계에서 합의된 대로 프로그램운영의 주체로서 활동이 이루어졌는지 평가가 이루어져야 할 것이다. 평가는 프로그램의 종결을 의미하기도 하지만, 새로운 프로그램의 시작을 의미하기도 한다. 평가결과는 새로운 사정을 위한 기록으로 작용하다. 따라서 서비스 목표 달성 여부뿐만 아니라 스스로 무엇을 해낼 수 있는지, 새롭게 획득된 능력과 장점은 무엇인지 평가에 함께 기술되어야 할 것이다.

(2) 장애인 주간보호시설

장애인 주간보호는 가족이나 보호자의 도움을 받지 않고는 일상생활을 영위할 수 없는 재가장애인을 주간보호시설에서 보조장비와 전문인력을 활용하여 보호에 필요한 제 서비스를 제공하며 동시에 가족구성원들의 상시보호부담을 경감시켜 경제적 향상과 심리적 안정을 도모하며, 가족서비스 프로그램을 제공하여 재가장애인의 기능유지와 생활안정을 도모하는 서비스이다.

장애인 주간보호서비스의 궁극적인 목적은 첫째, 사회적으로 고립된 장애인의 신체적 · 심리적 기능을 회복하여 자립할 수 있도록 지지하는 것이다. 둘째, 장애인을 보호하고 있는 가족구성원을 지원함으로써 가족기능을 강화시키는 것이다. 셋째, 장애인가족의 부양부담을 감소시켜 재가장애인으로 지역사회 내에서 통합하여 살아가도록 도와주는 것이다.

① 장애인 주간보호시설의 주요 서비스

장애인 주간보호시설의 주요사업은 재활치료사업, 여행, 견학 및 취미생활지원, 교육지도, 자원봉사자 개발 및 실습생교육지도 등이 있다.

구분	주요사업 내용
재활치료사업	– 물리치료, 작업치료 및 일상생활훈련 등을 통해 자립생활능력을 배양
여행, 견학 및 취미생활 지원	– 단조로운 보호시간에 변화를 주고 새로운 환경과 정보를 접할 수 있도록 여행 · 견학 등을 실시하고 취미생활 및 정서함양을 통한 자기발전 도모
교육지도	– 일상생활에 필요한 언어 · 인지 및 사회 등을 교육
자원봉사자 개발 및 실습생교육지도	– 보호시설에서 활용할 수 있는 자원봉사자를 발굴, 양성하고 장애인에 대한 이해와 가정에서 필요한 각종 재활교육을 실시
기타	– 차량, 인력 등 허용범위 내에서 장애인 주간보호시설 이용을 위한 교통편의를 제공 – 보호시설을 이용하는 장애인과 그 가족과의 상담 등을 통해 욕구를 파악하고, 자원봉사자들을 통한 목욕 및 이 · 미용서비스를 제공하고 중식 및 간식을 제공

{예시 12–4} ㅇㅇ주간보호센터 주간프로그램 시간표

시 간	월	화	수	목	금
09:30~10:00	안전교육과 차량 내에서 질서 지키기 교육				
10:00~10:30	체조 및 윗몸 일으키기	특수체육	체조 및 윗몸 일으키기	체육활동	체조 및 윗몸 일으키기
10:30~12:00	원예치료	체조	생활체육	체조	사회적응훈련 여가활동
12:00~12:30	휴식 및 자율학습				
12:30~13:30	점심시간, 양치하기 및 개인위생관리				
13:30~14:00	개별활동				
14:00~15:30	작업치료	음악활동	미술치료	인지활동	종이접기
15:30~16:00	간식시간				
16:00~16:30	청소 및 텃밭 물 주기 / 마침모임(인사하기)				
16:30~17:00	귀가지도 및 차량운행				

② 장애인 주간보호시설 서비스 과정[2)]

장애인 주간보호시설의 서비스 과정은 접수 → 초기면접 → 입소 → 사정 → 개별계획수립 → 프로그램 실행 및 참여 → 평가 → 퇴소와 같은 과정을 거치게 되며 장애인의 정도나 유형 및 상황에 따라 사례관리와 타 기관의 연계를 통해 추가적인 서비스를 제공하고 있다. 우리나라 장애인 주간보호시설의 서비스 과정은 다음과 같이 진행되고 있으며 장애특성에 맞는 맞춤형 서비스가 추가적으로 제공되기도 한다.

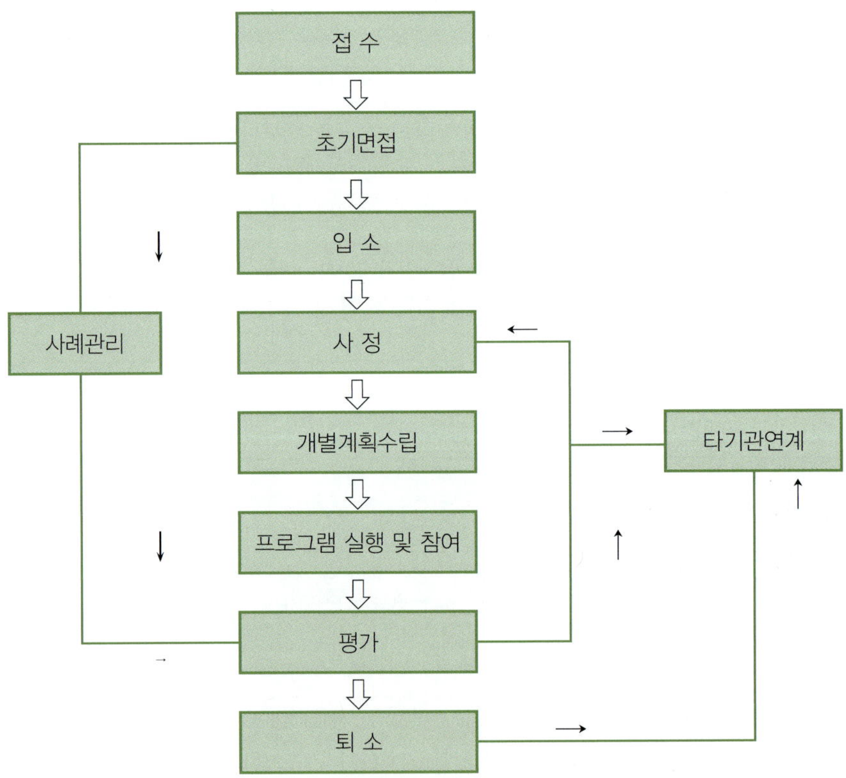

[그림 12-1] 장애인 주간보호시설 서비스 과정

2) 서울복지재단(2006). 장애인주간 · 단기보호시설 프로그램 매뉴얼을 재구성하였음.

가. 접수

이 단계에서는 장애인 주간보호시설에 처음 접수하는 과정으로 편지, 전화, 직접 연락, 방문 등의 방법을 통해 시설을 처음 알게 되며, 이 단계에서는 적어도 이름과 주소, 장애와 관련된 사항, 성별과 생년월일, 접수일 등의 정보를 알아야 한다.

나. 초기면접

장애인 주간보호시설에서는 장애인과 보호자가 시설에 대한 정보를 갖고 접수하게 되면, 초기면담을 실시하여 시설과 장애인 및 보호자의 상호 정보를 구체적으로 교환하는 단계를 거치게 된다. 접수한 장애인 및 보호자 내방에 따른 상담을 실시하며, 이때, 기본적인 배경정보를 수집하고 보호자와 장애인 및 시설담당자와 1대 1 면담을 실시한다. 이때, 시설에서는 장애인이 시설적응에 어려움이 있는지, 이용하고 있는 다른 장애인의 안전을 위협하지 않는지, 특히 주의해야 하는 사항들에 대한 적격성에 대한 심사를 하게 되며, 기본적인 정보와 관찰사항을 토대로 입소를 결정하게 된다. 이 단계에서는 초기면접 양식을 작성하고, 시설이용에 어려움이 없는지 사전정보를 수집하여, 적격성 심사의 토대를 마련한다.

다. 입소

본 단계에서는 서비스 대상 장애인의 초기면담과 적격성 심사를 받은 후 서비스 이용 규정에 동의하고 직접적인 서비스에 참여하는 단계이다.

라. 사정

사정은 이용자의 자립과 삶의 질 향상을 위하여 이용자의 능력을 적극적으로 파악하고 개인의 의향이나 바람뿐만 아니라 객관적 상황을 충분히 고려한 후에 한계점과 문제점, 이용자의 능력과 장점을 토대로 이용자와 함께 욕구를 명확히 함과 동시에 우선순위를 정하고 종합하는 과정이라고 할 수 있다(강위영, 2001).

즉, 접수과정에서 입소가 결정된 장애인을 대상으로 그들의 복합적인 욕구와 문제, 현재의 기능, 장점과 잠재력, 공식 · 비공식 지원체계의 원조능력 등에 관하여 전반적인 자료를 수집하고 종합적으로 분석하는 과정을 말한다.

마. 개별계획수립

서비스 개별계획수립은 입소장애인의 욕구와 문제를 바탕으로 입소장애인에게 가장 우선적으로 개입해야 하는 부분을 우선적으로 설정하는 것이다. 본 단계에서는 각 입소장애인에 대한 개별계획서가 작성되며, 지역사회자원을 적극적으로 활용할 수 있는 방안을 구상할 수 있어야 한다.

바. 프로그램 실행 및 참여

서비스를 제공하는 단계로 관련 분야 전문가들의 팀워크를 통한 개입이 더욱 필요한 단계이다. 각 전문가 및 시설의 담당자는 서비스 계획에 맞춰 각자의 기능과 역할을 다할 때 양질의 서비스를 제공할 수 있기 때문이다. 또한 본 단계에서는 서비스 계획에 따라 제대로 서비스가 실시되었는지에 대한 확인을 위해 개별 활동일지, 서비스 운영일지 등의 기록도 중요하다.

{예시 12-5} 사회진단지

사회진단지

접수번호: 접수일자:	성　명: 생년월일:
• 개인 1. 동거인 □독신 □가족 □친척 □시설보호자 □기타 2. 결혼사항 □미혼 □초혼 □재혼 □이혼 □동거 □별거 3. 사회성 및 심리적 상태 □ 정상 □ 사회생활 양호하며 약간의 능동적 적응 가능 □ 사회생활 가능하나 피동적 적응 가능 □ 약간의 사회생활 부적응 상태 □ 사회생활불능 4. 강점 및 추가사항 5. 가족구성원의 지지 및 수용 정도 □적극적 □수용적 □수동적 □부정적 □무관심 6. Ct가 가장 잘 따르는 가족구성원 7. 사회심리적 상태 8. 가족 내 장애인 및 병력 누구: 내용: 9. 강점 및 추가사항	• 가족 1. 가계도 2. 주 양육자 □조부 □조모 □모 □부 □형제 □친척 □기타: 3. 양친자녀관계 □원만형 □거부형 □지배형 □보호형 □모순형 • 가정환경 1. 주택: □자가 □전세 □월세 □기타 2. 월수입: 3. 주 수입원 □부 □모 □형제 □조부 □조모 □친척 4.월 지출: 금액　만 원 생활 정도(상, 중, 하) 5. 사회적 관계망 □친척 □이웃 □교회 □학교 □복지관 □기타: 6. 지역사회서비스와 자원활용 정도: • 결과

{예시 12-6} 개별계획서

<table>
<tr><th colspan="7">개별계획서</th></tr>
<tr><td>접수번호</td><td></td><td>담당교사</td><td></td><td rowspan="3">결재</td><td>담당</td><td>과장</td></tr>
<tr><td>성명</td><td></td><td>보조교사</td><td></td><td rowspan="2"></td><td rowspan="2"></td></tr>
<tr><td>수행기간</td><td colspan="3"></td></tr>
<tr><td rowspan="2">현재 수준</td><td colspan="2">강점</td><td colspan="2">약점</td><td colspan="2">욕구</td></tr>
<tr><td colspan="2"></td><td colspan="2"></td><td colspan="2"></td></tr>
<tr><td>목표</td><td colspan="6"></td></tr>
<tr><td colspan="4">재활영역</td><td colspan="3">하위목표</td></tr>
<tr><td colspan="4">독립기능(식사, 용변, 청결, 외모, 의복관리, 왕래)</td><td colspan="3"></td></tr>
<tr><td colspan="4">신체발달(감각발달, 운동발달)</td><td colspan="3"></td></tr>
<tr><td colspan="4">경제활동(돈의 취급, 구매기술)</td><td colspan="3"></td></tr>
<tr><td colspan="4">언어발달(언어표현, 언어이해, 사회적 언어발달)</td><td colspan="3"></td></tr>
<tr><td colspan="4">수와 시간</td><td colspan="3"></td></tr>
<tr><td colspan="4">직업전 활동</td><td colspan="3"></td></tr>
<tr><td colspan="4">자기관리(솔선, 인내, 여가)</td><td colspan="3"></td></tr>
<tr><td colspan="4">책임</td><td colspan="3"></td></tr>
<tr><td colspan="4">사회화</td><td colspan="3"></td></tr>
<tr><td colspan="2">개입방법</td><td colspan="3">평가기준</td><td colspan="2">평가방법</td></tr>
<tr><td colspan="2"></td><td colspan="3"></td><td colspan="2"></td></tr>
</table>

사. 평가

개별계획에 기초한 서비스 진행과정의 점검과 지원계획서에 따른 목표달성 여부를 파악하는 단계이다. 서비스 평가는 (입소)대상에게 제공된 서비스에 대한 전반적인 평가를 진행하여 시설의 서비스가 효과성이 있었는지에 대한 여부를 평가하는 것이다. 이 단계를 통해 대상자에 대한 서비스 지속성 여부를 다시 한 번 결정함과 동시에 시설의 서비스에 대한 전반적인 검토를 할 수 있게 된다.

아. 퇴소

장애인의 퇴소 자격기준과 절차를 마련하여 퇴소 대상을 명확히 하며, 퇴소자에 대한 사후관리체계를 구축함으로써 안정적인 자립생활을 도모하고자 한다.

(3) 장애인 생활이동지원센터

이동에 제약이 있는 장애인에게 차량운행을 통하여 민원업무 보조, 직장 출퇴근, 시장 보기, 외출보조 및 병원 이용보조 등 각종 이동서비스 및 안내 보조를 수행한다.

(4) 장애인 수화통역센터

- 청각 · 언어장애인 상담지도: 개별상담(접수, 의료, 직업, 일반상담) 및 사후관리
- 출장 수화통역서비스 제공: 각종 민원해결(법률 · 취업 · 관공서 이용), 가족문제 상담, 심리적 부적응에 대한 출장서비스

3) 장애인 지역사회재활시설의 이용자 참여

이용자 참여의 원리는 장애인복지서비스를 이용하는 서비스의 소비자로서 참여가 보장되어야 하는 차원으로 적극적인 참여와 보완적 참여로 나눌 수 있다. 적극적인 참여란 정치적 · 제도적 참여를 말하며, 보완적 참여란 의견제시 등과 같이 간접적으로 참여하면서 모니터링하는 과정에의 참여를 말한다.

적극적인 참여를 능동적 참여라고도 하는데 능동적 참여는 복지서비스기관이 모든 프로그램을 시행하고자 할 때, 이용자의 참여를 전제로 의견수렴과정을 충분히 거치고, 이를 모든 프로그램 모니터링 평가회 등에도 참여할 수 있도록 보장해야 한다는 것이다. 이용자 참여를 실제화하기 위하여 운영관리 전반과 각 프로그램 과정에 장애인 당사자나 부모가 참여할 수 있는 기회를 최대한 보장하고, 의견을 충분히 수렴할 수 있는 창구가 제도적으로 만들어져야 할 것이다. 이를 위하여 구체화되어

야 할 이용자 참여방법을 다음과 같다.

첫째, 장애인복지서비스에서 선택권이 보장되어 있는가에 대한 평가이다.

둘째, 서비스 평가에 당사자가 참여할 수 있는가에 대한 문제이다

셋째, 본인의 권리주장이 정당하게 받아들여질 수 있는가에 대한 문제이다.

넷째, 장애인복지기관의 운영이나 이사회에 의견을 개진하고 그 개진한 내용이 얼마만큼 실현될 수 있는가 하는 문제이다.

이 네 가지 참여방법을 구체화하고 보장해 줄 수 있는가가 이용자 참여에 있어서 매우 중요한 요소이다(정종화 · 이종길 · 이경준 · 조석영 · 김상진 · 김선 외, 2009).

3. 장애인 지역사회재활시설의 인력

1) 장애인복지관

팀명	주요업무
상담 · 사례지원팀	사례발굴, 접수 및 사정, 개입계획, 개입, 지역회의, 기타
기능향상지원팀	운동 · 지각향상, 의사소통향상, 학습능력향상, 사회적응력향상, 기타
가족지원팀	상담 및 교육, 가족기능강화, 양육지원, 여성장애인 복지증진, 기타
권익옹호지원팀	역량강화 및 지역사회참여 활동지원, 권익옹호, 정보제공, 수화관련, 기타
직업지원팀	직업상담 및 평가, 전환교육, 직업적응 및 역량개발훈련, 사업체 개발 및 관리, 기타
지역연계팀	지역사회 장애인복지서비스 개발 및 지원, 지역의 사회통합 환경조성, 주민조직 지원, 민관협력 네트워크 구축, 지역자원 개발 및 관리, 기타
문화지원팀	문화 및 스포츠 지원, 평생교육, 정보접근 지원, 기타
사회서비스팀	장애인활동지원, 장애아동재활치료, 기타
기획 · 운영지원팀	총무, 기획, 홍보, 고객만족, 윤리경영, 기타

| 정원 40명 이상 복지관(1국 8팀)

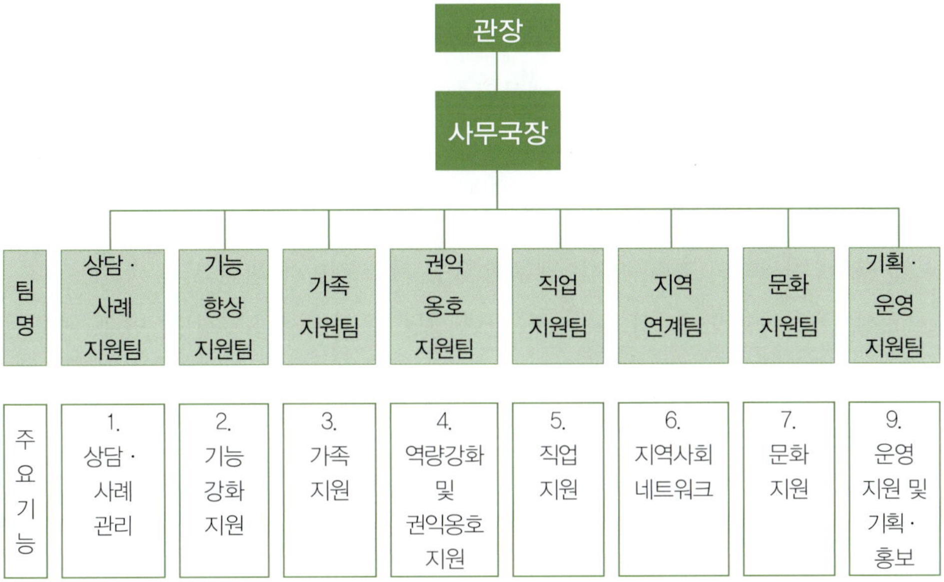

| 직제

구분	일반직							기능직			고용직
직급	관장	사무국장	1급	2급	3급	4급	5급	1종	2종	3종	
직위	관장	사무국장	팀장(1~3급 중에서 정함) 및 팀원								

※기능직(운전원, 열관리기사 등), 고용직(조리원, 미화원 등)

2) 장애인 주간보호시설

| 주간보호시설의 종사자 배치기준

직종별	배치기준	비 고
시설장	1명	시설장은 상근을 원칙으로 한다(단, 시설운영 현황에 따라 타 시설과 겸임할 수 있다).
사회재활교사	3명	이용장애인 4인당 1인 배치
기능직	1인	시설운영에 필요한 기능직 1인(단, 다른 직종이 겸직하는 경우 사회재활교사로 대체 배치 가능)

3) 장애인 생활이동지원센터 운영

| 센터 인력 지원 기준

- 5명[센터장 1인, 사무원 1인, 배차원 1인, 운전원 3인]

| 센터의 인력별 주요업무

① 센터장: 센터를 대표하고 사무를 총괄

② 사무원: 센터의 조직, 인사, 재무회계 등 사무 전반에 관한 사항

③ 상담원: 이용장애인의 차량이용 관련 상담 및 복지서비스 상담, 연계, 지원전반에 관한 사항

④ 운전원: 차량운행을 통한 이동서비스 제공에 관한 사항

⑤ 분소장: 분소의 인원이 6명 미만인 경우에 센터장 및 배차원의 역할을 담당하되, 보수는 센터장에 준함

4) 장애인 수화통역센터

| 센터 인력 지원기준

- 5명[센터장 1인, 수화통역사 4인(청각장애인통역사 1인을 포함)]

| 센터의 인력별 주요업무

① 센터장: 센터를 대표하고 사무를 총괄

② 수화통역사: 수화통역서비스 제공 및 사무 전반에 관한 사항

- 근무 경력에 따라 선임수화통역사 및 일반수화통역사로 둘 수 있음

4. 장애인 지역사회재활시설의 과제

1) 서비스전달의 체계화

장애인복지관 및 지역사회재활시설과 지역사회복지기관의 서비스 전달체계의 체계적 수립이 필요하다. 지역사회 내의 장애인의 복잡하고 다양한 문제와 욕구를 통합적이고 효율적으로 제공하기 위해서는 기관 상호간의 협력체계가 주요한 관건이 될 수 있다. 국가 수준의 보건, 복지, 교육, 고용 등 관련 부처 간의 상호 협력이 이루어지고 있지 않은 상황이며 장애인복지사업이 지방이양사업으로 이관된 만큼 , 지방자치단체 수준에서도 상호연계 및 협력이 어려운 상황이다. 이러한 상황에서 지역사회 내에서의 서비스 전달체계 구축을 위하여 장애인복지관, 보건소, 병원, 자원봉사센터, 기타 민간기관 등과의 협력체계를 구축하여 보다 통합된 서비스를 제공해야 할 것이다(서울복지재단, 2007).

2) 인력 및 재정의 현실화

장애인복지의 환경변화라는 요인에서 볼 때 장애인의 보호 수준에서 지역사회 내의 통합적인 서비스의 수준으로 장애인의 욕구는 향상되고 있고 기존의 재활 및 치료서비스에 중점이던 서비스도 지역사회재활이라는 큰 틀에서의 변화가 일어나고 있는 상황이다. 따라서 기존의 주 서비스 대상이 중증장애인을 대상으로 하고 있기 때문에 사업수행을 위한 새로운 지역사회재활시설들의 기능전환과 직제의 기능적 재편성이 필요하다. 이에 따르는 전문적 서비스를 위해 우수한 전문인력과 안정적 운영을 위한 재정의 투입이 현실화되어야 한다.

3) 지역사회 기반 장애인 복지욕구서비스 제공

최근 장애인복지정책 패러다임은 지역사회 기반 장애인의 자립생활 구축이라 할 수 있다. 방문서비스 위주였던 재가복지서비스는 장애인의 지역사회 참여와 자립을 지원하는 서비스로 변화되고 있고, 지역 내 다수의 장애인에게 복지서비스 전달을 위해 장애인복지관의 기능을 지역사회기반에 초점을 두고 있다. 시설보호서비스뿐만 아니라 지역사회 속에서 활동지원서비스, 보호서비스를 지원함으로써 장애인의 완전참여와 사회통합을 구축할 수 있다. 지역사회 장애인복지서비스가 존재하고 있음에도 다수의 장애인이 서비스를 이용할 수 없다면 제도적인 차원에서든 실천적 차원에서든 이를 해결하기 위한 방안을 모색할 필요가 있다. 장애인복지서비스를 제공하는 유사시설의 증가에도 불구하고 장애인은 장애 그 자체로 인하여 서비스의 접근성, 충분성, 연속성 등이 전달체계에서 가장 고려가 되어야 한다(부산복지개발원, 2015).

4) 지역사회재활기관 간의 협력적 네트워크

장애인구 증가와 장애인의 욕구 다양화로 일률적이고 표준화된 서비스 외에도 수요자 맞춤형 서비스에 대한 요구가 증가하고 있다. 과거에는 지역사회재활시설 가운데 이용시설은 장애인복지관 외에는 전무하였으나 현재는 중증장애인 자립생활센터, 장애아동 재활치료시설, 지역사회 재활병의원 등 서비스 제공기관의 다양화와 양적 팽창이 이루어졌다. 기관의 다양화 측면 외에도 지역사회서비스 투자사업의 확대 등, 서비스를 중심으로 한 확대도 이루어지고 있다. 또한 공공전달체계 개편은 종합사회복지관뿐만 아니라 장애인복지관에도 영향을 미치고 있다. 서비스가 효과적으로 수행되기 위해서는 관련 주체들의 참여와 지역사회 내 구체적 서비스 지원 실천 모형을 필요로 한다. 즉, 지역복지환경, 인구의 규모와 특성, 경제적 특성, 인적 자원의 특성, 장애에 대한 지역적 의식, 지역사회 사회복지이용시설 등의 환경에 따른 실천전략이 필요하다(부산복지개발원, 2015).

CHAPTER 13

장애인 직업재활시설

장애인 직업재활시설은 일반고용이 어려운 중증장애인에게 일할 기회를 제공하기 위해 직업 전 훈련과 보호고용을 통해 안정적인 일자리를 제공하고, 궁극적으로 경제적인 자립을 할 수 있는 기반을 마련해 주기 위한 대표적인 보호고용시설의 한 유형이다. 중증장애인이 일을 통한 보람과 가치를 얻고, 사회구성원으로 인정받으며 살아갈 수 있는 기회를 얻고 있기에 매우 중요한 의미를 가지며 직업재활서비스를 통해 사회통합의 기회를 제공하는 기능을 하고 있다.

1. 장애인 직업재활시설의 개념 및 종류

1) 장애인 직업재활시설의 개념

장애인 직업재활시설의 개념을 살펴보면 대체로 일반고용이나 지원고용이 어려운 중증장애인을 위한 보호고용을 통해 장애인의 고용을 이끌어 내는 시설로 받아들여지고 있다.

미국 장애인 직업재활시설 및 재활프로그램연합회(National Association of Shel-tered Workshops and Homebound Programs)는 근로자 신분의 유지 혹은 성취 및 직업에 초점을 두어 '직업적 장애를 지닌 사람들이 근로자로서의 최대의 잠재력을 유지하거나 성취하도록 원조하는 통제된 작업환경, 지원서비스, 임금 그리고 개별목표들을 활용하는 비영리 재활시설'로 규정하고 있다.

각 나라의 직업재활시설의 개념을 살펴보면, 먼저 미국 보호작업장협회(National Association of Sheltered Workshops)는 "직업적으로 장애를 가진 사람으로 하여금 노동자로서 자신이 최대한의 잠재력을 발휘할 수 있도록 그들의 목표와 임금지급 등 편의를 제공할 수 있고 적절한 노동배경을 만들어 주는 비영리재활시설을 말한다"고 정의하고 있다. 영국의 「장애인고용법(The Disabled Persons Employment Act)」에 따르면 "중증장애인이 집단 내에서 일을 할 수 있도록 기회를 제공하는 시설을 말한다"라고 정의하였다. 네덜란드의 「보호고용법(Sheltered Employment Act)」은
'정상적인 조건하에서 일할 수 없는 미취업 장애인을 위해 보호적 조건하에서 고용기회를 제공하는 시설'로 정의하고, 일본의 「신체장애인복지법」, 「지적장애인복지법」을 보면 '18세 이상의 장애인으로 일반고용이 어려운 자를 입소시켜 자립에 필요한 훈련과 직업을 제공함으로써 자립을 돕는 시설'이라고 규정하고 있다(부산복지개발원, 2014).

우리나라의 경우 「장애인복지법」 제58조 제1항 제3호의 정의에 따르면 직업재활시설이라 함은 일반작업 환경에서는 일하기 어려운 장애인이 특별히 준비된 작업환경에서 직업훈련을 받거나 직업생활을 할 수 있도록 하는 시설을 말한다. 이는 '장애인의 사회통합'이라는 목표 달성을 위한 곳으로 장애인의 능력과 적성에 맞는 직업생활을 통하여 인간다운 생활을 할 수 있도록 장애인직업재활과 관련된 제반서비스(보호고용, 직업상담, 직업능력평가, 직업적응훈련, 직업훈련, 작업활동, 취업알선, 취업 후 지도, 장애인 생산품 판매 및 판로확대 등)를 제공하고 취업기회를 제공하여 장애인의 자활 · 자립을 도모하는 데 그 목적이 있다(보건복지부, 2016).

2) 장애인 직업재활시설의 종류

장애인 직업재활시설은 1990년 「장애인고용촉진 등에 관한 법률」이 제정되면서 장애인의 고용과 직업재활에 대한 관심을 이끌어 내었다. 원래 법률의 취지는 장애

인이 그 능력에 맞는 직업생활을 통하여 인간다운 생활을 할 수 있도록 장애인의 고용촉진과 직업재활 및 직업안정을 도모하는 것이었으나, 그 혜택은 주로 경증장애인에게 돌아가 중증장애인 고용은 거의 제자리걸음 수준인 것으로 나타났다. 이러한 문제점이 대두되자 1999년 「장애인복지법」 전면개정을 통해 장애인 직업재활시설을 근로작업시설, 보호작업시설, 작업활동시설, 직업훈련시설, 생산품판매시설로 구분하여 2007년까지 5개 유형의 장애인 직업재활시설이 설치 · 운영되었다. 이후 5개 유형의 장애인 직업재활시설은 제도 개선을 통해 서비스 수준 향상 및 책임성을 강화하고, 장애인 보호고용의 기회를 확대하고자 2007년 10월 이후 유형 재편을 실시하였다. 고용의 기회를 확대하기 위해 3개의 유형으로 축소하였으나 중증장애인의 직업훈련과 직업적응훈련의 기능을 전담해 줄 시설의 필요성이 대두되면서 2016년 직업적응훈련시설이라는 중증장애인의 직업적응훈련을 전담으로 하는 시설이 신설되면서 총 4개의 시설유형으로 변화하게 되었다.

〈표 13-1〉 장애인 직업재활시설의 유형변화

2000년 이전		2000~2007년		2008~2015년		2016년 이후
① 보호작업장 ② 근로시설	⇒	① 작업활동시설 ② 보호작업시설 ③ 근로작업시설 ④ 직업훈련시설 ⑤ 생산품판매시설	⇒	① 보호작업장 ② 근로사업장 ③ 생산품판매시설	⇒	① 보호작업장 ② 근로사업장 ③ 직업적응훈련시설 ④ 생산품판매시설

다음은 「장애인복지법」 시행규칙 제41조 [별표 4]의 규정에 의한 장애인 직업재활시설의 종류이다.

(1) 장애인 보호작업장

직업능력이 낮은 장애인에게 직업적응능력 및 직무기능 향상훈련 등 직업재활훈련 프로그램을 제공하고, 보호가 가능한 조건에서 근로의 기회를 제공하며, 이에 상응하는 노동의 대가로 임금을 지급하며, 장애인 근로사업장이나 그 밖의 경쟁적인 고용시장으로 옮겨 갈 수 있도록 돕는 역할을 하는 시설이다. 또한 근로장애인은 최소 10명 이상이어야 하며 근로인원 중 장애인이 70% 이상, 그중 중증장애인이 80% 이상 고용하여야 한다. 모든 근로장애인에게 임금을 지급하여야 하며, 근로장애인의 2/3 이상에게 최저임금의 40% 이상을 지급하고 1인당 월 평균 임금은 최저임금의 30% 이상 유지할 수 있도록 최선의 노력을 하여야 한다.

(2) 장애인 근로사업장

직업능력은 있으나 이동 및 접근성이나 사회적 제약 등으로 취업이 어려운 장애인에게 근로의 기회를 제공하고, 최저임금 이상의 임금을 지급하며, 경쟁적인 고용시장으로 옮겨 갈 수 있도록 돕는 역할을 하는 시설이다. 근로장애인의 최소 30명 이상이어야 하며 근로인원 중 장애인이 70% 이상, 그중 중증장애인이 60% 이상 고용하여야 한다. 모든 근로장애인에게 임금을 지급하여야 하며, 근로장애인의 2/3 이상에게 최저임금 이상 지급하고 1인당 월 평균임금은 최저임금의 80% 이상을 유지할 수 있도록 최선의 노력을 하여야 한다.

(3) 장애인 직업적응훈련시설

작업능력이 극히 낮은 장애인에게 작업활동, 일상생활훈련 등을 제공하여 기초작업능력을 습득시키고, 작업평가 및 사회적응훈련 등을 실시하여 장애인 보호작업장 또는 장애인 근로사업장이나 그 밖의 경쟁적인 고용시장으로 옮겨 갈 수 있도록 돕는 역할을 하는 시설이다('15.12.31.자 「장애인복지법」 시행규칙 개정으로 유형 신설). 또한 훈련장애인은 최소 20명 이상이어야 하며 훈련장애인은 중증장애인으로 하되, 그중 발달장애인이 80% 이상 유지되도록 하여야 한다.

(4) 장애인 생산품 판매시설

장애인 생산품의 판매활동 및 유통을 대행하고, 장애인 생산품이나 서비스 · 용역에 관한 상담, 홍보, 판로 개척 및 정보제공 등 마케팅을 지원하는 시설이다.

tip 장애인 직업재활시설 이용 장애인에 대한 이해

근로장애인	임금을 목적으로 근로를 하는 장애인(「근로기준법」에 따른 근로계약 체결)
훈련장애인	장애인 직업재활시설이 운영하는 작업활동 프로그램 또는 장애인 직업적응훈련시설을 이용하는 장애인(근로장애인은 제외)

2. 장애인 직업재활시설의 현황 및 서비스

1) 장애인 직업재활시설의 현황

장애인 직업재활시설은 계속적으로 증가하고 있다. 이는 중증장애인의 낮은 고용률로 인해 보호고용에 대한 수요가 증가하면서 계속적으로 직업재활시설 수가 증가하는 것을 아래 표를 통해 알 수 있다. 특히 수도권(서울, 경기, 인천 등)에 40% 이상이 집중되어 있는 반면 나머지 시도에서는 시설의 수가 적게 나타나는 경향을 보이고 있다. 이는 장애인 직업재활시설이 2005년 지방이양됨에 따라 지자체의 정책과 예산배정에 따라 시도 간의 편차를 보이고 있다는 것을 알 수 있다.

〈표 13-2〉 장애인 직업재활시설 현황(2015년 12월 현황)

(단위: 개소, 명)

시도	시설 수	근로장애인	근로사업장		보호작업장	
			시설 수	근로장애인	시설 수	근로장애인
합계	560	16,414	64	2,798	496	13,616
서울	120	3,948	12	705	108	3,243
부산	30	870	2	62	28	808
대구	37	980	5	196	32	784
인천	28	847	4	183	24	664
광주	21	641	4	160	17	481
대전	15	527	3	140	12	387
울산	14	291	1	30	13	261
세종	3	87	–	–	3	87
경기	93	2,772	14	556	79	2,216
강원	33	773	4	144	29	629
충북	22	726	1	74	21	652
충남	16	562			16	562
전북	19	511	2	65	17	446
전남	17	392	1	28	16	364
경북	37	1,062	3	129	34	933
경남	46	1,069	5	171	41	898
제주	9	356	3	155	6	201

출처: 보건복지부(2016). 2016년 장애인복지시설 일람표 재구성.

〈표 13-3〉 장애인 직업재활시설 연도별 시설 추이(2015년 12월 현황)

(단위: 개소)

연도	2010년	2011년	2012년	2013년	2014년	2015년
시설 수	417	456	478	511	541	560

출처: 통계청(2016). 장애인시설 및 사업현황.

2) 장애인 직업재활시설의 서비스

(1) 작업활동프로그램

작업능력이 매우 부족한 장애인들이 일정 기간 일상생활 및 가사생활훈련, 사회적응훈련, 직업적응훈련, 여가활동 교육 등을 통해 보호작업장이나 근로사업장으로 전이되어 유상적 임금을 받을 수 있도록 보호작업장 또는 근로사업장 내에서 실시하는 프로그램이다.

「장애인복지법」 시행규칙 제41조에 근거하여 장애인 보호작업장 및 장애인 근로사업장의 시설장이 작업활동프로그램 운영 여부를 자율적으로 결정할 수 있다. 작업활동프로그램은 최소 10인 이상으로 구성하며 장애인 보호작업장 대상 장애인들보다 더욱 생산능력이 떨어져 당장 유상적 임금을 제공할 수 없는 장애인을 대상으로 하며 장애등급 3급 이상인 장애인이 프로그램 현원의 80% 이상이 되도록 유지하여야 한다. 직업재활시설에서는 장애유형, 정도, 연령별 특성을 고려하여 프로그램을 지속적으로 실시하여 능력과 기능이 향상될 수 있도록 하며, 3년 후에는 장애인 보호작업장 또는 장애인 근로사업장으로 전이될 수 있도록 노력하여야 한다. 직업재활시설 작업활동프로그램은 6개로 분류할 수 있으며 보호고용으로 전이될 수 있도록 주당 20시간 이상 훈련을 실시하여야 한다.

〈표 13-4〉 **직업재활시설 작업활동프로그램 내용**

구분	내용
일상생활 및 가사생활훈련	가정생활 및 독립생활을 수행하는 데 필요한 기술을 습득하기 위한 훈련
사회적응훈련	지역사회의 한 일원으로 통합하여 살아가는 데 필요한 대인관계기술, 각종시설을 이용하는 기술 등을 습득하도록 지도
직업적응훈련	작업기능의 향상을 위한 작업활동을 제공하고 장애인 보호고용으로의 전환을 위한 작업기술을 습득하도록 지도
직업평가	적절한 평가도구를 통한 작업평가를 실시
통근훈련	지역사회의 대중교통 수단을 이용하여 통근할 수 있도록 지도
취미 및 여가활동	건전한 여가활동을 통하여 사회성과 대인관계기술을 습득하고 긍정적인 생활인의 자세를 기를 수 있도록 지도

(2) 재활프로그램

① 근로사업장

근로장애인의 독립적인 사회경제활동 및 직업적인 잠재능력을 파악하기 위한 사회적응훈련, 직업평가를 실시하고 장애인이 근로하는 동안 장애의 특성과 정도, 장애인의 욕구, 적성 · 직업능력 · 직업경험 등을 종합적으로 고려하여 적합한 직무에 종사하게 하고 일반고용이 가능한 장애인이 일정 기간 후 일반사업장에 취업할 수 있도록 하는 근로사업장 재활프로그램은 다음과 같다.

〈표 13-5〉 근로사업장 재활프로그램 내용

구분	내용
사회적응훈련	대인적응기술, 사회성훈련 등
직무기능 향상훈련	직무분석에 따른 직무변경, 개조, 보조공학 개입에 따른 훈련
작업태도 및 기술훈련	작업기능의 향상을 위한 작업활동을 제공하고 장애인 보호고용으로의 전환을 위한 작업기술을 습득하도록 지도
직무개발 및 경쟁적인 고용시장으로의 전이를 위한 조치	지역사회 노동시장 분석 및 정보제공, 직무분석 및 개입, 전이계획과 실행, 사후 지도

② 보호작업장

근로장애인의 유형, 장애 정도, 연령별 특성과 현재 수행 중인 업종의 특성을 반영하여 주 8시간 이상 재활프로그램을 계획하고 수행함으로써 일반고용으로의 전환을 모색하는 보호작업장 재활프로그램은 다음과 같다.

〈표 13-6〉 보호작업장 재활프로그램 내용

구분	내용
직업적응훈련	일상생활훈련, 사회적응훈련, 작업 태도 및 기술훈련
문제해결훈련	의사소통 기술훈련, 문제해결훈련, 대인관계능력 향상훈련, 위급 혹은 응급상황 대비훈련, 자기옹호 및 주장훈련
직업평가	작업표본평가 및 현장평가
직무기능 향상훈련	직무분석에 따른 직무변경, 개조, 보조공학 개입에 따른 훈련
지역사회 자원활용훈련	지역사회 적응훈련

③ 직업적응훈련시설

훈련장애인이 장애인 보호작업장 또는 장애인 근로사업장이나 그 밖의 경쟁고용 시장으로 전이할 수 있도록 주 30시간 이상 훈련하는 직업적응훈련시설로 훈련프로그램은 다음과 같다.

〈표 13-7〉 직업적응훈련시설 훈련프로그램 내용

구분		내용
재활기초기능훈련	기초적 생활기능	식사, 화장실 이용, 위생관리, 옷 입기 등
	건강관리기능	기초영양섭취, 일상의약품 사용, 자기투약관리, 응급 시 처치, 치아보철관리, 보조기구 관리 및 사용 등
	의사소통기능	언어개발 및 용어사용, 상황에 따른 의사표시 방법, 전화기 사용 등
	대인 및 사회기능	상호협조, 책임, 동성 및 이성관계에 따른 행동, 연령과 사회규범에 따른 행동 등
	고용 및 작업준비기능	직업전 평가, 직업의 목적과 가치, 필요성 교육 등
	이동기능	교통수단 이용, 지리적 위치 및 방향 알기 등
	시간관리기능	시간계획 짜기, 계획에 따른 시간관리, 공동체 내에서 개인적 시간관리, 여가시간관리 등
	개인별 재정관리기능	개인비용의 효율적 사용, 비상금의 용도 및 사용, 개인적 필요경비 등
	생활학습기능	필요한 대화 및 사람에 대한 주의력 습득, 수/시간/장소 등과 관련된 기억능력훈련, 일상활동 구분, 변별 및 연합훈련 등
	운동 및 지각기능	균형 잡기 훈련, 대소근육 기능훈련 등
직업기초기능훈련	노동 관련 프로그램	개인의 욕구에 대해 전반적인 접근(사회적 · 심리적 · 신체적 · 학문적 접근)
	직무수행	자립기능(의복 착탈, 용의 단정), 개인 및 대인관계 행동(정서, 타인지향 행동, 동기유발), 정보처리(시각, 청각, 촉각, 언어이해), 학습 및 대안전략(단어기억, 교수기법, 반응의 일반화와 대안행동), 직업적 기능(시간, 운동 협응, 변별과 분류, 수기능, 조립기능) 등
	보상기능훈련	대리감각의 개발로서, 감각운동, 학습준비, 언어 및 행동적응훈련 등
	직업훈련	구체적인 직업기술 개발

{예시 13-1} ㅇㅇ보호작업장 주간운영계획표

| 대상: 작업활동프로그램(주 20시간)

시 간	월요일	화요일	수요일	목요일	금요일
09:40~10:40	일상생활 및 가사생활훈련 (기초기능훈련/ 일상생활기술훈련/ 지역사회적응훈련/ 대인관계기술훈련)				
11:00~12:00	직업준비 · 직업수행 적응훈련	개인 · 사회생활 적응훈련	직업준비 · 직업수행 적응훈련	개인 · 사회생활적응훈련	
12:00~13:00	식사훈련 및 휴식				
13:00~14:00	사회적응훈련 및 직업적응훈련				
14:20~15:20	작업훈련				
15:40~16:40	보호작업장 작업수행				
16:40~17:00	정리 및 마무리				

| 대상: 보호작업장-재활프로그램(주 8시간)

시 간	월요일	화요일	수요일	목요일	금요일
09:40~10:40	일상생활훈련 및 사회적응훈련 (기초기능훈련/ 일상생활기술훈련/ 지역사회적응훈련/ 대인관계기술훈련)				
11:00~12:00	직업적응 훈련	보호작업장 작업수행	직무기능 향상 훈련	보호작업장 작업수행	직업적응 훈련
12:00~13:00	식사훈련 및 휴식				
13:00~14:00	보호작업장 작업수행				
14:20~15:20					
15:40~16:40					
16:40~17:00	정리 및 마무리				

3) 직업재활서비스과정[1]

장애인 직업재활시설의 직업재활서비스는 장애인의 직업적응, 역량강화, 사회통합을 돕기 위해 계획된 체계적인 서비스로, 직업상담, 직업평가, 직업재활계획수립, 직업적응훈련, 취업알선, 취업 후 적응지원, 종결과 같은 과정을 거친다.

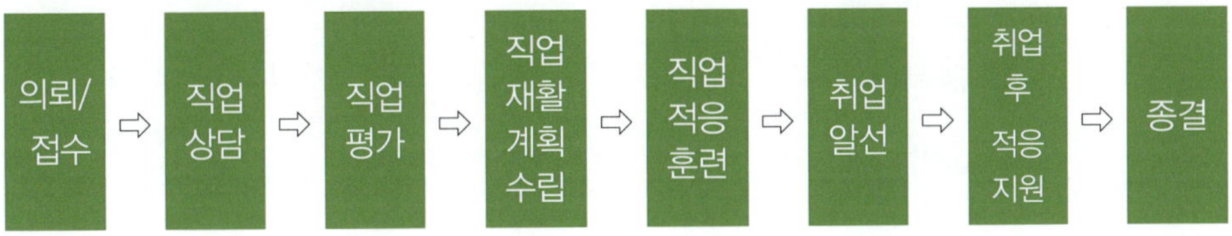

[그림 13-1] 직업재활시설 직업재활서비스과정

(1) 직업상담(초기면접)

직업상담(초기면접)은 장애인에 대한 정보를 수집하는 것 이외에 기관에서 제공하는 서비스에 대한 소개가 포함되며, 적절한 라포를 형성하여 장애인의 욕구를 파악하는 단계이다. 또한 장애인에 대한 정보, 즉 신체적 요인(장애 상태, 장애원인, 치료 및 약물복용 등), 심리사회적 요인(개인적응문제, 심리사회적 서비스 경험, 안정제나 수면제 등의 약 복용, 장애 이후의 생활 및 태도 변화 등), 가족관계(가족구성원, 결혼 여부, 자녀 여부, 친한 친구 등), 교육적 요인(최종학력, 학교생활 등), 직업적 요인(직업경험, 임금수준, 훈련경험, 흥미, 직업유지 기간 등), 경제적 요인(주 수입원과 부수입원, 의료비 등의 지출, 의료보험 가입 여부, 재정 상황에 대한 인지 등)에 대해 파악하여야 한다. 따라서 이러한 초기면접은 장애인과 직업재활서비스 제공자 간에 효과적이고 실제적인 관계형성을 위한 기초와 환경의 기본이 되기 때문에 매우 중요하다.

1) 한국장애인개발원(2010). 중증장애인직업재활사업 운영매뉴얼 Ⅰ, Ⅱ 참조하여 재구성.

{예시 13-2} 초기면접지

초기면접지

관리번호		초기면접일	20__.__.__	의뢰요청기관	

<table>
<tr><td rowspan="4">사 진</td><td>성명</td><td></td><td>성별</td><td></td><td rowspan="2">주민등록
번호</td><td rowspan="2"></td></tr>
<tr><td>주소</td><td colspan="3"></td></tr>
<tr><td rowspan="2">연락처</td><td>전 화</td><td colspan="4"></td></tr>
<tr><td>휴대전화</td><td colspan="4">1.2.</td></tr>
<tr><td rowspan="4">욕구
및
기대</td><td>내담자</td><td colspan="5"></td></tr>
<tr><td>보호자 등</td><td colspan="5"></td></tr>
<tr><td rowspan="2">취업욕구</td><td>직종</td><td></td><td>임금</td><td></td><td>내담자</td></tr>
<tr><td>직종</td><td></td><td>임금</td><td></td><td>보호자 등</td></tr>
</table>

1. 장애력

<table>
<tr><td>주 장애</td><td colspan="2"></td><td>중복장애</td><td></td></tr>
<tr><td>등록장애</td><td colspan="2"></td><td>등록일</td><td></td></tr>
<tr><td>장애발생
원인/시기</td><td colspan="2"></td><td>진료/치료</td><td></td></tr>
<tr><td rowspan="4">현재
건강
상태</td><td>복용약</td><td></td><td>시각문제</td><td></td></tr>
<tr><td>보장구</td><td></td><td>언어문제</td><td></td></tr>
<tr><td>신체질환</td><td></td><td>청각문제</td><td></td></tr>
<tr><td>정신질환</td><td></td><td>기타</td><td></td></tr>
</table>

2. 가정환경

성명	관계	생년월일	직업	동거 여부	장애 여부	비고

3. 교육 및 훈련 사항

최종학력	

4. 직업경력

사업체명	기간	담당직무	급여	퇴사사유

5. 기초학습능력

시간 개념		형태변별	
수 개념		비교/위치	
색 개념		쓰기/읽기/이해	

6. 생활적응능력			
신변처리 및 일상생활		□식사 □착 · 탈의 □화장실 이용 □개인위생	*스스로 가능 ■
이동능력(교통)		□지하철 □버스 □자가운전 □자원봉사자 □도보	
의사소통	주요 수단	□대화(음성) □수화 □구화 □필담 □기타	
	활용 능력	□매우 원활 □원활 □보통 □원활 않음 □매우 원활하지 않음	
대인관계	원활한 대인관계를 지니고 있음		
기타			
7. 종합소견 및 직업평가 계획			
종합소견			
직업평가 계획	* 직업평가 필요성: □유□무 *직업평가 실시방법: □자체□의뢰		
	* 직업평가 영역: □신체능력 □심리 □작업표본 □상황 □현장 □기타:		

(2) 직업평가

직업평가는 장애인의 직업적 흥미, 적성, 강점 및 제한점 등을 파악하기 위해 신체능력평가, 심리평가, 작업표본평가, 상황평가, 현장평가 등을 실시하는 직업재활서비스로 장애인에게 적합한 직업재활 방향을 설정하고 효과적으로 직업을 선택할 수 있도록 지원한다.

직업평가의 목표는 첫째, 일반고용이든 보호고용이든 향후 직업방향을 탐색하기 위하여 장애인의 직무능력, 흥미, 적성, 강점과 제한점을 파악한다. 둘째, 장애인의 욕구 및 능력을 기반으로 한 직업목표를 설정하고 지원서비스를 계획하는 데 필요한 정보를 제공한다. 셋째, 직업재활서비스 제공 중 과정평가를 통하여 개인의 향상 정도에 따른 서비스가 지원될 수 있도록 한다. 넷째, 직업을 탐색하고 선택하는 데 있어 장애인의 직업의식과 통찰력을 증대시키고, 작업수행 및 태도 등에서 긍정적인 변화를 유도한다.

그럼에도 불구하고 직업평가가 모든 장애인에게 필요시되는 서비스는 아니다. 직업평가는 일련의 과정을 거치게 되는데 일반적으로 실시되는 직업평가의 과정은 '직업평가계획수립－직업평가실시－직업평가 보고서 작성'으로 요약할 수 있다.

{예시 13-3} 직업평가 보고서

<table>
<tr><td>NO.</td><td></td><td colspan="2" rowspan="2">직업평가 보고서</td><td>의뢰기관</td><td></td></tr>
<tr><td>평가일</td><td></td><td>평가유형</td><td>☑ 내관 □ 이동</td></tr>
<tr><td>성명</td><td></td><td>생년월일</td><td></td><td>성별</td><td>남</td></tr>
<tr><td>장애유형 및 등급</td><td></td><td>주소</td><td></td><td>연락처</td><td>010–</td></tr>
<tr><td>평가목적</td><td colspan="5"></td></tr>
<tr><td>평가방법</td><td colspan="5"><table><tr><td>평가영역</td><td>평가도구</td></tr><tr><td>상황평가, 행동관찰평가, 지역사회적응, 손기능,
신경심리검사, 직업흥미, 직업적성</td><td></td></tr></table></td></tr>
<tr><td>배경정보</td><td colspan="5">□ 행동관찰 □ 가정환경 관련 □ 생활적응능력 관련
□ 교육 및 훈련 관련 □ 기초학습능력 관련</td></tr>
<tr><td colspan="6">직업평가 내용 및 결과</td></tr>
<tr><td colspan="6">□ 상황평가지 □ 직업준비도검사
□ CIS–A □ 미네소타 손 기민성 검사
□ 정서적 행동 검사지 □ DIAL 행동평가척도(BRS)
□ 직업기능스크리닝검사</td></tr>
<tr><td colspan="6">직업평가 내용 및 결과</td></tr>
</table>

▫ 직업적 강점 · 제한점

직업적 강점	직업적 제한점

▫ 직업수준 및 목표

직업수준	직업적응훈련 필요
직업훈련방향	직업적응훈련→보호고용
추천직무배치	

▫ 직업지원 권고

지원과정 권고	직업적응훈련
권고프로그램	– 일상생활기술훈련 – 금전관리훈련 – 사회기술훈련 – 직무기술향상훈련

▫ 종합소견

직업평가 계획수립단계에서는 직업평가의 목적, 내용, 방법에 대한 계획을 수립하고 평가계획서를 작성하는 것이 포함된다. 직업평가실시에서는 평가계획서에 따라 신체능력평가, 심리평가, 작업표본평가, 상황 및 현장평가 등을 실시하게 된다. 마지막 직업평가 보고서는 직업평가의 최종 결과물로 장애인의 일반적 정보와 평가결과를 객관적이고 종합적으로 분석하여 제시함으로써 직업재활의 방향을 설정할 수 있도록 한다.

(3) 직업재활계획수립

직업재활계획수립은 직업재활서비스에 대한 적격성 결정을 받은 장애인을 대상으로 장애인의 욕구에 맞는 최종의 직업목표를 달성하기 위한 장 · 단기 목표, 프로그램 내용 및 방법, 평가기준 등을 수립하는 것이다. 즉, 기관의 직업재활서비스 이용이 적격하다고 결정된 장애인을 대상으로 적합한 직업재활 방향을 설정하고 구체적인 서비스를 공식적으로 계획하고 실천하여 직업목표를 달성하는 것을 목적으로 한다. 직업재활서비스 이용자로 결정되면, 각 기관에서 재활 관련 각 영역의 담당자, 장애인 및 보호자 등으로 팀을 구성하여 직업재활계획수립을 위한 사례회의를 실시하고, 장애인의 직업목표와 직업재활서비스 지원계획을 결정하게 된다. 또한 직업재활계획에는 매월, 반기별, 또는 분기별로 달성해야 하는 중간목표(단기목표) 와 직업목표를 달성하기 위해 1년간 달성해야 하는 장기목표가 어느 정도 성취되었는지 확인할 수 있는 기준이나 평가 등에 대한 내용도 포함되어야 한다. 그리고 직업재활 과정을 거치는 동안 직업재활계획은 장애인이 성공적으로 고용되는 데 필요한 지원과 서비스를 포함하는 전문적 지침의 기능을 하게 된다. 이를 통해 장애인에게 제공되어야 하는 직업재활서비스의 흐름이 파악될 수 있기 때문에, 직업재활계획은 장애인마다 개별적으로 작성되어야 하며, 개인 직업목표에 따라서 1년에 1회 이상 업데이트하여 진행사항을 기록하고 활용하도록 권고하고 있다.

{예시 13-4} 직업재활계획서

NO-		직업재활계획서	담당자	(인/서명)

1. 장애인 인적사항

성 명		생년월일	
장애유형 및 등급		서비스 기간	
주 소		연 락 처	

* 직업상담(초기면접) 실시 일자: 201_.__.__

* 직업평가(초기평가) 실시 일자: 201_.__.__

– 장애인의 배경정보, 직업평가결과는 초기면접지, 직업평가보고서, 사례회의록 등을 붙임서류로 참조

2. 장애인 및 보호자의 의견

3. 직업 목표

4. 장기 목표

5. 단기 목표

6. 직업재활계획 수행내용

장 · 단기 목표		기간	담당자	수행방법	수행달성 여부	
					예	아니오

※ 사례회의 기록지 참조

※ 내담자, 보호자는 본 계획서 작성에 참여하고 내용을 이해하였으며, 동의하였습니다.

작성일: 201_.__._.

이용자(보호자)	원장	국장	과장	담당자
(인/서명)	(인/서명)	(인/서명)	(인/서명)	(인/서명)

(4) 직업적응훈련

직업적응훈련 장애인이 실제적인 작업환경에서 적절한 행동, 가치, 태도를 발전시킬 수 있도록 개인 · 사회생활, 직업준비 · 직업수행, 직무능력 향상 · 직무유지 등에 대한 훈련을 통하여 도달 가능한 직업능력을 최대한 향상시킬 수 있도록 지원하는 서비스이다. 또한 직업적응훈련은 장애인이 장애를 수용한 상태에서 도달 가능한 최대한의 기능개발을 성취하게 하는 것이다(서울시복지재단, 2008). 또한 장애인이 작업장에서 적절한 행동, 가치, 태도를 발전시킬 수 있도록 일반적인 실제 및 가상 직업훈련을 실시함으로써 궁극적으로는 일반고용 목표를 달성할 수 있도록 하는 직업재활서비스이다.

「장애인고용촉진 및 직업재활법」 제11조에서는 장애인이 개인의 희망, 적성, 능력에 맞는 직업생활을 하고, 직업환경에 적응할 수 있도록 필요한 지원을 제공하는 것으로 제시하고 있다. 직업적응훈련은 모든 직업영역에 공통적으로 필요한 근로자로서의 기초능력과 태도를 길러 특정 직종훈련에 들어간 경우, 이를 토대로 실질적인 경험을 얻는 것을 목적으로 한다. 그리고 직업세계에서 공통적으로 요구되는 근로자의 자격(체력, 인내심, 작업습관, 기초 지식, 직업인으로서의 차림새, 직장에서 인간관계와 역할인식 등)의 훈련과정이 포함된다. 따라서 직업적응훈련은 노동시장에서 필요로 하는 기술이 부족한 장애인을 원조하기 위하여 다양한 경험을 제공하는 것으로 자기확신, 자기통제, 지구력, 대인관계기술, 작업세계에 대한 이해, 근로자로서의 태도와 자세 등을 개발하도록 도움을 주는 것이라고 할 수 있다.

직업적응훈련 대상자는 앞서 실시한 직업평가 결과에 따라 선발될 수 있는데, 직업평가결과에 따라 첫째, 일상생활 및 자립발달에 어려움이 있는 장애인, 둘째, 사회성을 개발 혹은 향상시킬 필요가 있는 장애인, 셋째, 직업의식 결여, 부정적 자아의식, 취업에 대한 동기부족, 실패 경험의 누적, 가족의 비협조, 사업주의 낮은 인지도 등으로 인해 직업적응의 문제가 있는 장애인, 넷째, 기타 직업적응의 문제가 있는 장애인이 대상이 될 수 있다.

직업적응훈련은 크게 직업적응훈련 계획단계, 직업적응훈련 실시단계, 직업적응훈련 평가단계의 세 가지 과정으로 구분할 수 있다. 계획단계에서는 개별직업재활계획에 따른 직업적응훈련계획을 수립하고, 실시단계에서는 개인 · 사회생활 훈련, 직업준비 · 직업수행훈련, 직무능력향상 · 직업유지 훈련으로 구성하여 실시된다. 마지막으로 평가단계에서는 훈련프로그램의 수정이나 장애인의 변화에 파악하기 위한 중간평가, 프로그램 효과성 여부와 전이를 위한 최종평가를 실시하게 된다.

(5) 취업알선 및 배치

취업알선은 구직 장애인의 흥미, 직업적 욕구, 직업능력과 사업체의 직무 등을 고려하여, 직장을 알선하여 배치함으로써 일반고용, 지원고용, 보호고용, 자영업 등이 이루어지도록 지원하는 활동이며, 장애인이 경제적으로 타인에게 의존하지 않고 독립하여 살아갈 수 있도록 하기 위하여 사회구성원의 일원으로서 경제적 자립을 꾀할 수 있도록 하는 것이다.

취업알선은 장애인의 능력, 흥미, 욕구 등의 개인적 요인과 작업환경 요인 간을 적절하게 매칭시켜 장애인에게 가장 적합한 직업을 알선하는 것이다. 적합한 직무로 취업을 알선시키기 위해서는 개인적 요인뿐 아니라 작업환경 요인을 파악하고 분석하는 과정도 매우 중요하다. 이러한 과정을 직무개발(job development)이라고 하는데 직무개발은 지역사회의 노동시장을 분석하는 데서 출발하여, 고용주와의 면담을 통해 작업현장을 관찰하고 분석하여 장애인이 그 직무에 배치될 수 있도록 한다. 즉, 직무개발이란 고용기회를 확보하기 위한 계획되고 전문화된 과정으로서, 장애인에게 진로기회를 제공하는 전문적인 서비스라고 할 수 있다. 또한 직무개발에는 취업처를 개발하는 것뿐만 아니라 새로운 직무를 창출하고, 기존의 직무를 수정(modify)하거나 재구조화(restructure)하는 것을 포함한다.

직무배치(job placement)는 장애인의 능력, 흥미 등을 고려하여 적절한 직무에 선별적으로 배치하는 과정으로 직무에 대한 철저한 분석이 요구된다. 직무분석은 장애인이 배치하여 수행하게 될 직무를 분석하여 재설계하는 것에서부터 성공적인 고용이 이루어질 수 있도록 직무를 설계하고, 교육하고, 직무에 대한 검증까지도 포함하는 것을 의미한다.

(6) 취업 후 적응지원

취업 후 적응지원은 장애인들이 취업된 이후, 장애인, 사업주나 동료, 가족 등을 대상으로 직장 내 다양한 문제들에 대해 적절히 대처할 수 있도록 지원하는 서비스이다. 즉, 취업 장애인의 고용안정 및 만족스러운 직장생활 유지를 도모하고, 장애인들이 직장생활의 적응과정에서 겪게 되는 여러 가지 어려운 문제로 인하여 직장생활에서 소외되거나 위축되지 않도록 직무환경을 개선하거나 조정해 줌으로써 장애인이 만족스럽게 직장생활을 영위할 수 있도록 지원한다.

취업 후 적응지원서비스에는 장애인이 배치된 직무를 올바로 이해하고 수행하고 있는지 직무와 직접 관련된 지원과 비장애인 혹은 동료근로자들과의 관계에서 잘 적응하고 있는지 정서적 · 심리적 측면에서의 지원이 포함된다. 또한 장애인을 고용한 사업주가 겪는 문제를 함께 논의하며, 장애인 고용에 따른 장비지원이나 편의시설 설치, 고용장려금 지원과 같은 정보제공도 포함이 된다.

일반적으로 취업 후 적응지원서비스를 제공하는 과정에서 장애인이 어려움을 겪고 있는 내용을 보면, 작업생산성문제, 시간관리문제, 대인관계문제, 자기관리문제 등이 있다. 적응지원서비스는 장애인이 처음 배치가 확정이 된 후 15~30일 동안은 주 2~4회 정도 정기적으로 방문하는 것이 적절하며, 60~90일까지는 주 1~ 2회 정도 실시하는 것이 바람직하다. 적응지원서비스의 방법도 직접 방문하는 것 이외 전화나 문자를 통해 수시로 상담 및 지도를 할 수 있으며, 직장생활에 어느 정도 적응이 된 후에는 주말 모임활동을 통해 스트레스를 해소하고, 역량을 강화하며, 다양한 여가를 즐길 수 있도록 하여 직업을 유지할 수 있도록 지원할 수도 있다.

3. 장애인 직업재활시설의 인력

1) 장애인 직업재활시설 인력배치기준

장애인 직업재활시설에는 시설장, 사무국장, 직업훈련교사, 간호사, 영양사, 사무원, 생산 및 판매관리기사, 시설관리기사, 조리원, 위생원과 같은 직종의 인력들이 배치되어 시설을 운영하고 있으며 이들의 배치기준은 근로사업장, 보호작업장, 직업적응훈련시설별로 이용장애인 수에 따라 〈표 13-8〉과 같이 인력이 배치되고 있다.

특히 직업훈련교사와 생산 및 판매관리기사의 경우는 운영직종과 관련된 전문가들이 투입되어서 생산활동에 대한 전문적인 업무를 수행해 나갈 수 있도록 조력하고 있다.

〈표 13-8〉 장애인 직업재활시설 인력배치기준

직종명	배치기준	비고
시설장	1명	시설당 1명
사무국장	1명	이용장애인 30명 이상인 경우 1명
직업훈련교사	1명	– 장애인 근로사업장, 장애인 보호작업장: 장애인 10명당 1명(10명 초과 시 초과인원을 반올림하여 지원) – 장애인 직업적응훈련시설: 장애인 12명당 1명(12명 초과 시 초과인원을 반올림하여 지원)
간호사	1명	이용장애인이 50명 이상인 시설에 배치. 다만, 이용장애인의 건강상태 및 근로환경 등을 고려하여 간호사의 배치 필요성이 낮다고 판단될 경우에는 배치하지 않음
영양사	1명	이용장애인이 30명 이상이고, 집단급식 제공기능이 있는 경우 배치
사무원	1명	시설당 1명
생산 및 판매 관리기사	1명	– 장애인 근로사업장: 근로장애인 10명당 1명(10명 초과 시 초과인원을 반올림하여 지원) – 장애인 보호작업장: 근로장애인 20명당 1명(훈련장애인은 미포함, 20명 초과 시 초과인원을 반올림하여 지원)

직종명	배치 기준	비고
시설관리기사	1명	자체시설이나 기숙시설을 운영하거나 제조업을 주 업종으로 하고 있으며, 장애인(근로장애인과 훈련장애인)과 시설 종사자(시설장 포함)를 합산하여 50명 이상인 경우 시설당 1명
조리원	1명	훈련장애인을 포함한 장애인이 30명 이상이고, 집단급식 제공기능이 있는 경우 배치
위생원	1명	급식시설 및 기숙시설이 있는 경우 배치

출처: 보건복지부(2016). 2016년 장애인복지시설 사업안내.

tip 주요 종사자 자격기준

직업훈련교사	① 「고등교육법」에 따른 대학에서 직업재활이나 특수교육을 전공하고 졸업한 사람 ② 「사회복지사업법」에 따른 사회복지사 ③ 장애인 직업재활시설 운영 직종과 관련된 자격증을 취득한 사람 ※ 장애인 보호작업장 및 장애인 근로사업장에 직업훈련교사가 2명 이상 배치되는 경우, 그중 1명이 직업훈련교사 자격기준을 갖춘다면 나머지 인원은 마케팅 및 생산품 관련 전문가 등으로 채용 가능
생산 및 판매관리기사	운영 직종 관련 자격증 소지자 또는 운영 직종 관련 경험이 있는 사람

4. 장애인 직업재활시설의 과제

1) 양적 확대와 종사자 배치기준의 현실화

우리나라 장애인 수는 계속 증가하고 있는 반면 중증장애인의 고용률은 낮은 상황에서 장애인의 보호고용을 담당하고 있는 장애인 직업재활시설의 수가 수요에 비해 현저히 부족하다. 이는 장애인 직업재활시설이 2005년 지방이양사업의 일환으로 지방자체단체로 이양됨에 따라 지방자치단체의 재정 상황에 따라 직업재활시설이 확충되고 있으며 이는 결국 지역별 직업재활시설 수의 편차를 보이고 있다. 결국 지자체의 의지에 따라 직업재활시설의 확충과 재정지원이 다를 수밖에 없다. 중증장애인의 보호고용을 담당하고 있는 직업재활시설의 수가 전체 장애인에 비해 턱없이 부족한 현실에서 장애인 직업재활시설의 양적 확충이 필요하다.

또한 직업재활시설의 종사자 중 특히 직업훈련교사의 경우 법적 기준은 장애인 12명당 1명을 배치하는 것이나 중증장애인이 주로 활동하는 직업재활시설의 특성과 직업재활프로그램과 생산활동을 추구해야 하는 현실을 고려한다면, 종사자 배치기준을 현실적으로 개선할 필요가 있다.

2) 유형에 따른 기능구분 명확화

장애인 직업재활시설에서는 중증장애인을 위한 훈련프로그램 제공자와 생산활동을 통한 판매자의 기능까지 수행하고 있다. 또한 현장에서는 장애인훈련생과 장애인근로자가 혼재된 상황에서 훈련프로그램을 전문적으로 수행하기 어려우며 보호작업장에 비해 근로사업장의 수가 아주 적어 보호작업장의 훈련과정을 거쳐 근로사업장으로의 전이가 어려운 상황이다. 이는 유형별 기능에 따르는 명확한 기준이 없으며 근로장애인과 훈련장애인의 구분의 불명확성으로 인해 일어나는 어려움이 발생하고 있다.

3) 장애인 생산품의 판로 개척

장애인 직업재활시설의 생산품에 대한 정부의 지원은 중증장애인 생산품 우선구매를 통한 제도이다. 공공기관에 중증장애인 생산품 우선구매제도의 강제력을 규정하는 지침마련과 우선구매비율을 높여야 하며 장애인의 사회통합을 위한 사회적 책임에 대해 동참하기 위한 다양한 노력들이 필요하다. 또한 민간영역으로 장애인 생산품에 대한 판로확보를 위해 윤리적 소비문화 확산과 민간기업의 사회적 책임을 중심으로 사회적인 운동을 이끌어 내어 민간영역의 장애인 생산품에 대한 구매력이 확대되어야지만 판로의 어려움이 해소될 수 있다.

4) 지역사회와의 연계 필요

장애인 직업재활시설은 지역사회통합의 제도적 틀 안에서 존재하므로 지역사회와 유기적 연대가 필요하다. 이를 위해, 첫째 광범위한 지역사회를 포함한 지역사회에 존재하는 관련 전문적 자원들을 발굴하여 활용할 필요가 있다. 직업재활시설 활성화를 위한 다각적 필요들을 확인하고 필요에 대한 충족할 만한 자원들 예를 들어, 법률전문가, 경영전문가, 기술전문가, 회계전문가, 지역사회 리더 등과 연계하여 그들의 재능기부를 유도하고 활용해야 한다. 둘째, 사회복지시설이 아닌 상품 및 서비스를 제공하는 생산시설로서 지역사회 소비자들의 특성과 성향에 대한 정보를 수집하고, 지역사회 소비자들과 소통할 수 있는 통로를 확보하여 지역사회에 필요한 상품 및 서비스를 제공해야 한다(부산복지개발원, 2014).

참고문헌

강영실(2015). 장애인복지의 이해. 신정.

강위영(2001). 케어매니지먼트실천론. 아시아미디어리서치.

강위영(2004). 재활심리전문인의 미래전망. 한국재활심리학회지(10). 한국재활심리학회.

강희설(2003). 장애인거주시설 서비스의 체계구축 및 시범사업 방안. 장애인거주시설 서비스 기능과 구조의 혁신 방안 자료집. 성공회대학교 사회복지연구소.

거번 데종(1998). 한국뇌성마비복지회 역. 독립적 생활: 사회운동에서 분석패러다임에 이르기까지, 신체장애의 심리적 · 사회적 충격. 을유문화사.

고용노동부(2016). 장애인고용촉진 및 직업재활법.

고춘완(2005). 장애인운동의 전개과정과 그 특징: 2000년 이후 몇 가지 운동사례를 중심으로. 진보평론, 제26호, 231-256.

국가인권위원회(2013). 장애인 자립생활 기안 구축을 위한 보고서.

국가인권위원회(2015). 2015년 인권상담사례집.

국토해양부(2021). 2020년 교통약자 이동편의 실태조사 연구.

권선진(2008). 장애인복지론. 청목출판사.

권영준 · 이상진 · 김봉선 · 김상봉 · 김미옥(2008). 재활사업 중기발전계획에 대한 평가 및 개선 방안 연구. 노동부.

김다혜 · 한재희(2016). 지적장애형제를 둔 비장애형제자매의 심리적 현상. 상담학연구, 17(5).

김대성(2005.12.07.). 장애운동과 장애인 당사자주의. 에이블 뉴스.

김동국(2013). 동양적 패러다임으로 쓴 장애인복지론. 학지사.

김동호(1999). 새천년의 전략－자립생활(Independent Living). 삼애마당, 11 · 12월호. 정립회관.

김동호(2000). 자립생활패러다임에서 본 한국 장애인복지관 연구. 연세대학교 행정대학원 석사학위논문.

김만두(2004). 케이스매니지먼트 실천론. 홍익재.

김미옥 · 김용득 · 이선우(2004). 장애와 사회복지. 학지사.

김성희 · 고선정(2004). 장애유형별 장애노인의 특성에 관한 연구. 한국노년학, 24(3).

김성희 · 권선진 · 강동욱 · 노승현 · 이민경 · 이송희(2012). 수요자 중심 장애인복지정책 개발에 대한 연구-2011년 장애인 실태조사 심층분석-. 한국보건사회연구원.

김용득(2000). 생애주기와 장애인복지서비스. 노틀담복지관 개관 13주년 기념세미나: 생애주기별 서비스 모델 적용과 전망 자료집.

김용득(2000). 장애인종합복지관 재구조화 방안: 생애주기, 팀웍, 지역사회서비스 모델을 중심으로. 한국사회복지행정학, 제3호, 65-93.

김용득(2001). 장애인복지 이념의 동향. 김용득 · 유동철 편. 한국장애인복지의 이해, pp. 19-62. 인간과 복지.

김용득(2003). 한국 장애인복지의 전개와 장애담론의 변천. 함께 읽는 책.

김용득(2007). 한국 장애인복지의 이해. 인간과복지.

김용득(2012). 장애와 사회복지. EM커뮤니티.

김용득 · 김진우 · 유동철(2007). 한국장애인복지의 이해. 인간과 복지.

김원경 · 정대영(1994). 중증장애인 재활시설에서의 독립생활 서비스를 위한 지침탐색. 직업재활연구, 제4집. 한국직업재활학회.

김융일 · 조흥식 · 김연옥(1995). 사회사업실천론. 나남출판사.

김정희 · 조흥식 · 박희찬 · 김용득 · 이승기 · 김경란 · 이선화(2012). 장애인서비스지원체계 구축 및 제도개선방안 연구. 보건복지부 · 한국보건사회연구원.

김종인(2001). 선진국의 자립생활 실제. 중증장애인 자립생활 현황 및 향후 방향. 국립재활원

김종인 · 우주형 · 이준우(2007). 장애인복지론. 서현사.

김태진 · 주희진 · 이효주 · 허재준(2014). 중증장애인 직업재활사업의 개선방안에 관한 연구. 한국노동연구원.

김호진 · 류정진 · 장영석 · 류기섭(2009). 제1차 장애인고용패널조사(2008년). 한국장애인고용촉진공단 고용개발원.

나까니시 쇼우지(1997). 자립생활운동의 역사적 변천과정 및 현황. 제1회 한일장애인 자립생활세미나 자료집. 정립회관.

데라모토 아키히사 · 오카베 코우스케 · 스에나가 히로시(2012). 좋은 지원. 울력.

문선화 · 이상호 · 김종윤 · 장수한 · 배의식 · 김현주(2013). 장애인복지이론과 실천. 양서원.

미연방 교육부 재활청(1998). 미국재활법. 한국맹인복지연합회.

박경수 · 장혜경 · 백은령 · 김동기 · 허곤 · 김지선(2012). 인권지킴이단 운영방안 및 이용자 인권보장 상황점검을 위한 지표개발 연구. 한국장애인복지시설협회.

박수경(2006). 자립생활 패러다임에 따른 장애인의 사회통합에 관한 연구. 한국사회복지학, 58(1), 2006. 2, pp. 237-264.

박옥희(2000). 장애인복지론. 학문사.

박옥희(2006). 장애인복지론. 학문사.

박옥희 · 권중돈 · 하길웅(1993). 장애인 의료재활서비스 개선방안 연구. 한국보건사회연구원.

박창진 · 정지웅(2014). 장애인복지의 이해. 양서원.

방귀희 · 김헌식(2011). 영화와 예술로 보는 장애인복지. 양서원.

백경학 · 김수민 · 최성환 · 어은경 · 김미애(2012). 장애인 복지 천국을 가다. 부키.

백은령 · 김기룡 · 유영준 · 이명희 · 최복천(2010). 장애인가족지원. 양서원.

변경희 · 권선진 · 우주형 · 이은미 · 이미정 · 유병주(2012). 장애인등록 및 판정제도 발전방안. 보건복지부 · 한신대학교 산학협력단.

변용찬(2006). 생애주기별 장애인의 복지욕구 분석연구. 한국보건사회연구원.

변용찬 · 윤상용(2001). 지역사회중심 재활사업의 평가를 위한 기초 연구. 보건사회연구원.

보건복지부(2014). 2014 국민건강통계.

보건복지부(2015). 2015년 장애인활동지원사업 안내지침(최종), p. 49.

보건복지부(2016). 2016 장애인복지 사업안내.

보건복지부(2016). 2016년 장애인복지시설 사업안내.

보건복지부(2016). 2016년 장애인복지시설 일람표.

보건복지부(2016). 보건복지 통계연보.

보건복지부(2019). 장애인등급제 단계적 폐지』 시행을 위한 장애인복지 사업 안내.

보건복지부(2021). 2021년 장애인복지 사업안내

보건복지부(2021). 2021년 장애인연금 사업안내

보건복지부 · 노동부 · 교육과학기술부 외(2008). 제3차 장애인정책발전 5개년 계획.

부산복지개발원(2014). 장애인직업재활시설 운영활성화 및 지원체계 구축.

부산복지개발원(2015). 장애인복지관 운영모델 연구.

서울시(2012). 장애인 편의시설 설치 현황.

서울시복지재단(2006). 장애인주간 · 단기보호시설 프로그램 매뉴얼.

서울시복지재단(2007). 장애인복지관 기능정립 연구.

서울시복지재단(2008). 장애인 직업재활시설 운영매뉴얼.

서울장애인종합복지관(1995). 재활용어사전. 만나서적.

서울장애인종합복지관(2005). 장애의 진단과 판정: 이론가 현장 실무를 중심으로. 서울장애인종합복지관.

서화자(1995). 장애인의 자립생활 이념에 대한 사회사업적 고찰. 사회복지, 봄호. 한국사회 복지협의회.

손광훈(2006). 개인별 평가 및 서비스 계획수립(진단 · 판정사업) 운영실태 및 개선방안에 관한 연구 토론자료, 「2006년도 정책연구회 발표자료」. 서울시 장애인복지관협회, pp. 141-150.

손광훈(2013). 장애인복지론. 정민사.

시선뉴스(2016.12.17.). 미국에서 가장 존경받는 대통령 '프랭클린 루즈벨트'[인포그래픽_세계 인물편](http://www.sisunnews.co.kr/news/articleView.html?idxno=45860).

신현석(2007). 장애인복지론. 공동체.

신화연 · 이용하 · 윤석명(2012). 장애인소득보장제도 간 급여의 형평성 제고방안 연구. 한국보건사회연구원.

양옥경 · 김미옥(1999). 사회복지실천에서의 권한부여(Empowerment)모델에 관한 고찰. 사회복지, 겨울호. 한국사회복지협의회.

양점도 · 김녹현 · 박선하 · 박영국 · 송혜자 · 신민정 · 염동문 · 오주 · 이미란 · 정하선 · 황성하(2013). 장애인복지론. 양서원.

에이타 야시로 외(1993). 송영욱 역. ADA의 충격. DPI출판부.

오길승 · 김종인 · 나운환 · 김동범 · 김정열 · 김종민 · 정대순 · 최영광(2001). 장애인 직업재활 중장기 정책방향에 관한 연구. 한신대학교.

오혜경(1999). 장애인자립생활실천에 관한 연구. 사회복지리뷰, 제3집. 카톨릭대학교 사회복지연구소.

유동철(2010). 장애인연금 도입의 의의와 향후 과제. 보건복지포럼(2010.6.). 한국보건사회연구원.

유동철 · 김경미 · 김동기 · 신유리(2013). 복지권 관점에서 본 한국 장애인 거주시설의 개선방안: 자립과 돌봄 사이. 사회복지연구, 44(2), 409-436.

유태완 · 김성철 · 김용환 · 최금주 · 허영숙(2010). 장애인복지론. 창지사.

윤선오 · 김우호(2015). 장애인복지론. 양서원.

EBS 역사채널e(2013). 역사 e 2. 북하우스.

이선우(2009). 장애인복지의 이론과 실제. 집문당.

이선우(2015). 장애인의 경제상태와 정책과제. 보건복지포럼(2015. 8.). 한국보건사회연구원.

이성규(2011). 한국 장애인 복지 발달사. 집문당.

이승기(2015). 장애등급제 폐지 논의 경과 및 쟁점에 대한 대안 고찰. 장애와 고용, 25(3).

이승기 · 윤상용 · 서동명(2016). 장애인복지론. 신정.

이애련 · 이권일 · 전남련 · 김미자 · 이은화 · 정현숙 · 김덕일(2010). 지역사회복지론. 학현사.

이용교 · 강용복 · 김용목 · 김은정 · 김재곤 · 김종호 · 김철홍 · 이명묵 · 정진모 · 허창영(2014). 인권과 복지. 광주대학교 출판부.

이윤로(2001). 의료사회사업론. 학지사.

이은경(1996). 미국장애인자립생활운동의 교훈. 장애인고용, 가을호. 한국장애인고용촉진공단.

이익섭(1992). 장애인에 관한 국제문헌과 행동지침. 연세사회복지연구, 1.

이준우(2012). 장애인 복지정책과 실천. 나남.

이채식 · 이은영 · 이형렬 · 김재익 · 전영록(2008). 장애인복지론. 창지사.

이채식 · 이은영 · 이형렬 · 김재익 · 전영록(2015). 장애인복지론. 창지사.

이현주 · 윤순녕 · 최정명 · 현혜진 · 백은광(2001). 재간 산재장애인의 재활프로그램에 관한 연구. 한국노동연구원.

임종호 · 이영미 · 이은미(2010). 장애인복지론. 학지사.

장애인자립생활문제연구소(1986). 자립생활의 도전-미국자립생활 프로그램을 배운다. 정립회관. 미간행자료.

전용호(2000). 장애인복지론. 학문사.

정무성 · 양희택 · 고선정 · 노승현 · 안홍철 · 송남영 · 현종철(2004). 현대장애인복지론. 학현사.

정무성 · 양희택 · 노승현(2006). 장애인복지개론. 학현사.

정무성 · 양희택 · 노승현 · 정진욱(2015). 장애인복지론. 정민사.

정무성 · 양희택 · 노승현 · 현종철(2012). 장애인복지론. 정민사.

정영숙 · 이현지(2003). 장애인복지론. 현학사.

정영숙 · 이현지(2007). 장애인복지론. 학현사.

정일교 · 김만호(2005). 장애인복지론. 양서원.

정일교 · 김만호(2010). 장애인복지론. 양서원.

정종화(2002). 지역사회 주거 서비스와 자립생활. 장애인의 사회복귀와 자립생활을 어떻게 준비할 것인가. 제3회 전국장애인복지시설 직원연수회 자료집. 장봉혜림원.

정종화 · 이종길 · 이경준 · 조석영 · 김상진 · 김선 · 이소영 · 정유진 · 최선자 · 함석홍(2009). 장애인복지서비스 이용자 참여 매뉴얼. 공동체.

정창권(2011). 역사 속 장애인은 어떻게 살았을까. 글항아리.

조석영(2007). 우리나라 장애인복지관 진단. 판정사업의 발전방안에 관한 연구. 서울시립대학교 석사학위청구논문.

조셉 피 쉐피로(1996). 동정에서 자립으로. 함께걸음, 10월 · 11월, 1997. 2월 · 3월. 장애우권익문제연구소.

조한진 · 강민희 · 정은 · 조원일 · 곽정란 · 전지혜 · 정희경(2013). 한국에서 장애학 하기. 학지사.

최윤영 · 이경준(2010). 장애인복지론. 학지사.

통계청(2010). 2010년 인구주택총조사.

통계청(2016). e-나라지표. 장애인시설 및 사업현황.

한국보건사회연구원(2014). 2014년 장애인 실태조사.

한국보건사회연구원(2021). 2020년 장애인 실태조사.

한국보건사회연구원(2024). 2023년 장애인 실태조사.

한국장애인개발원(2010). 중증장애인직업재활지원사업 운영매뉴얼 Ⅰ, Ⅱ.

한국장애인개발원(2013). 2013 장애인백서.

한국장애인개발원(2018), 2018 장애인 편의시설 실태조사.

한국장애인고용공단 고용개발원(2020). 2020년 장애인경제활동실태조사.

한국장애인복지관협회(2013). 장애인복지관 사례관리 매뉴얼 개발 연구.

한국장애인복지시설협회(2013). 장애인거주시설서비스 전환을 위한 종합 매뉴얼.

한국장애인복지시설협회(2016). 장애인거주시설 지원현황 모니터링 결과.

한국장애인복지시설협회(2016). 장애인거주시설에서의 자립생활 매뉴얼.

함석홍(2009). 장애인복지관에서의 진단 · 판정사례에 대한 초기(1989년)와 최근(2007년)의 비교연구. 서울시립대학교 석사학위청구논문.

허흥식(1981). *고려과거제도사연구(高麗科擧制度史硏究)*. 일조각.

황규인(2012). 장애인 거주시설의 탈시설화 비밀인가? 신비인가? 제1차 장애인정책포럼 자료집.

Bredley, V. J. (1994). "Evolution of a New Service Paradigm", Bradeley V. J., Ashbaugh, J. W., Bleney, B. C. (ed). *Creating individual supports for people with developmental disabilities: A mandate for change at many levels*. Baltimore, Paul H. Brookes.

Brisenden, S. (1989). "A charter for personal care", in Progress, 16. Dis-ablement Income Group.

Colton, M. & Hellinckx, W. (1994). Residential and foster care in the European Co-mmunity: current trends in policy and practice. *British Journal of Social Work, 24*(5).

DeJong, G. (1981). Environmental Accessibility and Independent Living - Directions for Disability Policy and Research, University Center for International Rehabilitation, Michigan State University.

Galazan, M., M. (1961). Evaluation's goal: Prediction or elimination? *Rehabilitation Record, 2*(4), pp. 16-18.

ICIDH-1 (1980). International Classification of Impairment, Disability and Handicap. WHO.

ICIDH-2 (1997). International Classification of Impairment, Acivities and Participation. WHO.

Johnstone (2001). An Instruction to Disability Studies.

Mass, H. S. (1984). *People and contexts: Social development from birth to thr old*. Englewood Cliffs, NJ: Prentice-Hall.

Morris, J. (1993). Independent Lives?: Community Care and Disabled People. Macmillan.

National Institute of Social Work (1988). *Residential care: a positive choice*. London: HMSO.

Oliver, M. (1996). Understanding disability-from theory to practice. New York, St: Martin's Press.

Priestley, M. (2003). Disability: A life Course Approach. Cambridge: Polity Press.

Rothman, J. C. (2003). *Social Work Practice across Disability*. Boston, MA: Allyn and Bacon.

Rusk, H., A. (1977). *Rehabilitation Medicine*. Saint Louis: The C.V. Mosby Co, 2.

Wehmeyer, M. L. (1997). Self-determination as an educational outcome: A definitional framework andimplications for intervention. *Jouranl of Developmental and Physical Disabilites, 9*(3).

WHO (2001). ICF: International Classification of Functioning, Disability and Health.

WHO (2012). 전지혜 외 역. WHO 세계장애보고서. 한국장애인재단.

Wright, G., N. (1980). *Total Rehabilitation*. N. Y: Little, Brown and Company, 310.

국가인권위원회(www.humanright.go.kr)

국립특수교육원 특수교육지원센터(http://support.nise.go.kr)

국민연금 장애심사센터(www.nps.or.kr/jsppage/hqCenter/hq/index.jsp?areaCd=7116).

네이버지식백과(http://terms.naver.com)

법제처(www.moleg.go.kr).

보건복지부(www.mw.go.kr)

전국장애인차별철폐연대(www.sadd.or.kr/welcome_page).

한국장애인복지시설협회(www.kawid.or.kr)

찾아보기

≫ ㄱ

≫ ㄴ

≫ ㄷ

≫ ㅊ

≫ ㅋ

≫ ㅌ

저자 소개

유태완

인제대학교 대학원 사회복지학과 박사
현)동의과학대학교 사회복지학과 교수

김재웅

서강대학교 공공정책대학원 사회복지학 석사
전)인천재능대학교 사회복지과 겸임교수
현)인천광역시서구발달장애인평생교육센터 관장

문수열

경상대학교 대학원 사회복지학 박사
전)진주보건대학교 사회복지과 교수

손경화

연세대학교 문학사/경희대학교 박사
현)청암대학교 사회복지과 교수

정신모

부산대학교 사회복지학과 박사 수료
현)만덕종합사회복지관 관장/동서대학교 사회복지학부 출강

이선교

대구한의대학교 사회복지학 박사
현)대구공업대학교 사회복지경영계열 교수

한우섭

경성대학교 사회복지대학원 석사
현)부산장애인복지시설협회장/동의과학대학 사회복지학과 겸임 조교수

제4판

장애인복지론

초 판 1쇄 발행 2017년 2월 24일
초 판 2쇄 발행 2018년 3월 12일
증 보 1쇄 발행 2019년 8월 20일
제3판 1쇄 발행 2022년 2월 25일
제4판 1쇄 발행 2025년 8월 27일

지 은 이 | 유태완 · 김재웅 · 문수열 · 손경화 · 정신모 · 이선교 · 한우섭
펴 낸 이 | 김기섭
편 집 인 | 조진주 · 이혜란
펴 낸 곳 | 창지사 www.changjisa.com
08589 서울시 금천구 가산디지털 1로 83 파트너스타워 1차 9층
전화 (02)719-2211~3
팩스 (02)701-9386
등 록 | 1977년 4월 28일 · 제1-421호

ISBN 978-89-426-1946-7 (93330)

값 24,000원